COGNITIVE NEUROCOMMUNICATION

认知神经传播学

智能时代的用户洞察原理与方法

喻国明　杨　雅　修利超　著

中国出版集团
中译出版社

图书在版编目（CIP）数据

认知神经传播学：智能时代的用户洞察原理与方法 / 喻国明, 杨雅, 修利超著 . -- 北京：中译出版社, 2025.6. -- ISBN 978-7-5001-8226-9

Ⅰ. G206

中国国家版本馆 CIP 数据核字第 20251LK170 号

认知神经传播学
RENZHI SHENJING CHUANBOXUE

著　　者：喻国明　杨　雅　修利超
策划编辑：朱小兰　王希雅
责任编辑：朱小兰
文字编辑：王希雅　苏　畅
营销编辑：任　格　魏菲彤
装帧设计：更　生
出版发行：中译出版社
地　　址：北京市丰台区右外西路 2 号中国国际出版交流中心 3 号楼 10 层
电　　话：（010）68002494（编辑部）
邮　　编：100071
电子邮箱：book@ctph.com.cn
网　　址：http://www.ctph.com.cn

印　　刷：山东临沂新华印刷物流集团有限责任公司
经　　销：新华书店
规　　格：710 mm×1000 mm　1/16
印　　张：25.5
字　　数：240 千字
版　　次：2025 年 6 月第 1 版
印　　次：2025 年 6 月第 1 次印刷

ISBN 978-7-5001-8226-9　　　　　定价：89.00 元

版权所有　侵权必究
中　译　出　版　社

序 言

认知神经传播学研究旨在运用认知神经科学的研究范式、分析工具与技术设备，研究传播学领域内的问题。一方面，认知神经传播学可以将传播学研究视野从用户意识层面扩展至潜意识层面，从短期、中期与长期效果扩展至瞬时效果；另一方面，认知神经传播学亦可深化认知神经科学在传播领域内的影响力以及完善融合学科的研究体系，最终成为传播学领域新的细分学科。

本书着眼于媒介化社会，聚焦认知神经传播学与未来媒体研究的框架、问题与研究方法的解读。传播学研究方法的创新，实现了研究工具的革新，推动了传播学研究由"古典实验法"向"现代实验法"的演进，完成了传播学研究视角的转换。媒介化可以促进媒介的大融合，形成新的连接和重构传播业态，未来人工智能（AI）、合成技术、虚拟偶像等会对传播业态产生深远的影响。认知神经科学所提供的洞察人的研究范式、分析工具与技术设备，可广泛应用于未来媒体研究之中。认知神经科学与传播学的交叉研究，可以从认知信息加工的视角，回归信息流本位，研究未来媒体传播机制的关键问题；此外，也可以从微观效果的层面，用认知神经科学的方法对以往宏观调查的既有结论进行针对性检验。

  本书主要包括三部分：第一部分是介绍认知神经传播学与未来媒体研究的发展，初步探讨认知神经科学与传播学的学科交叉可能带来的创新，包括研究范式与研究框架、研究问题与研究路径、研究设计与研究过程的创新；第二部分是认知神经传播学的研究方法和技术，包括实验法以及认知神经科学诸多技术在传播领域的应用，如针对脑活动信号的事件相关电位（ERPs）、功能性磁共振成像（fMRI）、功能性近红外光谱技术（fNIRs）等技术的原理与分析方法，以及针对视觉活动信号的眼动技术，针对生理信号的生理多导技术等在学科创新中的运用；第三部分是了解认知神经传播学最近十年的发展逻辑与研究框架，以及基于北京师范大学认知神经传播学实验室所做的认知神经传播学研究的范例解读，旨在使读者拓展跨学科的视野，关注未来媒体研究的路径指引以及获得方法论的指导和学习等。

目　录

前论部分

绪　章　理解认知与未来传播 / 003

　　第一节　问题的提出：未来传播影响力再探讨 / 003

　　第二节　理解认知：未来传播影响力的基本尺度 / 006

　　第三节　价值逻辑：未来传播的时空属性与个体认知结构的耦合 / 010

　　第四节　操作路径：未来传播的关键点在于实现认知"破圈" / 015

第一部分｜认知神经传播学与未来媒体研究

第一章　认知神经科学与传播学交叉学科的发展 / 023

　　第一节　认知神经传播学：范式创新与研究框架 / 023

　　第二节　认知神经传播学：研究问题与研究路径 / 031

　　第三节　认知神经传播学：范式对象与技术逻辑 / 041

　　第四节　认知神经传播学：研究设计与研究过程 / 054

第二章　媒介化社会与未来媒体研究现状 / 061

第一节　关键议题与技术路径：认知神经传播学视域下的
　　　　人工智能研究 / 061

第二节　赋能与"赋魂"：虚拟数字人的个性化建构 / 076

第三节　动机与场景：基于认知神经传播学的媒介用户使用体验测量 / 090

第四节　界面与在场：横竖屏视频传播感知效果的检测模型 / 102

第二部分 | 认知神经传播学的研究方法和技术

第三章　实验法在传播学领域的应用 / 121

第一节　运用实验法设计变量 / 121

第二节　设计实验过程和步骤 / 127

第三节　实证案例：基于fMRI的在线学习场景对用户的影响研究 / 139

第四章　认知神经科学技术的应用 / 156

第一节　打开脑活动的"黑箱"：EEG技术基本原理与应用分析 / 156

第二节　追踪视觉活动的轨迹：眼动技术基本原理与应用分析 / 205

第三节　探索生理信号的变化：生理多导技术基本原理与应用分析 / 216

第三部分 | 认知神经传播学的发展现状、技术趋势与范例解读

第五章　认知神经传播学的发展现状与技术趋势 / 239

第一节　认知神经传播学的范式演进、关键议题与技术逻辑 / 239

第二节　认知传播学的发展趋势与创新重点：从应用研究、理论研究到基础
　　　　研究 / 256

第六章　认知神经科学研究的范例解读 / 265

第一节　后真相时代情绪化文本的传播效果研究 / 265

第二节　传播媒介对受众长时记忆的影响研究 / 275

第三节　竖视频广告效果：分析框架与测量指标 / 296

第四节　冷热媒介：合成语音与真人语音的不同传播效应 / 313

第五节　媒介使用动机与场景对用户体验的影响研究 / 332

注　释 / 349

前论部分

绪　章
理解认知与未来传播

第一节　问题的提出：未来传播影响力再探讨

在数字技术通过关系连接、个体赋权机制对社会的解构背景下，个体在未来传播中的能动性地位得到凸显，成为更具活跃性的要素，延伸和发展了传播的链条和环节。传播影响力强调传播对于个体社会认知、社会判断与决策及相关的社会行为产生的影响，是未来传播价值的实现通路。相较于判断、决策、行为等可观测变量，认知主要涉及个体的微观心理要素，尚未得到充分发掘。对于认知及其内部机制的研究和挖掘不仅有助于完善传播影响力的衡量尺度，而且为未来传播"以人为本"的价值实现提供理论和实践层面的启示。

一、从注意力到影响力：传播价值产生的逻辑推演

传播的价值如何衡量？学界对于这一问题的探讨由来已久。1977年，斯麦兹（Smythe）在《大众传播系统：西方马克思主义研究的盲点》一文中提出"受众商品论"，认为大众传媒的内容是一种"免费午餐"，其主要产品其实是受众的注意力。[1]麦克卢汉（McLuhan）也曾

经论述了传播与注意力的关系,他认为电视台是以好的节目作为"诱饵",其最终目的是通过不动声色地租用公众的"眼睛"和"耳朵"来做生意。[2]此外,高德哈伯(Goldhaber)认为,在信息社会中,受众的注意力是一种有价值的资源。早期对注意力的关注为研究传播价值的产生提供了新视角,即在信息过剩的背景下,传播者对于公众注意力的获取尤为重要,维系和把握公众注意力是传播产生价值的源泉所在。然而,注意力侧重传播信息触达公众的层次,无法解释传播生态中一些信息吸引了公众的注意力却并未产生实际效果与传播价值的特殊现象。也就是说,注意力未能解释传播的价值是如何创造和生成的。在此基础上,影响力的概念被提出和广泛探讨。传播的影响力是由"吸引注意(媒介及媒介内容的接触)"和"引起合目的的变化(认知、情感、行为等的受动性改变)"两大基本部分构成的。这实际上包含了两个层面:对公众注意力的获取、公众内在心理机制运行状态的变化。因此,影响力的本质是传播作为资讯传播渠道对其受众的社会认知、社会判断、社会决策及相关的社会行为所打上的"渠道烙印"。[3]传播的影响力强调公众不仅注意到了信息,还有意无意地被信息中的内容所影响,进而产生了后续的行动。

由以上分析可以看出,传播影响力的相关观点均强调认知即信息处理的作用,并将接收者视为处理信息的主动者,赋予其更加积极的角色作用。[4]关于传播价值的探讨深深根植于媒介生态的变革之中,并受社会整体信息环境的影响。在大众传播发展的早期阶段,大众传媒在社会中所生产和流通的信息资源整体而言相对匮乏,社会公众获取信息资源的渠道相对单一。在这一背景下,传播的作用范围固定且有限,况且公众需要付出一定的成本才能够获得信息,因而在这种情况下传播的作用范围往往不大。随着技术的发展带来了信息的爆炸式增长,公众的注意力成为一种稀缺资源,至此,以往公众对于有限传播渠道的竞争转变为传播对于公众注意力的争夺，吸引公众的关注成为传播价值产生的前提。然而，传播者成功争取注意力并不代表传播价值的实现，传播需经过个体内部的信息加工过程才能最终产生影响。在此基础上，影响力这一侧重媒介效果层面的概念产生，扩展了关于传播价值实现的理论视角。简言之，注意力是前提和资源，但真正的效益及资源的实现则来自影响力。[5]注意力和影响力并非相互对立的概念，二者共同体现了传播价值产生的内在逻辑：从信息触达到价值共振的全链条和全环节。

二、从抽象到具体：认知作为传播影响力的具体标识

当前，数字技术带来了媒介生态的进一步变革，很大程度上激活了传播过程中的微信息和微资源，社会整体的信息数量呈现指数级的增长态势。此外，由人工智能、区块链、算法等核心技术构成的元宇宙环境对"人"这一主体进行了更深层次的赋权和解放，而个体直觉、情感、意识等非理性要素的兴起，形成对于信息解码的补充性机制，使整体传播环境变得更为活跃和复杂。传播价值如何实现，依然是当下的重要议题。

未来传播若要实现基于信息触达的情感共鸣和价值共振，离不开对于传播影响力的再探讨。实际上，传播影响力是概述传播价值的一个统领性概念，其测量仍需具体的、可操作化的要素来实现。在个体成为传播的中心环节之后，个体成为一种能动性的要素，作用于传播的诸多环节。将个体作为中心，从个体认知这一微观层面衡量传播影响力，实际上为人们提供了一个具有启发性的视角。认知是"人对各种社会刺激的综合加工过程，是人的社会动机系统和社会情感系统形成变化的基础"。[6]从生理层面看，大脑是个体获得外部信息的唯

005

一输入通道，因此，所有信息都需要经过大脑加工形成认知，进而促使个体产生价值判断。从结构层面看，个体认知具有特定的图式和结构，个体会根据内部已有的认知经历对外部信息进行调整和"选择性接受"，体现个体信息选择的主体性和能动性。从社会文化层面看，认知与社会环境相互影响、相互作用，集体认识与公共舆论则生长于个体认知的交互、扩散与流动之间。[7]也就是说，社会合意的形成以个体认知的协同和聚合为基础。由此可见，认知区别于注意力，涵盖了信息选择和加工的复杂机制，从结构和意义层面为影响力的研究提供了一个具体可感的衡量指标，这是关于传播影响力的理论延展。

第二节 理解认知：未来传播影响力的基本尺度

若要深刻理解认知对于未来传播价值实现的可能路径，需从媒介生态的变革视角出发，审视当下的社会结构与个体行为逻辑的变化，进而把握能够以何种要素构成未来传播影响力的基本尺度。

一、微粒化

连接、整合与协同是当下媒介环境演变的内在机制。数字媒介通过连接与再连接，实现对个体的赋权与赋能，也实现对社会结构的"去组织化"。原先社会中具有明显层级与权力结构划分的科层制结构逐渐解体，个体逐步成为具有能动性的行为主体与社会基本构成要素。德国学者库克里克（Kucklick）曾提出"微粒社会"的概念，认为在高度数字化的社会里，所有的人和事物都被数据精细地记录、分析和评价。在高度数字化的世界中，人的思想是一种分散性和碎片化的存在，分散在很多事物、状态、感觉上。不只人的思想是分散的，在一定程度上人的整个存在也是分散的。[8]这一分析暗含数字化社会环境变革的深刻表征，即原有以"单位"为中心的社会运作逻辑发生了深刻的改变，个体的行动能力被前所未有地激活和放大，成为社会信息的生产者、传播者与获取者，甚至成为社会资源的直接操控者。[9]在这一逻辑下，整个社会进行裂变式的演进，以个体为中心的能量在特定的时空范围内被累积，实现对整个社会传播逻辑的重塑。数字技术"决定性地改变了社会的粒度，并迫使人类对自我和世界形成全新认知"。[10]简言之，微粒化的个体以能动性增强、自由度扩张的新实践方式突破了时间与空间层面的限制，甚至能够在虚拟空间与现实空间中穿梭和转换，形成区别于传统传播时代的独特认知体验，进而实现在信息接受基础上的身体实践与价值观塑造。

传统分子级意义上的运作范式已无法应对这种原子级意义上的传播构造，[11]传统传播模式在微粒化社会中已越来越难以适应个体认知基础上的信息传播发展现状。第一，传统传播模式中同质化的信息内容无法满足当下微粒化个体的个性化、差异化信息需求，基于个体独特性认知体验的要素尚未被有效挖掘，一定程度上影响了传播内容对于个体的吸引力。第二，面对微粒化社会中海量的信息资源，个体的认知资源相对有限。社会信息过载与个体寻求理想化信息资源的矛盾可能使个体产生倦怠情绪，难以长期激发和调动自身认知能力进行信息获取。第三，个体认知具有能动性，对与自身顺应或冲突的信息会产生不同的接受策略，进而影响微粒社会下理想传播目标的实现。从整体上看，面对个体信息需求多元、认知能动性激活而个体认知资源稀缺等现状，微粒化社会中的传播需要应时顺势而变，这意味着未来传播的首要目标是实现对于社会个体认知资源的占有。

二、圈层化

圈层化是当下个体实现自身身份认同与确认行动参照的典型形态。从原始意义来看，圈层指因"关系"而生产的社会网结构，包括让"资源流动"的结构洞以及"流动限制"的闭合团体，其与宏观的网络、制度、文化等因素有密切联系，难以独立存在。[12]互联网强大的连接属性使不同地位、不同身份的个体通过网络彼此相连，又在类似的兴趣条件下不断聚合，形成具有凝聚力的"圈子"。因此，当下的圈层多指社会成员通过互联网媒介平台集聚与互动，基于不同缘由所建立并维系的社会关系网络。[13]其区别于传统社会中基于血缘、亲缘形成的关系连接，更具有趣缘驱动的情感属性。圈层的本质是不同个体价值观的聚合。

圈层内部意见的生成具有封闭性与开放性两种特质，圈层共识的形成过程处于"私域"与"公域"的中间地带，在实现两个场域连接的过程中构建出动态性的平衡状态。一方面，圈层内部具有强大的自主性和凝聚力，只有符合圈层内部价值观的个体才能进入其中。圈层通过凝聚个体合意达成共识，其中的主流认知方式逐渐发挥全局性的影响。然而，当圈层以排他性的方式阻止多元意见进入时，圈层内部的观点会向着单一方向发展，甚至产生观点和价值观的极化现象，导致圈层的窄化和封闭化。简言之，圈层对个体认知结构形成一种制度性规范，能够筛掉与该圈层认知结构有巨大差异的个体，在划定边界的同时形成壁垒。另一方面，过度强调圈层的开放性时，多元意见的进入会使圈层内部形成差异化的认知表征，导致圈层的独特性丧失，使其可能形成结构上的"突变"。在以上两个场域的连接过程中，圈层逐步形成一种动态的平衡机制。因此，未来传播的"破圈"机制需匹配圈层以及圈层内部个体的认知结构，解决个体"以我为主"的认知关联性问题。"破圈"是未来传播中的关键议题，若无法解决这一问题，理想化的社会协同和社会共识则无法实现。[14]

三、再组织化

在社会整体解构的过程中，数字技术也在形成个体激活情景下的社会再组织化。当技术赋权激活个体效能后，社会由原来的中心化开始产生"裂变"，从过去的科层制社会的串联式模型转变为扁平化的分布式社会的并联式模型。[15] 社会结构具有流动性的特质，而社会的再组织化是一个过程，在技术、经济、文化等多种因素的影响下形成基于特定场域和语境的结构。一方面，原有组织结构因不适应新的历史语境而经历解构、更新与改造。另一方面，社会中的个体或群体基于新的目标而构建了一些新的组织。[16] 因此，分布式社会的再组织化是在自组织和他组织的多元影响下的发展进程。其发展体现了新媒介组织的开放性特征以及与社会环境的互动。[17]

认知一定程度上可被视为社会再组织过程中的关键要素。作为一种信息加工的过程，认知影响着个体对于社会的基本看法，相同的外部环境作用于个体认知，可能产生不同的效果。个体心理大体包括知、信、行三个过程，而认知位于心理过程的初始环节。从这一角度来看，认知对于社会再组织化的作用主要包括两个方面。第一，认知是情感产生的基础。"满足认知冲动推动个体形成主观满意感"，[18] 良好认知的形成能够推动个体形成对于外部环境的积极情绪，进而产生对于特定个人或群体的认同，夯实促进社会再组织形成的情感基础。第二，认知是行为的先导。认知预测着个体在特定环境下的行为，对于个体认知施加影响，将有助于推动个体产生相应行动，推动社会再组织化的实现。社会的再组织化是不同于分布式社会的全新社会结构，从宏观层面影响着传播发展的历史方位。因此，社会再组织化的实现需要发挥传播对于个体认知的连接和整合作用，通过"穿针引线"式的功能进行认识的协同和合意的塑造，进而达成社会再组织化的理想目标。

第三节　价值逻辑：未来传播的时空属性与个体认知结构的耦合

对于个体认知的竞争，首先需要厘清认知结构的作用机制。英尼斯（Innis）曾将媒介按照其特征分为偏时间的媒介和偏空间的媒介，论述了媒介形式对于社会文化的影响。在媒介－时间－空间相互作用的总体场中，媒介的传播偏向性，由其相对突出和显著的时空属性决定。[19] 当下，由数字技术构成的媒介形态已超越了时空偏倚的维度划分。媒介形态的多元化与连接的复杂化使得媒介既具有时间上的传承能力又具有空间上的拓展能力。此外，以情感要素为基础的关系向度也拓展了数字时代的媒介偏向维度。若我们从社会结构的宏观视角缩小至个体认知结构的视角出发探讨媒介作用，那么，媒介的时空属性与关系属性与个体认知在历时性、共时性、关系层面的耦合，将使得传播通过作用于个体认知结构发挥出叠加效果，进而形成信息触达基础上的影响力。

一、时间向度

认知包括对信息接受的时间性延展过程。心理学家巴特利特（Bartlett）曾提出认知图式（Cognitive Scheme）的概念，认为图式是对过去的反应或经验的积极组合：个体必须学会如何把"图式"（Scheme）拆解成"要素"（Element），并形成适用于自己的图式，[20]

即认知图式会根据个体先前经验对新信息进行适配和接收。此外，心理学家皮亚杰（Piaget）认为，认知的形成是主体向内部构造的过程。通过"同化－顺应－平衡"的机制，达到对信息的理解。具体而言，同化是将个体已有的信息进行转化以适应个体认知图式的过程，实现与现有认知图式的匹配。顺应是个体在获取新信息后，将旧的图式进行部分改造，以容纳和适应新信息的变化过程。当同化和顺应过程相互交织，便形成一种平衡与再平衡的过程。[21] 因此，同化和顺应是认知图式发展的两种机制，构成一种动态化的发展过程；认知模型也是通过"平衡－去平衡－再平衡"过程实现知识的建构。[22]

认知图式所叙述的个体认知生成过程解释了传播影响力实现的一般规律。总体来看，认知图式构成了个体内部的信息筛选过程。当传播内容触达社会个体时，符合个体已有认知图式的内容将会被吸收和保留，与个体认知完全相异的内容则无法进入个体信息加工的过程，被排除在个体认知之外。尽管在这一过程中，个体认知的同化、顺应机制会通过能动性的启动，对信息进行加工和重组，但其根本遵循依旧是信息与自身认知图式的适配程度。这种认知图式的变化程度是渐进的，局部微小差异逐步被吸收进个体认知图式中，进而形成保留个体核心价值认知基础上的适应性改良。在媒介变革的环境下，技术的赋权与赋能使个体获得能动性的提升，增强了对于现实世界的把控能力，行为的自由度得到更为全面的扩展。相应地，数字技术中多媒体信息的融合带来的视觉、听觉、嗅觉、触觉等多感官因素的凸显使得认知结构中的同化和顺应机制得以强化。其中，非理性因素不受个体的逻辑思维控制，能自发地形成心理活动，启动个体的认知过程，[23] 并通过关系、圈层的作用进一步实现认知能力的升维。

从这一层面来看，认知图式与未来传播的耦合具有纵向时间性的启发。第一，在个体尚未对特定信息形成完整图式的早期阶段，传播应抢占对信息的定义权，寻找信息生成与传播的第一落点，通过时间维度的启动效应"先入为主"地影响个体认知图式的生成过程。第二，信息的传播应以社会个体已有认知图式作为切入点，努力实现传受双方认知结构拟合和匹配基础上的信息传播，只有满足个体"以我为主"的认知取向，才能真正在信息触达的同时促进核心价值与理念的生成。第三，未来传播中对于个体感官的全方位整合拓展了认知的"同化－顺应"机制，新因素、新场景的加入与个体认知形成了不同于传统大众传播时代的博弈。例如，触发多元感官内容的信息可能对个体已有认知图式中的同化机制产生干扰，而对于全新的传播内容和形式，个体更有可能通过顺应机制对其进行容纳，实现对旧认知图式的改造，这实际上为未来传播从认知层面"破圈"提供了重要的机遇。

二、空间向度

认知并非单纯地存在于大脑之中，而是与大量不同的社会、技术因素动态交织在一起。[24] 认知科学领域的 4E 认知框架解释了个体的认知能力如何依赖于认知资源，例如结构、符号、规律、过程等一般性实践。该框架认为个体认知是具身的（Embodied）、嵌入的（Embedded）、生成的（Enacted）和延展的（Extended），是由大脑和身体外部的结构共同完成的。[25] 具体来说，具身认知指大脑之外的身体参与和建构了个体的认知过程。具身认知不能脱离其所处的环境而存在，它嵌入社会语境，即嵌入认知，把环境要素作为一种工具，可以增强个体认知能力与行动之间的适应性匹配。[26] 生成认知强调认知与行动的生成关系，即有机体和环境的交互作用是认知系统的组成部分。[27] 延展认知指个体的认知过程可以延展到有机体所在的环境之中。学者克拉克（Clark）认为，大脑是一种"预测机器"（Prediction

Machines），其核心功能在于通过感官刺激功能来理解外部环境，因此预测大脑是延展认知的入口。[28] 总体上，传播学视角下的 4E 认知显示出一种空间向度，即以个体能动性为基点，个体认知构建出与社会环境相互勾连与互动的生动图景。大脑之外的身体、互动在认知过程中发挥着功能性甚至构成性的作用，而认知的目标是提供与世界互动的具身行动的可能性。[29] 实际上，4E 认知框架体现了一种多元的认知观，将个体的认知过程与身体及其所在环境、情境建立统一、完整、系统的联系。[30]

  4E 认知有助于我们理解认知的复杂性。若将 4E 认知中的各个要素与未来传播进行结合分析，可以发现，具身认知强调认知对于身体的依赖，蕴含着人内传播的要义，即个体通过具身性的体验获得关于外部世界的信息，并在人体内部进行信息处理，而在改为虚拟现实（VR）、增强现实（AR）等数字技术对于虚拟空间与现实空间界限突破的创新之中，个体行动的自由度扩大使得具身认知形成更为生动的社会实践。嵌入认知强调认知对于环境的依赖，当个体以正确的方式依赖于环境，将会降低大脑在执行任务过程中的复杂性，减轻认知负担。[31] 未来传播中认知对于环境的嵌入程度因数字技术的发展而强化，嵌入方式也因技术的改变而演进。例如，个体采用数字设备进行信息存储，通过对环境的依赖而降低自身的认知负担。此外，平台媒介中的算法推荐技术将信息与个体认知进行匹配，实现了"人找信息"到"信息找人"的转变，进一步深化认知与环境之间的连接。生成认知与延展认知均强调了人的认知与环境的交互，表明认知在特定情境下发生。这与当下数字技术带来的场景化传播存在内在一致性，未来传播可基于特定的场景氛围，精准地提供不同领域、不同风格的信息内容，有助于与不同个体的认知风格相匹配，进而潜移默化地影响个体的日常生活。因此，认知能力是在个体对于认知资源的共时性依赖和历时性依赖的基础上构建而成的。个体的认知系统不仅可以帮助获得认知资源，而且可以参与和塑造认知资源[32]（见图0.1）。

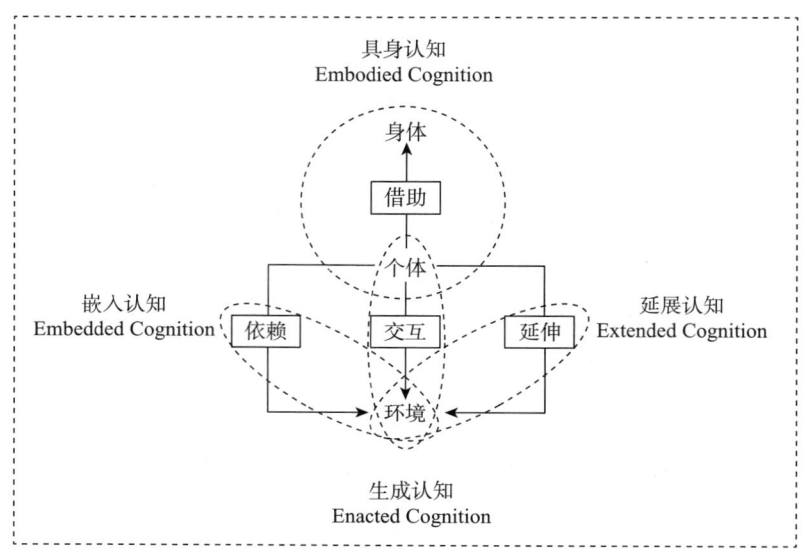

图 0.1　4E 认知理论模型[33]

资料来源：张婧婧，牛晓杰，刘杨，等．学习科学中"4E+S"认知理论模型的内涵与应用［J］．现代教育技术，2021，31（8）：23–31．

三、关系向度

互联网对于社会结构改变的内在基础在于关系资源的激活。在基于连接的结构下，信息在媒介与个体之间的循环往复和裂变式传播均受情感的驱动，能够引发个体情感共鸣的内容更易在当下的媒介场域中传播。然而，情感的生发也需要认知的生成、互动与调和。学者叶浩生将认知与情感的关系称为"知情一体"，强调二者之间关系性的存在。[34]"理性"是主体对客体的"认知"，而"感性"是主体对客体的"反应"。[35]认知是具身行为的一种形式，而具身行为意味着应该超越认知与反应、主观与客观的二分法，认知与情感是相互嵌入的。[36]一方面，情感要素的产生无法脱离认知而存在。个体原有认知图式基础性地影响个体对特定事物、时间、情感的削弱和强化，而新的情感在原有认知的积淀中生成。另一方面，个体对信息产生的认知通过情感化的作用迅速沿社交关系网络传播，个体在对信息的多元理解中形成新的认知，并凝结成新的情感，认知与情感二者共同构成了信息生成与传播的动力。

认知与情感的关系性存在契合了诉诸感性与诉诸理性的传播策略。在数字媒介形态尚未形成前，以文字为主要介质的传统传播形式暗含着理性化、精英化的传播逻辑，即只有掌握文字识别与阅读能力的个体才能参与信息的获取，这在无形中塑造了信息传播过程中的参与准入门槛。社交媒体时代以视频为代表的传播形式通过文字、图像与音频的融合，结合了感性与理性要素对个体认知的作用机制，同时使社会多元的个体，无论知识文化水平和社会经济地位如何，均能够阅读和理解媒介传播的信息内容，逐步打破信息壁垒。在未来传播时代，元宇宙中的个体能够以数字化身的方式在虚拟与现实世界之间穿梭，通过具身化的生理体验进一步扩大感性逻辑的作用范围与提高感性逻辑的作用层次，并在交互中形成对信息的理性认知，这种结构性的改变丰富和发展了未来传播的驱动性因素。实际上，认知与情感的交互作用与未来传播的内在逻辑与操作策略实现了一定程度的耦合，而如何通过二者作用机制的调和和改变，实现未来传播的社会沟通与社会协同，是需要进一步探讨的议题。

第四节　操作路径：未来传播的关键点在于实现认知"破圈"

目前，传播"破圈"已成为媒介生态变革下亟须探讨的重要议题。

通过打破社会各个圈层，连接个体与社会信息资源，实现信息触达基础上的价值共建是未来传播的理想目标。从认知的角度思考传播影响力实现的基本条件和作用机制，有助于我们从认知这一微观视角出发，打造未来传播效果研究的全新通路。

一、目标取向

传播具有意义赋予的功能，大众传媒的生产活动将助推凝聚社会共识与制造社会合意。社会共识是个体认知的良性聚合，而个体从属于不同的圈层，圈层内部的认知对于个体认知具有同化效应。因此，未来传播的认知"破圈"首先应建立在对于认知结构多层次把握的基础之上。不对称的认知权力有助于认知生态位的构建，即认知优势群体塑造了信息的共享结构，以迎合该群体特定的认知需求。[37] 大众传媒具有相对于受众而言占有较为丰富信息资源的情况，因此处于认知生态位的前端，其信息共享也应符合个体的认知需求。根据历时性维度上认知"同化－顺应－平衡"的作用机制，顺应个体认知结构的内容将更为快速地被个体接收，进而通过新认知与旧认知的互动，形成基于信息"扬弃"的再次平衡状态，为后续传播价值的产生提供了前提。

具体地看，大众传媒应从认知层面实现三个层次的信息传播。第一，与个体特定认知需求的对接，解决信息对个体认知的触达即"看得见"的问题。这一目标的实现需将内容的同质化向个性化转变，采用算法等技术把握特定场景下的个体认知状态。例如，在个体处于多任务在场的复杂状态下，认知资源难以兼顾并平均分配至各个领域，此时，轻量化、生动化、趣味化的内容能够缓解其认知压力，起到良好的传播效果。第二，激活个体认知中的情感要素，解决传播范围与传播质量即"看得下去"的问题。感性与理性、认知与情感的平衡和内容比例分配是解决该问题的关键。传统意义上单纯"摆事实、讲道理"的理性化传播难以适应复杂的认知结构，甚至可能产生适得其反、事与愿违的"逆火效应"。因此，需根据不同的信息特性对运用认知与情感策略的传播内容采取不同的比例。针对涉及公共利益、关乎个体生命安全等严肃性议题，需提高运用诉诸理性的传播策略内容比例，而运用诉诸感性策略的内容则需相对减少，起到一定程度的情感唤醒作用。第三，实现信息对个体认知结构的创新性改变，在微观层面实现个体的价值迭代，在宏观层面实现社会的价值共振，解决传播的价值即'看得有用'的问题。大众传媒需对社会公众已有的价值逻辑进行系统性把握，并在信息中适当添加新的价值倡导，通过柔性的、渐进式的方式与公众的认知结构对接，起到理想化效果。

二、实践取向

圈层的运动过程遵循动态与平衡的逻辑。圈层内部的正反馈使个体对事物的认知得到强化，进而通过认知的协同效应催生出情感的共振，最终形成社会合意。然而，这一过程也加剧了圈层对于外界信息的隔阂和排斥，隔阂产生偏见，偏见酝酿冲突，成为社会发展在传播领域中的一种"新常态"。[38] 当过于强调圈层的开放性时，多元信息则使得其丧失了原本的独特性和对于圈层内外部个体的吸引力，进而导致圈层的解体。因此，"破圈"实际上是寻求圈层内部动态"平衡点"的过程。

认知的延展与交互特性为契合圈层的平衡态，并实现圈层突破提供了微观上的操作路径。与社会去组织化带来的分布式社会的核心要义相一致，学者罗伯特（Robert）提出分布式认知（Distributed

Cognition)的概念，认为认知过程可能分布在社会群体和各个成员之间，涉及内部和外部结构之间的协调。这种认知过程强调了与个体思维相联系的认知过程如何在群体中实现。[39] 简单来说，认知过程涉及个体对于信息的传播和转化，加上圈层的结构化作用，认知在很大程度上决定了信息在圈层内部与外部的流动过程，因此，圈层本身也是个体认知的一种架构方式。在未来传播的实践取向上，我们应将认知视为"破圈"的微观机制进行考察，从而实现分布式认知与圈层动态"平衡点"的结合。从某种程度上看，认知对于圈层内部信息的调节作用和对外部结构的延展过程有助于把握圈层的封闭与开放的临界态，使得圈层在同类观点聚集的同时保持对外部意见的接收，并通过个体认知的转化产生适应于本圈层的新信息，实现两种状态的平衡。

三、价值取向

个体认知并非独立存在于社会环境中，而是在与社会环境交互中形成具身认知、生成认知、嵌入认知和延展认知。认知已从个体大脑衍生出与环境勾连的复杂形态。互联网对于社会的微粒化使人的主体性和能动性得到凸显，人的主体性和能动性成为传播过程中的活跃因素。从媒介延伸的视角看，未来媒介延伸了个体视觉、嗅觉、听觉、触觉等多元感官，实现个体"感觉总体"的回归；个体将成为感官平衡状态下的"部落人"，个体的认知也将在多元感官延伸下逐步跨入虚拟与现实的诸多领域，形成不同于以往的新认知体验。

未来传播的重要着力点在于应继续将"以人为本"作为评价标尺，拓展个体认知的自由度，唤起个体面对复杂社会的认知潜能和创造力，激发个体深入思考社会发展中的各个链条，实现道德与思想层面的认知升级。此外，"以人为本"的深层次含义则是凸显人的尺度、人的价值与人的尊严，将个体的认知放置于信息传播的入口，是传统传播时代将人作为统合性视角的进一步精细化区分。因此，除满足个体认知向外的延展外，人体及人的心智本身也是一个大宇宙，对它的选择性"重组""再造"也将成为未来媒介发展的重要方向。[40] 将人的价值作用于未来媒介的发展和迭代过程，实现"以人为本"逻辑下个体认知的多元互动，是未来传播的基本价值取向。

四、小结

在数字技术引领下的未来传播变革中，社会被裂解为微粒化的组织和架构，圈层化、再组织化的社会表征使得传播形成了不同于传统传播时代的生动图景。当个体成为传播与社会的基本运作主体和能动性因素，对于个体认知结构的深层次把握及其与传播过程多要素的耦合为衡量未来传播的影响力提供了可供感知和参照的标识，是构建未来传播影响力的一种理论延展。因此，未来传播影响力的实现，实际上是信息在吸引注意力之后形成的个体认知结构的改变，而后会产生相应的决策、行为等外显化的指标。对于认知要素构成、指标细化及其与传播的关联性操作应是未来传播可供继续延展和思考的方向。

| 第一部分 |

认知神经传播学与未来媒体研究

第一章
认知神经科学与传播学交叉学科的发展

第一节　认知神经传播学：范式创新与研究框架

一、认知神经传播学研究的缘起

　　传播学本身就是一门社会学、文学、法学、人类学、解剖学、生理学、心理学、教育学、管理学、艺术学等多学科交叉、渗透和融合的学科。传播学科建立的过程是各种学科的竞合增长，对各种学术流派取长补短的过程，也是一场学术归属的圈地运动。其中，心理学在传播学的成长壮大过程中占据着重要的位置，这也是认知神经传播学的渊源。在传播学四大奠基人中，两位是心理学家。在传播学的研究方法中，心理学实验研究方法与问卷调查法、内容分析法并称为传播学三大实证研究方法。

　　传播学与心理学有着天然的紧密关联属性，两者都关注信息接收前和信息接收后的心理机制变化。随着心理实验手段的完善和升级，其新的研究范式和研究工具将被引入传播学研究中，这是传播学学科发展的题中要义。认知神经科学与传播学的结合，产生了传播学研究的认知神经科学进路，传播学研究呈现出"过程"与"结果"兼顾、

"动态"与"静态"并行,"宏观"与"微观"同重、"瞬间效果"与"恒常影响"益彰的特点和趋势。

(一)目前主流传播学研究所面临的困境

传播学的发展面临着研究问题的多元复杂性,同时还面对研究方法、研究范式双重匮乏的尴尬境况。现实情况是,传播现象的多元、多重、多向和传播问题的复杂繁乱,并没有带来传播学研究手段和研究范式的日益丰富和精进。传播学研究方法近二三十年一直处于"墨守成规"的状态,尤其是在互联网和移动互联网以及人工智能等新媒体技术产生和大行其道后,其存在着"刻舟求剑"的研究困境。显然,传统的问卷调查法、内容分析法和古典实验法并不能够很好地适应现实新媒介环境下传播问题的描述、分析和把握,更谈不上方向性预测与控制,传统传播学研究方法(如问卷调查法)受到质疑。

人们并非总是知道自己的需求。斯坦福大学的认知神经学家库沃茨(Quartz)认为,不管调查问卷的效标有多么客观,最终仍然是经过大脑后期加工处理以后的判断,而实际上很多需求来自前期的信息加工处理。

(二)认知神经科学的发展和延伸

对人类而言,人脑是最终的"黑箱",研究者以往只能通过外围描述来推测人的行为动机或预测行为方向。认知神经科学是20世纪世界科学标志性的新兴研究门类,它致力于探索人们认知活动背后的脑神经机制,研究对象为感知觉(包括模式识别)、注意、记忆、语言、思维与表象、意识等,主要技术手段包括眼动追踪(Eye-move tracking)、ERPs、fMRI、穿颅磁刺激(TMS)、正电子发射断层扫描

（PET）等。

进入 21 世纪，随着认知神经科学的进步和脑活动测量仪器技术水平的进一步提高，认知神经科学在社会、心理、经济、体育、文化、艺术和商业等诸多领域的应用迅速发展起来，引起了有关学科研究者的高度关注。目前，已经有明确学术称谓的交叉学科领域有神经社会学、神经经济学和神经营销学等。

（三）传播学与认知神经科学融合对传播学研究的意义

传播学研究方法的创新，推动了研究工具的革新，促进了传播学研究由"古典实验法"向"现代实验法"的演进，实现了传播学研究视角的转换。具体地说，传统传播学的研究视角和关注层面，集中在宏观和中观效果层面，忽略了短期效果等微观层面。认知神经科学在承认人类个性特质的基础上，重视人类接受信息刺激时产生的普遍性差异，并回归到人们对信息接收和认知的最初环节，能够很好地回答困扰传播学研究中传播效果强弱的难题。更为重要的是，这种研究视角结合了社会心理学等理论，可以有效地解释网络社会中人们的信息行为和信息决策，拓展了传播学研究的视阈，将更多的传播现象纳入传播学研究的范围。同时，认知神经科学的研究方法可以达到传统传播学研究方法所不能实现的效果，尤其是脑认知技术，可以有限度地打开人脑这个最后"黑箱"，将更多的研究对象纳入到传播学研究的视阈中，例如脑认知技术在网络成瘾等研究中的运用就收到了很好的效果。最后，它有利于我国传播学追赶乃至超越西方传播学研究水平。西方主流传播学刚刚开始关注借助认知神经科学技术手段研究现代传播现象的研究范式，这意味着我国和西方站在同一个起跑线上。人类社会由人组成，以人为基础单位的个体、家庭、群体、组织等构成社会科学的主要研究对象，而深刻洞察"人"便成为社会科学研究的重要起点。认知神经科学所提供的洞察人的研究范式、分析工具与技术设备可广泛应用于包括传播学在内的各种社会科学研究。

二、认知神经传播学向传播学学科版图的拓张

开展认知神经传播学研究的必要性，主要体现在理论与应用两个层面：一是从理论层面拓展了传播学研究方法、范式与领域；二是从应用层面应行业需要而生，促进了行业发展，使产学研相得益彰。

（一）理论层面

传播学鼻祖施拉姆（Schramm）曾在《人类传播学》中指出："传播学不是一个类似于我们称呼物理学或经济学那样的学科。传播学更像是一门十字路口上的学科，有很多学科交替穿插经过，但没有停下来。"传播学蓬勃的生命力就在于多学科的交融，而其与认知神经科学的结缘可以为该学科注入新的活力。

1. 深化对传播效果的研究

在传播学五大传统研究领域（传播者、传播内容、传播渠道、受传者、传播效果）中，传播效果研究尤受重视。传统的传播效果研究偏重短期、中期与长期效果，很少从脑科学层面关注瞬间效果——虽然瞬间效果是短期、中期、长期效果建立的基础；传统的传播效果研究也较少从受传者（用户）大脑与心理层面上深刻理解传播效果产生的内在机制——虽然用户才是传播效果产生的重要起点。传统传播研究对瞬间效果及传播过程中人脑与心理机制的忽视，一方面由于潜意识相对于意识更难观察，另一方面则是因为在"点对面"的大众传播时代，传播实践活动长期以传播者为中心。

2.丰富传播学研究方法

如果将人类意识视为冰山露出水面之一角，人类潜意识则为掩藏于水平面之下的巨大冰山主体。此前囿于技术与研究范式方面的局限，传播学多采用问卷调查、内容分析等量化研究方法与访谈、民族志等质化研究方法采集人眼可见或被调查者自己能意识到的信息，对人类潜意识的研究几乎为空白。现今，随着认知神经科学理论范式趋于完善、技术设备越来越易于操作，已有可能将认知神经科学与传播学结合起来，以丰富传播学研究方法，为传播学研究所拓展的新疆域的学科研究提供新的方法论指导。

3.构建用户洞察基础数据库

社会科学研究常遇到的瓶颈之一是缺乏所需的基础数据。该瓶颈通常会阻碍一些非常具有创新性的研究设想投入实施。认知神经传播学研究可以设置一项用户洞察常规研究，持续采集数据，通过数据库或年度报告的形式对外发布，为其他学者进入认知神经传播学领域扫清第一道障碍，以此吸引越来越多的智力资源汇聚于认知神经传播学研究领域，促进该学科的持续发展。

（二）应用层面

与报纸、杂志、广播、电视等传统媒体不同，基于信息技术、网络技术、数字技术发展起来的新媒体，以互动、即时、移动、"点对点"等为特征，促使新媒体产品与服务越发建立在用户洞察基础之上，更尊重人性需要，以人为本，"得用户者得天下"。因此不管是舆情分析与引导、互联网产品开发，还是App界面优化、精准广告投放等，均迫切需要用洞察用户的理论与技术支撑行业发展。洞察用户当然可以采用传统的问卷调查、焦点小组等方法，但是由于用户并非能明确意识并清楚表达出自己的准确需求，上述方法在洞察用户方面的确常遭受力所不逮之困。业界亟须采用更触及人类需求与偏好基底的方法与技术，准确捕捉那些甚至连用户自己都无法意识到的真实意图。认知神经科学基于对人脑及人类心理的细致把握开展研究，可以满足行业应用之需。同时，也会在满足行业需要的过程中，形成产、学、研间的正反馈关系。

三、认知神经传播学研究的行动路线图

（一）认知神经传播学的研究框架

认知神经传播学的研究框架改为如图 1.1 所示。

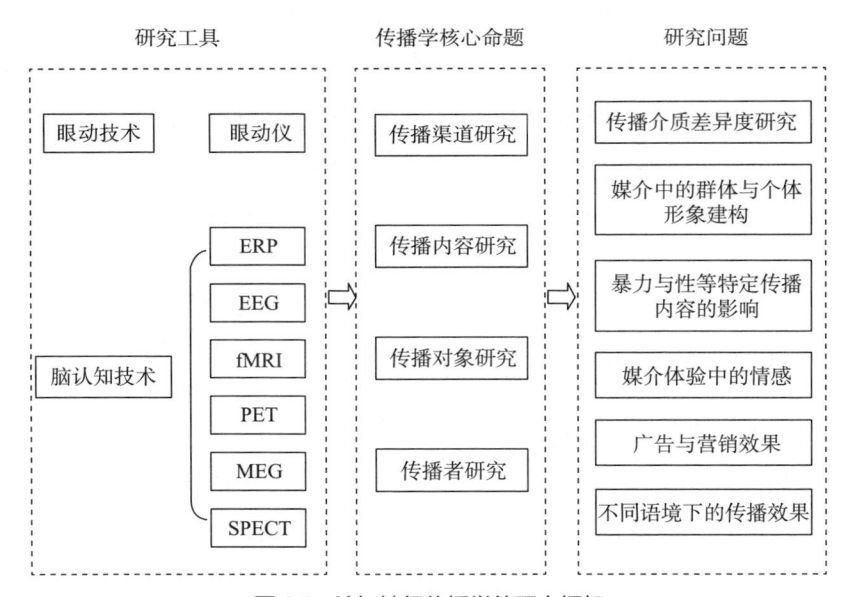

图 1.1　认知神经传播学的研究框架

研究工具：眼动技术（眼动仪）、脑认知技术（ERP、EEG、fMRI、PET、MEG、SPECT）

传播学核心命题：传播渠道研究、传播内容研究、传播对象研究、传播者研究

研究问题：传播介质差异度研究、媒介中的群体与个体形象建构、暴力与性等特定传播内容的影响、媒介体验中的情感、广告与营销效果、不同语境下的传播效果

资料来源：喻国明.认知神经传播学：范式创新与研究框架［J］.浙江传媒学院学报，2018，25（1）：9-13+140.

（二）认知神经传播学研究的基本议题

1.传播渠道研究

麦克卢汉的"媒介即信息"指出了媒介对人的认知方式的塑造作用，不同渠道会给信息打上不同的渠道烙印。通过改变实验材料以及创造贴近现实的传播环境，传播学研究者有可能通过考察被试的注意力、唤醒度和记忆力等变量，对不同状态中的传播渠道与传播效果的关系加以探究，如纸质报纸、电纸书和平板电脑的介质区别。

2.传播内容研究

研究话语表达方式和书写方式的变动引发的受众反应。视觉空间选择性注意力研究和声音注意力研究都是传播内容研究可以借鉴的重要方面，例如对于版面的构成、网页视觉中心的考察，声音组合排布对于被试的吸引力等。

3.传播对象研究

受众或媒介使用者的差异及群体划分一直是传播学研究的重要课题，过去的研究仅能通过观察、经验调查及被研究对象的自我报告等研究方法来探索信息在不同性质群体中的传播效果，但这种报告和观察的可靠性是难以保障的，并且经验调查对于瞬时效果的调查精度有限。神经科学的手段为研究不同群体的信息瞬时加工特点提供了便利的条件。不同年龄、不同性格甚至不同种族、不同语境下的媒体使用者的信息加工差异与共性在脑电图（EEG）中将得到直观而可靠的表现，如在网瘾的研究中，研究者使用 EEG 技术对于网络使用者展开的分析。

4.传播者研究

传播者的形象与受众间的刺激反应关系在很大程度上影响了传播效果。无论是传统媒体中最常见的主持人、记者等传播者，还是政治家及其他行业领袖等传播者,都要通过特定的人际传播以及大众传播手段的组合产生预期的影响力和传播效果。例如,已有西方公司使用MRI技术对希拉里与奥巴马的竞选广告进行了广告观看者的脑活动研究,并发现奥巴马的广告能够引发被试更积极的脑部活动。研究通过观察被试在不同传播者形象刺激下的反应,能够推导总结出在视觉、听觉形象构建方面值得借鉴的一些共性联系,如主持人的不同衣着风格对传播效果的影响。

三、认知神经传播学研究的难点

(一)如何避免落入认知神经科学等领域的重复性研究窠臼

神经科学本身也处在发展过程中,其工具和手段对于脑活动的探讨对比人脑的加工机制依然是浅层的。传播学必须区分对待神经科学的研究方法和结果,既要从大量的神经科学研究成果中借鉴最有价值的范式与结论来建构本学科的研究,又要找到本学科的独特定位与创新价值,尽量避免认知神经传播学研究沦为认知神经科学等领域的重复性研究。

(二)如何论证实验结论的可推广性和现实性

神经科学的基本研究方法是实验法,实验法要求材料和环境尽量单纯化,而日常传播环境的传播系统是格外复杂的系统,如何从复杂现实中提取需要论证、能够被实验论证的主题,并论证实验结论的可推广性和现实性,是传播学引入神经科学实验范式的难点。

(三)如何确保研究者的专业能力符合严格要求

神经科学实验研究对实验设备、实验环境、被试选择、实验操作都有极为具体的要求，实验实施过程及后续信号处理都需要研究者具有较高的专业知识和技能。此外，在实验设计、实施甚至研究伦理方面，研究都必须同时严格遵循心理学实验、神经科学实验业已形成的种种要求。因此，神经科学实验会消耗研究者极高的时间、精力和物质成本。

第二节　认知神经传播学：研究问题与研究路径

认知科学是20世纪世界科学标志性的新兴研究门类，它作为探究人脑或心智工作机制的前沿性尖端学科，已经引起了全世界科学家们的广泛关注。认知神经科学致力于探索人们认知活动背后的脑神经机制，研究对象为感知觉（包括模式识别）、注意、记忆、语言、思维与表象、意识等，主要技术手段包括眼动追踪、ERPs、fMRI、TMS、PET、fNIRs、皮肤电活动（EDA）信号测量等。

认知神经科学方法可以用于解决传统传播学研究方法对于媒体机制研究的局限。传播学交叉学科研究方法的创新，实现了研究工具的革新，实现了传播学研究由"古典实验法"向"现代实验法"演进，实现了传播学研究视角的转换。具体来说，传统传播学的媒体信任研究视角多集中在宏观和中观效果层面，忽略了短期效果与瞬间效果等微观层面；而认知科学在承认受众个性特质的基础上，重视受众接受信息刺激时产生的普遍性差异，并回归人们对信息接收和认知的最初环节，能够很好地解决公信力的认知机制与微观影响因素传播效果强弱这两个难题。

从认知信息加工的视角，回归信息流本位，研究媒体信任机制的关键。信息流的固有特征、内容、结构、速度，信息效果如情感、唤起、新旧比率等因素，对于受众媒体信任度认知机制的影响，可以对应传播内容的图像、声音、文字等内容要素以及这三者的组合。认知的信息自动加工过程（automatic processes）难以进入知觉层面，是"黑箱"中的"黑箱"，人们经常难以理解自动选择或者判断是如何作出的，如哪些媒体形象是"值得信赖的"，哪些网络口碑是"可以采纳的"。传统的问卷调查和普通行为态度测量往往唤起了研究对象的信息主动控制加工，但是这些研究与普通状态下的媒介知觉即自动加工状态显然有着较大的差距。从生理学角度看，自动加工过程可以通过脑部活动进行分析，而其与控制加工过程的区别则从脑区进行识别和划分，研究者可以区分信息的瞬时加工是通过何种机制形成的。

从微观效果的层面，用认知神经科学的方法对以往关于公信力评价宏观调查的既有结论进行针对性检验。一方面，认知神经科学对于视听认知的研究可以辅助传播学探讨受众在不同传播渠道组合环境中的注意力分布，进而判别传播效果。以往公信力评价是基于经验研究得出的大量成果，当前，运用认知神经科学手段，可以辅助从复杂的传播渠道和传播过程中逐层抽离出简单变量之间相对固定的关系，以重新解读媒体信任机制和重新分析传播现象各环节。另一方面，传播效果在很大程度上受传播者的媒体形象与受众感知之间关系的影响，无论是作为最常见的传播者代表的传媒机构形象（如新闻信源标识、电视台台标）、传播者形象（包括主持人、出镜记者、知名评论员和专家），以及其他行业的专业人士形象，如某一专业领域的网络意见领袖形象等。传播者在受众头脑中所形成的第一印象、刻板印象和传播活动产生的瞬时效果，以及在此基础上形成的中长期记忆与影响，均可借由神经科学的研究手段来辅助开展研究。

一、认知神经科学视角下的传播研究关键问题与生理测量指标

其一，认知。认知神经科学是通过运用眼动追踪、EEG、生理电、

脑功能成像等技术测量人的认知、情感，意在阐明认知活动的脑神经机制，具体包括感知觉、注意、记忆、语言、思维与表象、意识等，涵盖了神经科学、认知心理学、生理心理学等领域。认知神经传播学则旨在运用认知神经科学的研究范式、分析工具与技术设备，研究传播学学科领域内的相关问题，重点关注人类微观层面的内部信息加工机制，深化对传播效果内在生成机制的理解。传统的传播学研究方法如问卷调查、内容分析以及古典实验法，大多基于行为主义和刺激 – 反应模式（Stimulus-Response Model），关注的是外部刺激对人的行为影响，围绕人类认知的外显属性开展研究，尽管这些研究对解释传播的宏观效果和中观效果作出了巨大贡献，但发生在大脑"黑箱"中的瞬间效果无法用行为主义范式来解释。认知神经传播学恰好触达了这一盲区，通过直接观测脑内活动信号，或者脑活动带来的其他生理指标的变化，在一定程度上还原人脑面对信息的认知和情绪加工过程。

其二，情感。在认知神经科学领域，有研究结果表明，情感（affection）与皮肤电反应（GSR）指标相关。在以往的研究中，EEG技术对于个体情绪体验测量也起到了重要的作用。EEG 信号是大脑内部神经元活动在大脑皮层的综合反映，不同情绪状态或情绪变化会带来 EEG 信号的不同变化。[1] 对于某些不易于主观察觉的情绪刺激，EEG 能够通过描述生理反应，客观地揭示不同情绪刺激背后的认知加工机制。[2,3]

当前已有很多研究运用认知神经科学的方法证明，个体的情感体验和认知过程与 EEG 频域活动紧密相关。EEG 信号常被用于测量消费者的情感效价、情感唤醒以及趋近 – 回避行为等。欧姆（Ohme）、雷科夫斯卡（Reykowska）、维纳（Wiener）和乔罗曼斯卡（Choromanska）就同一产品的三支不同版本广告进行研究，提取涉及情感部分的场景，结果发现消费者对不同的情感场景产生了不同的趋近反应；维克亚多（Vecchiato）等人发现受众在观看商业广告视频时，与视频体验愉悦度相关的额叶区域的 α 波活动存在偏侧化现象，且额叶激活的不平衡与个体表达愉悦的程度呈线性相关；卡尔托奇（Cartocci）等人则在此基础上进一步考虑了性别和年龄对个体情绪偏好的影响。

其三，记忆。"学习-再认"范式是记忆研究的经典范式，通常用于脑电实验。该范式包含两个阶段：在学习阶段（记忆编码阶段），研究对象需要先认真学习相关项目，如新闻文字或者视频报道等，无须作出反应；在再认阶段（记忆提取阶段），研究者给被试呈现一组项目，内容新旧混杂，要求研究对象进行新旧项目判断并按键，在此过程中收集被试 EEG 数据。研究表明，在再认阶段，正确识别的旧词相对于正确判断的新词会产生更大的晚期正成分（Late Positive Component，简称为 LPC），即新旧效应（Old-New Effect），该效应一般出现在刺激后 300~500 ms，持续时间为 300~600 ms。[4] 该范式的测量指标分为两类：一类是 ERPs 指标，主要关注 LPC 的差异与变化；一类是行为指标，即研究对象按键反应所得出的正确率（ACC）、反应时间（RT）等指标。从传播实践的角度来看，长时记忆意味着用户行为的惯性效应。[5] 任何传播活动的最终目的都是对受众思维惯性和行为模式的培养，从而产生更持久的传播效果，而这种思维与行为惯性会进一步影响受众对于媒介的认可度，甚至是媒介信息的信任程度。

二、受众对不同报道对象的认知神经信任机制研究

受众对不同报道对象的认知神经信任机制研究，即研究对象的人口特征分析。在以往的公信力研究中，首先，在性别方面，外国学者发现男性更相信报纸，而女性更相信电视。[6] 但我国也有学者发现，男

性比较相信电视选举新闻，并认为男性对电视选举新闻的依赖程度较高。[7]同样地，性别与在线消息公信力的四个因素，即可相信程度、正确性、偏见和完整性都是显著相关的。总体上看，女性比男性更相信网络，但也有学者发现男性对网络可信度的评价更高。[8]其次，在年龄方面，约翰逊（Johnson）和凯（Kay）在对网络新闻公信力的可靠性、正确性、偏见和完整性四个因素的研究中发现，其中三个因素与年龄呈现显著负相关。也就是说，网民的年龄越小，越容易相信网络媒体。[9]那么，在认知神经科学层面，可以通过随机化实验的方法，设计实验探讨性别与信任度之间的关联程度；也可以通过选取老年被试进行测量，观察老年群体对于网络新闻的信任程度以及网络谣言的判断力。

此外，传播者通过不同的传播渠道来报道同样的新闻内容，或者通过不同的材料方式呈现同样的新闻内容，也会导致公众认知的差异。也就是说，媒介信息呈现渠道的特性不同会影响媒介的公信力。以下将从文字、视频、社交这三类材料，以及不同的感官加工、传播主体、价值取向的认知神经信任机制研究这三个模块来设计媒介材料的呈现。

三、受众对不同感官加工的认知神经信任机制研究

（一）图文信息材料

电子阅读设备和报纸，作为两种不同属性的媒介，会对受众的认知模式产生影响；受众在这两种媒介场景中通常会投入不同程度的注意力，这也会影响受众的长时记忆，[10-12]从而在很大程度上证实了以上学者的判断。

新闻文本的情绪化表达也会影响受众的脑认知活动。个体在阅读

运用不同情绪表达方式写作的新闻文本时，不同频段的 EEG 信号会呈现出不同的相关变化，从而有可能对认可度产生影响。多项研究运用 EEG 频域分析（Frequency Domain Analysis）技术，揭示受众阅读新闻文本过程中的脑活动，试图考察不同的文本表达方式（情绪化表达/中性表达）对个体信息加工的影响，以探讨后真相（post-truth）语境下的情绪化新闻文本对受众认知活动的影响。[13, 14]

（二）视频信息材料

视频直观生动，是多渠道的视听媒介，容易给受众造成眼见为实的印象，而偏好报纸、杂志的受众主要通过阅读文字来接受单一渠道信息。雅各布森（Jacobson）在 20 世纪 60 年代的研究发现，电视的公信力明显高于报纸。对于媒介渠道特性带来的公信力差异，学者们进行了判断维度的探讨。纽哈根（Newhagen）和纳斯（Nass）认为，人们对电视公信力的评价主要针对其具体报道的内容，对报纸则趋向于将其作为一个机构来评价其公信力。

视频类材料中传播者的形象便属于具象化元素，也可用于意见领袖的信任度判别。可信任程度往往随被传播主体的面孔吸引力增加而显著提高，信任度和吸引力评价呈正相关，即有吸引力的人通常被评价为更值得信任，反之亦然。[15] 研究者发现信任感判断与吸引性评价呈高相关。[16] 有学者在社交平台意见领袖与认知神经科学评估测量的基础上，提出网络视频直播主播的信任度效果评价，即接触—认知—说服—二次传播。[17] 有研究使用 MKDA（多层次的核密度分析）发现，随着吸引力或信任度下降，杏仁核被激活，而随着吸引力或信任度增强，尾状核、伏隔核、眼窝眶额皮层、右侧丘脑等脑区均有被激活，这表明面孔吸引力和信任度的脑区激活有重叠。[18] 近年来，基于语音合成、图像处理等新技术的人工智能虚拟主播在传媒行业广泛应用。

新的传播主体界面也带来了传播方式的革新，与真人主播相比，其受众信任程度如何，是否可以影响传统主流媒体的公信力，也成为一个新的研究课题。

（三）社交信息材料

随着社交媒体逐渐深入到人们的生活中，与生活息息相关的社会议题也出现了虚假信息泛滥的问题。社交媒体的特征主要包括用户生成内容、双向通信、即时沟通、轻松的新闻共享和发布、相互联系和社区归属感、志同道合的个性兴趣空间以及选择性接触和动机处理等特征。如何从心理机制的角度理解并更正虚假信息的传播，重塑媒体的公信力，成为学界关注的焦点。

金（Kim）、弗拉加（Vraga）和库克（Cook）通过眼动追踪方法，检查人们在社交媒体上遇到虚假信息和信息被更正情况下的心理机制，即信息关注度和可信度。社交媒体上的虚假信息会导致人们作出次优的决策，同时社交媒体上的一些观察性更正（Observational Correction）也起到了一定作用。虚假信息更正分为三种类型：基于事实的更正、基于信源的更正和基于逻辑的更正。第一，基于事实的更正，即说明与虚假信息声明冲突的相关事实。第二，基于信源的更正，即突出显示虚假信息源的可争议特征。第三，基于逻辑的更正，即使用批判性思维方法突出虚假信息中的逻辑缺陷。

学者研究发现，在有关媒介信任的生理认知机制中，注意是一种关键的认知机制，是实现有效更正所必需的信息过程的先导。通过更正机制，调整注意力可以减少虚假信息对个人的影响。同时，消息的可信度是根据消息的内容特征来衡量的。传播适应受众价值倾向、接受度的媒体信息内容，在提高媒介信息的说服力、可信度等方面可以起到关键作用。

四、认知神经传播学研究的初步路径

在具体的研究中，可以选择将传播学和认知神经科学二者优势充分发挥的角度，作为认知神经传播学初期研究的切入点。

（一）传播介质差异度研究

已有研究发现，不同介质的媒介影响了人们信息处理的方式和行为。据此，未来的研究可以通过传播介质差异度的研究来确定受众接触不同媒介时调动脑区的不同部位和随之产生的脑区电位的变化（波形、波幅、周期等），进而了解不同媒介形态的影响，找出最佳的媒介传播组合形式。例如，研究室外情景中用户所受到的媒介传播组合形式的传播效果，车载电视、户外广告等新媒体形式对人们接受信息行为的渠道影响。

（二）媒介中的群体与个体形象建构

对人群进行划分的脑加工程序不是一个简单的过程。借助神经科学手段，我们可以更加精确和客观地衡量媒介的群体形象塑造究竟对受众产生了何种影响，受众与媒介在特定群体社会形象的建构过程中谁的作用更大，而媒介传播方式的变动能否影响受众对特定群体印象的改变，这有助于阐释媒体传播行为对改善特定群体社会形象的社会效益，并且有利于在塑造特定群体社会形象的公平性方面完善媒体功能。与此相似，政治传播及文化研究对政治领袖等个体的媒介形象建构研究也可以从神经科学中寻找到相应的支持手段。

（三）暴力与性等特定传播内容的影响

传播暴力与性的内容，一直以来都是媒介无法回避的问题。与经验式的观察和被试自我报告式的研究相比，神经科学为暴力与性以及公众认知研究提供了可靠技术支撑。有研究发现，用户观看暴力场景与观看普通场景过程中脑活动存在差异，这种差异将激发人们不同区域的脑活动，这证明了观看暴力内容可能引起已经存在的与暴力相关的记忆和感受，潜在地引发暴力行为。

（四）媒介体验中的情感

情绪是情感的外部表现，神经科学手段可以敏感地反映出情绪在脑内的活动过程。在记忆实验中，负性和正性情绪单词较中性情绪单词能引发更强烈的相关 EEG 信号，表明单词的情绪成分对语义记忆过程有显著影响。而对图片等带有情绪色彩的视觉信息的脑电反应研究，也证明了情绪对后续信息的接受与判断的影响作用之强烈。对于媒体的各类信息如何产生特定情感体验和传播效果这一议题，经由观察脑部活动可以得到比以往采用任何手段的外部观察都更为精确的结论。

（五）广告与营销效果

神经科学研究为研究者探寻产品在广告信息接收者心目中的印象以及未来发展空间提供了参考。有研究者通过向被试呈现特定的广告品牌和不同的产品类型的搭配，检验该品牌向所搭配的产品类型进行品牌延伸的可能性。品牌与产品关联度越高，被试越容易接受这种搭配，脑部活动也越平稳；而 EEG 信号的特定成分波动程度越剧烈，越说明品牌与产品的搭配是冲突的。营销学和经济学在广告效果及营销效果的研究上已经产生了一系列诸如此类的研究结果，基本方式是观察被试的注意力和短期记忆效果，这些研究方法一旦与特定的传媒语境相结合，便能对媒体广告及营销的研究产生直接的带动作用。

（六）不同语境下传播效果的比较研究

各个国家的用户使用不同的语言进行阅读，在信息理解和视觉加工方面都存在极大的不同。例如，由于中文文字借助于图像系统，中文使用者倾向于从整体角度阅读和理解文字，并可以阅读任意方向排列的文字，而英文使用者倾向于线性思维，只能从左到右地排列字母，进而理解词义。这足以启发传播学研究探讨不同社会环境中传播效果的差异，进而在改进媒介内容和视听界面系统时，更有针对性地面向特定语境中成长起来的传播对象进行设计。

（七）人工智能与未来媒体的认知神经科学研究

认知神经科学与人工智能有着天然关联。人工智能技术通过不断更新内容生产、分发方式以及终端形态成为人类不断崛起的交流对象，必然会引发不同于以往的传播效果。其中观或者宏观效果往往需要时间验证，瞬间效果即用户接收信息时的即时反应或许能反映出微观层面传播效果的变化。人工智能让人—机—人交流转换为人—机交流，削弱了大众传播模式，凸显了人际传播与人内传播模式的重要性，也为人工智能或者说智能媒体的研究提出了一些新问题。作为研究以人类为中心的认知和智能活动的科学，认知神经科学在研究对象等层面开启了新范式，有机会将大脑"黑箱"拆解成有功能区块的"线路图"，为以模仿人脑运行方式为主的算法提供知识背景和动力，即更好地理解生物脑可以对智能机器的建造提供重要参考。

第三节　认知神经传播学：范式对象与技术逻辑

一、"认知神经传播学研究"的现实意义

当下，媒介技术的发展日新月异。正如麦克卢汉所言，新媒体带来了"新的环境、新的语法和新的尺度"，[19] 促发了大量新的传播现象与议题，为传播学发展带来全新的拓展空间。认知神经科学领域脑成像技术的发展，以及相关研究领域的深入探索，在很大程度上与传播学领域对情感、身体、可供性、人机传播等问题的兴趣增长相一致，这些议题在一定程度上奠定了认知神经传播学研究的现实意义。

首先，传播的非理性与情感变革转向。马克思认为，人是感性的和实践的。在传播研究领域，尊重感性价值意味着尊重传播的实践。在当下社会，"由于数字媒介是一种情感体验式媒介，情绪具备了被消费的价值，从而跻身生产资料之列"。[20] 一方面，有更多的学者开始认同"情感也是一种信息"（Feeling as Information），因此，媒介技术不仅仅是传递或者交换信息的冷冰冰的工具载体，也是一种"富有情感的科技"（Affective Technology），媒介在影响信息传播的同时也影响人的情绪，从而形成"数字化情绪"（Digital Emotions）这一前沿的研究领域；[21] 另一方面，情绪这一关键要素与受众的认知是密不可分的，很多研究丰富了人们对于情绪和情感的认识，能够带来所谓"情感研究的变革"（Affect Revolution），[22] 以便研究"从线性认知模型转向多层次多类型激活的、涉及抑制及增强复杂组合的多路径认知模型"。[23] 情绪在人们信息加工和决策的过程中起到重要的作用，其影响不亚于信息本身，就如同麦克卢汉将媒介分为冷媒介和热媒介一样，由情绪驱动的信息传播也被称为"暖认知"。

其次，传播技术的可供性与物质性转向。传播技术的可供性扩大了用户实践的半径以及社会的流动性。随着媒介技术的"形成"（Becoming），"技术使人携带各种物体上路，两手空空的人已不能走出家门"，身体逐渐养成新的行为习惯来适应媒介技术的发展，而媒介技术的可供性也会引发人们自然的使用行为，人与媒介技术乃至环境的"协调性（Complementarity）隐匿在显性行为之中"。[24] 媒介技术使用的意义受特定环境中技术的可供性的影响，如社交媒体的恒久（Persistence）是一种技术可供性影响，这种可供性就导致很多用户将其作为一种数字日记（Digital Diary）来进行使用。[25] 在这一"行动－人－对象"（Action-Hand-Object）的框架下，[26] 身体作为"物质性转向"的特征机制之一，是对可供性的感知最为关键的界面，这也是认知科学视角下对计算隐喻的范式突破。通过认知科学与生理心理学的证据，人们可以实现对身体的重新认识，而传播过程可以"不仅仅被看作一种非物质的、无形的现象，而是一种可以助力现实世界的建构性力量"。[27]

最后，传播的即时反馈与瞬时效果转向。"瞬时效果－中期效果－长期效果"的研究框架转向，更适宜对传播效果进行多层面、多阶段的统合分析。[28] 传统意义上对于传播效果的评估，主要采用事后的感知调查，如询问态度、意愿等，多采用自我报告的方式。这一类传播效果的反馈，一方面无法获得受众在媒介使用或者媒介接触过程中的即时状态与展现受众的瞬时心理加工活动；另一方面，从生理心理学角度来看，传统的传播研究中量表获得的是研究对象的信息主动控制加工过程的测量结果，而非指向信息自动加工过程，但后者才更接近于日常真实状态下的受众媒介知觉与反馈。在5G时代，人们生活在一个随时"可点击的世界"（Clickable World），传播信息更迅疾化、场景更碎片化，因此瞬时传播效果和反馈的状态、受众的瞬时信息加工机制、随着媒介技术和内容呈现而"流动"（Flow）的生理心理特征和认知规律，都是研究受众传播效果首先需要观照的问题。

二、认知神经科学传播学：离人类感知最近的传播范式

认知神经科学诞生于20世纪70年代。随着行为主义研究范式的衰退，研究者们迫切需要一种有效且可靠的方法来解释人类的复杂认知。神经科学（Neuroscience）和认知科学（Cognitive Science）是认知神经科学的两大起源。神经科学探索人的知觉和行为在大脑中的溯源和连接，试图绘制精确的"大脑地图"；而认知科学则借鉴了计算机领域的信息加工模型，在"输入－输出"之间探讨人脑对于外部刺激的"信息加工"（Processing）过程这一环节，[29]这种平行分布式加工处理，以自下而上的刺激和自上而下的调节等大脑工作方式入手，关注知觉、记忆、情感等认知心理活动。由此，两者殊途同归，共同试图打开人脑内在状态的神秘"黑箱"，从物质行为表象转为探索人类的心智（Mind），研究"人（心）－脑"以及其他生理指标之间的关系。

（一）认知神经科学技术为传播学提供了感知与测量的范式

本节引入"认知神经传播学"这一议题加以探讨，将一门学科领域与"人类心智的探索"结合在一起。传播物质性转向的特征和机制之一，在于对身体的重新认识，而人的身体和思维是无法分离的。在日常生活中，人们往往会通过一些生理活动来判断人内在的心理活动。例如出汗，是由于慌张或恐惧。在"身心合一"（Mind-Body）的互动视角下，认知心理的特征与机制通常蕴含在人们的外在行为之中；反之，人的行为特征也反映了一定的心理动因。

值得说明的是，香农（Shannon）的信息编码解码模型理论，不仅影响了传播学的发展，也是将人与媒介技术、认知神经科学连接起来

的桥梁。在认知神经科学中，信息编码指的是"人的内部生理心理活动"，也就是上文提及的"黑箱"；噪音指的是"源于人某些心理状态的影响因素，与信息一起传入并影响信息传递的质量"，而且人的认知加工"信息通道是有限的"。[30] 不同的情绪感受和认知活动都是由心智与身体之间持续互动所产生的，知觉是探测传播效果的度量单位中，离人类感知最近的一环，而认知神经科学的技术、方法和指标，则是探索知觉的前沿利器。

从"回归信息流本位"[31]的维度来看，信息流的固有特征如内容、结构、速度、节奏等，对应文字和视听的传播内容要素以及它们的组合，信息流的效果对应传播对受众认知机制的影响。信息加工的双维度模型，可细分为信息自动加工和信息控制性加工两类，两者可以通过它们在大脑活动中的作用位置来大致区分。具体来说，控制加工是连续的、主动调用的、唤醒的，伴随内省与决策的过程；而自动加工（Automatic Processes）则是难以察觉的、潜在的、无意识的加工。[32] 与此同时，从"情感媒介"的维度来看，情绪是趋近或者回避某种目的的行为，大多是阈下知觉（Subliminal），即无意识的知觉，包括悲伤、愤怒等社会情绪，[33] 以及疼痛、饥饿等生物情绪；认知是回答"正确还是错误"[34]的过程，一般来说，单纯的认知刺激难以引起行为的改变，需要作用于情感系统才能进一步影响行为（见图1.2）。

Ⅰ 控制性认知过程	Ⅱ 控制性情感过程
Ⅲ 自动认知加工过程	Ⅳ 自动情感反射过程

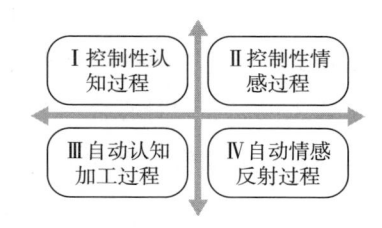

图1.2 基于信息加工与情感媒介视角的四个象限

资料来源：杨雅. 离人类感知最近的传播：认知神经传播学研究的范式、对象与技术逻辑[J]. 新闻与写作，2021（9）：21-28.

第一类"控制性认知加工过程"代表理性加工、理性决策的行为；第二类"控制性情感加工过程"则很难被识别，如演员在表演过程中对以往情绪经验的再认和调动；第三类"自动认知加工过程"代表情境性的反馈行为；第四类"自动情感反射过程"代表由情绪激发的反射行为，如兴奋欢呼、恐惧打冷战等。一般来说，以往研究往往关注第一和第四类范畴，如媒介消费者的理性选择、情感铺垫、用户对媒介内容信息的接受或者排斥等，[35] 而认知神经科学传播学则更倾向于对"自动认知加工过程"的研究，试图打开这一人脑信息处理机制"黑箱"中的"黑箱"。

换言之，认知神经科学传播学就是通过脑和其他生理指标，探究人与媒介、人与以媒介为中介的外部环境之间的关系。这些效果、反馈、关系以及人（身/心）的传播行为和社会行为，就是认知神经科学传播学的研究对象。具体如模式（a）所示。

人（身/心）→认知神经科学（脑/生理指标）
　　　　　　→媒介（外部环境）　　　　　　（a）

由此可见，人脑与生理信号所反映的认知心理活动，是传播信息加工的基础；认知信息加工是传播的内在心智层面的表现；而效果反馈，情绪、态度和行为的变化，则是传播的外在身体（Body）层面的表现。因此，认知神经科学范式连接了人的大脑等生理信号和传播行为之间的关系，在"离人类感知最近"的瞬时传播阶段，测量人的传播行为和传播效果之间的关系。

（二）传播行为是认知神经科学技术实践的丰富的自然情境范式

情境行为理论（Situation Action）认为，认知是由环境决定的，认知加工过程发生在人与外部环境的交互作用之中，而非简单地发生在每个人的头脑之中。"对于人类经验的研究，最好的方式是源于生活，即人类真实的实践行为。"作为一种研究范式，认知神经科学也是一项"现象驱动"的研究，理论研究具有实用性，而实践研究应该具有生命力，"与现象的重要性和实践的鲜活程度成正比"，甚至有时是反直觉经验的，[36]而范式的转化甚至新范式的产生，如库恩（Kuhn）所说，建立在这些既定预期之外的"例外"（Anormaly）之中。

传播学丰富的自然情境也适用于认知神经科学范式的应用。一般来说，人们对自身生活外部环境的认知往往是间接的，媒介技术起到了中介的作用。正如布莱克莫尔强调"认知神经科学家认为大脑具有地图，并地图在其对世界的表征和解释中发挥着重要作用，正如地图对于读者所起的作用一样"；[37]传媒通过对象征性事件或信息进行选择、加工和结构化之后，向人们传递关于外部环境的信息。因此，人们对于效果的测量，一方面是对传播的瞬时效果的测量，另一方面是对媒介在人脑中所形成的主观图景（Subjective Social Reality）的测量。如模式（b）所示。

【人（身/心）→认知神经科学（脑/生理指标）】
　　　　→媒介（外部环境）　　　　　　　　（b）

由此可见，在传播现象与过程中，研究者提出知觉层面（如注意、情绪、短时与长时记忆相关）的瞬时传播效果问题，以及高层级认知层面问题，如通过媒介形成对于技术和外部世界的概念，理解媒介与信息的建构和表征，学习和运用媒介技术，整合新旧图式等。这些瞬时传播中多阶段、多层次的问题，提供了认知神经科学传播学的研究对象来源；在此基础上选取脑与生理指标，通过相关规范性的研究设计、数据收集和分析，建立认知机制模型，并对这些问题作出回答和阐释，共同构成认知神经科学传播学的研究范式。

三、认知神经传播学的"工具箱": 研究对象及其用到的技术手段

当下,人们已经并正在经历从"人类社会"到"人工社会"的变革,人工智能技术改变着人类社会,包括传媒发展的方方面面。在菲斯克所言的"技术挣扎"(Techno Struggles)中,人们正在经历从"人工社会"到"人机交互(Human Computer Interaction,简称为 HCI)社会"的转型。在这样一个研究对象转型的阶段,认知神经传播学作为一种交叉学科的研究范式,为传播学研究提供了许多新的测量工具和技术手段。

前文提到,我们会通过一些生理活动来判断人的认知心理状态,但很多生理活动信号以及 EEG 信号,是无法被人的肉眼所直接观测到的,如观看恐怖诉求的宣传片时,被试可能出现瞳孔放大、心跳加速、深层肌肉群收缩、脑电频率和强度变化等反应,这些信号就需要眼动仪、生理多导设备、EEG 设备等一系列认知神经科学"工具箱"的辅助才能被识别和监测。这些研究工具的组合使用,可以帮助我们在认知神经科学传播学研究中,在时间和空间维度上实现传播效果研究的拓展,探索人与他人连接与同步的节律,感知多通道的大众传播媒介的影响。

(一)时间和空间在深度层面上的拓展

苏贾(Soja)曾说:"空间和时间并不是社会活动空空如也的集装箱。时空既可以使得人类的行为成为可能,同时又约束着人的行为。"[38,39] 时空的概念在传播研究中成为日益关键性的要素。认知神经科学的研究工具拓展了传统问卷调研"快照式研究"(Snapshot Study)的深度,改变了自我报告方式的回忆偏差和社会期望的混杂影响,从时间层面达到毫秒级的精度。

认知神经科学研究将认知过程与大脑结构与功能相结合,可以通过非侵入性、无损伤性的脑认知成像技术,探讨脑结构和信号对于个体行为的反映。fMRI、EEG等是最广泛使用的脑认知成像技术。例如,通过EEG的高时间分辨率,可以测量毫秒级的认知反应,而将认知过程和EEG成分关联起来,就可以得出该认知过程发生的时间信息。举例来说,在对于后真相时代情绪文本阅读的研究中,研究者发现,阅读情绪化报道模式的被试,其注意偏向受到了抑制,而阅读客观中性文本的被试注意偏向效应则保持不变,这表明受情绪化文本影响的个体,其注意资源过度地消耗于情绪化新闻报道所引起的负面情绪。[40]再如,在研究不同类型的演员主演的电影所引发的爱国主义情感和情绪唤醒的实验中,研究者发现,专业演员引发的注意力和积极情绪唤醒程度更高,因此不同类型的电影都需要优秀的专业演员来提升其艺术性,进而吸引受众。[41]

再比如,借助fMRI毫米级的高空间分辨率,可以记录在完成某一认知过程时基于血氧水平依赖的认知神经活动,从而定位完成该认知过程所必需的脑区激活以及神经环路,这就突破了对于认知过程测量在时间上和空间上的约束。不过,目前脑电图可以实现时间层面上毫秒级的时间分辨率,但是空间分辨能力较差;而核磁成像可以实现较高的空间分辨率,但还没有达到微米级的要求。举例来说,关于集体记忆的形成,研究者通过fMRI扫描发现杏仁核参与了交流信息导致的记忆扭曲,人们在对回忆的确认过程中更容易从众,而最初暴露于错误信息的过程使得后期的信息纠偏更加困难。[42]此外,大量认知电影学的研究通过fMRI的实验回应了德勒兹"大脑即屏幕"(Membrane Cerebrale)的论断,[43]发现人们在自由观看不间断的视听电影时,这种丰富而复杂的刺激将更接近生态视觉;研究者还发现,在观看视频材料时,个体在群体之中表现出显著的"集体同步"（Tick Collectively）现象，而主体间同步也涉及广泛的皮层激活模式。[44]

（二）人与他人的连接与同步性

布鲁默（Blumer）认为，所有人类行为都是在互动情况下产生的，互动是产生人类有意义行为的基础，[45]而情绪是人与人之间互动的基石。具身情绪理论认为，人们对于情绪的了解表现在模拟或者再认情绪的能力，而身体是情绪信息加工的核心界面。无论是镜像神经元系统假说、具身模仿论和知觉符号系统理论，都很好地解释了使"客观的他者"（Objectual Other）因为"以身体为媒介的人与人之间的共情和互动"，即共鸣的产生，向"另一个自我"（Another Self）的转变，[46]并考虑到个体差异和场景的动态性。

传播行为涉及人与他人之间的连接，在屏幕呈现媒介材料、记录被试反应之外，我们还需要考察个体在与他人互动以及个体在群体中的行为表现。人与人的社会互动也是认知的基础，认知神经科学研究可以给个体在群体中的心理状态作出归类，如意图、信念和期望等，而个体对自己和他人的上述心理状态加以感知和理解，进而通过对心理状态的认知预测自己和他人的行为，这通常被称为"心智理论"（Theory of Mind）。例如，在游戏研究中，为了理解其他玩家的动机，个体必须能够将自己置于他人的视角。研究者曾通过 fMRI 测量前额叶皮层在整合思维处理与合作行动中的作用，发现在合作状态下，人们的脑区活跃度更高。[47]

人与人之间的传播和社会互动微妙且复杂，这就需要研究技术可以同时测量互动中的大脑。早期的人际传播研究也存在一些局限性，如让两个人分别躺在两台单独的核磁中进行游戏互动，并同时进行脑信号记录和扫描（Hyperscanning），在这种状态下，被试有可能会觉得疏远或者不安,并且不会"忘记"他们正处于实验的人工环境。[48]近些年,有些研究者选择使用fNIRs来进行人与人之间传播与连接的互动研究。近红外成像也是基于血氧水平依赖来测量人脑区的神经活动。对比核磁,虽然其光穿透性较弱、分辨率较低,但是由于其对被试头部移动的容忍程度较高,被试可以自由移动,对交互环境没有特殊的要求,很大程度上适用于在自然情境状态与社会环境下对于人际传播行为的研究,探索人际传播过程中脑际活动的同步性。例如,有学者通过基于近红外光谱成像的超扫描方法体系,多角度深入探讨了在自然情景下人与人之间传播与社会互动的认知神经机制,认为通过共享表征和动态预测编码,可以保持不同认知层次的有效交流,实现社会关系构建与维系。[49]

(三)多通道的大众传播的影响

人类对于外界环境的感知是认知的基础;而视觉和听觉是我们感知外部世界的关键通道。视网膜或者复杂的视觉系统,是我们知觉的起点。[50]吉布森(Gibson)也认为,知觉产生于人们在环境中的运动,人与环境的互动才是自然视觉产生的关键。

"眼心假设"(Eye-Mind Assumption)认为,人的视线活动和注意与心智之间具有关联性。眼动测量技术一般用于阅读文字和观看视频的研究场景之中,是瞬时加工效果测量最精确的方法之一。认知加工过程反映在眼球运动行为的时间、空间和数量这几个方面,如特定兴趣区内的注视持续时间、眼跳长度、回视频率、注视次数等指标的测量,[51]可用于进一步研究阅读或者视频材料的类型、表现形式对于受众视觉注意的影响,构建文字或者视频的注意模型。例如,在关于虚假新闻的研究中,研究者通过眼动数据诠释人们在阅读假消息时的眼动轨迹和模式、兴趣区域等,并对感知可信度或内容的真假进行分类;[52]

而对于社交媒体中健康类虚假信息的"辟谣"信息研究发现，正式的修辞内容可信度较高，但是幽默类型的修辞更容易引发人们的注意，并且降低了假消息的可信度，从而间接降低了人们对于某些健康信息的误解。[53]

视觉、听觉、触觉等多通道的信息结构和内容元素可以构成一个连续体（Continuum），这些多通道的感知与信息传播，与人的容量有限的信息处理系统相互作用，从而影响认知资源分配，影响个体信息加工的编码、存储和检索情况，进而影响个体的动机激活以及行为倾向。[54] 同样，传播生理采集系统也是探测多通道传播的有效方法。通过皮肤电测量的方法，再结合其他生理参数的测量，如心率（HR）、体温、呼吸、瞳孔大小、面部表情识别等，也可以用于对受众的注意、唤醒、情绪效价等效果指标进行测量，[55] 如运用皮肤电测量新闻视频的播报速度对唤醒程度和认知资源消耗的影响[56]等。

四、未来认知神经传播学的研究对传媒发展的影响

不同的研究范式，为人们提供了不同的滤镜（Lenses）来观看所处的世界，并回顾检视人类自身。[57] 未来，认知神经传播学范式是否会发展为一门学科领域，在于其研究对象、研究内容、研究方法能否持续创新。

一方面，对于研究者，未来认知神经传播学范式会丰富我们在日常生活中解释自身和他人行为的方式和维度。按照基特勒的说法，所谓"技术在哪里，主体就在哪里"，作为当代研究者，我们无法拒绝前沿技术的驱动，无论是大数据所带来的"第四范式"和计算驱动，还是认知神经科学所带来的范式革命和瞬时效果驱动。阿道夫斯（Adolphs）曾经对认知社会科学的发展提出了关键性的十个问题，在

当下，有很多相似的问题摆在认知神经传播学研究的学者面前，诸如：如何建立人类传播与交互等社会行为的图谱？如何依据先验经验将媒介材料的刺激进行界定和分类？如何将复杂的传播认知过程与实验室环境相适应？如何对自然情境和社会行为的诸多不可控因素进行解释？如何更好地推广研究结论的外部效度？[58]

另一方面，对于研究对象，传播学和认知神经科学的研究对象是一致的。传播学究其根本就是研究人与信息之间的关系，而认知神经科学是研究人处理信息时的生理心理学机制。认知神经传播学的研究对象即人类，本身是一个复杂的系统，而研究环境即媒介环境是一个纷繁复杂的自然环境，因此我们可以首先来思考知觉如注意、情绪、记忆等相对"简单的过程"。奈塞尔（Neisser）曾说："由于我们对脑还没有充分地理解，我们经常沉湎于使用最新的技术来构造一种试图理解脑的模式。在我的孩提时代，我们相信脑是一部电话机；英国神经心理学家谢灵顿（Sherrington）认为脑的运转与电报系统是一样的；而莱布尼茨（Leibnitz）则把脑比作一台碾磨机。而如今很显然，关于脑的隐喻就是计算机了。"[59]当下也许人工智能技术会成为人脑新的隐喻，"类脑"的发展似乎可以让我们更清晰、更近距离地认识到自身神秘大脑的神经网络结构和功能。传播界面的改变、人机传播的发展、虚拟偶像与现实空间的关联等诸多现象，都需要传播学从关心技术和社会建构，到关心人这一传受的主体；在关注传播效果的同时，关注人类内心的波动空间与活动轨迹，从而顺应新文科建设的科学精神和人文关怀并重的趋势。

当然，研究范式的变革与完善是"一种系统的、反思性和积累性的过程"。[60]目前认知神经科学传播学依然存在亟待解决的问题。首先，就如同"并非所有传统心理学的各个方向都可以轻易与认知神经科学范式相结合"，[61]传播学每个子领域的研究也并非都可以与认知神经科学范式紧密相关；其次，尽管建立了"身心合一"的路径，目前大多数认知神经传播学研究都未能在"个人－社会"二元系统中找到可通约性的突破口，"信息和表征不能简化为数据，而是始终在被社会和文化所建构，且嵌入经济、技术和生态之间的一般关系中"；[62] 最后，后结构主义的视角强调社会环境的流动性和动态性，推崇多样性、差异性的意义，在控制实验中用严格定义的变量和认知测量方法，可能还需要与近年来传播学中的后结构主义趋势相协调。

因此，解决这些问题的关键是在认知神经科学和传播学之间建立建设性的对话机制。研究者需要在实践中不断地探讨，对于认知神经科学和传播学研究的问题和议题进行全面审议，找寻一种真正跨学科的研究范式，更好地理解个人行为和社会现象。根据跨学科的理论，认知神经科学与传播学融合的三个阶段可能是：第一阶段，学科简单对话与并行研究，就某类特定的问题为对象，以传播学和神经科学的理论资源为依托，协调并达成共识，整合成一个共同的结果；第二阶段，互相借鉴根植于两个学科的研究方法和技术、概念和成熟成果来丰富或完善理论模型；第三阶段，融合并超越具体学科方法和问题，形成更加一般化的理论范式。[63]

正如罗斯（Rose）所说："任何一个生命体的'当下'，都不仅仅是一个简单的冻结的时刻。每一个当下都是由我们的过去、个性化的、独特的发展的历史所塑造的。"[64] 认知神经传播学研究范式采用"离人类感知最近"的传播技术和手段，使处理个体化的、多通道交互系统的、协同性的概念工具变得切实可用。认知神经传播学研究范式能够在可预见的未来，帮助人类更好地认知自我、媒介技术以及传播的行为和现象，帮助人们更好地适应人工智能与未来媒体不断发展的外部信息环境。

第四节　认知神经传播学：研究设计与研究过程

一、确定研究课题和研究问题

（一）研究课题和研究问题

"自然"以一个整体的形象来到人类面前。为了便于认识和研究自然，人们设计与归纳了不同的细分学科门类。每一门学科下面又具体划分多个领域，而每个领域下面又分成不同的研究方向，每个研究方向又是由一个又一个的研究主题（topic）组成的。例如，认知神经传播学是一个研究领域，是认知神经科学、传播学、心理学等学科形成的交叉领域。在这个领域里有很多不同的研究方向。这些研究方向都涉及传播学的重要核心命题。同时，这些不同方向所关注的研究课题不尽相同，如传播介质差异度的研究、媒介中的群体与个体形象建构、暴力与性等特定传播内容的影响、媒介体验中的情感、广告与营销效果等。每一个课题都有丰富的研究内容，都是当前有待解决的疑点和难点，包含了很多研究问题。

需要强调的是，研究问题（issue）的概念和研究课题略有不同。二者在内涵上有一定的重叠。研究问题是对两个或者多个变量之间关系的发问与质疑，是对研究课题的具体化，要具体到变量，即有明确的指向性。实际上，研究问题侧重描述和操作层面，研究课题则更侧重理论、宏观和战略层面；研究问题是对研究课题的具体化、详细化和明确化。研究课题可以是抽象的概念，但研究问题是对具体的变量之间关系的发问。

二、研究问题的选择

不管是研究课题还是研究问题，它们都是研究的起点。选择一个好问题对研究者的重要性不言而喻。能否提出一个好的研究问题，是衡量一个研究者科研素质的重要指标。研究课题或研究问题的来源一般有四个方面。

1. **社会需要**。传播学是一门紧密联系社会现实且应用性很强的学科，在学科性质上属于社会科学和应用科学。因此，解决社会实践和现实生活中的问题始终是传播学的重要使命。认知神经传播学作为传播学的一个研究分支，不可避免地也要承担起这一使命，从社会生活中找到当前的热点和焦点，解决实际需要。在当今社会，新媒体的巨大发展要求产品与服务必须建立在深刻理解用户和受众的特点这一基础之上，要更加符合人们的需要，更加以人为本。这就要求研究者深入客观实际，了解社会所关心、业界所期待的问题，从中选择研究课题和研究问题。

2. **理论需要**。认知神经传播学拓展了传播学的研究方法、研究范式和研究领域，为解决传播学中的一些理论问题提供了可能。例如，在麦克卢汉提出"媒介即信息"的观点以后，很多学者就对他提出的"冷"媒介和"热"媒介的划分提出了质疑，争论焦点之一就是以什么标准进行划分。认知神经科学的方法采用测量脑活动的方式，而研究者以客观的神经活动指标则在一定程度上可以澄清这一问题。所以，从理论上证实（或证伪）他人或者自己的某一观点、判定不同理论观点之间的争议、对现有理论观点或模型提出疑问，都为选择研究课题和研究问题提供了很好的视角。这推动了理论的发展，加深了人们对相关理论的认识。

3. **技术进步**。认知神经传播学本身就是认知神经科学和传播学的交叉学科，天然地具有利用交叉学科渗透趋势的优势。一方面，认知神经科学带来的理论、方法与技术为传播学注入了新的活力；另一方面，大数据、云计算、人工智能、下一代互联网、5G 通信、量子通信、虚拟现实、区块链等近年来发展起来的新技术也为传播学带来了新的现象和新的挑战，新媒体、自媒体、融媒体方兴未艾，不同的观点和技术在这里交汇融合，形成一些全新的探索领域和研究问题，相关领域还有很多的空白和可能性等待研究者去探索。所以研究者要广泛关注其他领域的研究进展。

4. 文献资料。研究者在大量充分查阅文献的基础上，对以往研究进行综述和回顾（review），是选择研究课题和研究问题最常用的方法，也是最重要的方法。即便是来自社会需要、理论需要和反映技术进步的研究课题，最终实施时也离不开文献资料的支撑。这就要求研究者始终带着一种批判性思维的眼光去审视以往的研究，注重发现以往研究设计中所忽略的问题、以往研究的方法和逻辑不当的问题、以往研究结果中相互矛盾的问题、有必要重新进行系统验证和概念验证的问题。研究者不仅要有丰富的阅读量，还要培养自身对问题的敏感性。

一般来说，按照查阅所涉及文献的范围从大到小，研究者可以将自己的研究划分为研究方向、研究课题、研究问题三个层次。对某一项具体的研究而言，研究越细致深入，研究者可以参考的文献数量就越少。例如，"传播对象的用户体验研究"是一个比较大的研究方向，检索"传播对象""用户体验"这两个关键词得到的文献量最大；"不同社交场景下手机 App 用户的使用体验"是一个研究课题，检索题目中的关键词得到的文献量会比前一个要少很多；而对"实验室和健身房场景对手机 App 用户的喜爱度及其脑电活动指标的影响"这个研究问题来说，关键词检索获得的文献量就更少。

三、提出研究假设

明确了研究课题和研究问题，就要以假设的形式提出来。换句话说，研究假设是对研究问题的回答，是对实验条件（涉及自变量）和行为与神经指标（涉及因变量）之间关系的陈述。

四、选择研究方法和确立研究设计方案

对认知神经传播学来说，最主要的研究方法是认知神经科学和心理学的实验法。在收集数据之前，首先需要确定实验范式。任何实验都会采用某种范式，实验范式就是指按照某一个比较公认的路线或观点所采取的研究过程或研究步骤。简单地说，实验范式实际上就是某个相对固定的实验程序。它可以分为四个维度：被试、材料、定向任务、测验。[65]

1. 被试：具有某种特质的个体，如大学生、儿童等。

2. 材料：实验变量的载体，如文字、图片、声音等。

3. 定向任务：自变量的控制情境，也就是要求被试以何种方式加工信息，如指导语、策略、预期等。在这一维度中需要说明的是被试需要做什么、怎么做；需要作出什么反应、怎样作出反应。定向任务的设置直接关系到所要观察的认知过程，信息加工的过程总是需要通过一定的任务来体现。例如，对于研究选择性注意，被试需要对靶子作出选择；对于研究知觉启动，被试需要对探测刺激进行判断；对于研究语义理解，被试需要对材料进行阅读；对于研究社会认知，被试需要激活头脑中的社会信息和形成一定的期望。研究者可以根据实验目的灵活选择定向任务。

4. 测验：因变量的测量类型是以何种方式收集被试的反应数据，

如自由回忆、线索回忆、再认等。在这一维度中需要说明的是主试要以什么方式测量因变量，以及如何分析和处理因变量数据。认知心理学传统的因变量主要有反应时和反应率（有频数和比例两种形式），认知神经科学则增加了很多新的因变量，这在本书涉及因变量的部分会详细讲到。选择合适的因变量测量方式十分重要，如研究记忆效果时，在某些情况下选择再认就比回忆的效果要好，而某些情况则相反。

以上四个维度就构成了一个实验范式四面体。实验设计的过程是逐渐把理论还原为具体的研究问题和假设，然后把问题和假设操作化为变量，接着操纵自变量、观察因变量的共变，最后检验这种共变的统计意义。

五、收集研究数据

从研究数据的收集开始，研究进入实际操作阶段。简言之，实验实施的过程包括对自变量的操纵、对因变量的测量、对额外变量的控制。自变量操纵得越有效、因变量测量得越精确、额外变量控制得越严密则实验成功的概率就越大，内部效度就越高，收集的数据质量也就越好。实验法之所以优于其他研究方法，是因为进行了严格的控制，把误差降到了最低，这样得到的高质量数据就可以进行比较简单的参数检验，而测量得到的数据往往需要很复杂的方法进行事后的统计控制。

一般来讲，做实验之前要做一个或者几个预实验，采集一些数据观察结果，并通过预实验逐一检查实验操作的各个环节。研究者实施预实验需要在以下几方面加以准备。

（一）计划：实验计划包括实验设计图、实验流程图、实验进度表。实验设计图主要是操纵自变量的变量水平怎么安排，被试怎么接受实验条件的处理，结果如何统计等。流程图则是实验程序中一个试次或称试验（一次刺激呈现和相应的反应，英文名称即 trial）的示意图，其中标注了刺激呈现的时间和顺序等实验参数。实验进度表则类似日历，是按照被试来参加实验的时间和次序，将其姓名和联系方式等信息录入一张进度表，将每位被试的实验步骤完成情况安排整理成进度表，如此整个实验的进度就会一目了然。

（二）**材料**：材料是变量的载体，因此，在做实验之前一定要根据实验目的仔细推敲实验材料的性质，并且要对材料进行评定。视觉材料要评定亮度、对比度等物理量；语言材料的评定一般要控制难度、词频、扣合度等；社会认知领域则常常要控制情绪的效价和唤醒度等。这种评定可以选择一批专家进行，也可以另选一批被试根据其作答情况进行。尤其要强调的是，在做认知神经科学实验时要特别注意材料的物理因素，尽可能地采用被试内设计，材料也要进行项目内控制，而且要比较同样材料的不同心理加工过程。

（三）**设备**：设备包括硬件和软件两部分。前者指的是实验器材和仪器，后者指的是实验程序。做实验之前研究者务必要做到仪器操作熟练、软件流程清晰并能够反映实验方案。编制好实验程序之后要进行调试和预实验，采集 5~6 个人的数据进行初步分析，以考察实验效果。

（四）**人员**：包括主试和被试。要对主试和实验助手事先进行培训，使之能够熟练操作仪器设备，并能够应对一些突发情况，可以独立完成或者在指导下完成一个实验。被试的招募方式可以采取发放张贴招募广告、现场邀请或者在校园环境寻求任课老师及辅导员的帮助。给被试的报酬要备齐，在挑选赠送被试的礼品时以简单实用又符合成本预算为优先筛选标准。如果进行双盲实验，实验前要对主试和被试隐瞒实验目的，实验后再另行告知，这是为了防止出现一些特定的实验误差。

（五）场地：一方面要熟悉实验室的各项管理制度和安全卫生条例，另一方面要和实验室的管理者建立良好的工作关系，协调不同实验之间的设备和场地安排。

在实验的实施过程中，研究者还要注意很多问题，尤其是以下六个方面。

第一是明确主试的责任。主试登记被试基本情况、数据质量，监控整个实验过程，注意设备的安全和数据的完整，以及记录仪器的损坏程度。每日做完实验要及时记录，实验完成后要制作备忘录，把实验记录和设备情况登记在册。

第二是清晰呈现指导语。主试向被试阐释需要完成什么任务，这直接体现着对自变量的控制。

第三是注意仪器的操作。研究者操纵仪器时要爱护仪器，操作过程中要节约实验耗材。

第四是做好预案以应对突发情况。提前制订预案，针对具体突发事件类型如停电、材料准备不足、仪器故障等制订详细应对方案。遇到突发情况时要保持冷静，解决存在的问题并且根据情况及时调整实验进度，暂停或者取消实验。

第五是遵循实验伦理。研究者主要是需要注意遵守安全、保密原则；还要特别注意保障被试的知情同意权和退出权，必须签署实验协议书。研究者对于被试的基本情况和付给报酬情况都要有专表登记，以备上级检查和项目报销。

第六是及时进行实验后访谈。实验之后的访谈也很重要，研究者要问一问被试完成实验的感受，有没有什么问题，实验操作过程中有什么想法，等等。根据被试的反馈，研究者需要相应地调整应对下一次实验中可能再次出现的问题。

第二章
媒介化社会与未来媒体研究现状

第一节 关键议题与技术路径：认知神经传播学视域下的人工智能研究

一、问题的缘起

赫拉利（Harari）在《未来简史》中结合人工智能浪潮推测了人类由智人向神人进化的三条路径——生物工程、半机械人工程和无机生命，描述了技术或者算法逐渐由人类的身体深入到精神领域的过程。尽管作者最后解释道："书中讲的情境，都只是可能性，而非预言，"但是"人工智能和生物科技的兴起肯定将改变世界。"[1]事实上，近年来人工智能在传媒行业各个环节的运用已经开始悄无声息地改变媒体生态。北京大学发布的《媒体人工智能发展报告（2019）》指出，人工智能技术的突飞猛进带动了内容生产的自动化、内容分发的精准化、内容形态的多样化以及运营管理的系统化——媒体生态体系的每一个细节都在发生深刻而巨大的改变。[2]目前，传媒业中的人工智能大多以机器形态出现，用户与人工智能的交互通常以人机交互为表征。

人工智能研究体系与传播学研究体系一直沿着不同的轨迹进行。关于人工智能的研究通常集中于如何在人工智能设备或机器中重现人类智能，或者致力于开发能够在某种程度上执行与人类智能相关任务的技术；传播学一直以来主要关注的是人与人之间以技术为中介的信息交换过程，而填补两个学科研究鸿沟的正是人工智能技术在传媒行业的应用。[3] 当各类媒体在内容产品的制作、分发与运营中开始使用人工智能技术时，传播学者们也开始关注具有传播或交流功能的人工智能技术，如算法推荐、智能语音助手、社交机器人以及写作机器人等。人工智能进入传播领域后，人与人工智能媒介形态的交互方式和效果成为一系列新的研究命题。传统传播学理论是将人作为传播主体，将技术降级为媒介工具，但人工智能技术扭转了这一局面，通过介入传播者的角色挑战了人的主体地位。一方面，人与机器（技术）的互补与协同，重构了传播学领域的人机共生关系，即两者相互依存、嵌入、同构，[4] 这与赫拉利"半机械人工程"的观点类似；另一方面，人们借助人工智能"实现了循环强化的自我认知，完成了人内传播的回归"，[5] 即人成为自传自受的双方，人内部的认知与情感体验以及认知与情绪结果已经成为重要的传播效果。

在上述前提下，如何理解人与人工智能的交互，其交互与人际交互有何相似性与差异性，如何测量借助人工智能实现的人内传播的效果等问题，成为传统传播学研究范式下难以充分解答的新问题。认知神经传播学将视角集中到微观层面的人脑对信息的加工处理，通过"撬开"心智的"黑箱"，解释人类行为背后的具体心理过程和机制。同样地，将认知神经传播学研究范式应用于传播学领域中人工智能的研究，可以更好地挖掘人机交互中人的认知与情感状态，解释其行为背后的心理机制。

二、认知神经传播学研究的必要性

（一）"人性化趋势"下人际交流范式的主流化回归

莱文森（Levinson）基于媒介技术的演进过程提出媒介演化的"人性化趋势"，他认为技术的发展趋势是模仿、复制人体的感知和认知模式，只有符合人类自然传播情境的媒体形式才能存活下来。[6] 当代科技的发展态势证明了这一结论的准确性。智威汤逊创新机构发布的"全球100大趋势"年度报告提到了科技的人性化趋势，指出科技应用的逻辑是越来越多地尝试"建立一个平易近人、友好和现代人的身份"，以提供与用户和谐相处的服务。[7] 人工智能更是从诞生之初就带有复刻人类智能的影子，尽管现在人们已经确认人工智能的程序算法与人类智能的思维模式相去甚远，但人工智能研究的主旨依然是在模拟或拓展人类的认知与行为能力。

当今人与传媒领域内人工智能技术终端的交互，主要依托人与计算机以及以算法运作为内核的其他形态的机器。移动互联网支持下的人机交互已经逐渐渗透进人类的信息交互领域。赛博格时代的"万物互联"和"全时在线"让人与智能手机交互成为最普遍的生活场景。根据市场调查机构 App Annie 发布的《2019年全球移动应用报告》，2018年用户在移动应用上花费的时间有一半用于社交网络和即时通信，下载量前三名的移动应用均是社交类 App，[8] 这表明人际传播力压其他大众传播模式，并且借助智能手机这一中介重新回归，但这种以计算机为中介的传播（Computer-Mediated Communication，简称为 CMC）消解了面对面人际交往中的共同在场，剥夺了视觉、触觉等身体感官体验，因此社会在场理论认为以计算机为中介的传播无法提供面对面交流的温暖感和参与感。媒介丰富度理论也认为面对面传播作为丰富度最高的媒介，支持多种语言通路和非语言通路，但是渠道拓展理论恰好相反，认为人们使用某种媒介的熟练程度越高，这种媒介对他们而言丰富度就越高。[9] 显然，在面对面人际传播与以计算机为中介的人际传播中，人的感受到底有何区别，还有待进一步研究。此外，一旦以 AI、VR 和 AR 等技术为支撑的沉浸式体验实现了现实世界与虚拟世界的高度融合，人际传播中的身体在场重现，表情、语言、肢体动作再次成为具象传播符号，人的感知又会发生怎样的变化，这些都对研究者的研究能力和研究工具提出了全新的要求。

随着人工智能技术的进一步发展，除了人与人之间借助机器的即时交流，更有人与智能应用或机器之间的直接对话。借助自然语言处理（NLP）和自然语言生成技术，聊天机器人（Chatbot）可以与人进行文本或者语音交互，如微软小冰以及亚马逊的 Alexa 等，包括软件形态和软硬件结合的不同品类。目前，人与聊天机器人的交互类型主要有闲聊型、任务型和问答型三类，都尽可能地还原人际对话的真实过程。而人机对话的相关研究主要关注两个方面，一方面是比较人际交互与人机交互时人的话语结构以及状态差异。有研究表明，跟与聊天机器人对话相比，人们跟人类对话时会出现更丰富的词汇量、更长的句子和更积极的情绪语言，而在与聊天机器人对话时，会适应聊天机器人的说话方式，使用的句子更为简短。[10] 另一方面是用户与人进行交互时，表现得更开放、友好、外向、认真。[11] 认知情感加工系统（Cognitive-affective Processing System）认为人格系统包含不同的认知情感单元组成的心理表征，包括个人的核心价值观、信念、记忆等，不同情况下会激活不同的认知情感单元从而表现出行为的不一致。在人际交往中，个人倾向于遵守某些社会规则，但当遇到 AI 这类对象时，人们对自己被社会规则或道德审判的恐惧就会消失。[12]

人机对话研究的另一个重要方面是探讨人类究竟如何看待与之进行交互的 AI，即人与机器之间的感知过程。通常认为人们在与 AI 交互时不会有过多的思考行为，但研究发现人们对机器人打招呼的反应比对人类打招呼要慢，因为人在回应机器人时会经历再认知活动的延时。[13] 媒介等同理论（Media Equation Theory）也认为人类会将计算机当作人等现实的社会交往对象，人类可能潜移默化地将与他人互动的情绪、认知方式、社会互动准则等用于人机互动。[14] 无论是声音还是外形，AI 产品形态依旧朝着拟人化的趋势升级换代，人机对话方式也有从机器人被动回应对话到主动发起对话的进化态势。随着技术的传播主体地位日益显现，人类是否一如既往地以人际交流的标准来判断人机交流的质量？在即时对话场景下 AI 是否等同于人类？这些问题都需要从人类认知角度切入来研究解决，当下大部分答案都来自研究者的经验推测与思辨结果，值得进一步的科学验证。

（二）体验与情感需求下人内传播成为未来传播基调的价值凸显

媒介用户体验是近年来传播学的一个热词，强调将用户视为信息消费者而非接收者。对于拥有诸多信息产品选择但注意力配额有限的用户来说，先于消费结果的消费体验成为评判媒介产品的指标之一。曼宁（Maning）和博丁（Bodin）发现购买意图和口碑这两个方面与用户体验之间的相关性非常高，一次差的用户体验会导致客户忠诚度的大幅下降。[15] 用户体验指的是"用户与媒体的交互界面为用户带来的所有方面构成的感知整体"，通常分为三个层次，用户的内部生理和外在感觉体验，用户的行为体验，以及用户的内心感受。最初的用户体验旨在评价人机交互的过程，人工智能通过创新媒介功能、优化交互界面进一步增强了用户与产品的交互，带来全新的用户体验。与编辑推荐相比，算法推荐的意义在于带给用户个性化信息获取的体验，用户在数字世界里留下的数据越丰富，数字形象与真人特征越契合，推荐的信息也会越符合个人需求。尼葛洛庞蒂（Negroponte）认为"在数字化生存的情况下，我就是'我'，不再是人口统计学中的一个'子集'"，[16]因此算法推荐的理想状态是将用户兴趣需求的分众化、小众化识别精确到个人化识别，让个人获得独一无二的用户体验。再比如人工智能与AR、VR的结合带来的沉浸式体验，可以直接刺激用户的生理体验和行为体验，影响用户对于媒介产品的最终认知。AI时代一旦到来，人的体验将愈发实时、多变，体验层级也将更加丰富和多元。

情感需求也是当代用户媒介接触行为产生的主要动力。用户的情感体验主要在媒介娱乐领域得以体现，因为媒介娱乐功能的实现依赖于受众的情感投入和满足。QuestMobile泛娱乐用户行为洞察报告数据显示，2019年我国移动互联网泛娱乐用户规模逼近11亿，约占移动互联网总体用户规模的95.6%，用户平均每日在移动互联网花费约4.7个小时，标志着全民娱乐消费时代的到来。[17]除了娱乐媒体产业的经久不衰，娱乐与其他信息之间的界限也越来越模糊，主要表征正是情感成为各类信息内容的重要素材，激发用户的情感共鸣成为各类信息的主要传播策略。在人类丰富的情感与情绪意识的对比下，人工智能曾被诟病为缺乏温度，无法感受人类的喜怒哀乐，但是情感互动技术的完善让人工智能与人的情感交互成为可能。一方面，微信、微博等社交软件上用户大量的情绪表达为人工智能的情感分析和识别提供了数据基础；另一方面，人工智能可以对人类的感官特征、声音特征等进行抓取，同时还可以对人体的各种生理参数如心跳、呼吸、脑电波等生理参数进行机器学习，全方位复制人类情感表达的客观性特征，从而灵敏、友好地回应人类发出的情感交互信号，成为人类"真正的朋友"。人机交往正朝着情感交互的方向发展，人类身心合一的反馈日益成为人机交往的重要关注点。有学者将人工智能技术分为三个发展阶段：专门化人工智能阶段、通用化人工智能阶段以及情感化人工智能阶段。显然，第三个阶段其实就是人工智能发展的最高阶段。[18]

无论是用户体验还是情感交互，实质上都是个人的心灵满足与自我提升，是借助AI完成了一个人内传播的闭环——人既是传者也是受者，表现为自我与自我的对话。有学者用米德（Mead）关于自我意识的理论解释了人的这种自我思维过程。人的自我是在"主我"和"客我"的互动中形成的，人类通过向AI主动发起对话来表达"主我"，AI根据"主我"的意愿给予及时反馈，让"客我"与"主我"衔接，"人的本质在交互中得到拓展"，"让'自我'重新被摆在了传播的最前沿"。未来科技的发展趋势更是人机融合智能系统，人类将智能机器人内化为自身的社会属性，人与机器之间的本体论界限也越来越模糊，这本质上需要回答认知和计算的关系，以及人类智慧和机器的类人智慧之间的关系问题，因此不仅要考虑技术的发展原理，更要考虑人类的思维与认知过程，[19]打开人脑的"黑箱"。

三、认知神经传播学研究的可行性

（一）弥补传统传播学研究的不足

认知神经科学通过运用眼动追踪、EEG、生理电、脑功能成像等技术测量人的认知、情感与意识，意在阐明认知活动的脑神经机制具体包括感知觉、注意、记忆、语言、思维与表象、意识等，涵盖神经科学、认知心理学、生理心理学等领域。认知神经传播学则旨在运用认知神经科学的研究范式、分析工具与技术设备，研究传播学学科领域内的相关问题，重点关注人类微观层面的内部信息加工机制，深化对传播效果内在生成机制的理解。传统的传播学研究方法如问卷调查、内容分析以及古典实验法，大多基于行为主义和刺激-反应模式，关注的是外部刺激对人行为的影响，围绕人类认知的外显属性来开展研究，尽管对解释传播的宏观效果和中观效果作出了巨大贡献，但发生在大脑"黑箱"中的瞬间效果无法用行为主义范式来解释，而认知神经传播学恰好触达了这一盲区，通过直接观测脑内活动信号，或者脑活动带来的其他生理指标的变化，在一定程度上还原人脑面对信息的认知和情绪加工过程。

有学者围绕传播学的核心命题提出了认知神经传播学可研究的基本议题，如考察不同传播渠道中被试的注意力、唤醒度和记忆力等，视觉空间选择性注意力研究和声音注意力研究，不同群体的信息加工差异与共性，以及被试在不同传播者形象刺激下的反应等，[20]可以看出认知神经传播学应用的广泛性，也表明认知神经科学的确为传播学研究提供了全新的视角和研究路径。

认知神经传播学是一个处在不断发展时期的新兴交叉学科，其研究工具也在不断优化和更新，目前常用的研究技术手段包括EEG、ERPs、fMRI，以及HR、皮电、肌电（EMG）等生理电的测量等。需要注意的是，上述测量方法和工具的使用并不代表着对古典心理实验方法的抛弃，任何一种单独的测量方法都只能呈现动态心理过程和体验中的一部分，还需要采用自我报告（Self-Report）和行为测量，同时考虑使用场景等环境因素，完整呈现具体使用场景下内隐机制和外显态度以及最终行为的关联结果（见图2.1）。

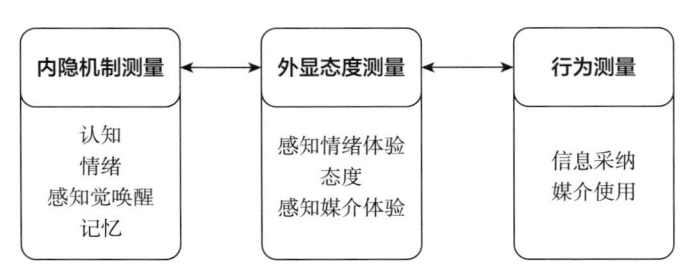

图2.1 认知神经传播学综合测量方法的交互使用

资料来源：作者自制。

（二）人机协同的媒介生态让认知神经传播学大有用武之地

认知神经科学与人工智能有着天然关联。认知神经科学作为以人类为中心的认知和以智能活动作为研究对象的新范式，有机会将大脑"黑箱"拆解成有功能区块的线路图，为以模仿人脑运行方式为主的算法提供知识背景和动力，即更好地理解生物脑可以对智能机器的建造提供重要参考。

"人工智能如何还原人类智能"是人工智能研究与开发最初想要解答的问题，开发者追求机器对人类智商和情商的双重模拟、延伸甚至扩展，但从理想到现实落地，人工智能正在经历一个漫长的发展过程。随着大数据、云计算、算法等技术的全面突破，人工智能的爆炸式应用成为各个产业讨论的热点话题，同样也在持续影响媒体产业链的各个接口。有学者总结，人工智能技术开始涉猎新闻采集、写作、剪辑、播报、平台和终端，主要包括机器人辅助记者进行新闻采集、机器人辅助写作、智能剪辑、AI 主播以及 VR/AR 眼镜、智能音箱等接收设备。[21] 尽管媒体对人工智能技术的应用还较为浅层，但已经形成了寻求 AI 的"超能力"和媒体人才的"专能力"融合的人机协同景象。企鹅智库发布的《中国内容产业趋势报告 2019—2020》提到人机协同的含义是构建一套内容从业者与内容 AI 之间的标准对话体系，让内容从业者把自身的思维、经验、知识、流程尽可能地转化为机器可理解、可学习的数据化和结构化形态。[22] 因此，对传媒业来说，如何将从业者的专业能力转换为机器可理解的数据语言，是发展与优化人机协同需要解决的首要问题。

人机协同参与内容生产与分发的背后是以人为绝对主体的传播模式向人机共同主体的传播模式转向。"媒介时时刻刻形塑着人们的认知偏好、信息处理方式和思考方式"，"人们基于不同媒介所产生的对事物的认知和体验也有所不同",[23] 人工智能技术通过不断更新内容生产、分发方式以及终端形态，成为人类不断崛起的交流对象，必然会引发不同于以往的传播效果。中观或者宏观效果可能需要时间验证，瞬间效果即用户接收信息时的即时反应或许能反映出微观层面传播效果的变化。人工智能让人—机—人交流转换为人—机交流，削弱了大众传播模式，凸显了人际传播与人内传播模式，也为人工智能或者说智能媒体的研究提出了一些新问题。

一方面，受人工智能拟人态和个体无心状态（情不自禁地对机器作出社交反应）的影响，人类会将机器看作社交对象（社交对象范式），比如研究者从理论角度解释了社交机器人的陪伴效应，[24] 而认知神经传播学可以通过测量机器对使用者在认知和情感上的类人影响，为衡量人类是否在人机交互中对机器产生社交化倾向提供科学证据，但这一视角是用人类的交流方式作为黄金标准来看待人机交流，因此，有学者认为这一视角在人机交流研究中存在局限。除了比较人机交流与真实人际交互的相似性，也要重视人机交流是否出现了不同于人际交互的全新交互机制。因此认知神经传播学可以用来回答"人类如何看待人机交互／人工智能"的问题。

另一方面，"人工智能可以作为一面镜子反射出我们自身的映像"。[25]《传播的进化：人工智能将如何重塑人类交流》一书提到了一个研究发现，在与机器人交流的过程中，人类看到的镜中我，与人与人的交流过程无差异，当对方表现出消极情绪，人们会认为得到了消极的"客我"形象反馈，如果对方情绪很积极，人们会得到相反的结论。这种"客我"的结果最终会影响"自我"的形成，因此人工智能"提供了一个反思性思维的契机，得以思考自己理想中是何模样，言行举止如何"，例如社交机器人可以帮助孤独症儿童克服社交障碍。[25] 同样地，人工智能也可以用来进行情绪"纠偏"或者"治愈"，人们通过向智能助手倾诉来寻求情感支持。市场上已经出现了一些协助"情绪管理"的智能应用，如一个名为 Mend 的软件可以用交谈来帮助失恋的人调节情绪，在 2017 年 Mend 曾在 App Store 榜单"我们最喜欢的新应用□"位列第二名。[26] 这种在人工智能的助力下提升自我的人内传播过程与结果恰好可以用认知神经传播学的研究工具进行"描绘"和解释，从而回答"人工智能如何影响人类或人类智能"这一问题。

四、认知神经传播学视域下的人工智能研究：关键议题与技术路径

（一）认知神经传播学研究的技术逻辑与方向

媒体与人工智能技术的对接不仅在于业界对人工智能的应用，也需要加快理解人工智能应用对传播生态造成的影响，认知神经传播学范式给回答人类如何和机器互动提供了微观层面的参考答案。综合考虑人工智能在传媒业"内容生产""内容分发""交互形态"三个方面的具体应用，围绕"人类如何看待人工智能"与"人工智能如何影响人类智能"两个基本问题，可以生成基于认知神经传播学范式的当前阶段传媒领域内人工智能研究的八个主要研究方向：确定机器生产内容的机器学习模板，用户对机器生产内容的态度，机器生产内容对用户认知和行为的影响，用户对算法型分发的态度，算法型分发对用户认知和行为的影响，优化人工智能助手的软件和硬件设计，用户对人工智能助手的态度，以及人工智能助手对用户认知和行为的影响（见表 2.1）。把握这八个研究方向，可以较为全面地了解现阶段该主题下可借助认知神经传播学范式研究的主要议题。

表 2.1　认知神经传播学范式下现阶段传播学领域内人工智能研究的主要方向

具体应用	探讨问题		
	人类智能如何转化为人工智能	人类如何看待人工智能	人工智能如何影响人类智能
内容生产	确定机器生产内容的机器学习模板	用户对机器生产内容的态度	机器生产内容对用户认知和行为的影响
内容分发	增强算法分发的可靠性	用户对算法型分发的态度	算法型分发对用户认知和行为的影响
交互形态	优化人工智能助手的软件和硬件设计	用户对人工智能助手的态度	人工智能助手对用户认知和行为的影响

资料来源：作者自制。

（二）认知神经传播学研究的主要议题和关键思考

1."内容生产＋人工智能"

在人工智能进入传媒业之前，内容生产经历了大众传媒时期的专业内容生产（PGC）和社交媒体时期的用户内容生产（UGC），由专业机构垄断向专业机构与普通用户生产并行的局面转变，原本被 PGC 完全占据的用户注意力资源也被 UGC 瓜分，因此技术进步和产业内生需求一起推动人工智能在内容生产领域展开应用。首先，人工智能对新闻从业者信息采集产生辅助作用，例如，用智能技术如"谷歌眼镜"辅助采访，利用大数据揭示单一新闻生产机构或者个体过去无法轻易获得的新闻事实。其次，人工智能辅助生产作用开始从新闻文本自动化延伸到全局自动化。2017 年"腾讯媒体＋峰会"现场，嘉宾话音落下，演讲刚刚结束，腾讯写作机器人 DreamWriter 不到一秒就撰写出新闻稿，大大提高了新闻写作效率。新华社联合搜狗推出的 AI 合成主播作为主持人的"自动化"角色，是提取真人主播新闻播报视频中的声音、唇形等，通过深度学习等技术联合建模而成。[27] 同样由新华社研发的"媒体大脑"，是从数据业务化、智能辅助、人机协作、机器智能生产、智能发布等多层次展开，创新机器生产内容（MGC）生产形式。[28]

在内容生产方面，认知神经传播学研究逐渐开辟多个研究面向，有助于实践应用的进步和完善。以写作机器人为例，目前应用最成熟、最容易理解的实现方法是模板式的写稿方法，其能够通过利用优化算法，智能选择不同的模板组合生成新闻，因此对精准模板进行机器学习是核心步骤。[29] 利用 EEG 技术等工具可以测量用户在阅读不同稿件时的生理和心理反应，从而确定最受用户欢迎或最能实现传播意图的优质稿件模板，为写作机器人的"写稿"能力打好基础。还需要思考的是，写作机器人、剪辑机器人以及 MGC 都力求将 PGC 优化或效率化，已经习惯接收 PGC 的用户在面对人机合作生成内容或机器生成内容时是否会有不同的心理状态？例如，他们能否分辨机器人稿件和人工稿件，或者对比已知和未知作者是机器人的两份稿件，结合脑电指标、生理指标以及行为实验，测量用户对待机器人稿件和人工稿件的态度是否有区别。另外，从传播效果的角度可以比较不同类型的稿件（半自动化稿件、自动化稿件、人工稿件）对人的认知、情绪、态度和行为的影响，或者以不同特征的机器人稿件为自变量，用户 EEG 信号为因变量，确定效果最优的稿件形式。同理，研究对象可替换成自动化音频、AI 合成主播等不同的 MGC 形式。

2. "内容分发 + 人工智能"

算法型分发是人工智能在传媒产业最为典型的技术应用，主要是以个性化为核心宗旨来实现人与内容的关联和匹配。和编辑分发相比，基于用户的信息需求和偏好的算法型分发提升了分发的速度和效率，但算法的茧房效应、伦理、隐私和偏见问题，都成为算法分发被诟病的主要原因。目前的解决办法之一是将人工编辑的角色从传统媒体时代的"把关人"（Gatekeeper）变为算法分发中的"守望人"（Gatewatcher），承担内容审核的职责，决定哪些低质内容不应该被收录和推荐。此外，算法分发将用户的多种社交关系和使用场景纳入参考维度，不仅有利于打破信息茧房效应，而且增加了内容分发的精确性。

在内容分发环节的第一个研究议题是确定算法的可靠性。例如，"用户偏好"是算法分发的逻辑起点之一，对"用户偏好"认知的准确把握是增强算法可靠性的主要依据。"用户偏好"这种主观意愿的具体概念的操作化除了通过点击等界面交互行为表现，也可以利用认知神经传播学的研究工具直接测量，如通过 EEG 信号等指标来确定用户的具体偏好。第二个研究议题是测量用户对算法分发的态度，从微观角度比较算法分发是否比人工分发或社交分发更容易获得用户青睐或者带来更好的用户体验。此外，还可以对比不同分发方式的传播效果，包括对用户注意、情绪、记忆等的影响。

3. "交互形态+人工智能"

媒介根据其物理属性的不同呈现出不同的信息交互界面形态，从报纸、广播、电视到计算机和智能手机，交互界面演变的核心趋势是互动性的增加与拟人化的转向。聊天机器人让人机文字交互成为现实，使计算机能够像人类一样理解并回应对话，如微软小冰、Chatbot 等。语音助手让人机语音交互成为当下非常受欢迎的交互形态，如百度的小度和亚马逊的 Alexa，语音助手可能成为用户接触与使用各种类型媒体的主要界面。未来人机交互的形态有可能是人与智能机器人交互，相比之下，智能机器人与人类进行人际交往所调用的人类身体感官类型更加丰富，用户在与智能机器人交往时接触包含视觉形象、语音、肢体触觉等多方面的表征信息。一旦机器人获得情感表征能力，人机交互的意义将更加深远。

当人工智能开始担任以前由人类伙伴担任的对话角色时，除了将智能机器人的硬件设计往人类形象上无限靠近，另一个任务是要将人类期望智能机器人拥有的人性特征进行识别和提取，借助认知神经传播学的研究方法将这些特征与脑部或生理活动一一对应，再让人工智能对这些特征进行机器学习，由内而外塑造智能机器人完美倾听者和交流者的角色形象。因此，人机交互的关键议题如下。

研究议题一是将人类交流时的显性特征与心理机制相互关联。比如，如果人类希望智能机器人可以让人觉得很"温暖"，就需要将"温暖"的特征与相关心理活动联系起来，再将这些特征"赋予"智能机器人。有研究比较用户对真人社交账号和社交机器人账号信任度的差异，发现人们无法区分真人社交账号与社交机器人账号，两者对于用户的信任度和吸引力没有差别。[30]

研究议题二是还原人类与人工智能对话时的心理活动。换言之，将人机互动与真实人际交流进行对比，回答人类究竟如何看待和体验智能机器人的问题。

研究议题三是人机交互的效果。一是从注意、认知、情绪、记忆等方面比较人机交互与人际交互的效果，二是比较不同的人机交互之间的效果，如不同语速或者不同声音形象（对比不同性别的声音形象或对比温暖与权威等不同风格的声音形象等）的语音助手传播效果对比等。

简言之，无论是传播学对人脑内部信息加工机制的好奇，还是人工智能对人类智能的部分模仿与优化，都在将研究的关注点拉回到人类本身。人工智能作为计算机科学的一个分支，专注于技术的研发与提升，但传播学者们对传播学领域内人工智能的研究重点不应该是技术层面，而应该是传播模式、传播效果与传播生态层面。认知神经传播学提供了揭开人脑"黑箱"的工具和方法，改变了以往传播学研究"隔靴搔痒"的处境，将人视为传播链条中的主要观察对象，这一点与传媒业实践思路中的人工智能对人的主体性的突出不谋而合。

在认知神经传播学范式的支撑下，我们将更好地把握当下人工智能对传媒业的影响，并科学地预测和描述传媒领域中人工智能应用的未来走向。

第二节 赋能与"赋魂"：虚拟数字人的个性化建构

一、问题的提出：元宇宙概念下虚拟数字人的个性化呈现

元宇宙概念在 2021 年大爆发，已然成为搜索引擎中的网红词汇，虽然目前尚处于理论假设阶段，但公认其将是线上线下众多平台打通形成的与现实世界同步的虚拟世界，[31] 连接整合互联网、VR 或 AR、大数据、虚拟人等高新技术，实现跨界连接是其未来发展的第一要务，[32] 这些都为未来媒介的发展提供了无限的想象空间。虚拟数字人是未来传播发展中的重要一环，也作为元宇宙世界的重要组成部分，受到业界和学界的广泛关注。

目前虚拟数字人是融合多种感官技术和媒介共同呈现的综合体，在视觉感知层面，虚拟数字人已经在看上去像人的"形似"层面达到较高水平，其中包括可以呈现 300 多种面部微表情，虚拟人的视觉模型可以达到 8K 超高清水平等①，但"空有其表"只能打造出引起受众眼前一亮的画像，"有趣的灵魂"才是虚拟数字人的核心。因此，本节将探讨虚拟数字人如何通过创建、塑造和呈现从"形似"阶段向"神似"阶段过渡，根据不同定位和类型优势开启差异化和个性化发展，即为虚拟数字人"铸魂"。

---

① 8K 分辨率，即 7680×4320 像素（16∶9），约每帧 3300 万像素图像。

二、虚拟数字人的创建：定位、基调、特征

（一）定位：应用场景中的工具价值与情感价值

虚拟数字人既是数字智能化的亮点，也是未来传播发展的重要带动点。"数字"意味着不受躯壳限制，可通过不同类型的媒介被感知和触碰的同时，也可单独存在于数字虚拟空间中，而虚拟人的"虚拟"主要以英文单词"virtual"来理解，与中文释义有所区别，可以被理解为一种能够实现同等效果的手段，那么虚拟数字人的"虚拟"则可以被理解为借助技术途径创造在认知经验上被感知为人的现实体验感，其感受近似或等同于真人交互的体验。因此，虚拟数字人是在特定空间或场景中呈现出无限接近人类的现象或存在。

服务型机器人主要根据服务类型进行分类，而目前被广泛应用的分类方式主要根据是否具有实体和是否为人服务，具体可分为以人为对象的实体机器人、以物为对象的实体机器人、以人为对象的无实体机器人和以物为对象的无实体机器人四种。[33] 虚拟数字人与机器人在概念上有交集，但也存在明显差异。它们的差异主要体现在虚拟数字人超越实体和具备情感关系的属性。有别于以工具属性为核心的机器人，虚拟数字人增加了情感属性，需要为服务增加温度，与服务对象建立关系，提供情感价值。

本节将以工具价值和情感价值为标准，把虚拟数字人分为工具价值低且情感价值低的场景氛围型虚拟数字人，工具价值低且情感价值高的指引陪伴型虚拟数字人，工具价值高且情感价值低的工具服务型虚拟数字人，以及工具价值高且情感价值高的专业型虚拟数字人（见图2.2）。

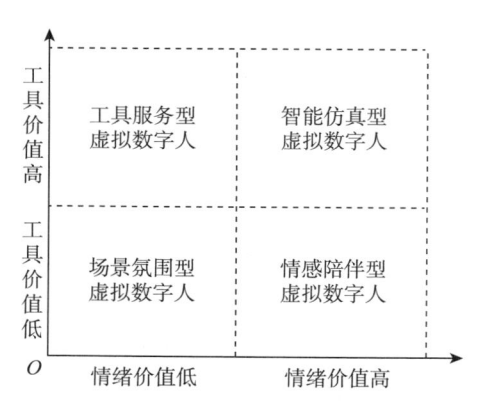

```
        工│
        具│ ┌─────────────┬─────────────┐
        价│ │  工具服务型  │  智能仿真型  │
        值│ │  虚拟数字人  │  虚拟数字人  │
        高│ │             │             │
         │ ├─────────────┼─────────────┤
        工│ │             │             │
        具│ │  场景氛围型  │  情感陪伴型  │
        价│ │  虚拟数字人  │  虚拟数字人  │
        值│ │             │             │
        低│ └─────────────┴─────────────┘
         O    情绪价值低      情绪价值高
```

图 2.2　基于工具价值和情绪价值的虚拟数字人

资料来源：作者自制。

1. 场景氛围型虚拟数字人

场景氛围型虚拟数字人的主要功能是实现场景功能、烘托氛围、为场景中的目标对象提供基本的视觉感受与基本信息、完成简单的对话和提供基本的同质化服务，但交互性较低，形似人类但存在明显的不真实感，如游戏场景中的非玩家角色（non-person character，简称为 NPC）、虚拟空间中的背景人物和现实场景中的迎宾机器人等。此类虚拟数字人为场景赋能，其存在是场景的有机组成部分，非主动地为用户提供同质化的基础功能，协助受众与场景建立连接，增加场景的丰富度和体验感。

2. 情感陪伴型虚拟数字人

情感陪伴型虚拟数字人的主要功能是提供情绪价值，在场景坐标变动和不同场景切换时实时和主动提供指引性导航服务，类似于虚拟管家和虚拟引导员。该类型虚拟数字人不受形象、载体和场景的限制，能够穿梭于多种媒介载体，以语音、图片、影像、实体等多种形式存在，随用户使用需求改变自身呈现方式，例如，在游戏中提供游戏线索、画外音、旁白的角色，智能设备和智能家居中的智能语音助手等。

此类虚拟数字人增强用户在场景中的熟悉感、亲切度和陪伴感，减少对陌生场景的恐惧和排斥，主动与用户交互，提供个性化情感服务。

3. 工具服务型虚拟数字人

工具服务型虚拟数字人的主要功能是提供功能性服务，以实体或非实体形式代替或辅助用户完成简单、重复和同质化的任务。此类虚拟数字人不需要完全拟人，更多是对人类达成某种服务的能力重现或增强，是弱人工智能应用的代表。例如，商店门口的揽客和迎宾的机器人、机械臂等。此类虚拟数字人对拟人度和仿真度要求并不高，甚至由于与人过高的相似度而让人心生恐惧，产生恐怖谷效应。[34] 研究发现，高度仿真的虚拟人会导致用户对其寄予过高的期待，从而更期待它像真人一样行动。[35] 因此，目前该类型虚拟数字人的核心竞争力是工具价值，在外形上为了避免引起用户的不适，常有意呈现其机器或非人的特征。

4. 智能仿真型虚拟数字人

智能仿真型虚拟数字人的主要目标是在载体和行为上高度模仿人类。2002年，数字化虚拟人项目被列为国家高技术研究发展计划（863计划），虚拟人被赋予了高度模拟人类的特征，用于医学实验和在不利于人类生存的环境下完成具有一定难度的任务。此类虚拟数字人要求对人体进行精准数字化呈现，也是元宇宙概念下虚拟现实技术中的关键突破点，在众多虚拟数字人中具有较高的经济价值、科研价值和应用价值。目前，智能仿真型虚拟数字人主要应用在模仿人体呈现层面，皮肤毛孔细节呈现可达到8k，能够控制的面部微表情也达300多种，但在行为、情感和交互能力上仍有较大的发展空间，在个性、特征和整体呈现上的区分度和识别度都不高。

在创建虚拟数字人之前，要先明确虚拟数字人的定位。通过确定虚拟数字人不同的基础性技术、功能和发展方向，明确该虚拟数字人的核心竞争力、应用领域和技术局限后，根据需求创建具有不同人格特点和相貌特征的虚拟数字人。

（二）基调：背景与情绪中的价值观

虚拟数字人没有历史和过去，这并不影响其功能和使用，因此，工具价值高且情感价值低的虚拟数字人往往只是一个物品或智能工具，工具价值低且情感价值低的虚拟数字人则是场景的有机组成部分。但是，背景经历和价值观对于具有较高情感价值的虚拟数字人则尤为重要，缺乏这些底层的基调，虚拟数字人就无法实现其情感价值，正如没有历史和过去的人是无法被人信任的，这一点对虚拟数字人而言也是如此。世界首位仿真虚拟偶像 Lil Miquela 在社交软件 Instagram 中的初次露面不仅展现其拥有非常个性化的个人叙事，而且展现其拥有具体且个性化的观点与价值取向，如她公开表示支持种族平等、男女平等，拥有明确且清晰的政治取向，通过文字和图片等视觉呈现形式表达对周边事物的看法。Lil Miquele 初期并没有公开虚拟人的身份，而是让受众猜测其真实身份，除了具有当时技术领先的人物建模，Lil Miquele 完善的背景资料和鲜明的洛杉矶少女的观点和语言特点都让其显得格外真实，引起人们的广泛猜测。

现阶段具有较高社交属性的虚拟数字人都在设计早期就拥有人物小传，运营团队会非常注意虚拟数字人的背景故事，虚拟数字人基本都拥有较为清晰的背景和梦想设定，让受众迅速捕捉虚拟数字人的过去与未来信息，而虚拟数字人的现在则主要依靠其社会身份、衣物配饰和场景信息体现，但是这种亮相只能让人眼前一亮，只有在具有新闻性的身份确定和特殊活动或著名场景中才能让受众留有印象。例如，中国虚拟数字人 AYAYI 晒出阿里巴巴数字人员工工作证的图片，清华计算机系宣布虚拟数字人华智冰成为清华大学学生，虚拟主持人小漾成为《你好，星期六》的实习主持人。社会身份的确认会为虚拟数字人带来新闻点，引起受众的关注，但新闻一旦过时，受众对其关注度就会被分散。如何维系这种关注度，增加受众留存问题是现在虚拟数字人亟须解决的问题。

价值观和世界观是虚拟数字人长期发展的灯塔，在虚拟数字人创建初始就根据性别、年龄、出生日期、家庭成员和经济能力等基础属性的设定确定其价值观和世界观。与早期具有代表性的虚拟偶像初音未来和洛天依等虚拟数字人的成功案例不同，虚拟数字人的发展模式已经基本不依靠粉丝参与式的内容生产，原来在创建虚拟偶像时有意模糊部分设定是为了让粉丝群体留下创作和发挥的余地，而如今的虚拟数字人则由专业团队运营，内容生产模式主要依靠专业内容生产。目前该模式下最大的痛点是如何实现个性化，没有灵魂支撑的虚拟数字人即便再真实，皮肤纹理分辨率达到8k，也只是呈现一个空洞的躯壳。对世界万物表现出的态度与情绪中蕴含的价值观和世界观是虚拟数字人的灵魂，"铸魂"是先于设计外形的重要步骤，是现阶段虚拟数字人亟须解决的问题。

（三）特征：人物设定中的技术特征与团队目标

根据戈夫曼（Goffman）的拟剧理论，真人为了满足自我期望与自我目的而进行印象管理，[36]这与在明星和动漫产业的常用概念"人物设定"（简称为"人设"）在概念上有相似之处。对于虚拟数字人而言，人物设定是为了满足受众期望与团队目标而进行的印象管理。虚拟数字人的创建与运营由专业的技术团队和知识产权（IP）经营团队共同打造，在设定人物的基调时与真人明星或网络红人设立"人设"设定方法并不相同，被分为被动赋予和主动设定两种。[37]由于虚拟数字人无自主意识，其社会身份与自我期望由其技术功能和团队定位决定，虚拟数字人的"人设"一般由技术逻辑与品牌定位决定。

在技术层面，由于虚拟数字人的类型众多和功能差异较大，其底层技术支持有较大差异，这种由技术决定的底层特征是无法通过后期运营而彻底摆脱的，是一种先天性的特征与标签。例如，科技感是目前虚拟数字人与生俱来的特征，众多虚拟数字人都会将科技感和未来感作为重要元素加入背景和形象设计中，如虚拟偶像洛天依的 v3 人物设定中的衣物和鞋子充满未来感，湖南卫视的虚拟主持小漾在《你好，星期六》初次登场时，是在一个充满未来感和科技感的空间中模仿空间瞬移以像素扫描的形式逐行呈现。当虚拟数字人成为社会中常见的存在时，这种科技感和未来感会有所减弱，而日常感和实用感会有所加强。

在品牌逻辑层面，由虚拟数字人的开发方和专业运营团队根据其计划的发展模式和商业定位进行有意识的形象和角色塑造。虚拟数字人的人物设定是虚拟的人格塑造及其呈现，是传者有意为受者搭建的连通虚拟和真实的桥梁，也是品牌运营方和受众相互勾连共同缔造的想象赋权。抛开本身的技术特征，虚拟数字人的人设和标签塑造需要传者、受者和时代环境三者的相互适应与匹配，也需要契合时代主题，拥有政府的配合与用户的支持，缺一不可。例如，虚拟偶像洛天依的"吃货"人设源于官方上传的试听曲《千年食谱颂》，该曲是由官方主导创作的，但其"吃货"属性是由该曲的感染力和受众群体的众多二次生产作品共同形成的，粉丝参与生产的作品多维度具体化"吃货"属性，并不完全由一方单独决定。没有中华民族"民以食为天"的传统，无法让洛天依的"吃货"属性获得本土化优势；没有官方的曲目和后期采纳，无法让洛天依的"吃货"属性存续；没有受众的认可与共同生产，无法让其迅速传播和深入民心。

三、虚拟数字人的塑造：算法赋能、价值赋能、标签赋能

（一）算法赋能：个性化表达、情绪和态度

目前专攻语音服务类虚拟数字人已能够凭借庞大的语料数据库，通过自动语音识别（ASR）将声音转换为文字，并对文字进行自然语言处理，理解和处理所得文本，并将处理后的文本转化为语音（Text to Speech，简称为 TTS）。虚拟数字人已经可以流畅且稳定地进行日常对话和扮演基础服务型人物角色，如移动通信运营商利用虚拟数字人能够完成开卡意愿咨询和用户地址录入等服务，地产公司利用虚拟数字人推销旗下房产，淘宝等电商平台利用虚拟数字人进行用户售后情况反馈收集和物流到达信息提醒。

用户在语音、文字和手势三种交互方式中，最喜欢用语音与虚拟数字人进行交互，[38]而语音类的交互方式需要大量的语料库和人工音源采集。目前虽然合成人声技术已相当成熟，但总体仍不如真人录音自然和真实，大部分仍能被用户识别为合成人声。目前该类型虚拟数字人的表达逻辑和采集分析能力已基本成熟，满足多场景商业应用的需求，用户如果不仔细分辨，甚至无法区分其虚拟人身份，能够很大程度上顶替人工咨询，减少简单且重复类型工作的运营成本和人才资源占用问题。然而，该类型虚拟数字人也有一定技术局限性。受语料库不足或关键词识别能力限制，其只能提供较为同质化的服务，基本无法照顾用户的情绪和回应用户的质疑，遇到特殊问题也只能给予有限且机械的答案。例如，自然语言处理主要依赖关键词的提取与组合理解，只要用户说出关键词，虚拟数字人就会提供标准化和同质化的内容。例如，接听推销类的虚拟数字人打来的电话，其语音、语速和语气都与真人无异，但当用户反复问"你是机器人吗？"，对方会用生动的语气重复地回答"怎么会呢？我们都是专业培训过的专业客服"，

083

其非人工的身份昭然若揭。

个性化表达、情绪和态度是基于人工智能技术的虚拟数字人脱离模式化和同质化的关键。个性化表达、情绪和态度是虚拟数字人与机器人差异化竞争的核心竞争力,虚拟数字人的基础任务均需要与人的交互,而个性化表达设计可根据心理学艾森克特质理论,[39] 通过影响人格的内外向性和神经质因素对个性化表达进行分类①,将其分为多血质(外倾稳定型)、黏液质(内倾稳定型)、胆汁质(外倾不稳定型)和抑郁质(内倾不稳定型)(见表 2.2)。其一,多血质类型的虚拟数字人适合宣传号召和新闻播报类内容服务,适合应用在演讲类的内容服务场景,语速正常,语音特点是健谈且稳重的,观点倾向是具有建设性的和友善的,态度是活跃开放的,情绪表达是坦率且直接的;其二,胆汁质类型的虚拟数字人适合应用在体育竞技类的内容服务,语速是快且急的,语音特点是易激动的,观点是激进且具有攻击性的,态度是积极乐观的,情绪表达是冲动且急切的;其三,黏液质类型的虚拟数字人适合应用在情感咨询类的内容服务,语速是正常偏慢的,语音特点是内敛平静的,观点倾向于温和且思辨的,态度是被动自控的,情绪表达是温和且平静的;其四,抑郁质类型的虚拟数字人适合应用在讣告等不幸和悲伤内容类服务场景,语速是慢的,语音特点是沉重且寡言,观点倾向于严肃且刻板,态度是悲观和焦虑的,情绪表达是多变的。

---

① 艾森克认为,影响人格类型主要有三个维度,分别是内外向性、神经质和精神质,由于精神质维度得分高的人被认为是需要接受审判或心理治疗的人,其特征为自我为中心、具有攻击性、缺乏人情味、冷漠、缺乏同情心等,考虑到主流价值观和数字虚拟人的应用问题,暂不考虑这一维度。

表2.2 基于艾森克人格维度的虚拟数字人个性化表达分类与特质

个性化表达分类	特质					
	语音特征	语速	观点倾向	态度	情绪表达	应用领域
外倾稳定型	健谈且稳重	偏快	建设性和友善	活跃开放	坦率且直接	新闻和宣传
外倾不稳定型	容易激动	快	激进且具有攻击性	积极乐观	冲动且急躁	体育竞技
内倾稳定型	内敛平静	偏慢	温和且思辨的	被动自控	温和且平静	情感咨询
内倾不稳定型	沉重且寡言	慢	严肃且刻板	悲观焦虑	多变	悲讯

资料来源：作者自制。

个性化表达的模型化需要对不同类型的人格独立设计一套系统的语料库和情绪表达的音源采集和算法跟进。虽然工作量巨大且早期投入较大，但这也是让虚拟数字人实现多元化、个性化的必经之路，正如人类基因的多样性，虚拟数字人也需要多样性以形成适合自身发展的媒介生态。

（二）价值赋能：由有意价值留白转为具体明确的价值观

虚拟数字人的商业运营源于日本的偶像养成计划，内容驱动型虚拟偶像《超时空要塞》的角色林明美成为虚拟偶像成功最早范本，而在商业上让虚拟数字人引起全世界范围关注的是以人声合成技术为基础的初音未来，故意留有空白的基础设定让她的用户生产内容短时间内在市场爆发，开创了粉丝参与式的内容协作生产模式，而后众多同时代的虚拟偶像也采用了相同的发展模式，均得到了较好的发展，如中国的洛天依。[40] 随着技术的发展，品牌产业驱动的虚拟数字人逐渐展露锋芒，但其与原有两种驱动模式不同，品牌代言人主要采取专业团队运营模式，以其逼真近乎完美的仿真人建模和满足幻想的理想化存在吸引众多商业品牌和产业巨头的关注。在专业团队模式运营的模式下，虚拟数字人能够拥有稳定且统一的人物设定。与依赖粉丝参与

085

式内容生产不同，该模式不会存在相互矛盾且分散的形象与人物设定，可以根据品牌和产业需求塑造完全契合品牌价值的完美代言人。但是该模式也有缺点，其内容质量和更新速度与运营团队的内容生产能力和运营能力不匹配，虚拟数字人的图片和影视内容更新速度远远比不上真人账号，很多虚拟数字人在横空出世时吸睛无数，但在热度过去后，难以维系积累的用户，逐渐失去原有的关注度。在碎片化的互联网时代，只依靠制造新闻热点和活动联名很难长久维系用户黏性，也难以保持活跃的生命力。因此，具有鲜明个性和明确的价值取向，敢于发表观点，具有旗帜分明的价值观和世界观，有想法、有观点是赋予虚拟数字人灵魂的关键。

彰显明确的价值观和世界观，针对热点事件发表具有情绪和鲜明观点的文字类内容能为虚拟数字人"铸魂"。在后真相时代，具有强烈情绪的文本更容易与受众产生共鸣，且生产成本较低，有助于增加用户留存率。以虚拟偶像洛天依为例，洛天依早期复制初音未来在日本成功的发展模式，在中国本土化成功后依赖活跃的粉丝参与式的用户生产内容发迹于中国二次元市场，而随着品牌驱动型虚拟数字人的商业价值凸显，其内容生产和运营逐渐由专业团队接手，整合人物设定，开始树立中华优秀传统文化继承者和弘扬主流价值观的传播者形象基调，与共青团中央、地方共青团和优秀的内容生产者合作推出精品内容，众多内容在视频网站中都达到1000万左右的播放量，如《天行健》《九九八十一》《万古生香》等。随着整治明星网红乱象的"清朗"行动的开展，以洛天依为首的拥有明确价值观和世界观的虚拟数字人备受关注，永恒的生命和稳定受控的优势让虚拟数字人迎来了新的发展机会。

（三）标签赋能：算法时代人工缔造的精准定位

标签的概念源于基于算法的智能推送，为了能够更好地将内容精准推送给用户，不仅需要了解用户需求和爱好，还需要通过人工打标签让内容能够被机器识别。虚拟数字人的天然属性是与其技术和时代赋予所有虚拟数字人的特点，如未来感、科技感和新鲜感，后天习得的标签则是由专业运营团队精心策划和用户共同想象两者共同形成。元宇宙时代的虚拟数字人的标签更倾向于凸显人工赋予的后天习得的特征。

专业团队的精心策划在为虚拟数字人打造量身定做的标签时，需要结合虚拟数字人自身的特点，如外形、定位、价值观和目标受众的喜好。例如，以美妆产业的用户群体为目标受众的虚拟数字人柳夜熙，其精致的五官与中国风服饰配合赛博朋克的古风街道场景，在发布后得到300多万赞并涨粉上百万，成为2021年现象级的虚拟人。在设定上，其专业团队遵循美妆产业目前的国潮风，在元宇宙概念和高冷科技感的精致妆容下，配合神秘夜晚的赛博朋克场景和悬疑的剧情，以毛笔为媒介打通现实与虚拟的界限，打造中国本土化的奇幻悬疑风叙事。虚拟人正式发布视频中的各个要素相互映衬，从不同维度将"美妆"设定巧妙融入角色，让受众在观看时有意无意将"柳夜熙"与"美妆"建立联系。

四、虚拟数字人的呈现：用户体验与交互意愿

随着元宇宙概念的兴起与产业链和配套技术趋于成熟，基于不同技术逻辑和商业逻辑的虚拟数字人遍地开花，总体呈现形态多样、功能各异和复合多元的趋势。不同类型的虚拟数字人也根据其功能、技术和产业需求特点，在现实和媒介环境中采用差异化的呈现方式。本

节将以主观真实和客观真实为标准，将虚拟数字人的呈现方式分为感知为真且客观为真型、感知为真且客观为假型、感知为假且客观为真型和感知为假且客观为假型（见图2.3）。

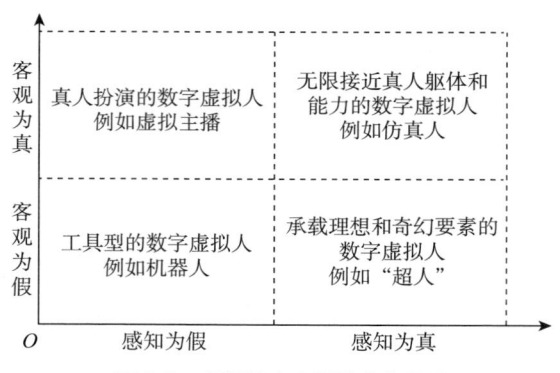

```
客观
为    真人扮演的数字虚拟人    无限接近真人躯体和
真    例如虚拟主播           能力的数字虚拟人
                            例如仿真人

客观
为    工具型的数字虚拟人      承载理想和奇幻要素的
假    例如机器人             数字虚拟人
                            例如"超人"

O         感知为假              感知为真
```

图2.3　虚拟数字人的数字化呈现

资料来源：作者自制。

　　感知为真且客观为真型虚拟数字人主要以无限接近真人躯体和能力的虚拟数字人，以具有科研价值和医疗价值的虚拟仿生人为代表。2002年，数字化虚拟人项目被列为国家高技术研究发展计划，该类型虚拟数字人极具医学价值和科研价值，能够在对真人有害的医学实验环境和极端环境下用于模拟真人完成任务。该类型虚拟数字人通过将真实人体分为约0.1毫米的横断面进行精准测量，并根据数据建立人体模型，形成数字仿真人。通过人体感应器等外接设备，数字仿真人甚至可以构建对真人的数字孪生，医生能够随时随地地查看人体的健康数据，根据收集的数据制订精准的治疗方案和手术模拟计划，提高手术成功率。该类型的虚拟数字人在医疗和科研界都具有极高的价值。

　　感知为真且客观为假型虚拟数字人主要以理想化的"超人"虚拟数字人为代表，承载着人类对理想形态的美好幻想，如在游戏世界中个人根据喜好设定的虚拟化身，具有完美皮肤、毫无瑕疵的虚拟品牌代言人，有狐狸耳朵和尾巴的虚拟偶像等。这部分虚拟数字人呈现出众多"非人"的特征，集合众多理想化的要素，在喜爱他们的人群中，这些虚拟数字人是真实且鲜活的。此类虚拟数字人往往承载着商业属性，其诞生通常与品牌宣传和营利相关，在全媒体时代，跨媒介呈现是该类型虚拟数字人的存活方式。穿越不同媒介，尽可能以不同形式出现在受众的视野中是该类型虚拟数字人"活着的证明"。例如，对国际知名的虚拟偶像初音未来而言，2010年"39感谢祭"中采用全息投影技术以3D立体形式呈现在观众面前，这是其发展历程中的重要转折点，观众能够裸眼在会场看到初音未来举办演唱会，通过媒介使其与受众"在场"，这种现场交互感让粉丝感知到初音未来的"真实"。跨媒介的数字呈现赋予虚拟数字人在场感和真实感。

感知为假且客观为真型主要以真人扮演的虚拟数字人为代表，这一类虚拟数字人的数字化形象与真人相互配合，真人需要按照人物设定和开放式剧本"表演"并与用户进行交互，技术和专业团队负责数字化呈现与维护，如虚拟主播。这部分虚拟数字人的存在是技术发展过程中过渡性的产品，受制于人工智能的智能程度，目前人工智能停留在弱人工智能层面，擅长在具有明确规则和边界的范畴下智能地行动，但面对复杂多元的问题，虚拟数字人无法像人一样思考并提出解决方案，如与真人沟通交流、在复杂多变的环境中随机应变等。以虚拟主播为代表的虚拟数字人是目前在所有品类中入门门槛最低和运营早期投入成本最低的，确定好模型和扮演者，任何人都可以通过付费得到动作捕捉技术及其相应技术支持，部分平台甚至为了鼓励更多人投身于虚拟人产业，而推出免费使用基本功能的激励。较低的早期投入和较为成熟的产业链让该类型虚拟数字人的数字化呈现趋于多样，不同垂直领域的主播会针对目标受众的喜好，与时下热门的要素相结合，设计符合自身发展的主播形象。

感知为假且客观为假型主要以服务和工具属性强的虚拟数字人为代表，该类虚拟数字人的形态依据任务和功能决定，目前大部分虚拟数字人主要以智能语音形态存在，数字化呈现与其声音的性别、语气、语速和情绪等各种要素息息相关。与真人配音相比，虚拟数字人的语音服务在发音标准度优于真人，以科大讯飞为代表的语音识别技术已支持51种语种、24种方言和1种民族语言，在直播场景下普通话识别的正确率已高达85%，无噪声场景中识别率可达98%。以智能语音助手为代表的该类虚拟数字人在准确度和语种储备量方面都远远超过真人，但在情绪和情感的表现上极为匮乏，个性化呈现仍处于较低水平。感情与情绪的正确表达需要建立在对自然语言的正确理解上，而不是简单地对个别关键字的识别与情绪分析，如果只是片面地根据词组赋予情绪表达，就会出现不合适的情感表达，让用户更加反感。该类型虚拟数字人也拥有其他的媒介形态，如拥有形态设计图和基本人物设定，但总体来说，该类型虚拟数字人一切服务于任务与功能，所处行业尚在技术发展阶段，打造核心竞争力的关键仍是功能和服务的提升，尚未呈现较为明显的差异化竞争趋势。

第三节　动机与场景：基于认知神经传播学的媒介用户使用体验测量

一、概论

媒介作为信息传递的载体和沟通交流的工具，自诞生以来就是与技术发展乃至整个宏观社会背景息息相关的，同时又以其传播模式、连接范畴、价值实现等方方面面反作用于社会。从传统媒介到新兴媒介，媒介社会的每一次转型都带有政治、经济、文化转型的深刻烙印。在21世纪人工智能、机器人、虚拟现实技术快速发展的今天，借助新智能技术的社交化、在地化、移动化（Social、Local、Mobile，简称为 SoLoMo）在带动社会关系结构变化、权利资源分配重组、社会秩序与规则模式重建的同时，也深刻影响着媒介形态、传播模式的发展与革新。

随着移动互联网技术的快速发展和智能手机产业的升级换代，移动互联网技术水平与硬件设备水平的进步为第三方移动应用的普及与推广提供了条件和保障。在智能手机和移动媒介技术高度发展的当今社会，技术的普及赋予人们更多的选择权与表达权，借助媒介软件的多功能服务系统，人们跨越时间、空间的局限，实现多重媒介需求的满足。作为新兴媒体的典型代表，移动应用通过界面功能的多维度整合、使用场景的跨域联通等功能，对用户的工作、学习、生活进行了革命性的改变。因此，围绕移动应用的用户使用体验、效果测量等问题进行深入研究具有十分重要的社会意义。

基于此，移动应用的用户需求与使用体验成为当今学界关心的重要问题，人们逐渐认识到，移动应用的设计应当是以用户需求和用户体验为导向的，用户在媒介使用过程中的需求、动机与使用体验直接关系到媒介效果的评定和媒介价值的考量。用户在移动终端设备使用过程中产生相应的主观心理感受，体现在对产品的感知有用性、感知易用性以及整体满意程度的评定，其影响因素可以是多样的，如移动网络的速度情况、产品使用场景、移动终端设备的硬件技术条件、移动应用本身的界面设计、用户自身的产品接触特征（如接触动机、既有经验、个人期望）情况等。有学者指出，用户在使用产品或服务过程中所获得的体验，受用户、产品、社会、文化和环境等因素的影响。[41]近年来，以用户体验为中心考量产品服务和媒介价值成为心理学、认知科学、神经科学、传播学、计算机科学等领域的一项日趋重要的交叉学科课题。

二、内外部要素对用户体验的影响：理论与模型支撑

（一）用户体验研究

用户体验（User Experience，简称为 UX），一般而言被认为包括用户所有感知的满足程度（审美体验），产品对用户的意义（意义体验），以及用户对产品所产生的感觉和情感（情感体验）。[42] 有学者将用户体验划分为包括视觉体验（Visual Experience）、情感体验（Emotional Experience）和互动体验（Interactive Experience）在内的三个方面。[43]

基于现有文献及研究资料发现，现阶段对于用户体验的设计一般分为三种形式：一是针对既有产品或服务项，通过用户体验的测试与评估，对产品或服务项进行优化、升级或改进，以提升用户的满意度，更好地为用户提供有针对性的产品服务；[44] 二是针对全新未面世的产品或服务项，以用户需求、使用习惯为中心，设计实验或调查，邀请用户参与其中进行操作、互动、反馈等，以进行产品或服务项的进一步优化与改进；[45] 三是从产品或服务项中根据研究者需求提取一定的研究因素，探讨研究因素与用户体验之间是否产生相关或影响作用，通过因素之间的关系研究找准对用户体验产生影响的关键因素，以精准提升用户的整体满意度，更好地为用户需求服务。

互动作为用户媒介使用过程中的行为、组织与连接活动，是媒介传播效果研究、受众研究领域所关注的重要内容。近年来，对媒介用户互动的相关研究十分丰富，为本研究的理论准备和模型支撑提供了坚实的学术基础。霍夫曼（Hoffman）和诺瓦克（Novak）以用户的互动对象为划分依据，将媒介用户互动划分为"人机互动"与"人际互动"；与之类似，梅西（Massey）和利维（Levy）在研究中依据用户互动指向，将新媒体用户互动形式划分为"用户－网页互动"和"用户－用户互动"，并对用户媒介互动的指向性、交互性进行详细分解，

同时强调媒介作为交流中介在用户关系连接、情感交流和体验生成等方面产生的重要影响；[46]进一步地，戴维斯（Davis）在媒介倾向模型（Channel Disposition Model，简称为CDM）的基础上提出技术接受模型（Technology Acceptance Model，简称为TAM），通过一项媒介系统人机互动研究，戴维斯发现用户媒介使用态度的影响因素主要包括感知有用性、感知易用性两个方面。[47]

在此基础上，喻国明从认知神经传播学的角度将影响用户体验的感知划分为有用性、可用性（易用性）和满意度三个方面，并结合认知神经科学视角将体验分析解释为感官体验、交互体验与情感体验，为今天的研究提供了理论基础；[48]康斯坦塔基斯（Konstantakis）等人建构了积极用户体验评价的三级指标体系，其中，一级指标为实用性和享乐性，二级指标为效用性、可用性、社交享乐，三级指标为有用性、可靠性、轻松性、高效性、可用性、愉悦性、刺激性；[49]研究者在一项对网络用户互动、满意度、使用行为及意愿的研究中发现，用户的产品满意度对用户互动、持续使用行为都有正向促进作用。[50]

（二）媒介用户使用体验的测量与理论模型

现阶段，对内外部要素与媒介用户使用体验关系的验证已取得丰富的研究成果。如今，媒介使用动机与用户体验关系的研究已建立起较为成熟的研究体系与模型。[51-54]巴塔查尔吉（Bhattacherjee）和普雷姆库马尔（Premkumar）研究发现媒介使用动机能有效改变用户的使用体验，通过双阶段模型的建立将用户动机对使用体验的正向预测进行了验证。[55]接下来，研究者通过对使用动机和用户体验两项因素的细化拆解完成进一步验证和考量。

首先，在用户体验的结构方面，卡斯塔涅达（Castañeda）等人对用户体验模型进行内部结构的验证与测量，发现感知有用性

（Perceived Usefulness）在用户体验模型中起到首要的引导作用，[56] 为戴维斯（Davis）提出的技术接受模型，提供了有效的实验支持与内部结构验证；文卡特什（Venkatesh）等人和戴维斯在研究中从逻辑结构优化、模型理论扩展两个方面对既有的技术接受模型进行了整合与讨论，完成了对技术接受模型的整体化检验。[57]

其次，在使用动机的研究方面，研究者在 2010 年进一步对使用动机进行细化拆分，并研究不同的动机类型对用户体验分别产生了怎样的影响，发现享乐动机和社会化动机是影响用户体验的首要因素。[58] 研究者们基于不同的产业背景、实践应用进行了丰富的假设验证与理论推演。例如，研究者通过行为学实验法，验证了技术性媒介对用户教育活动的影响，提出教师的媒介使用满意度与认可度受使用动机的显著影响；[59] 此外，斯特拉吉尔（Stragier）等人将在研究中发现，媒介用户的使用动机对其使用体验具有显著的影响作用，在建立"动机 - 感知 - 使用"模型的基础上（见图 2.4），首次提出用户的自我管理动机、享乐动机和社会化动机是影响用户体验的三个核心要素，[60] 为今天的研究提供了理论模型基础。综上所述，本研究将用户的使用动机纳入自变量的考量范围。

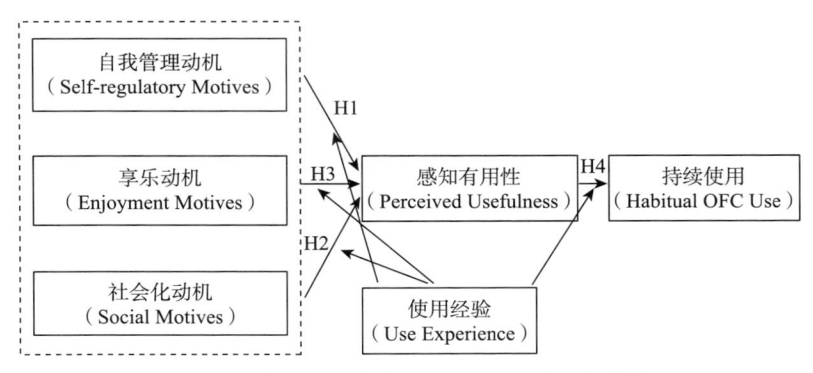

图 2.4 媒介用户的"动机 - 感知 - 使用"模型

资料来源：作者自制。

再次，有研究表明，用户与硬件终端的移动性决定了用户的媒介使用体验会随着使用场景的变化而发生改变，[61] 因此，基于使用场景对用户体验的影响研究就十分有必要。2006年，哈森扎赫（Hassenzahl）和崔西斯科斯基（Tractinsky）指出，使用场景与使用即时性应当成为媒介用户体验研究关注的重点方面，并建立"使用动机－使用场景－用户体验"的关系模型。[62] 不断有研究者提出，与使用场景高度贴合的功能匹配是提升媒介App用户体验的正向有效因素。[63]

在研究中，帕里塞（Parise）等人使用"transform"一词描述结果中发现的沉浸式的场景对用户使用体验的影响作用，而这种个性化场景的构建是通过充分且即时的互动来实现的。近年来，研究者发现用户在接触产品或服务时所处的场景因素对其使用体验具有重要的影响：[64,65] 当场景与产品或服务内容契合度较高时，用户更容易产生优质的使用体验；反之，当场景与产品或服务内容契合度较低时，用户产生优质使用体验的概率也相应降低。朔尔茨（Scholz）与史密斯（Smith）同样发现使用场景与产品服务内容的高度拟合能优化用户体验，而多样的视频技术与增强现实技术则是实现场景与内容高度契合的重要加持因素。

进一步地，有研究者提出，按照场景的私人化程度将场景划分为私人场景（Personal Context）和公共场景（Public Context）两种类型。[66] 本节所进行的是移动应用用户基于移动应用界面进行的虚拟互动行为研究，包括人机互动与人际互动两个层面，具体验证在私人场景和公共场景两种场景类型下进行的移动应用虚拟互动是否存在体验上不同。根据布朗（Brown）等人提出的划分标准，私人使用场景指的是具有一定私密性的、个人性、封闭性的场景形态，如家、宿舍、个人办公室等；公共使用场景指具有大众性的、公开性的、开放性的场景形态，如广场、操场、大众健身房等，具体定义将在下文作详细解释。[67]

三、以教育学习类 App 为例：研究框架与技术路线

（一）研究框架与变量的选择

第一，本研究中的自变量为用户使用教育学习类 App 过程中的使用动机及使用场景。2016 年，斯特拉吉尔等人提出的媒介用户使用动机模型，认为用户的自我管理动机、享乐动机和社会化动机是影响用户体验的 3 个核心要素。本研究沿用前人提出并论证的移动应用用户动机模型，并在文献整理的基础上将社交使用动机定义为"用户出于社交、融入、合作等目的进行的媒介使用"，将娱乐使用动机定义为"用户出于娱乐、放松、取乐等目的进行的媒介使用"，将自我管理使用动机定义为"用户出于个人目标达成、个人事务规划、内在情绪调节等目的进行的媒介使用"，以便进行概念化厘清与量表设计。

基于前人的场景类型划分[68]并结合本次的具体研究问题，根据互动行为的发生场景划分为私人使用场景和公共使用场景。私人使用场景即具有一定私密性的、个人性的场景形态，如家庭、宿舍、个人办公室等；公共使用场景指具有大众性的、公开性的、开放性的场景形态，如广场、操场、大众健身房等。

第二，本研究中的因变量为用户体验。从效果时长维度上划分，用户体验主要包括长期累积性体验和短期即时性体验。本研究属于对媒介用户使用体验的即时体验研究，旨在探析用户在与机器界面、与其他用户互动过程中的瞬间效果。其中，就具体测量指标而言，本研究主要参考戴维斯提出的技术接受模型和喻国明提出的用户使用体验模型，将感知有用性、感知易用性、用户满意度作为用户媒介使用态度的 3 个测量指标。

第三，本研究中的控制变量（或额外变量）为用户互动的不同类型。根据互动对象的类型并结合既有的互动划分理论，[69]将研究中的

互动划分为人机互动与人际互动两种类型。其中，媒介用户的人机互动指的是，使用某一款教育学习类App的用户以该App界面为介质，通过应用软件界面的功能操作以实现的用户、软件之间的交互行为，包括用户搜索、浏览访问、内容（文字或视频）下载、内容（文字或视频）收藏等行为；媒介用户的人际互动指的是，使用某一款教育学习类App的用户以该App界面为介质，通过应用软件界面的功能操作以实现用户与用户之间的交互行为，包括软件内交流社区的留言、点赞、转发、话题讨论等行为。

本项研究以使用场景、使用动机作为自变量，以感知有用性、感知易用性、用户满意度作为因变量，以用户互动类型作为控制变量（或额外变量），共涉及8个变量。基于前人对相关变量的定义并结合本研究的研究逻辑，对上述8个变量进行概念化定义（见表2.3）。

表2.3 本研究中各个变量的类型划分与定义

变量类型			变量定义
自变量（X）	使用场景（X1）	私人使用场景	用户所选择的具有私密性、个人性、封闭性的使用环境形态
		公共使用场景	用户所选择的具有开放性、大众性、公开性的使用环境形态
	使用动机（X2）	社会化动机	用户出于社交、融入、合作等目的进行的媒介使用
		享乐动机	用户出于娱乐、放松、取乐等目的进行的媒介使用
		自我管理动机	用户出于个人目标达成、个人事务规划、内在情绪调节等目的进行的媒介使用
因变量（Y）	用户体验（Y1）	感知有用性	用户在与软件界面、其他用户进行互动的过程中，对所获取的信息对工作或生活改善程度的感知
		感知易用性	用户在使用软件的浏览、搜索、评论、点赞等功能时，对操作难易程度或所需要付出努力程度的感知
		用户满意度	用户在使用软件进行互动后基于其使用前的期望和使用后的体验而形成的满意程度

资料来源 作者自制。

（二）研究方法与技术路线

有丰富的研究结论表明，包括互动、共享等在内的媒介用户体验作为对媒介效果的考量，正在成为不同学科、领域对认知、情绪研究的重要范畴。[70,71]哈森扎赫将包括互动研究、自我呈现研究在内的认知研究归纳为未来媒介研究的重要趋势，认知通常指人类通过心理活动（如形成知觉、概念、判断、思考）以认识客观世界、获取知识并进行信息加工的过程。在心理学层面上，认知包括感觉、知觉、记忆、思维、想象、言语等环节。在经历了符号范式、联结主义范式、具身认知范式的流变后，认知神经科学于20世纪80年代在心脑关系研究中逐渐兴起。

认知神经科学在探讨人类心理活动的脑工作机制研究方面强调多学科、多层次、多水平的跨领域交叉，旨在阐明认知活动的脑活动机制，即人类大脑如何调用其各层次的资源，包括分子、细胞、脑组织区和全脑去实现各种认知活动，[72]进而利用认知心理学和神经生物学方法对复杂的行为、意识、注意、语言以及学习记忆等高级神经技能的生物学机制进行研究。[73]

近年来，认知神经科学以其无损伤性、瞬时效果的捕捉性受到学术界的广泛研究与认可。当前的学术研究主要在认知心理学行为实验方法的基础上借助脑功能成像技术完成，即基于脑代谢或脑血液变化的脑功能成像（PET、fMRI等）和基于EEG或脑磁（MEG）信号的脑生理功能成像（如EEG、ERPs等）。目前，EEG及其分析处理方法广泛应用于心理学、神经科学、认知科学、计算机科学、医学、传播学、社会学等学科的研究之中，研究过程中EEG设备的辅助记录能够有效帮助研究者收集被试的脑电波变化，进而对其认知、情绪、注意力等脑活动进行研究。

认知研究广泛地采用了 EEG 研究方法，其重要的原因是 EEG 检测是一种无创的、具有高事件分辨率的、侧重时间上的信息传递和处理的研究方法。[74] 对 EEG 的信号处理目前主要采用时频分析法（Time-Frequency Analysis，简称为 TFA）、时域分析法、频域分析法、非线性动力学分析法等。本研究主要采用的 EEG 频域分析主要是通过提取 EEG 信号的频谱特征参数来反映 EEG 信号在各个频段所携带的能量信息，[①] 常见的频域特征有功率谱、功率谱密度、能量等。频域分析属于借助电生理指标对 EEG 信号的功率进行估计并记录大脑活动的方法，基本原理是将原始 EEG 信号从时域转化到频域，再从中提取相关频域特性作为 EEG 特征。EEG 频域分析过程中，通过观察 EEG 信号中根据频率和幅值划分的 δ（2~4 Hz）、θ（4~7 Hz）、α（8~12 Hz）、β（13~30 Hz）、γ（大于 30 Hz）等自发节律性振荡活动的分布域变化，以对人类的各项生理指标及心理活动进行剖析研究。由于人脑在结构上具有对称性，功能上具有对侧性，本研究采用客观的额区 EEG 偏侧化（Frontal EEG Asymmetry，简称为 FEA）指标来考量不同主导动机用户[②]、在不同场景下使用教育学习类 App 过程中的体验情况，提供内外部变量对 App 用户体验产生影响的相关资料。

（三）研究逻辑与实验设计

首先，在研究逻辑方面，本研究将用户的使用动机、使用场景作为自变量，用户体验作为因变量，进一步经过文献梳理将因变量细化为其技术层面的感知有用性、感知易用性、用户满意度三个层面，又

---

① 数据来源：知萌资讯。
② FEA 指的是对额区 alpha 波段活动强度测量并计算得出的一个重要指标。一般认为，alpha 波（8~13 Hz）的活动强度与相应的脑区皮层活动强度成反比，即 alpha 波活动强度越大，该脑区活动强度越小。

将不同类型的用户互动纳入控制变量的考察要素体系。变量关系验证的逻辑结构如图 2.5 所示。

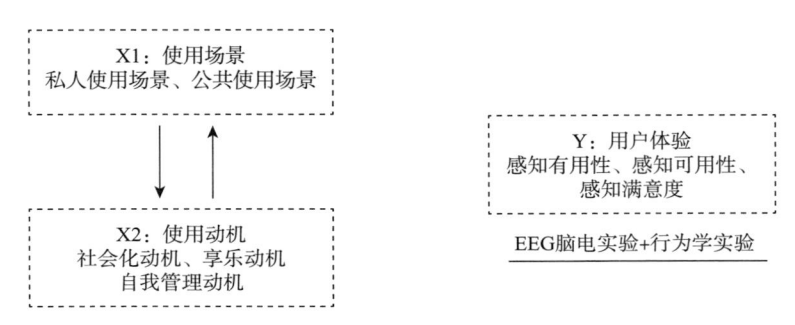

```
┌─────────────────────────┐
│    X1：使用场景          │
│ 私人使用场景、公共使用场景 │         ┌─────────────────────┐
└─────────────────────────┘         │    Y：用户体验        │
         ↕                          │ 感知有用性、感知可用性、│
┌─────────────────────────┐         │    感知满意度         │
│    X2：使用动机          │         └─────────────────────┘
│  社会化动机、享乐动机     │          EEG 脑电实验+行为学实验
│    自我管理动机          │
└─────────────────────────┘
```

图 2.5　变量关系验证的逻辑示意图

资料来源：作者自制。

其次，在实验设计方面，实验选取教育学习类 App 作为实验材料，选取教育学习类 App 用户作为实验对象，研究分两个步骤进行：第一步，先就招募被试的主导动机进行测量，通过设置七点选项的李克特动机量表对被试的主导动机进行测量并以此对被试进行筛选和分组，确保不同组被试各项主导动机一致，为接下来通过实验采集不同主导动机下用户体验数据做参考与准备；第二步，就不同环境场景下的用户体验进行 EEG 数据和行为数据采集，在这一部分，研究者通过脑电实验、行为实验穿插进行的方法，分别测量被试在私人使用场景、公共使用场景中进行人机互动、人际互动过程中的 FEA、快慢波比率、alpha 波重心频率等 EEG 频域指标数据，并从频域指标中计算导出对应指标数据。

再次，在数据分析方面，结合行为学实验中设置的量表问题，采集获得被试在交互参与过程中的感知有用性、感知易用性、用户满意度三项数据指标，进一步联系 EEG 数据指标进行方差分析、相关性分析等，最终形成用户使用场景对用户体验影响的模型机制。在实验过程中，采用 Cognionics Quick-30 32 导无线干电极设备接收被试的 EEG 信号数据，按照 10~20 系统排列电极位置，辅以两台联想 ThinkPad 电脑（Core 2 A3 双核处理器，2G Hz 内存）对被试行为数据进行采集。

四、总结

伴随着通信技术革命的不断深化，以 5G、未来网络、AI 平台即服务、深度神经网络为代表的新兴技术手段正在以铺天盖地之势迅速改变着当前的媒介生态与传播格局。新兴技术的发展从根本上改变了传播者与受众间的地位关系和渠道资源分布，摆脱了传播末端局限性的普通受众开始扮演"多向传播者"的角色。在智能传播时代的今天，用户在技术的赋权下拥有更多个性化选择的权利，用户主体意识的唤醒直接带来媒介布局与传播生态的演变，全新的社会关系模式、传播话语体系随之建立。可见，在全新的技术媒介环境中，进行媒介用户使用体验的影响机制研究是十分必要的。现阶段，在内外部多重因素的影响下，媒介用户使用体验的测量工作变得更加复杂、多样。因此，在智能传播时代的今天，基于媒介内容实际生产情况和媒介用户的信息接受规律，建立一套更加系统化、科学化的评估体系成为学界亟待解决的关键问题。不可否认，如今移动媒介的价值转化不再是简单的内容变现或服务变现的结果，而是多重因素的叠加或反复叠加的结果，应当更加重视受众商品论视角下媒介用户的使用体验与媒介需求，这是实现媒介价值、传播效果最大化的必由之路。

第四节　界面与在场：横竖屏视频传播感知效果的检测模型

一、研究缘起

一直以来，视频的默认形式都是"宽大于高"的横屏视频。即便当播放屏幕从大屏变为小屏，从许多人共享的电影荧屏、电视机屏幕变为每个人独享的手机屏幕，视频的格式依旧延续以横屏为绝对主流的形式。

然而伴随着智能手机的普及和无线网络的提速，人们的移动端媒介消费习惯发生了巨大的改变，越来越多"宽小于高"的竖屏视频进入了人们的视野。在社交网络上，相当一部分普通用户生产的 UGC 视频是竖屏拍摄；直播平台和短视频平台大多采用竖屏视频的呈现形式。此外，专业内容生产者也将越来越多资源投入到竖屏视频的制播中。例如，爱奇艺于 2018 年上线的竖屏短剧《生活对我下手了》，ESPN 与 Snapchat 合作推出的竖屏体育新闻报道 SportsCenter，日本 ProductionI.G 为配合智能手机时代而推出的竖屏动画 App 等。以竖屏视频形式呈现的内容业已覆盖资讯、泛娱乐与广告等多种类别。

业界数据在一定程度上体现了竖屏视频的商业价值。国内广告主对短视频平台和直播平台的广告投放积极性一路走高，各项指标也显示出竖屏广告相较于横屏广告的优势：9 倍播放完成率，2 倍视觉注意力提升，1.4 倍点击效果提升和 41% 的互动效果提升。[75]

进入 5G 时代后，互联网的发展将从争夺流量的上半场，进入理解用户、洞察用户的下半场。除了解决传播渠道即"被用户看见"的问题，还要进一步解决"让用户看下去"的问题，使特定内容与特定用户的习惯、心境、兴趣相匹配。[76] 随着上网免费日渐成为生活中的常态，视频消费将会愈发常态化、随时化、随地化，竖屏视频作为一种相对轻量的媒介消费形式，将更为深刻地嵌入到人们的日常媒介消费习惯之中。同时，作为一种交互性极强的媒介，竖屏视频给用户提供了充分的参与互动的机会和对媒介消费节奏的控制感，符合媒介发展的价值标准。[77]因此，竖屏视频不仅仅是一场单纯的镜头革命，它更反映了对用户需求和消费场景的洞察和关照。对竖屏视频的结构要素提炼和效果分析，就是要尝试回答关于媒介消费与用户需求的匹配问题，本质上就是对用户需求加以精准洞察与把握。

尽管在刚刚出现时，竖屏视频遭受许多专业人士的抨击，被认为"不美观""极其业余"，但是竖屏视频的效果摆在眼前，不容我们否定或无视；然而，竖屏视频又绝非以横屏视频的挑战者与替代者形象出现的，竖屏视频开发的是横屏视频此前无法占有的利基市场。虽然已有不少学者关注竖屏视频的发展，但是相关研究大多集中在对竖屏格式媒介的兴起原因、类别、特征等方面的探讨，以描述性分析为主，相关研究主要研究方法是案例分析，对竖屏视频背后的传播机制和结构化特征的理论化研究尚显不足，对于横竖屏视频之间的优劣短长也缺乏系统性的讨论。

在这样的背景下，本节尝试回答两个逻辑上相关、层次上递进的问题：为什么竖屏视频的效果如此突出？在哪些情况下竖屏视频的效果更好，哪些情况下横屏视频的效果更佳？研究将以在场理论（Presence）为基础，以屏幕方向作为自变量，借鉴在场效应的相关研究，构建横竖屏视频媒介效果的评价指标体系。研究还将对横竖屏视频进行结构化分析，探求二者分别在哪些条件下取得更好的媒介效果，为比较横竖屏视频的长短之处提供参考性框架。简言之，本研究中的屏幕方向是自变量，媒介效果是因变量，不同比较条件是调节变量。

本节将首先围绕"竖屏视频为什么能够产生良好的媒介效果"这

一问题，探讨屏幕方向这一自变量，以及分析其之所以能够产生媒介效果的理论原因，并对媒介效果这一因变量的指标体系进行建构。接着，将围绕"在哪些情况下竖屏视频的效果更好"这一问题，提出内容－功能－场景的分析框架作为调节变量，分析这一框架内的因素将分别如何影响横竖屏视频的媒介效果之短长。最后，将讨论横竖屏视频媒介效果的理论化模型在理论和实践层面的意义。

二、理论基础：竖屏视频与在场

出于对超越人类感官限制的原始欲望，人们创造出各种各样的技术，拉近自己与远方的人、事、物的距离。这种"将有中介的体验当作无中介的错觉"，就是"在场"。[78] 在媒介产品和计算机交互界面设计、远程通信、远程教育等领域，"在场"这一概念有着非常重要的意义，因为"在场"能够增强人们的媒介体验，从而影响媒介的实用价值以及人们的消费意愿。[79] 回到竖屏视频领域，我们研究竖屏视频，是基于它在特定条件下拥有突出媒介效果的前提假设。那么，我们首先需要解释的问题就是，为什么竖屏视频能够有良好的媒介效果？要解释这一问题就要用到"在场"理论。

"在场"是一个复杂的概念，它既包括了"身临其境"的物理在场（physical presence），也包含了"拉近你我"的社交在场（social presence）；在关于游戏的研究中，"在场"还有自我在场（self-presence）这一重要的内涵。[80] 研究者曾指出，在场感本质上有别于传播学者常用的"卷入"（involvement）和"参与"（engagement）这两个概念，其产生的原因主要有生动性（vividness）和交互性（interactivity）两方面，[81] 而这两者都是由媒介的技术结构所决定的、由外界刺激所驱动的变量。下文将详述二者的内涵，并论证竖屏视频是如何体现生动性和交互性的。

（一）生动性

生动性指表征的丰富程度（representational richness）。横向上，生动性体现为感官通道的数量：从文字、图文结合，到视频，再到结合了嗅觉、动感等多感官的媒介体验，感官通道逐渐增多，生动性逐渐增强，给用户带来的在场感也愈发增强。纵向上，生动性体现为单一通道的深度。对于纸媒、电视、电影等传统媒体来说，感官通道的数量是相对有限的，但是它们可以在单一通道的纵向上进行延伸，例如，视觉上的画面质量、屏幕大小、视野大小、立体度、拍摄技巧等。

目前已有研究讨论了上述媒介结构性特征对在场的影响。例如，高清图像比普通图像唤起更高的在场感；[82]屏幕尺寸会影响受众的注意和唤起水平，屏幕越大，注意力和唤起水平越高；[83]近景的特写能够产生更高的真实感；[84]立体影像能够让人产生更强的在场感；[85]主观视角的拍摄能够产生更强的唤起；[86]视野宽度会影响在场感[87]；等等。

不过，目前尚无研究关注屏幕方向这一变量。竖屏视频的生动性主要通过以下两方面来体现。

1. 对屏幕的最大化利用。理论上说，相比横屏视频，竖屏视频的视野更窄，而窄视野会降低给用户带来的沉浸感，进而削弱用户的在场感。[88]然而，本节对于竖屏视频与在场感的论证建立在对屏幕最大化利用这一特点之上，而这一点与移动端媒介消费增多这一事实密切相关：一方面，手机网民和移动消费增加了，根据第43次互联网发展统计报告，我国手机网民规模达8.17亿，2018年网民中使用手机上网的比例高达98.6%；移动互联网流量在2018年也呈现出飞跃式提升，移动互联网接入流量消费达711.1亿GB，较2017年底增长189.1%。[89]

105

另一方面，移动媒介消费的载体——智能手机等移动设备绝大多数采用"宽小于高"的竖屏设计，且业界数据显示用户在94%的时间内都是竖直持握手机（关于影响人们持握手机方式的因素，下文将展开讨论）。在这种情况下，竖屏视频作为一种适配移动设备而出现的媒介形态，能够在绝大多数的智能手机使用场景中实现对屏幕的最大化利用。屏幕的利用程度决定了画面的大小，而基于画面大小和在场感的实证研究则证实了二者的正相关关系。在移动端设备上，竖屏视频因其对屏幕空间的充分利用，而在媒介丰富度与生动性上较横屏视频更胜一筹，进而在常规的移动媒介消费场景中产生更强的在场感。

2. 细节信息量。竖屏视频虽然视野受限，但是在展现人物主体方面很有优势。用竖长的镜头呈现竖长的人像，能够将尽可能多的细节呈现给用户。对比横屏视频，如果想要呈现同样的人像，竖屏视频以人的身高为高，而横屏视频却需要以人的身高为宽，因此人像在画面中所占比例要小得多，相应的能呈现出的细节要少得多。因此，虽然竖屏视频不适合展现风景（landscape）、人物群像，但是却很适合展现单独人像（portrait）。有趣的是，英文中用来表示横屏与竖屏格式的词汇也正是这两个单词。竖屏直播可以作为一个案例被用来说明细节信息量是如何影响生动性进而影响在场感的：竖屏直播能够有效地放大主播的容貌、话语和动作等方面的细节，让人产生一种与主播一对一近距离交流的错觉，而这种与另外一个智能体同在的感觉，就是在场理论中的"社交在场感"。[90]

（二）交互性

交互性是指用户在有中介的环境中能够影响媒介的内容或者形式，而这种与媒介交互的能力是在场的主要诱因之一。交互性在不同媒介之间存在差异，例如，电视节目的交互性比较低，因为观众只能打开或关闭电视，而节目则不受观众影响地持续播出；相对而言，录播节目的交互性就高一些，因为观众可以随时暂停、快进或重复播放某一片段。[91] 一项针对"快进播放"对于广告效果的研究发现，快进广告给用户更强的掌控感，因而能够提高受众的视觉注意力水平，只要品牌信息位于画面中央，即便快进了的广告丧失了听觉信道且变得破碎，依然能够实现良好的广告效果。[92] 这从一个角度说明了交互性对在场感和媒介效果的影响。

竖屏视频是一种交互性很强的媒介。首先，竖屏视频的一大功能特征就是媒介消费与交互的同步性，即用户在观看竖屏视频时，也在时刻进行着交互操作。在观看横屏的电影和电视剧时，人们一般习惯在头一两分钟内完成各项设置（播放集数、播放位置、亮度、声音等），然后便安静地观看影片，故交互与观看是一前一后两个非共时性的动作。而观看竖屏视频时，单个媒介单元的长度一般不超过 5 分钟，而且人们随时可以根据自己的兴趣与需求跳过当前视频、快进或在观看的同时发送弹幕，因此竖屏视频的媒介消费和交互是同时进行的。

其次，相比起需要将手机横过来观看的横屏视频，竖屏视频在交互的便捷性上体现出极大优势。观看竖屏视频时，若要进行点赞、滑动进度条、跳转下一个视频等交互操作，仅需单手即可完成大部分动作，相对便捷；而观看横屏视频时，要么用单手较为费力地完成，要么需要调整姿势，一手持机一手操作，相对麻烦。此外，竖屏视频的纵向构图还有利于充分利用屏幕空间，达到双屏使用或复合参与的效果，例如竖屏直播时的互动评论一般出现在屏幕下方，如此布局可以在兼顾交互的同时不对画面主体的呈现造成影响；此外还能通过分屏的方式，对屏幕各区域进行充分利用。

竖屏视频的交互性主要体现在观影的同步性与操作的便捷性，这种交互性进而会导致在场感的产生。

总之，竖屏视频对屏幕的最大化利用和对细节的呈现带来了较高的生动性，竖屏视频与用户的交互实时性与便捷性则使其具备了较好的交互性，因此竖屏视频能够使用户产生在场感，而这是产生进一步媒介效果的前提条件。

三、指标体系：竖屏视频与在场效应

如果竖屏视频能够使用户产生在场感，那么竖屏视频的媒介效果评价体系就可以借鉴在场效应来确立。

在场效应和"在场"这个概念一样，拥有非常丰富的内涵。在前人研究中，对在场效应的测量视角主要有两个：一是探讨技术工具特性对传播的影响，检验在场效应；一是通过自我报告问卷、访谈或实验的方式，测量受众在场的感受。[93] 第一类视角更多关注人们"在与不在"的问题，在场与否并非研究的终极指向，而是会牵引出关于人际关系中的孤独感、个体情绪的紧张感等问题，因此对本研究想要构建的横竖屏视频在场效应指标体系借鉴意义不大。第二类视角关注受众方面的感受，符合本节的媒介消费研究取向，因此具有较高的参考价值。第二类视角下对在场效应的研究涵盖了生理、认知、评价、行为等方面，下面将分别进行讨论。

（一）在场效应

1. 生理。唤起通常用来指情绪的强度，其两极分别是激动和平静。在场感能够导致更高的唤起水平，而媒介的结构性特征通过影响在场感水平进而影响唤起水平。例如，观众对角色的好恶会在大屏幕上被放大；[94] 相比静态图像，动态图像能够产生更高的唤起水平。[95] 唤起水平可以通过自我报告和心跳、皮肤电等生理指标进行测量。

2. 认知。记忆的过程包括编码、存储和提取三个阶段，反映了人脑信息加工的结果。在场感能够提升受众对媒介内容的记忆水平。[96]例如，相比起单纯观看某个环境的图片，让人们"身处其中"能够有效提高对环境的记忆水平。记忆水平可以通过回忆（recall）与学习－再认（recognition）两种范式进行测量，分别考察用户对媒介内容的细节的记忆程度和对于信息新旧的判断。

3. 评价。享受程度（enjoyment）。在场感能够给用户带来更高的享受程度。在使用 VR 娱乐系统的用户中，认为自己"进入了另一个世界"的人自我报告的享受程度更高，且相比起只看到自己影子的用户，看到了真实自己的用户所报告的享受程度更高[97]——这一点与自我在场有密切关系；在对虚拟环境（virtual environment）的媒介消费中，在场感能够强化用户的享受程度。[98]

参与程度（involvement）。媒介所唤起的在场感通常与用户的参与程度呈正向关系。一项针对电子游戏对在场感和参与程度影响的研究发现，游戏技术越先进，导致用户的在场感和参与程度越高，其中参与程度包含了用户的注意力水平、反应速度、对任务的理解和认同以及情绪化体验等方面因素。[99]上述评价均可通过自我报告量表来进行测量。

4. 行为。态度转变。研究者探讨了观看电视广告时的在场感对于劝服效果的影响[100]，发现在场感可以使人感觉"看到"了产品，从而引发"眼见为实"的启发式（heuristics）劝服效果，并与用户的品牌偏好和购买意愿呈正相关，文章将"在场感"进一步细化为"到达"（arrival）和"离开"（departure）两类，因而在场感与上述两个变量的相关关系实际上更为复杂。又例如在观看人物进食的视频后，体验到在场感越强的个体，越有可能改变线下的进食行为，男性会吃更多的糖果，女性会减少糖果的摄入。[101]这一变量更多出现在涉及劝服性信息的媒介研究中，可以采用问卷和观察法的测量方法，具体提问内容则需依据具体媒介内容与形式而定。

类社交互动行为（para-social interaction）。许多研究发现，人们会把电视上的人物、电脑上的虚拟用户乃至网站当作社交实体（social entities），并产生类社交互动行为，[102, 103] 而更加真实的媒介环境可能会强化人们的类社交互动行为，至少在部分用户身上成立。[104] 类社交互动行为可以通过自我报告量表来进行测量。[105]

（二）构建横竖屏视频的媒介效果指标体系

在衡量横竖屏视频的媒介效果时，我们需要关注两个部分：一是在场感的强弱，二是在场效应的强弱。后者的成立必须建立在前者成立的基础上，也就是先要有在场感，然后才能谈在场效应的强弱。在以往研究中，我们常常可以看到在场感与部分上述指标共同作为因变量受到考察，例如，关于电子游戏技术先进性的研究显示，游戏所运用的技术越先进，玩家的在场感、参与度、唤起水平越高，[106] 关于虚拟环境的研究显示视野大小与用户的在场感、享受度、记忆水平呈相关关系 [107]（见表 2.4）。

表 2.4 横竖屏视频媒介效果的评价指标体系

一级指标	二级指标	三级指标	测量方法
在场感		注意	第二任务反应时、心跳、眼动仪
在场效应	生理	唤起	心跳、肤电、自我报告
	认知	记忆	回忆与学习—再认范式
	评价	享受	自我报告
		参与	自我报告
	行为	态度转变	问卷、观察法
			自我报告

资料来源：作者自制。

在场感的强弱可以通过注意力资源的分配来测量。[108,109] 这一逻辑背后的理论基础是注意的多重资源模型（Multiplere Source Theory of Attention），即人的注意力是一种有限的资源，当人们把更多的注意力分配给中介的场景而非现实的场景时，他们就会产生在场感。[110] 心跳和第二任务反应时（Secondary Task Reaction Time）是测量注意比较成熟的手段，因为人在注意力集中时心跳会放缓5~6秒，而且对于第二任务的反应时会降低。[111] 此外，注意的测量还可借助眼动设备。

在场效应的强弱可以参考上述生理、认知、评价、行为等方面的变量，具体指标包括唤起、记忆水平、享受程度、参与程度、态度转变、类社交互动行为。

需要特别说明的是，此处评价的对象是用户的媒介消费体验，即用户认为自己在观看视频时是否投入、是否享受，而不涉及对媒介具体内容的评价，如可信度、有用度、易用度、喜爱度等。这是因为本研究主要关注媒介的结构性特征，也就是主要关注形式变量而非内容变量，所以针对内容的评价指标暂不纳入考虑。

还有一点值得注意的是，表格中的变量并非相互平行的关系。例如，选择性注意是产生记忆的前提条件；唤起能够导致更高的参与度，而更高的参与度带来更显著的态度改变；更具唤起性的媒介信息也能够导致更高的记忆水平；[112,113] 类社交行为会对人们对网站的评价起调节作用。[114] 这也从另一个侧面体现了人脑信息加工过程的复杂性，体现了构建一个多维度、多指标评价体系的重要意义。但是以上指标体系绝非穷尽的、完整的、闭合的，它将保持一定程度的开放性，并有待在实证验证环节中进行修改和完善。

四、分析框架：内容－功能－场景

到目前为止，我们所做的只是将竖屏视频这一卓有成效的业界实践再从学理上论证一遍而已，如果止步于此，那么本研究在指导实践方面的价值是有限的。在为竖屏视频的媒介效果找到理论依据之后，我们应当进一步提问：既然竖屏视频的效果并非总比横屏视频好，势头正盛的竖屏视频也绝没有取代横屏视频的野心与实力，那么使"竖屏视频的媒介效果优于横屏视频"这一命题成立的前提条件是什么？这个问题的抛出将我们的视线从屏幕方向这一自变量转移到了调节变量上。

不难发现，以上论述中暗含了不少对于横屏和竖屏视频的预设，例如，横屏视频是长视频，竖屏视频是短视频；横屏视频的交互性低，竖屏视频的交互性高；竖屏视频能够对屏幕空间最大化利用，是建立在人们不愿改变竖向使用习惯将手机横向持握的前提之上。也就是说，在论证横竖屏视频的媒介效果时，我们并没有纯粹只考察屏幕方向，而是将其置于具体的消费情景中加以考察。但是，这么做的风险就在于将自变量和调节变量混为一谈，而没有意识到对任何两个事物进行比较是要在特定的条件下展开的。接下来，本节将对横竖屏视频进行结构化分析，抽取关键性要素，明确我们讨论横竖屏视频媒介效果孰优孰劣时应该加上什么样的限定语境。

本节所提出的内容、功能、场景这三个分析层次，是从横竖屏的媒介本身出发，逐渐把更多因素纳入考虑范围而搭建起的分析框架。媒介内容层只针对横竖屏视频本身；媒介功能层则加入了用户的维度，主要关注视频媒介为用户提供的功能；消费场景层则进一步拓宽视野范围，将用户消费视频的主要场景因素纳入考量。下面对这一框架及由此产生的假设展开具体说明。

（一）媒介内容层

媒介内容关注的是媒介自身的特质，可以从构图和叙事复杂性两个子维度进行考察。竖屏视频与横屏视频最显著的差异，是横纵两坐标轴方向上的信息量大小差异，体现为视野、叙事逻辑等方面的区别。横屏视频在横轴上信息量更大，纵轴上信息量较小，导致画面视野更为开阔，适合呈现风景和人物群像构图，以及通过场景调度呈现大景别、大场面的复杂内容。竖屏视频在纵轴上信息量更大，横轴上信息量较小，导致画面视野相对受限，适合展示在垂直方向上较长对象的构图，如单一人像，以及呈现简单的场面，如唱歌、吃饭、聊天等。据此，我们做出后述假设。

H1：适合纵向构图的内容，竖屏视频的媒介效果更优；适合横向构图的内容，横屏视频的效果更优。

H2：情节较为简单、对象数量较少的视频，竖屏视频的媒介效果更优；情节较为复杂、对象数量较多的内容，横屏视频的效果更优。

（二）媒介功能层

这里的媒介功能主要指视频的功能性特征，即用户除了"看"视频这一动作外，还能对视频进行哪些操作。从目前的横竖屏视频消费情况来看，其最重要的媒介功能就是交互。竖屏视频在交互操作方面的优势上文已经详述，在此不再赘言，仅列出假设。

H3：需要用户与媒介进行交互的视频，竖屏视频的媒介效果更优；不需要交互的内容，横屏视频的效果更优。

（三）消费场景层

消费场景关注的是使横竖屏视频实现最佳媒介效果（全屏播放）

的场景。假如在某些场景中，用户不愿意改变竖直持握手机的姿势，那么横屏视频的媒介效果就无法得到最大化，在这种情况下，竖屏视频可能会是更好的选择。具体来说，可以从三个子维度——消费单元、可占用时空体积和在场压力来探究影响人们改变持握手机方式意愿的因素。

消费单元指的是视频是作为单一消费对象或集合消费对象。通常来说，一部电影、一集电视剧本身就构成了一个完整的消费单元。不考虑用户在同时分心进行的其他活动，点开视频这一动作本身只指向一个消费单元。另外，这样的消费行为持续时间较长，因此用户更愿意改变持握手机的姿势，全屏观看横屏视频。如果视频作为集合消费对象的一部分出现，例如出现在社交媒体和泛娱乐化影音平台的信息流之中，与其他媒介信息（文字、图片、视频）共同被消费，那么用户改变屏幕方向观看视频的意愿就不会太强，因为这意味着来回翻转手机，十分麻烦。据此，我们做出后述假设。

H4：作为集合消费对象的视频，竖屏视频的媒介效果更优；作为单一消费对象的视频，横屏视频的效果更优。

可占用时空体积是指媒介消费可占用的时间与空间。时空体积是用来衡量一次媒介消费的单位，由物理时间（强占有、弱占有）和社会空间（高情境要求、低情境要求）两个维度构成。[115] 例如，到电影院看电影就是一种时空体积很大的媒介消费，因为消费者要留出至少1.5小时的完整时间段，而且还要专门进入电影院这一公共空间，同时搁置其他社会活动；而竖屏视频的时空体积则小得多，其时长大多控制在3分钟以内，很多短视频甚至不超过1分钟，而且利用智能手机在何时何地都能观看。因此，当所在环境留给媒介消费的时空体积很大时，人们更加偏好横屏视频；当所在环境留给媒介消费的时空体积很小时，人们更加偏好竖屏视频。据此，我们做出后述假设。

H5：占用时空体积较小的视频，竖屏视频的媒介效果更优；占用时空体积较大的内容，横屏视频的效果更优。

在场压力指的是在使用移动设备的同时保持所处物理空间内的在场的压力。曾有学者提出"在场的缺场"（Absent Presence）这一概念，描述人们人在心不在的状态，其中"心"包括注意力、意识、感官等多重方面。[116] 这是技术介入了面对面交流所带来的后果，也是现代人每日不得不面对的常态。在开会时、课堂上、聚会中，人们难免有走神看手机的时候。使用手机既有可能是为了逃离当下的场景（如回避尴尬的问题，或对会议内容感到无聊），也有可能是为了进入远方的场景（如回复微信好友的信息，或获取自己感兴趣的资讯），而且这种推力和拉力可能同时起作用。但是，在利用手机灵活地改变自己的在场或离场状态的同时，人们也面临着社交规则的压力，太过明显的缺场会被视作对在场他人的冒犯和不尊重。因此，当在场压力较大时，人们更倾向于竖直地观看视频，其中包括竖直地观看横屏视频（哪怕这样意味着画面很小），因为这样不用改变持握手机的姿势，离场的状态不会过于明显；当在场压力较小时，人们则较为愿意为了媒介消费而改变持握手机的姿势，因为即便这一动作释放出"我现在在看视频或玩游戏""请勿打扰"等信息，人们也不太可能因此受到社交规则的惩罚。据此，我们做出后述假设。

H6：在场压力较大时，竖屏视频的媒介效果更优；在场压力较小时，横屏视频的效果更优。

五、余论

2012 年，YouTube 上流行的一则视频中两只木偶对竖屏视频拍摄

115

者进行了强烈谴责，它们认为竖屏视频"简直就是垃圾"。7年后，仍然有很多专业人士坚称横屏视频才是行业标准；在可预见的未来，竖屏视频不可能取代横屏视频在大荧幕或展现大场景方面的地位，但不可否认的是，竖屏视频已经逐渐渗透人们的日常媒介消费，并成为其中不可或缺的一部分。

尽管业界和学界纷纷将目光投向竖屏视频，但是关于竖屏视频最常被提起的问题仍是它到底是昙花一现，还是大势所趋？本节尝试对竖屏视频快速发展背后的传播学原理进行剖析，正是为了回应这样的疑惑，证明竖屏视频的确是符合用户需求和媒介价值标准的媒介形态。视频格式横与竖的背后，不仅反映了信息呈现方式的不同，更是对正在形成的媒介消费习惯的承认，和对用户需求的精准理解与把握。

本研究将横竖屏视频置于内容－功能－场景三维框架所孕育的具体比较条件下，参考在场感的各方面效应作为指标，以此来衡量横竖屏视频之短长。由这一理论化模型所产生的各项假设经后续实证研究证实，将会极大地促进我们对于竖屏视频的结构性特征的理解，并在实践层面应用于竖屏视频的制播指导。

此外，本节所提出的分析框架不仅能够应用于视频领域，还可以延伸到新闻、游戏、广告等生产领域，在5G时代来临之际为更多元的媒介生产提供理论指导。特别地，研究希望能为移动传播时代的新闻生产指出一条可行之路：原本在固定时间阅读或收看新闻的受众，一下子变得飘忽不定、无处可寻，受众的自主性与媒介消费的流动性一度让新闻媒体苦恼万分。其实，人们仍然需要新闻，只不过他们已习惯于在移动端获取新闻，在社交媒体和信息聚合平台上获取新闻，在各种各样的利基时空里消费新闻，根据自身喜好决定消费的新闻形式。当新闻媒体明确了自己的产品将会被摆在哪里，将会被如何消费，它们自然会从善如流。就本节所关注的问题来说，答案也许就是选择适合竖屏视频的新闻素材，并将之生产为能够嵌入人们日常媒介消费行为的产品。这不仅意味着选对了传播渠道，更意味着媒介效果能够由此得到最大化，在5G时代重建新闻媒体对主流人群和主流意见的影响力。

| 第二部分 |

认知神经传播学的研究方法和技术

第三章
实验法在传播学领域的应用

认知神经传播学是认知神经科学和传播学的交叉学科,其研究方法主要来自心理学和认知神经科学的实验方法,特别是实验心理学、认知心理学、生理心理学和社会心理学等学科在近百年发展过程中逐步完善起来的一系列设计、范式、工具和测量手段。本章主要介绍心理学和认知神经科学、传播生理心理学的实验方法。

第一节 运用实验法设计变量

变量就是变化的量,是指某一事物在性质上、数量上或其他某些属性可以发生变化的特征。在实验研究中,一般包含三类变量:自变量(Independent Variable)、因变量(Dependent Variable)和额外变量(Extraneous Variable)。

一、自变量

(一)自变量及相关概念

自变量有时也被称为刺激变量,它是由研究者主动选择、设置或者改变的变量,它决定着心理或者行为的变化。[1]在多个自变量的实验中，它又被称为因素（factor），这样的实验就是多因素实验。心理学中的自变量常常是不连续的，同一因素的不同状态，即自变量的不同取值，被称为水平（Level），也叫作实验处理（Treatment）。实验处理或处理的结合构成具体的实验条件（Condition），被试完成一个实验条件的一次操作，即一次试验或试次，也就是一次刺激呈现和相应的一次反应。

（二）操作定义

在传播学的实验研究中，对概念的混淆不清往往造成对自变量的定义不够明确。心理学上对于这个问题的解决方法是对自变量进行操作定义，即对一个心理现象，根据测定它的程序下定义。操作定义明确了变量的内涵，而且指出了操纵它的方法。所以对于一项实验研究来说，特别是对传播学的实验研究来说，是否能够给变量下一个明确的操作定义，直接关系到实验的目的是否能够实现。事实上，不仅是对自变量，对因变量和其他额外变量也需要给出明确的操作定义。

心理学和认知神经科学所研究的自变量大多属于定类数据和量表，因变量则可能是任意一类，但是在偏重心理、认知和行为方面的研究中以定序、定距变量居多，在偏重生理和神经方面的研究中则以定距、定比变量居多。测量的水平不同，操作定义也会有一些差异。

二、因变量

（一）因变量的概念

因变量又称反应变量，是指由自变量的变化而引起的行为上的变化，是研究者观察、测量、记录的行为指标或者生理指标，它是自变量造成的结果。在前面所举的例子中，"记忆效果""用户体验"就是因变量。当然，也必须要对这些因变量进行操作定义，否则是无法对它进行观察和测量的。由于认知神经传播学面临的是非常复杂的传播现象，而且认知神经科学本身也包含了从神经元到神经网络，从信息加工再到行为的多个层次，所以选择什么样的因变量以及如何对因变量进行操作定义就显得尤为关键。

认知神经传播学的因变量除了采用传统心理学实验和传播学研究常用的反应时、正确率和量表分数等行为指标之外，还经常选择EEG相关的指标、脑血液动力学相关的指标和其他生理心理指标。尤其是近些年来认知神经科学的巨大发展，为这一研究领域带来了一大批可以观察和测量的指标体系。在使用EEG技术的研究中，可以选择ERPs的振幅、潜伏期，或者EEG频域分析的功率谱密度等。在fMRI技术中，可以使用血氧水平依赖（Blood Oxygen Level-Dependent，简称为BOLD）。在近红外光学成像（Near Infrared Reflectance Spectroscopy）技术中，可以使用血红蛋白浓度等。其他生理心理指标则更加广泛，如呼吸、HR、皮肤电阻、EMG、心电（Electrocardiography，简称为ECG）、血压、脉搏以及眼动追踪相关指标等，都是可供选择的因变量。研究者要根据自己的研究问题，选择适当的指标，并对传播学上的因变量进行严格的操作定义。

（二）因变量的敏感性

因变量的选择除了要考虑研究目的之外，另一个重要方面就是因变量的敏感性。如果自变量能够引起因变量的变化，那么这个因变量就是敏感的；如果自变量不能引起因变量的变化，那么这个因变量就是不敏感的。在实际的研究中，主要可能会碰到两种因变量不敏感的情况：一种是天花板效应（Ceiling Effect），另一种是地板效应（Floor Effect）。

天花板效应是指被试完成了实验任务以后，所有自变量水平下的因变量数值都集中在分数的高端，不同自变量水平之间没有差异，可能是实验任务设置得过于容易，所有条件下的被试都表现出较高的成绩。

地板效应则与之相反，是指被试完成实验任务以后，所有自变量水平下的因变量数值都集中在分数的低端，不同自变量水平之间没有差异，可能是实验任务设置得过于困难，所有条件下的被试都表现出较低的成绩。

三、额外变量

就额外变量的概念而言，实验中除了自变量与因变量，其他的变量都属于额外变量。从这个意义上来说，它又被称为无关变量。但是，额外变量往往会对自变量和因变量之间的共变产生影响，会对实验结果产生干扰和混淆，有时它又是一个潜在的自变量，只是当前的实验目的与它无关而已，所以它实际上是和实验"有关"的，需要对它加以控制，使之在实验中保持恒定，不发生变化、不产生效应。从这个意义上说，额外变量又被称为控制变量。额外变量可以通过排除法、恒定法、随机法、匹配法、抵消平衡法、纳入法、统计控制法等进行控制。

总之，做实验的过程中，在操纵自变量变化的同时，观察或测量因变量随之发生的变化，并确保二者之间的这种共变不是由额外变量引起的。这是实验法的基本逻辑。也就是说，在一项实验研究中，自变量需要研究者去操纵，因变量需要测量，而额外变量则需要进行控制。变量就是实验法的核心。在实际的研究中，往往需要先做一个小规模的预实验，以确定合适的自变量操纵方式、因变量测量范围、哪些额外变量会出现、如何对其进行控制，以及检查实验材料、程序、工具、设备等方面可能会出现的问题。

四、实验的信度和效度

在理想的情况下，一个实验应该能够严格控制除自变量之外所有的额外变量、能够精确地测量因变量的变化，那么从逻辑上就完全可以推断，因变量的变化是由自变量的变化所导致的，自变量是因变量的原因，因变量是自变量的结果。实验法之所以是唯一能够确定因果关系的科学方法，原因就在于此。然而在实际的研究实践当中，这种理想情况是不存在的。所以这就涉及如何评价一个实验质量的问题，这个问题包括以下两个方面。第一，实验是不是可以重复？能够被验证吗？第二，实验是不是明确有效？是不是可操作？对第一个方面的回答涉及实验的信度问题，对第二个方面的回答涉及实验的效度问题。

（一）信度

信度就是实验结果的可靠性和前后一致性程度。这是一个非常重要的问题，因为研究者必须要确定，如果重复实验的话，这次实验的结果和上一次实验的结果会不会保持一致。如果保持一致，那么实验的信度就高，如果不一致，那么实验的信度就低。

决定信度的关键因素是样本量，样本量越大，样本统计量就越接近总体参数，因而样本对总体的代表性程度就越高。除了样本量之外，还有其他一些因素也会影响实验信度，例如研究工具的信度。无论何种研究工具和仪器，都必须保证其准确可靠。还有一些随机因素，包括被试方面的因素（健康状况、动机、注意、情绪、态度等）、主试方面的因素（不按规定程序实施研究、制造紧张气氛、给予被试特别关注、主观评判、期望效应等)、研究设计方面的因素(研究材料设置不当、任务描述不清、实验程序存在问题等)、研究实施方面的因素(其他难以控制的变化条件)等。

(二)效度

效度就是实验结果的准确性和有效性程度,一般分为内部效度和外部效度。

内部效度是指实验中自变量的效应能被准确估计的程度,或者说自变量和因变量之间关系的明确程度。如果对实验中的额外变量控制不充分,那么这些额外变量的效应就可能与自变量发生混淆,不能明确得出自变量和因变量之间存在因果关系的结论,这就说明该实验缺乏内部效度。

内部效度和对额外变量的控制有密切关系,如果严格遵循前面所讲到的对额外变量的控制手段,就会提高内部效度。除此之外,还有其他一些因素会影响内部效度,包括前测影响、被试选择偏好、被试减员或缺失、实验程序不一致等。

外部效度指实验结果能够普遍推论到样本的总体和其他同类现象中去的程度,即实验结果的普遍代表性和适用性,有时又被称为生态效度,影响因素包括实验环境、被试样本代表性、测量工具局限性等。

实验的内部效度越高,其结果就越能确认是由实验处理所造成的;而实验的外部效度越高,其结果的可推论范围就越大。实验的内部效度和外部效度是相互联系、相互影响的。提高实验内部效度的措施可能会降低其外部效度,而提高实验外部效度的措施又可能会降低其内部效度。这两种效度的相对重要性主要取决于实验的目的和实验的要求。一般而言,在实验中控制额外变量的程度越大,则对因果关系的测量就越有效。因此,可以在保证实验内部效度的前提下,要采取适当措施以提高外部效度。这一点对于认知神经传播学研究来说尤为重要。

第二节　设计实验过程和步骤

提出了研究问题，明确了研究变量，作出了研究假设，选择了研究依据。接下来就需要收集研究数据，以检验研究假设是否真实地成立。这就涉及实验设计的问题。实验设计（Experiment Design）就是进行实验前的计划、设置实验的各种条件和程序，其主要目的在于控制额外变量，尽最大可能减少误差的影响，提高实验的信度和内部效度，以确定自变量和因变量之间的因果关系。在认知神经传播学实验研究中，最常用的实验设计是单因素实验设计和多因素实验设计，除此之外还有很多其他的实验设计模式与方法，限于篇幅，感兴趣的读者可以参阅本章最后的参考书目。

一、单因素实验设计

有两种基本的安排方式将被试分配到自变量的不同水平上去，也就形成了两种实验设计。

（一）被试间设计

第一种方式是把一部分被试分配到自变量的第一个水平，另一部分被试分配到自变量的第二个水平，每名被试只接受一个自变量水平的处理（或称实验条件）。这种设计模式叫作被试间设计（Between-Subjects Design），也叫作组间设计（Between-Groups Design）。相应地，这个自变量叫作被试间变量，或者组间变量。自变量一个水平下的所有被试就是一个分组，分组的数目也就是自变量水平的数目。

例如，研究者想要考察情绪化文本的记忆效果，把一批被试随机分为两组，一组被试看的新闻报道中，措辞是比较客观中性的；而另一组被试所看的新闻报道，措辞则是激烈而且有强烈负性情绪的。两篇新闻都是针对同一现象的报道，仅仅在措辞的情绪强度上有所不同，两组被试分别阅读两篇新闻，那么这个设计就是一个被试间设计。

在实际的研究中，为了提高统计检验的效力（power），不同分组之内的被试数量应该尽可能保持相等，且保证一组被试的有效数量不少于 20 人；如果不相等，则需要进行方差齐性检验并对统计结果进行校正，或者补充样本量。它的设计模式如表 3.1 所示。

表 3.1 被试间设计模式示意表

a_1	a_2	……	a_n
O_{11}	O_{21}	……	O_{n1}
O_{12}	O_{22}	……	O_{n2}
O_{13}	……	……	……
O_{1m}	O_{2m}	……	O_{nm}

资料来源：作者绘制。

先来看这个表格的左边两列，假设有一个组间变量 A，只有两个水平 a_1 和 a_2（n=2）。在分配被试时，一部分被试接受 a_1 的处理，一部分被试接受 a_2 的处理。O 表示被试的观测值（被试在该条件下的因变量数值，如反应时、正确率、注视时间、ERPs 成分的波幅等观测数值），O_{11} 代表 a_1 这个水平下的第一名被试，O_{12} 代表 a_1 这个水平下的第二名被试，以此类推，一共有 m 名被试。同样，O_{21} 代表 a_2 这个水平下的第一名被试，O_{22} 代表 a_2 这个水平下的第二名被试，也有 m 名被试。那么每名被试只在 A 的某一个水平下接受实验条件的处理，不接受另一个水平的处理，这种设计模式就是最典型的被试间设计。对这种设计模式下获得的数据，要采用独立样本 t 检验进行统计。在统计软件 SPSS（Statistic Package For Social Science）中，要依次选择：Analyze → Compare Means → Independent-Samples T Test。最常见的组间变量就是性别、年龄、疾病类型、人格特征等。

接下来看表格的其他列。如果自变量有两个以上的水平数（n＞2），就是有多个分组时，统计方法要选择单因素方差分析（analysis of variance，ANOVA），操作步骤是：Analyze → Compare Means → One-way ANOVA。如果 ANOVA 的结果显著，说明这个自变量的处理是有效的。但并不明确是哪两个水平之间的处理有效果，所以需要进一步进行事后比较（post hoc test），以确定到底是哪两个水平之间的差异显著。

把被试分配到不同组别的时候，要采用随机分组或者匹配的方式来控制额外变量。这种设计模式的优点是一种处理方式不会污染另一种处理方式，但也存在明显的缺点：一是所需要的被试量比较大，造成实验成本上升；二是无论怎么随机或匹配被试，都不可能完全消除被试个体差异对自变量的混淆。也就是说，即使两组之间的差异在统计上显著，也不能完全说明这种差异是由自变量不同水平的处理所造成的，而有可能是这两组被试之间本身的差异混淆进去所造成的，匹配和随机只能减弱但不能消除这种混淆。

（二）被试内设计

另一种分配被试的方式是让每名被试都接受自变量所有水平的处理。这种设计模式叫作被试内设计（Within-Subjects Design），也叫作组内设计（Within-Groups Design）。相应地，这个自变量就叫作被试内变量，或者组内变量。所有被试只有一个分组，但是每名被试接受的自变量不同水平处理的顺序有可能不同。

例如，研究者想要考察消费者对某品牌不同类型广告下的品牌喜爱度，要求每名被试都要观看所有类型的广告，每看完一则就对其作出喜爱度的评分，广告的播放顺序随机，每名被试看到的顺序都可能不同。这种设计模式就是被试内设计。它的设计模式如表3.2所示。

表3.2 被试内设计模式示意表

a_1	a_2	……	a_n
O_{11}	O_{12}	……	O_{1n}
O_{21}	O_{22}	……	O_{2n}
O_{31}	O_{32}	……	O_{3n}
……	……	……	……
O_{m1}	O_{m2}	……	O_{mn}

资料来源：作者绘制。

先来看这个表格的左边两列，假设有一个组内变量A，只有两个水平a_1和a_2。在分配被试时，每名被试都要接受a_1和a_2的处理。O表示被试的观测值，O_{11}代表第一名被试在a_1这个水平下的观测值，O_{12}代表第一名被试在a_2这个水平下的观测值，以此类推，一共有m名被试，n个水平。值得注意，在实际的研究中，有的被试是先a_1后a_2的处理顺序，有的被试则是先a_2后a_1的处理顺序，本表中没有明确标出。这样一来，每名被试都在A的所有水平下接受了实验条件的处理，只是顺序不同，这种设计模式就是最典型的被试内设计。

对这种设计模式下获得的数据，如果只有两个水平（n=2），要采用配对样本t检验进行统计。在SPSS中的操作顺序是：Analyze → Compare Means → Paired-Samples T Test。

如果自变量有两个以上的水平数（n >2），就是自变量有多个水平，此时统计方法要选择单因素重复测量方差分析（One-Way Repeated ANOVA），具体操作是：Analyze → General Linear Model → Repeated

Measures ANOVA。和被试间设计一样，如果 ANOVA 的结果显著，说明这个自变量的处理是有效果的，但并不明确是哪两个水平之间的处理有效果，所以也需要进一步作事后比较（Post Hoc Test），以确定到底是哪两个水平之间的差异显著。

被试内设计控制了个体差异的影响，它的统计效力比被试间设计要大，统计上更为敏感，所以在实际的研究中被更多的研究者所选择。一项实验如果能使用被试内设计，就要使用被试内设计，不能使用被试内设计的情况下，再考虑使用被试间设计。这些不能使用被试内设计的情况，就是可能会出现时间顺序误差，即练习效应和疲劳效应的情况。前者表现为被试因为逐渐熟悉实验程序而出现作业成绩上升，后者表现为被试因为连续作业而出现成绩下降。

为了控制时间顺序误差，首先可以采用前面提到的抵消平衡的控制方法，即 ABBA 设计和拉丁方设计，或者随机呈现自变量的不同水平，让每名被试接受处理的顺序都不同；其次在实验之前设置练习程序，让被试达到一定熟练程度以后再开始正式实验，实验中间则要安排被试休息的间隔，同时实验的总时长不宜过长，控制在 20~60 分钟效果较佳。

二、多因素实验设计

（一）多因素实验设计的优势

单因素实验设计比较简单易行，是理解实验设计的基础。在实际的研究中，更多研究采用的是多因素实验设计，即两个或者两个以上自变量（因素）的实验设计，这是因为：

1.效率更高。做一个两因素实验的时间比做两个单因素实验要少，而且节约被试、降低实验成本，可以说是事半功倍，甚至达到二倍、三倍效果。

2. 实验控制更严格，统计效力更高。因为做一个两因素实验时，各种额外变量可以一次控制，而做两个单因素实验，这两次实验之间不能保证所有实验条件都一样。

3. 最为重要的是，多因素实验可以考察因素和因素之间的交互效应，即一个自变量产生的效果在另一个自变量的不同水平上表现不一致，能够提供更丰富的信息。因此，一个典型的认知神经科学实验往往需要操纵 2~4 个因素。

（二）多因素实验设计的分类

和单因素实验设计一样，多因素实验中的每一个因素根据其分配被试方式的不同，可以把这些因素称为被试间因素（Between-Subjects Factor，又称组间因素，即 Between-Groups Factor）和被试内因素（Within-Subjects Factor，又称组内因素，即 Within-Groups Factor）。

如果一个多因素实验设计中的所有因素都是被试间因素，那么这种实验设计就叫作多因素被试间设计，或者多因素完全随机设计（Completely Randomized Design）；如果一个多因素实验设计中的因素都是被试内因素，那么这种实验设计就叫作多因素被试内设计，或者叫作重复测量设计（Repeated Measures Design）；如果一个多因素实验设计中既有被试间因素，又有被试内因素，那么这种实验设计就叫作混合设计（Mixed Design）。

例如，研究者想要了解实验室和健身房场景之下不同动机人群对同一个软件产品的用户体验，场景是组内变量，包括实验室场景和健身房场景两个水平；动机是组间因素，被试有三个分组，即三个水平——健康管理动机、娱乐放松动机、运动社交动机；因变量是被试使用该产品时的脑电活动。这个实验设计就是一个 2×3 的两因素混合设计。用乘号连接起来的数字个数代表因素的个数，数字的数值代表某个因素的水平数。再如，研究者想要了解不同新闻报道方式对个体记忆效果的影响，因变量以不同电极通道上的ERPs新旧效应为指标，那么自变量有新闻报道方式（组间即客观化的或情绪化的）、词语的熟悉度（组内即新词或旧词）、电极通道的位置（组内即额区Fz或中央区Cz或顶区Pz）。因变量是ERPs的LPC波幅值。这个实验设计就是一个2×2×3的三因素混合设计。

（三）多因素实验设计的统计分析和处理效应

多因素实验设计的统计方法基本上都是方差分析，只是不同设计之间略有差异。以SPSS为例，简单说明一下各类分析的操作。

对于多因素被试间实验设计，操作路径是：Analyze → General Linear Model → Univariate。

对于多因素被试内实验设计和混合设计，操作路径是：Analyze → General Linear Model → Repeated Measures ANOVA。

在SPSS中，只要一个实验设计中至少有一个被试内因素，就要使用重复测量方差分析。

除比之外，还有一种特殊的方差分析，对应的是实验中有两个或者多个因变量，而且这两个或多个因变量之间存在高相关的情况，叫作多元方差分析（Multivariate Analysis of Variance，MANOVA）。操作方法是：Analyze → General Linear Model → Multivariate。但是这种分析方法比较复杂，在认知神经传播学实验中并不常见，多见于教育学和教育心理学相关的实验研究。例如，某研究者想要考察三种不同的教学方法对中学生考试成绩的影响，自变量为三种不同的教学方法，因变量为五个科目（语文、数学、外语、物理、化学）的考试成绩。如果这五个科目之间是彼此独立的，那么进行五次单因素方差分析就可以了，然而这是错误的。因为人的能力是一项基本心理品质，在各个能力测验中普遍存在，反映到考试成绩上，这会造成某些科目之间存在高相关，例如，语文成绩和外语成绩，共同反映了个体的语言能力；而数学、物理和化学成绩则共同反映了个体的计算能力。所以这个实验有多个因变量，而且多个因变量之间存在着较高的相关性，它的统计模型才需要使用多元方差分析。

多因素实验设计方差分析的结果要涉及各个因素的处理效应（Treatment Effect），即实验的总变异中由自变量（因素）引起的变异。处理效应包括主效应、交互作用、简单效应。

1. 主效应

主效应（Main Effects）是指一个因素的不同水平引起的变异（Variance，即方差）。在单因素实验中，由自变量不同水平的数据计算的方差即这个自变量的处理效应，即主效应。在多因素实验中，计算一个因素的主效应要忽略实验中其他因素不同水平的差异。有几个因素就有几个主效应。另外，在进行统计分析时，如果某个因素的主效应显著，那么要进行事后比较，以确定到底是哪两个水平之间差异显著。

下面来看一个例子。

某研究者想要做一个 2×2 的两因素实验，考察场景和动机对某手机 App 可用性的影响。其中，场景这个变量 A 是组间变量，有会议场景（A1）和实验室场景（A2）两个水平；动机变量 B 也是组间变量，有社交动机（B1）和搜集信息动机（B2）两个水平。计算场景的主效应时，要忽略 B 因素各个水平的差异，只取 A1 水平（包括所有的 A1 水平的因变量数据，即 A1B1 和 A1B2 两种实验条件下的所有数据都放在一起，不管被试是什么动机，只要是在会议场景下的数据就要算，得到 A1 水平下的因变量数据）和 A2 水平（包括所有的 A2 水平的因变量数据，即 A2B1 和 A2B2 两种实验条件下的所有数据都放在一起，不管被试是什么动机，只要是在实验室场景下的数据就要算，得到 A2 水平下的因变量数据）的数据计算方差，从而得到 A 的主效应，即场景这个变量 A 从会议场景变化到实验室场景对 App 可用性产生的影响。同样，忽略 A 因素各个水平的差异，只取 B1 和 B2 水平的数据计算方差时，就得到 B 的主效应。那么无论是在什么场景下，都只看动机这个因素 B 从社交动机变为搜集信息动机对 App 可用性产生的影响。

需要说明的是，在多因素实验设计的模式下，由于其他因素不同水平的存在，某一个因素的主效应往往在图像上不能直接观察到，只有把相应条件下的因变量数值连接起来才可以看到（见图3.1）。由于 B 因素也有不同的水平（以不同动机为主的两组人群），A 因素的主效应只有在不依赖 B，只计算 A1 和 A2 之间的因变量数值差异时才可以观察得到，也就是图3.1 中的黑色虚线所呈现的效应。

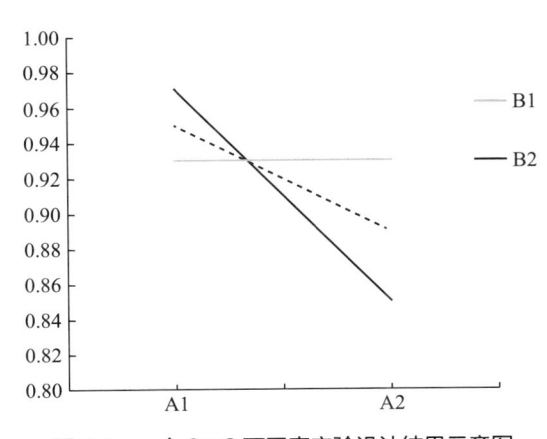

图3.1　一个 2×2 两因素实验设计结果示意图

注：横轴为因素 A 的不同水平，纵轴为因变量（被试对某 App 的可用性评价分数），两条实线段为因素 B 的两个不同水平，虚线为因素 A 的主效应。
资料来源：作者绘制。

2. 交互作用

当一个因素的水平在另一个因素的不同水平上变化趋势不一致时，我们称这两个因素之间存在交互作用（Interaction）。换言之，一个因素对另一个因素产生了影响，有时也称二者之间存在调节作用或者A对B有调节作用。交互作用记为A×B，表现为两个因素对因变量影响的图像之间存在交叉（见图3.2a）。如果交互作用不显著，则表现为图像上的线段平行（见图3.2b）。

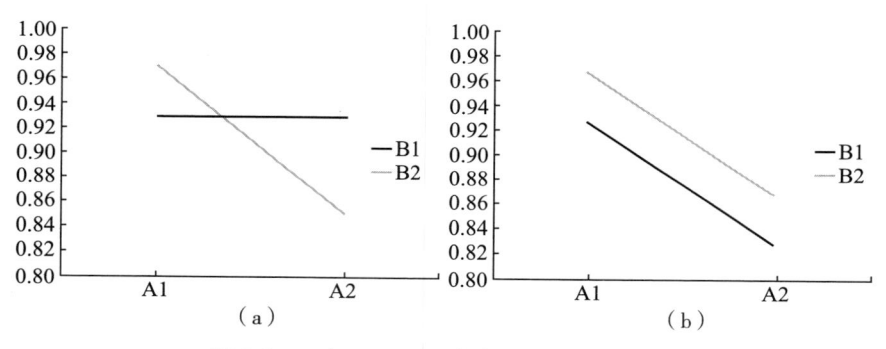

图3.2 一个2×2两因素实验设计结果示意图

注：图3.2a为存在交互作用（显著），图3.2b为不存在交互作用（不显著）。
资料来源：作者绘制。

左侧示例的情况下，在B1水平上，A从A1操纵到A2，因变量是水平的变化趋势；然而在B2水平上，A从A1操纵到A2，因变量是下降的变化趋势。我们就说A和B之间有交互作用，或者B对A有调节作用。如果把图3.2的两条线段从"相交"到"平行"看成一个连续体，那么交互作用的显著性则说明这两条线段交叉到什么程度才是显著的。这是因为在图像上观察交互效应时，有时显著的情况并不是两条线段直接相交，而是在延长线上相交（见图3.3）。需要注意的是，交互效应是相互的、没有方向的，A对B有交互作用就意味着B对A也有交互作用。选择哪一个方向去解释，要根据实际的数据，哪一个方向比较容易理解就选择哪一个。

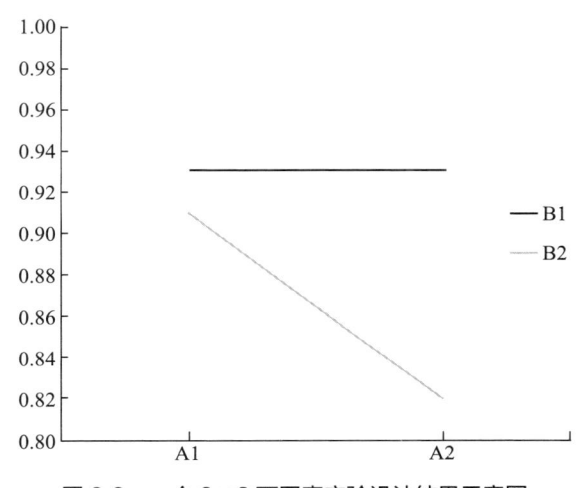

图 3.3　一个 2×2 两因素实验设计结果示意图

注：交互作用显著，但是图像上没有直接交叉的情况（但是延长线上有交叉）。
资料来源：作者绘制。

在两因素实验中，交互作用有 1 个：A×B；在三因素实验中，交互作用有 4 个：二项交互作用 3 个，即 A×B、A×C、B×C；三项交互作用 1 个，即 A×B×C；那么读者不妨算一下，在四因素实验中，交互作用有多少个？

这么多的交互作用，虽然在 SPSS 中很容易计算出来，但研究者很难对每一种情境都进行假设，也很难一一进行描述和解释。所以在一项研究中，统计分析所要包括的因素不宜过多，以不超过 4 个为宜。然而，我们之所以要采用多因素实验设计，是为了考察不同因素之间的交互作用，因为它提供了关于因素之间相互作用机制的丰富信息。

以前面的场景和动机两因素实验设计为例，假设场景和动机这两个因素之间出现了显著的交互作用（见图 3.2a），这就意味着它们之间存在相互的影响，可能是在不同的场景之下，不同动机的人群对 App

可用性的体验不同；也可能是对不同动机的人来说，在不同场景下使用App的可用性体验不同。交互作用的这两个方向之间存在着微妙的差异，研究者在解释结果时要进行取舍。

3.简单效应

由于交互作用会歪曲和掩盖主效应，让主效应变得模糊和不容易理解，正如上面的例子：在B1水平上，A的效应是水平的；然而在B2水平上，A的效应是下降的，那么A到底是水平的还是下降的呢？所以在研究中往往不能只看主效应。在交互作用显著的情况下，要进行简单效应分析（简称为"简单效应"，英文名称为Simple Effects），考察因素的简单主效应，即一个因素的水平在另一个因素的某个水平上的变异，也就是具体情况要具体分析，进行分类讨论。如图3.4所示，A在B1上的简单效应，就是只看B1水平上A1到A2变化产生的效应，不考虑B2（以社交动机为主的人群在会议场景下和在实验室场景下使用App，他们的可用性评价没有差异）；同样，A在B2上的简单效应，就是只看B2水平上A1到A2变化产生的效应，不考虑B1（以搜集信息动机为主的人群，在会议场景下对App的可用性评价比在实验室场景下对App的可用性评价更高）。

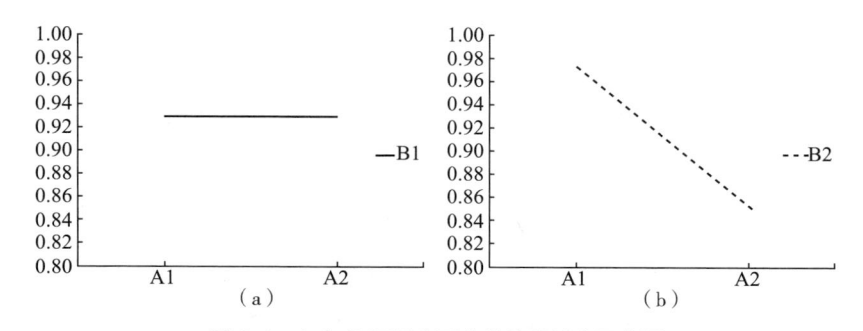

图3.4 A在B不同水平上的简单效应示意图

注：图3.4a为在B1上的简单效应，图3.4b为在B2上的简单效应。
资料来源：作者绘制。

第三节　实证案例：基于fMRI的在线学习场景对用户的影响研究

一、概论

元宇宙最初由斯蒂芬森（Stephenson）在其 1992 年发表的赛博朋克小说《雪崩》中提出，它是一个融合了物理和数字的虚拟环境，其中每个用户都有自己的数字化身，代表他们的物理自我，以探索另一个虚拟现实。随着网络技术和扩展现实（XR）的融合，有人认为元宇宙可能是互联网的下一个演进形态。在互联网时代，元宇宙成为一个流行术语，涉及多个领域，包括技术、经济等。它使社交媒体与 XR 技术互动，为不同行业带来机遇，也为整个社会带来了变革。[2] 了解人们在从离线物理空间转移到在线虚拟空间的社交实践中，其认知、情感和行为如何变化，是了解这场革命意义的关键问题。

尽管创造真正的元宇宙还需要相当长的时间，但数字生活已经在某种程度上侵蚀了我们的现实生活。在线远程教育作为数字革命的典型应用之一，已经成为依赖内容传输的社会中的一个重要议题。信息技术的发展使得成人开放式在线教育蓬勃发展。由于全球流行病的不断暴发，特别是对大学生来说，越来越多的人认为在线学习方式是更适合自己的选择。因此，同步网络学习（直播）和异步网络学习（录播）这两种形式已经取代了传统的线下面授学习，并在教育者和学生中承担了传播知识和信息的主要角色。

近年来的比较研究表明，尽管在线学习可以带来更好的学习效果，[3]但仍有许多人质疑它对学习成果的影响。[4]一些研究者认为，在线学习容易导致注意力分散和难以保持专注，对学生的学业有负面影响。此外，缺乏面对面的学习、互动和身体接触，也可能导致学生对在线学习的满意度下降，进而影响学业。[5,6]一些研究发现，在线学习只在简单、静态和非交互式学习资源的情况下才可能与传统的离线学习一样有效。[7]此外，有关报道称，在线学习限制了学习者从社会支持中获益的能力，即使学术成果相似。虽然数字革命正在改变人们的生活方式，但在线学习仍需要更多的研究和改进，以优化学习体验和提高学习成果。

为了解决在线学习存在的负面影响，人们采用了多种不同的在线学习形式，其中直播和预录制学习是最常用的形式。这两种形式都试图提供相同的信息，但它们之间还是有一个重要的区别。直播学习是实时互动的，可以通过语言提示和非语言提示在数字或虚拟的在线空间中得到即时反馈，而预录制学习则有时间延迟，但允许在任何时候灵活地分发信息。媒介丰富性理论认为，由于即时的相互反馈、多种线索、语言的多样性和个人的关注，面对面的交流是最有效的媒介。[8]技术过滤掉了一些线索，因此不是所有的线索都能够通过媒介到达接收者。现场学习是最丰富的媒介形式，[9]它比预录制的学习更接近传统的面对面课堂，因此更加有效。研究人员认为，用现场教学方法的学生能够比用预录制材料教学的学生更有效地吸收学习材料。[10]实验研究证实，现场环境的个人社交线索可以显著提高学习效果。[11]

除了学业成绩方面的差异，直播学习和录播学习在课堂上的主观体验也可能不同，这引起了研究者对在线学习以学习者为中心的更广泛的理解兴趣。社会存在是一个关键因素，它指的是交流者之间的现实感知或人际接触的水平。[12]高度的社会存在会导致一个友好、温暖、平易近人的环境，[13]并激活参与社会认知的皮质区域。[14]因此，社会存在的主观感受很可能有助于实现认知和情感的学习目标。

一般来说，面对面的交流是社会存在感最强的媒介，而在线学习由于个体的物理分离，很难建立社会存在感。[15]因此，在线环境中增加社会线索的数量可能会改善社会存在的主观感受。实际上，已有研究表明，在线直播学习比预录制的在线学习在满意度、信任、归属感、指导和开放性等方面有更有效的结果，[16-18]这可能源于在线直播学习中更强的社会存在感。因此，本研究直接从行为和神经层面考察在线直播学习和预录制在线学习中的社会存在感程度。

为此，我们要求一半的参与者通过同一个在线会议应用程序参加一个现场课程，另一半则观看一个预先录制好的在线课程视频，课程视频中的老师的授课内容与现场课程的内容相同。课程结束后，我们从社会存在感、可亲感和可信度等方面测量了参与者的课上体验，并将学业成绩作为控制变量。在确定了课上主观体验的差异后，我们使用fMRI技术探索参与者在扫描仪床上观看在线直播课程时的这种差异背后的神经基质。我们期望发现，当参与者参加在线直播课程时，社会存在的主观感受程度更高，参与社会认知的区域的神经反应也更活跃。

二、方法

（一）被试

我们先进行了先验分析，使用G*Power软件估计了参与者的数量。当最小效应大小$f=1.2$，$\alpha=0.05$，功率$1-\beta=0.9$时，需要26名参与者才能通过独立的双样本t检验达到显著性。因此，我们招募了26名参与者（其中，12名男性，14名女性；年龄为20.65岁，SD=1.54，范围是19~23岁）。我们另外招募了12名参与者（其中，5名男性，7名女性；年龄为21.67岁，SD=2.39，范围是19~28岁）参加fMRI实验。所有参与者都是右利手，视力正常或矫正正常，且没有精神或神经系统疾病的记录。在实验前，每个参与者都签署了知情同意书。此次北京师范大学的行为学实验和清华大学的fMRI实验均已获得研究伦理委员会的批准。

（二）刺激材料

我们设计了四节短视频课程，涵盖虚拟现实技术的不同方面。每节课程包含教师介绍、图像和短视频等补充材料，并包括一个短暂的问答环节，如提问"虚拟现实之父是谁"。每节课程的时长为278秒，参与者需要在问答环节中10秒内回答问题，正确答案由教师提供。这些课程是预先录制的，并通过视频播放器进行教学。图3.5a展示了课程的示意程序。此外，我们还设计了现场课程，为了确保参与者能够获得真正的现场学习体验。现场课程通过在线会议软件实时提供，每个参与者都可以接受教师的直接授课。在现场条件下，为了增强生态学意义上有效的现场环境，参与者在实验前与老师见面并进行简单交谈。在问答环节中，教师不仅会给出正确答案，还会提供即时反馈，告诉参与者他们的答案是否正确（图3.5b）。为了排除教学风格上的潜在差异，现场课程的老师与录播课程的老师人选相同。

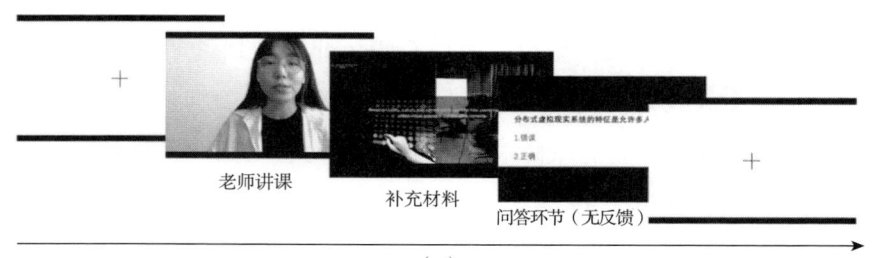

（a）

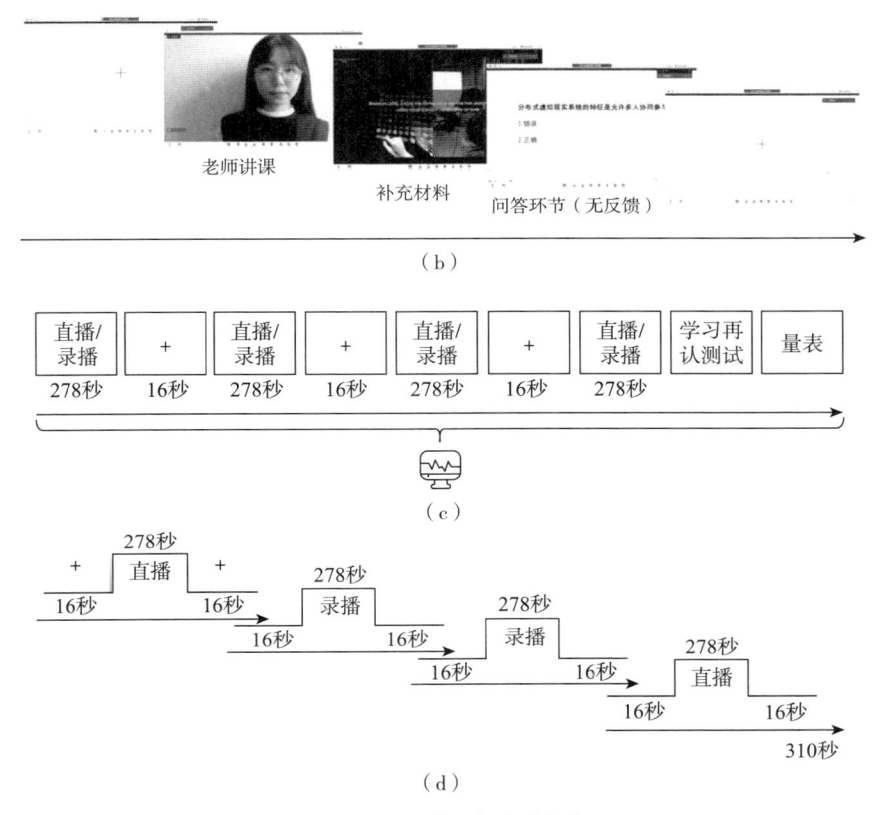

|老师讲课|补充材料|问答环节（无反馈）|

（b）

直播/录播	+	直播/录播	+	直播/录播	+	直播/录播	学习再认测试	量表
278秒	16秒	278秒	16秒	278秒	16秒	278秒		

（c）

（d）

图 3.5　课程截屏与实验程序

注：1. 图 3.5a 所示情景展现了使用视频播放器显示预录制课程。教师介绍课程，提供补充材料，如图像和短视频，并进行短暂的问答环节（例如，问题为"虚拟现实之父是谁？"）。

2. 图 3.5b 所示情景展现了使用视频播放器显示现场课程。现场课程包含与录制课程相同的内容，有两个差异，即使用实时在线会议软件（Tecent Meeting）提供现场课程；此外，在问答环节期间，参与者会立即获得教师的反馈（例如，反馈为"你的答案是正确的或错误的"）。

3. 图 3.6c 表现了进行行为实验的程序。参与者随机分配两种情况之一（现场或预录制）。每个参与者看四段视频（现场或预录制），每段视频之间隔16秒。最后，他们需要完成性能测试和三个关于课程主观印象的问卷。

4. 图 3.6d 表现了进行 fMRI 实验的程序。作为块状设计，fMRI 实验中的参与者参加了现场和预录制课程。总共 4 个试次、2 次现场课程和 2 次预录制课程。每次试次包括 1 节课程（278 秒）和 2 段基线期的休息时间（16 秒屏幕定格）。试次运行的顺序在参与者之间是平衡的。

资料来源：作者自制。

在行为实验结束时，我们使用了一个五点选项的李克特量表问题检验课程类型对参与者的影响，问题是"你在多大程度上觉得自己是在参加直播课程（'1'）还是预录制课程（'5'）"。这个问题用来评估我们的操纵是否有效。

（三）测量方法

新旧词再认。本实验采用了新旧词再认的测试方法，用以衡量参与者对课程所教授内容的学习效果。测试过程中，参与者需要对给定的单词进行判断，判断该单词是否是老师在课程中使用过的。测试使用了共计 160 个单词，其中 80 个为旧词（即课程中出现过的高频词汇），另外 80 个为新词（即《现代汉语词典》中未出现的、与科技有关的高频词汇）。每个试次以一个提示符（+）开始，持续 500 ms，之后显示一个单词屏幕，持续 3000 ms，最后是黑屏，持续 2000 ms。参与者需要按 S 键表示该单词是旧词，按 J 键表示该单词是新词，以表明其是否在课程中看到过。为平衡新旧词的影响，单词会进行随机排列。测试记录参与者的反应时间和正确率。

社会在场感量表。我们采用一系列现有量表开发了一个关于社会存在评价的量表，其中包括空间存在体验量表[19]、PQ 3.0 版[20]、社会存在量表[21]和探究社区工具[22]。该量表共有 9 个题目，使用五点选项的李克特量表（1 代表非常不同意；5 代表非常同意）（见表 3.3）。我们进行了一次前测以评估量表的有效性和可靠性。通过方便抽样，我们随机选择了两个班级的研究生进行测试，并在排除了数据不完整和缺失的学生后，得到了 110 份有效问卷。其中，男性 22 人，女性 88 人，平均年龄 24.5 岁（SD=2.83，范围 22~26 岁）。我们对量表进行了主成分因子分析和变轴旋转，Kaiser-Meyer-Olkin（KMO）抽样充分性测量值为 0.838，表明该样本足以将数据视为正态分布。Chi-Square

值 278.188（P<0.01）通过了 Bartlett's Test of sphericity 的检验，表明数据的球度很低，适合进行因子分析。对因子和九个项目的分析显示，三个因子和九个项目的累积方差贡献率为 65.99%。因此，最终的量表由三个维度组成：共同存在（5 个项目）、凝聚力（2 个项目）和影响力（2 个项目）。该量表的总体信度为 0.81。

表3.3 社会临场感量表

项目	题目
共在感	我觉得这门课程和在线听课没有什么区别
	我感觉自己好像和老师在同一个空间
	我觉得老师似乎能察觉到我的存在
	在整个课程中，我觉得自己像是在与老师实时互动
	我主要在关注老师
凝聚感	其他人和我同时在观看这门课程
	其他观众能够察觉到我的存在
影响力	我觉得在时间上我和老师步调一致
	我很容易受到老师的影响

资料来源：作者绘制。

喜爱度量表。我们使用了一项包括一个问题的五点选项的李克特量表来评估参与者对于特定课程的喜欢程度，问题为："你有多喜欢这些课程？"。

可信度量表。我们使用了来源 – 可信度量表（Ohanian，1990）来评估可信度，该量表包含感知到的专业知识、可信度和吸引力三个方面。量表共有 10 个项目，采用五点选项的量表，其中 1 表示非常不同意，5 表示非常同意（见表 3.4）。该量表的可信度很高，为 0.95。

表3.4　信源可信度量表

项目	题目
吸引力	课程具有吸引力
可信性	老师值得信赖
	老师很可靠
	老师真诚
	老师值得信任
专业性	老师是专家
	老师经验丰富
	老师知识渊博
	老师技能娴熟
	课程质量有保障

资料来源：作者绘制。

（四）实验步骤

行为实验采用被试间实验设计。参与者被随机分配到两个条件之一（直播或预录制）。在预录制条件下，参与者观看四个关于 VR 技术的预录制视频，每个视频开始后有 16 秒的注视时间。在每个视频结束时，有一个问答环节；四个视频结束后，还有一个学术表现测试和三个主观感受的问卷调查。在直播条件下，参与者被告知他们将通过腾讯在线会议软件收听四节直播课程。课程顺序是随机的，除了在问答环节会得到即时反馈，其余程序与预录制条件相同。实验持续时间约为 30 分钟（见图 3.5c）。

与行为实验不同，fMRI 实验采用了被试内设计。为了直接比较直播和预录制条件下的神经激活，参与者既参加了直播课程又参加了预录课程，总共进行了 4 次实验，其中 2 次为直播条件，2 次为预录制条件。在每次实验中，参与者需要观看 1 节课程（278 秒）和经过2段休息时间，以屏幕上的定格时间为基线（每段休息时间16秒）。为了保证实验的平衡性，参与者之间的课程顺序是平衡的。与行为实验不同的是，实验后没有进行学习成绩测试或问卷调查（见图3.5d）。

（五）数据采集与预处理

fMRI数据采集。一台3T西门子Prisma扫描仪配备了一个64通道的接收线圈，用于采集成像数据。功能性磁共振扫描包括四个运行（TR=2000 ms，TE=34 ms，翻转角度=80度，切片数72，切片厚度2毫米，体素大小=$2\times2\times2mm^3$，FOV=$200\times200mm^2$，容积数量155）。T1加权三维序列用于获取解剖学数据集（TR=2530 ms，TE=2.27 ms，体素大小=$1\times1\times1mm^3$，FOV=256×256）。刺激是通过一个视觉/听觉刺激系统（深圳西诺德SA-9939）呈现的，该系统是专为MRI兼容而设计的，包括40个LED液晶显示器和MRI兼容的耳机，并经过定制设计（设备来自深圳西诺德医疗电子有限公司）。

fMRI数据预处理。数据预处理采用MATLAB 2016a环境下的SPM 12软件包[①]。首先，将每位参与者的结构和功能数据从DICOM格式转换为NIFTI格式。接着，进行切片时间校正和运动校正（头部运动标准为平移距离≤2毫米或旋转角度≤2度），并与平均图像体积重新对齐。高分辨率结构图像与单一标准的T1图像进行共同校正。接下来，对数据进行分割，并在空间上归一化到标准的蒙特利尔神经研究所（MNI）空间，体素大小为$3\times3\times3mm^3$。最后，使用6mm全宽半最大值（FWHM）高斯核进行平滑处理。

---

① 相关地址：http://www.fil.ion.ucl.ac.uk/spm。

(六)数据分析

行为数据分析。使用 SPSS 22.0 进行统计分析，采用 2（直播和录播）×2（旧词和新词）混合设计方差分析，分析新旧词再认测试的正确率和反应时间。由于一个参与者表现低于平均水平 3 个标准差，被排除在外。对在场感、喜爱度和可信度三个量表的数据，使用独立样本 t 检验进行分析。

fMRI 数据分析。我们使用 SPM12 进行全脑分析。对每个条件，使用一般线性模型来估计参数。我们将基线和疗程的开始和持续时间建模为回归因子，并与典型的血流动力学反应函数进行卷积。我们将六个头部运动参数作为无意义的协变量包括在内。通过对参数估计值进行线性加权，计算出课程的对比图像（直播减固定、预录减固定以及直播减预录）。我们对最终的一般线性模型进行随机效应分析的样本 t 检验；在第二层次随机效应分析中，对预录的直播与零的三个对比进行了单样本 t 检验；然后使用 $p<0.001$ 作为体素水平的阈值，并进行小体积校正（$p<0.05$）得出全脑分析的结果。

重叠分析。为了研究 fMRI 分析中定位的大脑区域的功能，本研究计算了大脑激活图与心理想象的元分析激活图、心智化的元分析激活图的重叠程度。我们获取了这些荟萃分析激活图来自 Neurosynth[①]，该数据库提供了自动元分析的结果。通过输入关键词"Mentalizing"和"Mental Imagery"，我们获取了 151 项关于心智化的 fMRI 研究和 84 项关于心理想象的 fMRI 研究的元分析。在本研究中，我们采用了关联检验图而不是均匀性检验图。因为关联检验图表示当研究包含当前术语时，某一区域的激活比不包含时更一致，这是一个更有说服力

---

① 相关地址：https://neurosynth.org/analyses/terms/.

的指标，表明某一区域参与了某一过程。我们默认这两张图的阈值为FDR 校正的 $p \times 0.001$，并对其进行降维处理。MATLAB 2016a 可以用来计算图像的重叠度。首先，我们使用 SPM 工具箱中的 Marsbar[①] 创建给定脑区的 ROI。然后，将 ROI 内的上述三个脑区地图之间的重叠区域通过分配不同的值渲染成不同的颜色。例如，脑区地图 1 为 10，脑区地图 2 为 20，脑区地图 3 为 40，那么重叠区域的数值可以是 30、50、60 和 70。ROI 最多可以显示七种颜色，以代表重叠和非重叠区域。最终的叠加图像使用 Freesurfer 7.1 进行可视化。[23, 24]

三、结果

（一）行为结果

经过行为实验后，所有参与者报告称完全理解了课程形式（100%）。这表明该操作对直播课程和预录制课程有效。因此，我们研究了参加直播课程的学员在课堂经验上是否与参加预录课程的学员有显著差异。独立样本 t 检验显示，参加直播课程的学员报告了更高的社交在场感 [$t(26)=-3.304$, $p=0.003$, Cohen's d=1.296]（见图 3.6a）。更高的社交在场感可能增加了对课程的喜爱程度 [$t(26)=-2.157$, $p=0.041$, Cohen's d=0.850]（见图 3.6b），但未增加教师的可信度 [$t(26)=-1.135$, $p=0.268$, Cohen's d=0.448]（见图 3.6c）。这表明现场学习主要增加了情感联系，如亲密感和直接联系，而与课程的绩效相关方面无关。与该假设一致的是，新旧识别测试中的行为表现没有显著差异 [ACC：$F(1, 23)=1.589$, $p=0.220$, $\eta_P^2=0.065$; RT：$F(1, 23)=0.050$, $p=0.826$, $\eta_P^2=0.002$]（见图 3.6d 与图 3.6e）。

---

① 相关地址：https://marsbar-toolbox.github.io/download.html。

综合来看，直播学习明显丰富了人际关系互动，从而促进了直播学习和学习者之间的积极情感联系。也就是说，媒介的不同（直播与录播形式的差异）主要影响了用户的社交，而不是绩效，因此直播学习者可能有社会认知相关皮层区域的参与。为了验证这一猜想，接下来我们用 fMRI 来定位那些在直播条件下比录播条件下反应更强烈的皮质区域。

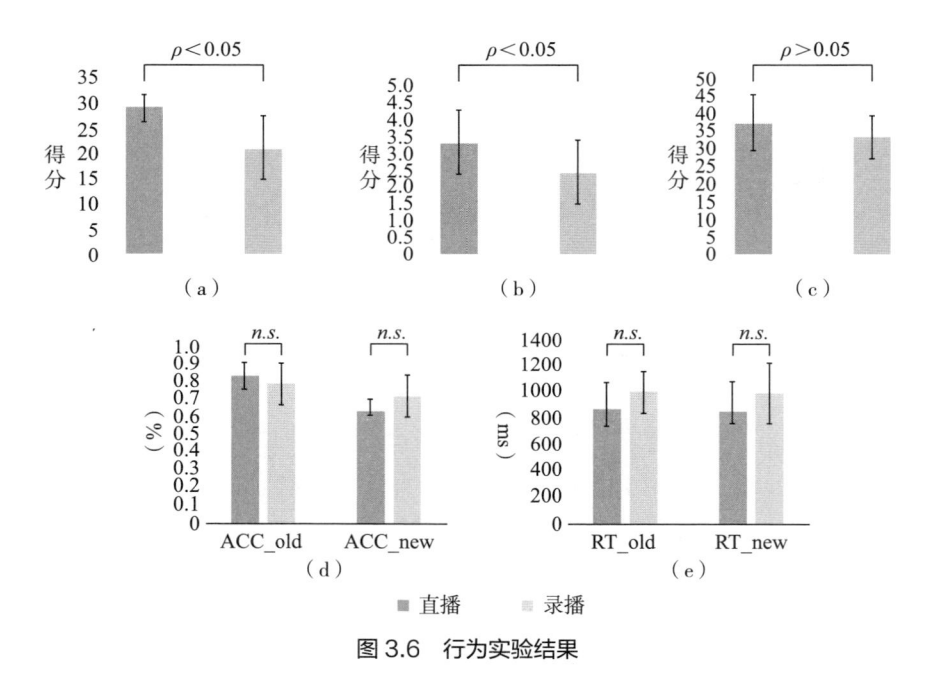

图 3.6　行为实验结果

注：图 3.6a、图 3.6b、图 3.6c 分别表示在场感、喜爱度、可信度的行为结果，以及图 3.6d 表示旧词和新词的识别正确率和图 3.6e 表示反应时间。"n.s." 表示不显著。
资料来源：作者自制。

（二）fMRI 结果

在 fMRI 实验中，参与者同时接受了直播和预录的课程。根据表 3.5A 和图 3.7a 的显示结果，参与者的在线学习，即"（直播学习−注视时间）+（录播学习－注视时间）"引起了双侧颞上回和左侧颞横回的活化。霍华德（Howard）和明克勒（Minckler）认为这些区域通常与声音信号的处理有关。另外，右枕中回和左纺锤回也表现出明显的血流增加，曼根（Mangun）认为这两个区域都位于视觉皮层。同时，诺米（Nomi）认为舌回（右侧）和楔状回（左侧）也被激活，这些区域参与基本的视觉处理，预计还参与面部表情和情绪的处理。此外，史密斯（Smith）、尼奥迪斯（Jonides）、艾伦（Alain）、赫（He）、格雷迪（Grady）认为左额回（特别是额上回）和下顶叶的激活有助于工作记忆的表现，工作记忆为复杂的认知任务（如学习）提供了暂时的存储和操作的必要信息。

有趣的是，进一步的全脑分析发现，在直播学习时，相比录播学习，被试只有左脑楔前区的一个皮质区域保持激活，如表 3.5B 和图 3.7b 所示。这表明在参与直播课程时，被试的楔前区参与度更高。先前的研究表明，楔前区是社会认知网络的一部分，参与心智理论（ToM）的心智化[25]即模拟其他人的观点或代表另一个人的观点，[26,27]并且参与可能有助于 ToM 的心理想象。为了检验本研究中确定的楔前区是否确实参与 ToM，我们将本研究中确定的区域与楔前区的心理想象和心智化的元分析图重叠，进行了联合分析。心理想象和心智化的元分析图是通过对 84 个关于心智想象的 fMRI 研究和 151 个关于心智化的 fMRI 研究分别进行元分析而得到的。如图 3.7c 所示，心理想象和心智化都激活了白线勾勒的楔前区，而且激活的区域部分重叠（用黄色标记）。然而，在本研究中确定的活体学习中表现出较高反应的区域只与心智化激活的区域（浅绿色标记）重叠，而不与心理想象的区域重叠。因此，现场学习中社会存在的增加可能反映心智化的认知处理，而不是心理想象的参与。

表 3.5　全脑分析结果

脑区	半球	峰值 t	集群 k	MNI 空间坐标 x	y	z
A. 在线学习激活的区域：（直播 – 注视点）+（录播 – 注视点）						
颞上回	R	13.21	1894	54	−12	2
枕中回	R	9.62	1754	32	−84	−2
颞横回	L	9.50	1685	−50	−26	12
颞上回	L	14.46	1194	−62	−14	−2
纺锤形回	L	7.18	1063	−28	−88	−6
舌回	R	8.77	814	16	−78	−4
楔前区	R	6.01	207	22	−80	26
下顶叶	L	7.64	179	−34	−58	48
颞中回	R	6.10	121	46	−68	4
上额回	L	7.16	115	−4	2	68
中额回	L	5.52	66	−54	22	26
楔部	L	5.48	63	−16	−92	6
B. 直播激活的区域：直播 > 录播						
楔前区	L	10.62	142	−10	−56	36

资料来源：作者自制。

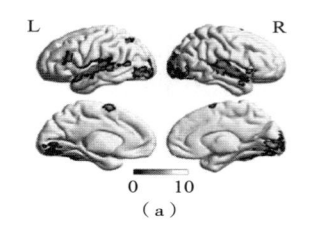

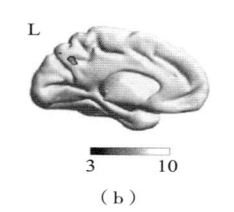

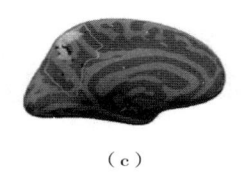

图 3.7　脑成像激活图

资料来源：作者自制。

四、结论与讨论

数字技术已经成为人类生活中不可或缺的一部分，这也导致直播和录播在一定程度上代替了面对面的教学。受全球性大流行病的影响，许多人包括教育工作者被迫在物理上相互隔离，了解在线教育如何影响个人变得更加重要。在这项研究中，通过行为和 fMRI 数据的帮助，我们确定了直播学习和录播学习在学习者的课内体验和课后表现方面的差异，发现现场学习明显提高了学习者的社交联系感，从而提高了他们对课程的满意程度。在 fMRI 实验中，我们发现现场学习激活了涉及心智化的楔前区皮层区域。相比之下，学习者对内容可信度的态度和课后学习成绩受学习形式的影响较小。综上所述，本研究提供了行为和神经研究证据，表明现场学习主要促进了学习者和教师之间的情感联系。

　　研究发现，现场学习在增强学习者的在场感方面具有天然的优势，这为有关不同类型在线学习之间差异的文献研究做出了贡献。在计算机中介通信的背景下，社会存在感是指一个人对与另一个知识实体相连的感觉、感知和反应程度。[28] 社会存在感是理解社会环境、创造舒适的社会氛围的重要组成部分，[29] 它已被证明是影响社会关系的建立和发展，以及教育领域的学习满意度和成就的重要因素，进而增加喜爱程度的评价。[30] 由于在线学习的孤立性，促进社会存在感已成为融入在线环境的重要策略。[31]

　　进一步的 fMRI 实验揭示了社会存在如何增强学习者在大脑半球内表面的楔前区的思维能力，这一能力是理解他人心理状态和意图的核心认知成分，能够促进适应性社会行为。此外，行为学研究也揭示了社会存在与心智化之间的联系。现场学习环境创造社会存在，激发隐性心智化行为，从而改善人们的心智化。[32] 通过与心智化的元分析图的重叠，我们发现了与社会存在有关的区域，这直接证明了社会存在是数字学习活动中连接教师和学习者的一个重要特征。

　　作为第一批直接考察直播学习的课内体验的研究之一，我们的研究设计具有生态有效性，这为研究在线教育和计算机中介交流提供了一个新的范式。研究以真人讲授的现场课程为刺激物（相对于视觉上相同的录音）进行行为和 fMRI 实验，使参与者能够与真人互动，而不是与简化和非语境化的刺激物（如录像或录音）互动。因此，实验设计更接近自然、真实世界的在线教育模拟，从而对现实生活中的在线学习背景更具指导性和参考性。采用生态学上有效的实验环境有助于缓解对研究社会互动时缺乏现场面对面互动的批评。[33] 与视频回放的互动相比，参与者和实验者之间的互动激活了更多的区域。[34] 此外，我们的设计不仅适用于在线学习，还可以用来研究现场 CMC 的应用，如现场表演、现场报道和现场流媒体购物。我们的研究结果可能为这些现场应用获得如此受欢迎的原因提供新的见解。总之，直播情境对心智化的激活使互动伙伴能够自动参与联合社会互动中。

我们的研究提出了一些实践策略。首先，在线教育可以通过利用直播学习来积极影响认知功能，与录播学习相比具有更多的优势。直播学习是一种有效的媒介，可以展示需要社会认知的知识性内容，如语言学习，并帮助社会认知能力低下的学习者，如儿童或残障人士，取得更好的效果。在计算机介入中融入同步互动或现场互动也可以有助于学习者发展和提高社会能力，包括在处理日常生活中的问题时对 ToM 的心智化。其次，如果学习并不需要社会认知的参与，或者录播学习因其便利性或可及性而成为唯一的选择，那么现场学习是没有必要的，因为我们的研究显示两种学习形式在可信度和学习成绩上没有区别。然而，作为一个在高度社会化环境中生存的物种，人类从婴幼儿期就开始关注社会信息。因此，如果可能，使用人工智能辅助的互动来模拟教师和学习者之间的真实互动，可能会提供一个更容易刺激心智的环境，从而对学习者更有吸引力，这一点已被西米翁（Simion）、雷戈林（Regolin）和布尔夫（Bulf）的研究证实。

　　研究使用被试和直播老师实时交互的范式直接比较了直播学习和录播学习在课堂体验和神经层面上的差异。这项研究证明了直播学习的核心特征是主观感受（而不是学术表现或内容可信度）和楔前区的心智化认知处理（而不是心理想象），从而对在线教育文献作出了贡献。在线课程中与他人的联系不仅至关重要，而且在数字环境的其他CMC活动中也同样重要。因此，该研究呼吁学者更广泛地研究如何在未来的元空间中改善人际情感联系。

第四章
认知神经科学技术的应用

第一节 打开脑活动的"黑箱":EEG技术基本原理与应用分析

一、诱发电位和 ERPs

从 ERPs 的发展简史来看,认知神经科学的一个任务就是对大脑高级心理活动如认知过程作出客观的评估,然而我们很难将意识或思维单纯归因于大脑某一部位组织、细胞或神经递质的改变,因为仅采用具体、微观的自然科学手段如神经分子生物学、神经生化学难以解读具体的心理活动,这就必须借助对神经元的活动进行直接的测量来推测心理活动的规律,而神经元的直接活动就表现为脑电活动。

1875 年,卡顿(Caton)等人首先在暴露的家兔脑表发现脑的自发电活动。1924 年,伯杰(Berger)首次在颅骨损伤病人大脑皮质和正常人头皮上记录到 EEG 信号,后来又在 1929 年首先发表头皮记录的 EEG 论文,给 EEG 各频段进行了分类命名,并报告心算可引起 EEG 的 α 节律的减少。当时电生理学家正致力于动作电位研究,认为伯杰观察到的 EEG 节律是一种噪音。然而 1934 年阿德里安(Adrian)等人、1935 年贾斯珀(Jasper)等人也观察并证实了伯杰的观察，EEG 的客观存在才得到了认可。

1935 年—1936 年，波林（Pauline）和戴维斯首先在清醒的人头皮表面记录到感觉诱发电位（EP）。1947 年，道森（Dawson）首次报告用照相叠加技术记录人体 EP，随后于 1951 年，他又首次发明了机械驱动 – 电子存储式的 EP 叠加与平均方法，开创了神经电生理学的新时代。

到了 1962 年，高隆博什（Galambos）和希茨（Sheatz）首次发表了计算机平均叠加 EP 的论文。在 1964 年沃尔特（Walter）等在《自然》(Nature）上发表了第一个认知 ERPs 成分关联性负变（Contingent Negative Variation，简称为 CNV），又称伴随性负变化，标志着现代 ERPs 研究的开始。一年后，萨顿（Sutton）在《科学》(Science）上发表论文，提出了 ERPs 的概念，并报告了第一个内源性 ERPs 成分 P300。他通过平均叠加技术从头颅表面记录大脑 EP 来反映认知过程中大脑的神经电生理改变，因为 ERPs 与认知过程有密切关系，故被认为是"窥视"心理活动的"窗口"。它为研究大脑认知活动过程提供了新的方法和途径。也就是说，ERPs 为打开大脑功能这一"黑箱"，提供了一个更为客观且简便可行的方法。

二、从 EP 到 ERPs

（一）EP 的概念和特点

EEG 含有心理与生理信息，但不是信息引起的波形本身，包含大量的噪声；而 EP 和 ERPs 是信息引起的波形本身，但淹没在 EEG 中，通常观察不到，需要施予刺激然后进行提取。

给人体感官、感觉神经或运动皮质、运动神经以刺激，兴奋沿相应的神经通路向中枢或外周传导，在传导过程中，产生的不断组合传递的电位变化，即 EP，对其加以分析，就能反映出不同部位的神经功能状态。由于诱发电位非常微小，须借助计算机对重复刺激的信号进行叠加处理，将其放大，并从淹没于 EMG、EEG 的背景中提取出来，才能加以描记。主要是对波形、潜伏期、波峰间期与波幅等进行分析，为认知过程提供参考。

诱发电位一般具备如下特征。

1. 必须在特定的部位才能检测出来。

2. 都有其特定的波形和电位分布。

3. 诱发电位的潜伏期与刺激之间有较严格的锁时关系，在给予刺激时几乎立即或在一定时间内瞬时出现。

（二）ERPs 的概念和特点

ERPs 是一种特殊的脑诱发电位，通过有意地赋予刺激以特殊的心理意义，利用多个或多样的刺激所引起的脑的电位。它反映了认知过程中大脑的神经电生理变化，也被称为认知电位，也就是当人们对某课题进行认知加工时，从头颅表面记录到的脑电位。与传统的心理学研究方法如行为观察、问卷、量表等不同，所谓 ERPs，即当外加一种特定的刺激作用于感觉系统或脑的某一部位，在给予刺激或撤回刺激时，在脑区引起的电位变化。在这里，刺激被视为一种事件（event）。ERPs 不像普通诱发电位那样记录神经系统对刺激本身产生的反应，而是大脑对刺激带来的信息引起的反应，反映的是认知过程中大脑的神经电生理改变。

ERPs 的优势在于具有很高的时间分辨率，可以达到毫秒级，使其在揭示认知的时间过程方面极具优势，能够锁时性（time-locking）地反映认知的动态过程。它是反映大脑高级思维活动的一种客观方法，与信息加工过程密切相关，已经成为研究脑认知活动的重要手段。

对人脑产生的 ERPs 有多种分类，最初的分类方法是将 ERPs 分为外源性成分和内源性成分。外源性成分是人脑对刺激产生的早成分，受刺激物理特性（强度、类型、频率等）的影响，如听觉 P50、N1、视觉 C1 和 P1 等；内源性成分与人们的知觉或认知心理加工过程有关，与人们的注意、记忆、智能等加工过程密切相关，不受刺激的物理特性的影响，如 CNV、P300、N400 等。内源性成分为研究人类认知过程的大脑神经系统活动机制提供了有效的理论依据。

与普通诱发电位相比，ERPs 具有以下几个特点：1. ERPs 属于近场电位（near-field potentials，记录电极位置距活动的神经结构较近）；2. 一般要求被试实验时在一定程度上参与实验；3. 刺激的性质、内容和编排多样，目的是启动被试认知过程的参与；4. ERPs 成分除了与刺激的物理属性相关的"外源性成分"外，还包括主要与心理因素相关的"内源性成分"以及既与刺激的物理属性相关又与心理因素相关的"中源性成分"。

由于大量研究表明"外源性成分"兼具有"内源性成分"的特征，即受认知活动的影响，如视觉 P1/N1 注意效应、听觉 P20-50 注意效应、面孔识别特异性成分 N170 等，目前已经很少将 ERPs 的结果按照"外源性""内源性"进行解释，而通常采用认知加工的时间进程（如早期阶段、晚期阶段）来分析。

下面来看一个简单的 ERPs 的例子。在某个实验里，研究者想要了解元音字母 O 和辅音字母 X 的加工过程有什么不同，就给被试呈现一系列的 X 和 O 组成的刺激序列（见图 4.1a），每个字母的呈现时间为 800 ms，一共有 80 个 X 和 20 个 O，共 100 个试次（见图 4.1b）。同时，刺激呈现软件需要向 EEG 放大器发送一些事件代码（marker codes），以区分不同的字母。例如，每呈现一个"X"就打上一个代码"1"，每呈现一个"O"就打上一个代码"2"。事件代码如果是对刺激标记的，被称为刺激代码；在某些特殊的实验中，如果是对被试的反应标记的，被称为反应代码。在本例中，只有对字母进行标记的刺激代码。在对 ERPs 进行提取时，ERPs 分析软件就根据事件代码来区分不同的实验条件，以分别进行每种条件下的叠加平均，提取出 ERPs。

被试要对这些字母分别进行按键反应，为了平衡左右手的影响，一半被试看到 X 要按左键，看到 O 要按右键；另一半被试则相反，看到 X 要按右键，看到 O 要按左键。

（a）

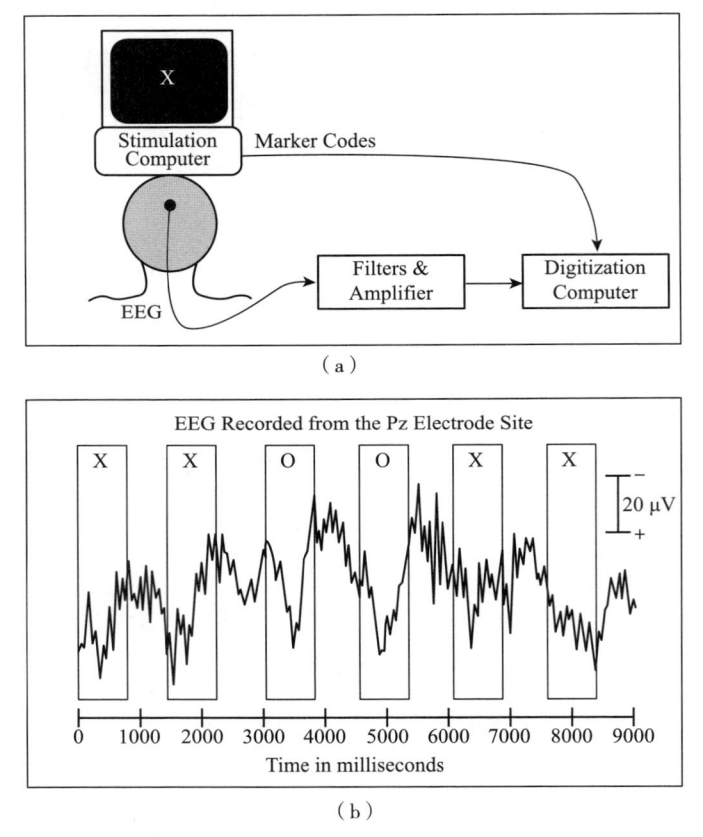

（b）

图 4.1 简单 ERPs 实验示意图及 ERPs 试次波形

资料来源：Luck S J. An introduction to the event-related potential technique［M］. Cambridge：MIT Press，2005.

从每个事件（本例为事件字母代码）原始的 EEG 波形上来看（图 4.2a），每一类的波形似乎都有一些变化，但是不很清晰。在离线分析的时候，就根据代码把同类的事件放在一起，然后分别进行叠加平均，就得到了最终的ERPs（图4.2b）。叠加的事件越多，得到的ERPs成分就越清晰。经平均得到的ERPs波形是由一系列正负电压波动所组成的，称之为峰、波或成分。

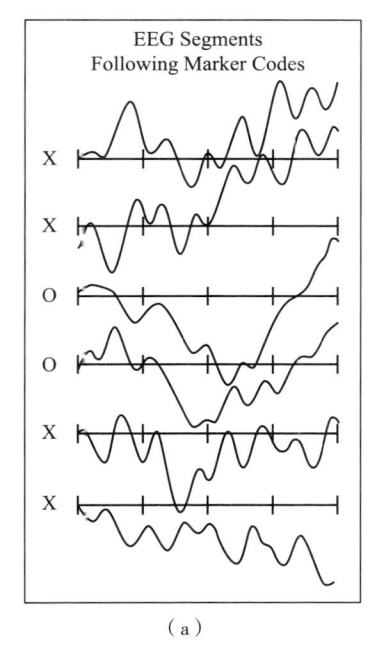

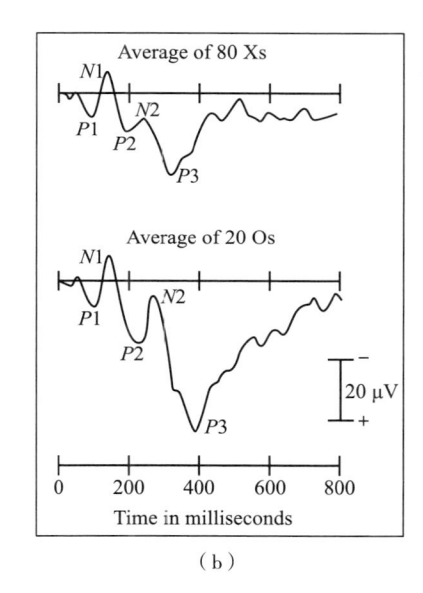

图4.2 ERPs波形

注：80个"X"和20个"O"的分段波形以及分别叠加平均之后得到的ERPs波形。
资料来源：Luck S J. An introduction to the event-related potential technique［M］. Cambridge：MIT Press 2005.

传统上，P与N分别表示波形的正、负走向，一般向上为负、向下为正；数字表示峰在波形中的出现位置，但也可以用潜伏期来表示，如300 ms左右出现的正波，就命名为P300。由于ERPs峰的顺序反映了脑内信息流的时间顺序，所以近些年来使用顺序为ERPs成分命名比较多，例如第一个出现的负波，就是N1；第二个出现的负波，就是 N2；第一个出现的正波，就是 P1。以此类推，正负顺序各自独立。有趣的是，成分的顺序往往和其峰值的潜伏期呈 100 倍的数值关系，如 N1 通常也恰好在 100 ms 左右达到峰值，所以 N1 同时也就是N100；P3 通常也恰好在 300 ms 左右达到峰值，所以它也就是 P300 等。但要注意，并不是所有成分都如此。一个例外就是 N400，它在 400 ms 左右达到峰值，但往往是第 2 个负波，属于 N2 家族的一员。另一个例外是 P600，它在 600 ms 左右达到峰值，但往往是第 3 个正波。这两个成分通常以其潜伏期命名。除此之外，对某些比较特殊的 ERPs，采用其功能意义进行命名，如 CNV、失匹配负波（Mismatch Negativity，简称为 MMN）、LPC、晚期正电位（late positive potentials，简称为 LPP）、错误相关负波（error-related negativity，简称为 ERN）、反馈负波（feedback-related negativity，简称为 FRN）、运动准备电位（bereitschafts potential，简称为 BSP）等。

　　和心理学传统上采用的指标——反应时相比，ERPs 的优点是显而易见的。首先，它的时间精度更高，而且反应时只反映了从刺激呈现到行为反应开始的整体过程，不能区分出信息加工的具体阶段。比如，你得到了两种实验条件之间有反应时的差异，然而你不能通过反应时来确定这种差异是出现在信息加工的什么阶段，有可能是早期阶段刺激的编码，有可能是中间环节表征的加工，还有可能是晚期阶段反应的选择，甚至上述阶段都有可能。这对于推测脑的信息加工过程来说就太粗糙了。而 ERPs 不然，它能够确定某个特定处理阶段受特定实验操作影响，早期加工会有 N1、P1 等成分作为指标，中晚期则会有 N2、P3 等成分作为指标，因此 ERPs 比反应时精确，所以才会被称为"新时代的反应时""观察脑功能的窗口"。其次，ERPs/EEG 是一种"实时内隐"的观察工具，它可以在没有反应（response）的条件下监测实时内隐的加工，特别是一些无意识、自动化、前注意的信息加工过程。这是显而易见的，因为一旦要求被试对某个无意识的过程作出反应以获取反应时，这种无意识状态立刻就会被注意所捕获，从而迅速成为有意识的活动，那么对无意识的监测就成为空谈，也就是说，ERPs 对一些"无反应"的行为实验（即一般只要求被试被动地加工信息，不要求其作出实际的反应，例如按键或者进行报告等的行为实验）兼容良好，可以考察无意识的信息加工过程。除此之外，相比其他认知神经科学的技术手段，如 fNIRs、fMRI、PET 和 MEG，ERPs 费用低廉、适应性强，可以节省大量的经费、时间和精力。这一点对于经常需要面向实际应用场景的传播学来说尤其重要，因为 EEG 设备相对轻便，可移动甚至可穿戴，几乎可以在任何场景下使用。因此，ERPs/EEG 成了认知神经传播学的一种主要的技术手段。

但是 ERPs 也有一些缺点。首先，因为 ERPs 混合了多个发生源（等效偶极子）的认知神经过程，不如反应时的功能意义清楚，难以解释。这就要求 ERPs 的实验设计往往需要考虑很多细节，控制很多额外变量，显得很烦琐，而且一般要做行为实验——没有行为实验来提供一个信息加工的"背景"环境的话，ERPs 就只是一些纯粹的电生理信号而已，没有任何意义。所以 ERPs 实验往往必须要和行为实验同时实施，以保证被试确实是在进行某种信息加工过程。其次，ERPs 是基于叠加平均的算法的，需要大量的同质材料和试次，是一种小信号、大噪音的技术手段，对实验设计的要求非常高。最后，相比其他认知神经科学的技术手段，ERPs 的空间精度不高，仅达厘米级，若要达到毫米级，需 128 导或 256 导，这就为实验实施带来很大难度，增加了被试的负担。因此，近些年来研究者想方设法发挥 ERPs 的长处，避免它的短处，尽量利用它时间精度高、方便使用的优点，而尽量不使用它来考察脑功能定位。当然，另一方面研究者们也会想办法使用一些算法和分析手段提高 ERPs 的空间精度。

三、ERPs 的数据处理

（一）ERPs 的提取

从前面举的例子中可以看到，提取 ERPs 的算法是叠加平均。为什么叠加平均的算法就可以提取 ERPs 呢？这是因为 ERPs 具有两个恒定的属性，在多次施加一定数量的事件的时候，这些事件诱发的 ERPs 信号对每个试次都是相同的，它的潜伏期和波形恒定。但是 EEG 的背景噪声与锁时完全无关，它是随机的。那么如果有足够数量的试次数 N，对这些试次进行叠加平均，信号与叠加次数成比例增大，噪声则以随机方式加和。叠加后 ERPs 增大 N 倍，但是 EEG 噪声只增大 $\sqrt{N}$ 倍，信噪比提高 $\sqrt{N}$ 倍。然后再除以 N，噪声消除，ERPs 信号还原。N 越大，噪声消除得就越干净，得到的 ERPs 信号就越清晰（见图 4.3）。

（二）ERPs 实验刺激序列的编排

ERPs 实验需要多次呈现事件，这些刺激事件的编排需要用到专门的刺激呈现和编程软件，比如 E-Prime、Presentation、Psychtoolbox 等。

在刺激序列的编排上需要注意以下几点。

1. 刺激的持续时间（Duration）。刺激的持续时间不同，刺激产生的诱发电位会有一定的区别，而且，持续时间对作业任务的难度也有影响，从而导致任务相关的 ERPs 成分的不同。因此，进行不同刺激类型的 ERPs 比较，一般情况下，要保证刺激的持续时间一致。

2. 刺激间隔。刺激之间的间隔时间通常包括 SOA（Stimulus Onset Asynchrony）或 ISI（Interstimulus Interval）。SOA 指的是从前一个刺激的起点到后一个刺激的起点（Onset-Onset），而 ISI 指的是从前一刺激的止点到后一个刺激的起点（Offset-Onset）。另外，ERPs 研究中经常会用到 ITI（Intertrials Interval），指的是一个试次的间隔（见图 4.4）。

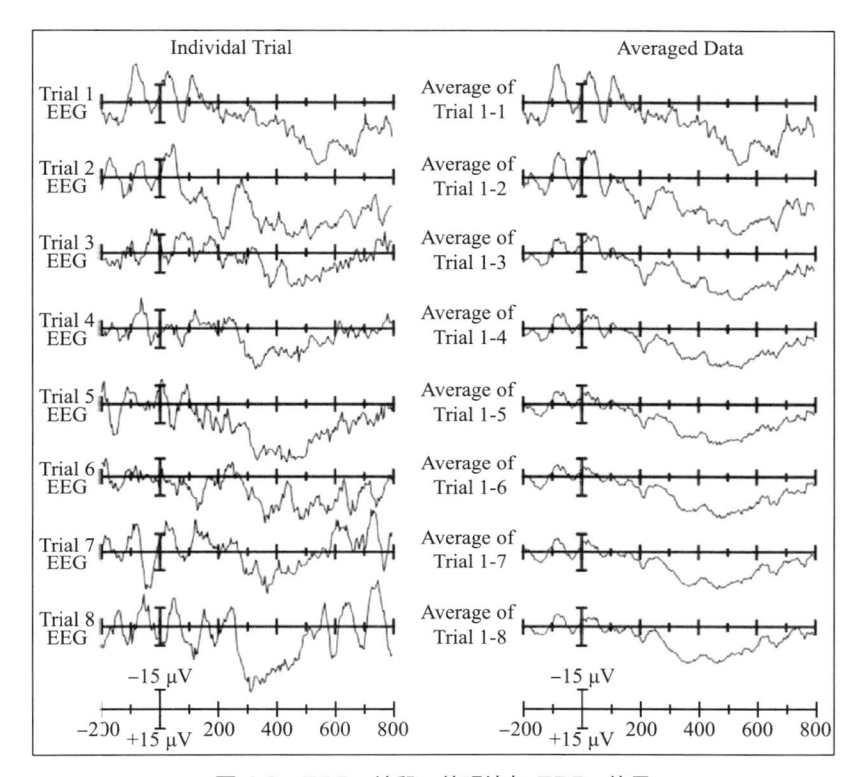

图 4.3 ERPs 片段、信噪比与 ERPs 信号

注：8 个试次（左侧）的 ERPs 片段依次逐个叠加，信噪比越来越高，ERPs 信号越来越清晰（右侧）。

资料来源：Luck S J. An introduction to the event-related potential technique [M]. Cambridge：MIT Press，2005.

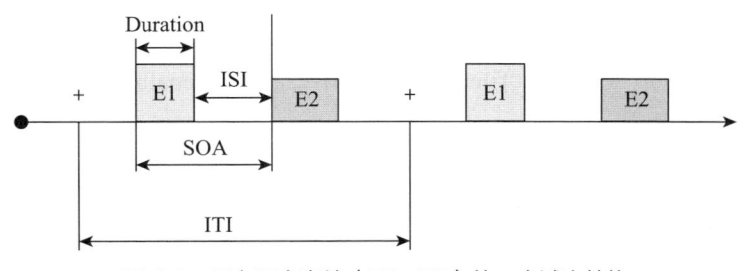

图 4.4 具有两个事件（E1、E2）的一个试次结构

资料来源 作者绘制。

刺激间隔的设置要根据实验目的来进行，但是不建议间隔太长，应以被试能够完成作业任务为宜。另外，在研究目的和实验任务的具体要求下，尽可能做到间隔随机化，如在 800～1200 ms 内随机（平均为 1000 ms）。

3. 刺激概率是刺激编排的重要因素之一，刺激生成的概率不同，将对 ERPs 波形产生显著影响。

4. 刺激序列的随机性。已有研究表明，刺激序列的内部结构（即刺激编排模式）对 P300 的生成有显著影响。如果不是进行序列内部结构的 ERPs 研究，建议刺激序列要进行随机或伪随机排列。

5. 特殊研究领域刺激序列的编排要根据不同的实验要求来进行，这种编排往往与实验心理学、认知心理学相关实验的刺激排列有相似之处，如记忆的 ERPs 研究、情绪的 ERPs 研究、面孔识别的 ERPs 研究等。也可以选用一些已经比较成熟的实验范式，如魏景汉、罗跃嘉曾经介绍过的一些实验范式。

四、使用 MATLAB 提取 ERPs 的步骤

（一）导入干净数据

打开 EEGLAB，选择 File>Load existing dataset 就可以导入经过预处理的干净数据了。或者使用函数：

EEG=pop_loadset（'filename'，'sub1-c.set'，'filepath'，'D:\ 路径 \'）;

（二）叠加平均

选择 Edit>Select epochs or events，然后在"type"里分别设置事件代码，运行保存。注意，有几个代码。在这一步要运行几次，不同的代码要分别进行叠加平均，以区分出不同的实验条件。叠加

平均之后的数据也是分别保存的，在 EEGLAB 里会显示为不同的 dataset。

或者使用以下脚本：

EEG=pop_selectevent（EEG, 'type', 256, 'renametype', '1', 'deleteevents', 'off', 'deleteepochs', 'on', 'invertepochs', 'off'）;

［ALLEEG EEG CURRENTSET］=pop_newset（ALLEEG, EEG, 1, 'setname', 'sub1-e1', 'savenew', 'E:\ 路径 \sub1-e1.set', 'gui', 'off'）;

［ALLEEG EEG CURRENTSET］=pop_newset（ALLEEG, EEG, 2, 'retrieve', 1, 'study', 0）;

EEG=eeg_checkset（EEG）;

EEG=pop_selectevent（EEG, 'type', 768, 'renametype', '3', 'deleteevents', 'off', 'deleteepochs', 'on', 'invertepochs', 'off'）;

［ALLEEG EEG CURRENTSET］=pop_newset（ALLEEG, EEG, 1, 'setname', 'sub1-e3', 'savenew', 'E:\ 路径 \sub1-e3.set', 'gui', 'off'）;

［ALLEEG EEG CURRENTSET］=pop_newset（ALLEEG, EEG, 3, 'retrieve', 2, 'study', 0）;

EEG=eeg_checkset（EEG）;

因为原始数据中的刺激代码"256""768"数值比较大，不容易区分，所以在多个代码的时候可以使用一个 'renametype' 命令对代码的数值进行重新命名。之所以产生这个问题，是因为 Cognionics 系列的 EEG 放大器设备接收到的刺激代码一般会乘以接收端口的数值，使用 E-Prime 为该设备打代码时则会显示为 256 的倍数，即 1=256、2=512、3=768、4=1024 等。在 GUI 界面里，这一步操作是在"Rename selected event type（s）as type"里重新进行设置（见图 4.5）。

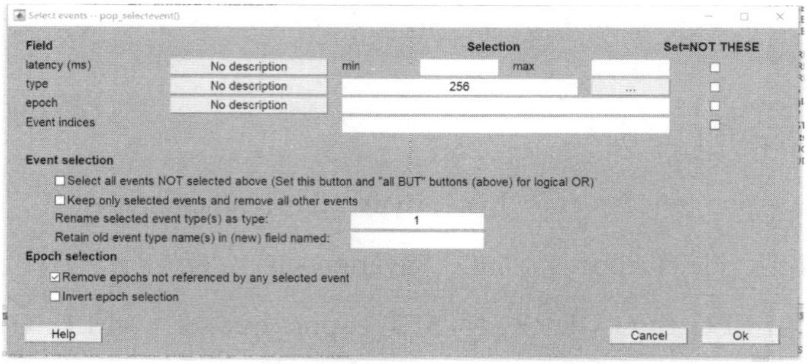

图 4.5　EEGLAB 分类叠加平均的 GUI 界面

资料来源：作者根据自己的数据分析过程从软件中直接截图。

（三）波形比较

选择 Plot>Sum/Compare，ERPs 可以直接对 EEGLAB 中的 dataset 进行比较，只需要设置 dataset 的编号（见图 4.6）。一般不需要观察两种条件的差异波，则去掉 Plot difference 后面的复选框；如果只想观察某些特定电极的波形，则需要在 Channels subset 里进行设置。

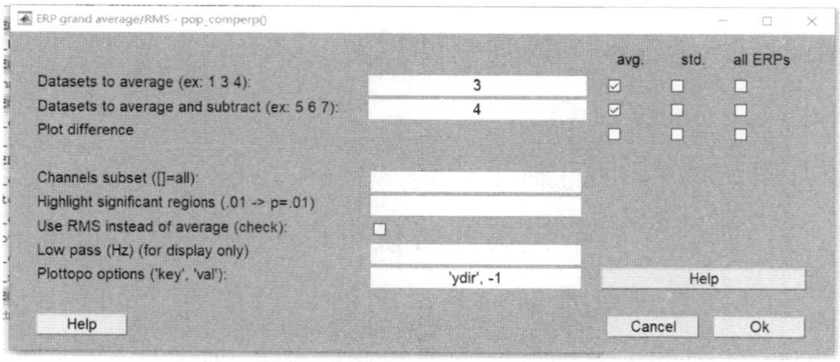

图 4.6　总平均波形图比较操作的 GUI 界面

资料来源：作者根据自己的数据分析过程从软件中直接截图。

或者使用函数：

pop_comperp（ALLEEG, 1, 2, 3, 'addavg', 'on', 'addstd', 'off', 'subavg','on','diffavg','off','diffstd','off','chans',[8 15 22],'tplotopt',{'ydir'-1});

这里的［8 15 22］就是 Fz、Cz、Pz 三个电极通道所对应的编号。那么所有电极通道的编号都在哪里呢？可以在工作区的 EEG 分析区里面找到"chanlocs"字段获得（见图 4.7）。

图 4.7 每个电极通道对应的编号

注：EEG 的 chanlocs 字段可以找到每个电极通道对应的编号。
资料来源　作者根据自己的数据分析过程从软件中直接截图。

（四）画 ERPs 波形图

运行完上述步骤之后，EEGLAB 就会自动弹出总平均波形图（见图 4.8）。

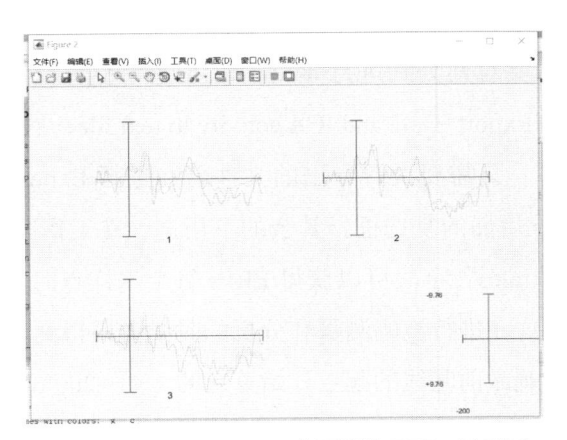

图 4.8　Fz、Cz、Pz 三个通道的 ERPs 波形图

资料来源　作者根据自己的数据分析过程从软件中直接截图。

如果只想观察某个电极通道的 ERPs 波形，如 Fz，只需要点击相应的子图即可（见图 4.9）。

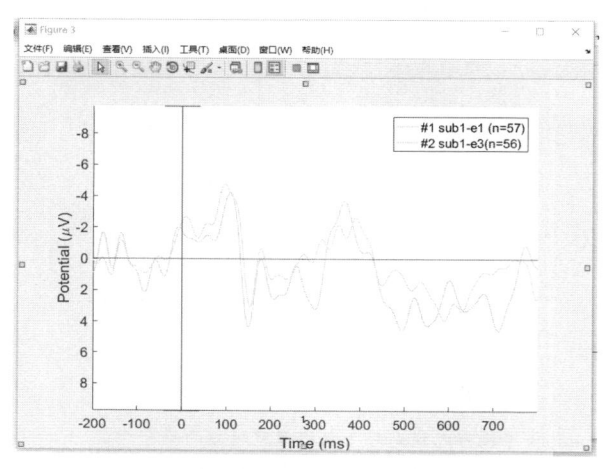

图 4.9　ERPs 波形图

注：上图为 1 号被试两种条件（代码分别为 1 和 3）的 ERPs 波形图。
资料来源：作者根据自己的数据分析过程从软件中直接截图。

（五）导出数据

因为每个被试每种条件的 ERPs 波幅数据都需要进一步进行统计分析，所以需要对其分别进行导出，以备进一步进行测量和统计运算。选择 File>Export>Data and ICA activity to text file，然后按照图 4.10 进行设置即可。只需要设置导出的文件名和选择 Export ERP average instead of trials 后面的复选框，其余的不用选。在工作区的 EEG 分析区里面找到"times"字段可以获得 ERPs 每个采样点时刻对应的编号（见图 4.11），这在进行波幅测量和分析的时候会用得到。注意：ERPs 的时间点是从刺激前基线的起点开始算起的（如 –200 ms），而不是从刺激触发的时刻开始算起的（0 ms）。

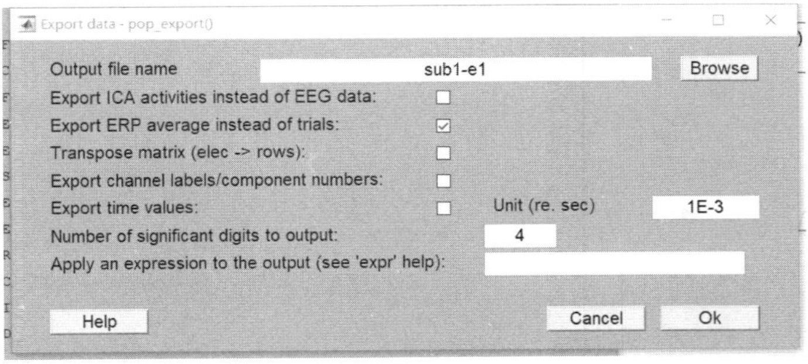

图 4.10　ERPs 数据

注：以上数据是由 1 号被试代码 1 条件导出 ERPs 数据。
资料来源：作者根据自己的数据分析过程从软件中直接截图。

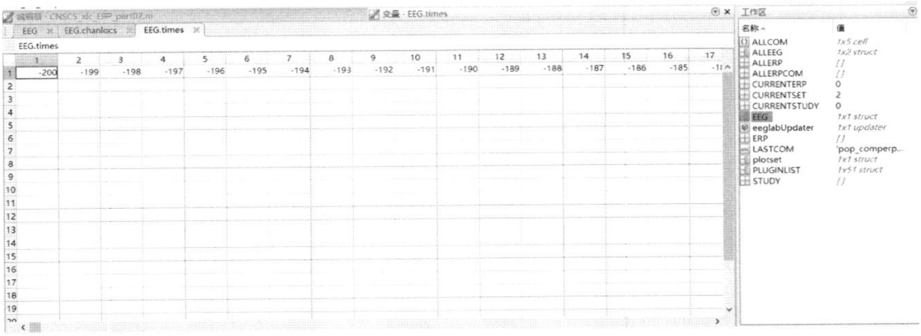

图 4.11　EEG.times 字段可以找到每个时间点对应的编号

资料来源：作者根据自己的数据分析过程从软件中直接截图。

或者可以使用如下函数：

pop_export（EEG, 'E:\路径\sub1-e1', 'erp', 'on', 'elec', 'off', 'time', 'off', 'precision', 4）；

pop_export（EEG, 'E:\路径\sub1-e3', 'erp', 'on', 'elec', 'off', 'time', 'off', 'precision', 4）；

（六）总平均

上文呈现的 ERPs 波形图并不是单个被试的波形，而是所有被试的 ERPs 总平均波形图。绘制总平均图需要选择 Tools > Grand average datasets 先对所有被试的数据进行总平均，每个条件分别进行。如此得到的总平均图和前面第 4 步得到的图 4.9 一样，可以直接在 MATLAB 里进行编辑，或者保存成其他通用格式在 Photoshop 里进行编辑。

五、常见的 ERPs 成分[1]

（一）ERPs 早期成分

ERPs 的早期成分通常指的是刺激开始后 200 ms 以内的电位变化。虽然 ERPs 早期成分具有通道特异性，如视觉和听觉的早期 ERPs 成分具有显著不同的波形特征，但和 EP 不同，认知心理活动对早期 ERPs 成分也有显著的影响，特别是在注意的认知神经科学研究中，发现了显著的早期 ERPs 注意效应。这在早期选择与晚期选择的理论之争方面做出了重要贡献。

1. C1。最早出现的视觉 ERPs 成分，其主要特点：（1）通常在头皮后部中线或偏侧电极位置幅度最大；（2）C1 之所以没有明确地命名为正性（P）或负性（N），是由于 C1 的极性随着视觉刺激呈现的位置而发生变化，如下视野的刺激诱发的 C1 为正性（positive going），而上视野的刺激诱发的 C1 为负性（negative going）；（3）水平视野中线的刺激可能只诱发出很小的正性 C1 或者没有明显的 C1；（4）C1 通常开始于刺激呈现后 40~60 ms，峰值潜伏期为 80~100 ms，不同实验室的结果时有不同；（5）C1 对刺激的物理属性非常敏感，如对比度、亮度、空间频率等，但不受注意的影响；（6）溯源分析发现 C1 产生于初级视皮层 V1（纹状皮质）（见图 4.12）。

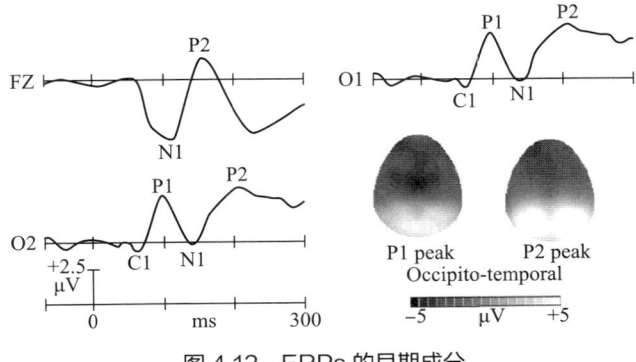

图 4.12 ERPs 的早期成分

注：视野中央呈现的视觉刺激（鲜花）诱发的 ERPs 早期成分，向上电压为正。
资料来源：赵仑. ERPs 实验教程（修订版）[M]. 南京：东南大学出版社，2010.

2. P1/N1 注意效应。在颞枕区电极记录位置，C1 之后紧跟着的是 P1 成分，通常在偏侧枕区（如 O1、O2）幅度最大，峰值潜伏期在 100 ms 左右，但受刺激对比度的显著影响。研究发现，头皮后部的 P1、N1 以及额区的 N1 均受注意的显著影响，表现为幅值的增强（见图 4.13）。基于 P1 的发生源在外侧纹状皮质，目前一般认为，当视觉信号从纹状皮质传导到周围的外侧纹状皮质时才开始受注意的影响，

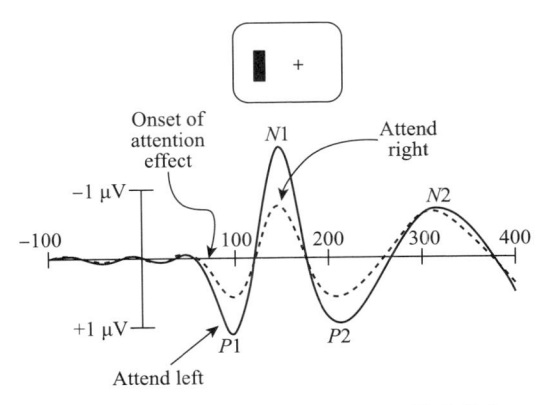

图 4.13 视觉 ERPs 的早期 P1/N1 注意效应

注：视觉 ERPs 的早期 P1/N1 注意效应，向下电压为正。
资料来源：赵仑. ERPs 实验教程（修订版）[M]. 南京：东南大学出版社，2010.

此时为刺激后 100 ms 左右。需要注意的是，头皮后部分布的 P1 和头皮前部分布的 N1，虽然在潜伏期上相似，而且均受注意的影响，但并不是一个成分的极性反转，或者说，二者可能反映了不同的心理生理机制。

3. N170/ 顶正波（Vertex Positive Potential，简称为 VPP）。面孔是一种内容非常丰富的非语言刺激，可提供性别、年龄、表情和个体特征等信息。面孔识别比物体识别在人类的生长发育过程中发展得更早，人类刚一出生就倾向于将面孔与其他物体区别开来。面孔识别是人类社会生活中的一项重要功能。面孔识别对模式识别、计算科学、人工智能等应用基础研究意义匪浅，同时在脑损伤及阿尔茨海默病病人面孔记忆的缺失原理的研究以及临床应用等的研究中均有重要的价值。ERPs 的高时间分辨率，有利于研究面孔加工的时间特点，以验证面孔加工的时间过程。研究发现，在颞枕区（特别是右侧颞枕区），面孔诱发出比对其他非面孔物体更大的负波（见图 4.14），由于该负波在刺激后 170 ms 左右达到峰值（见图 4.15），故称为 N170。

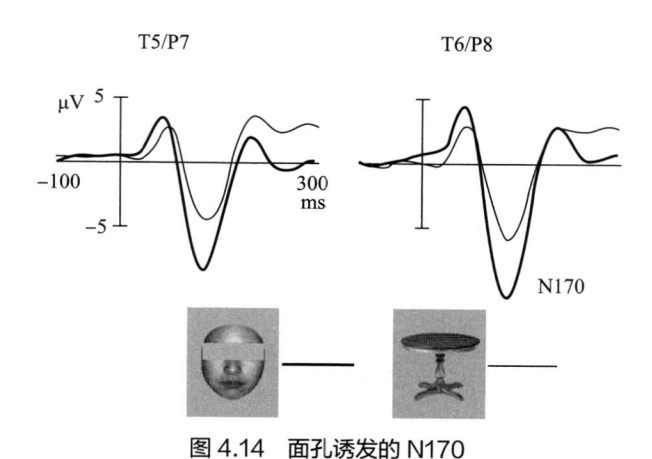

图 4.14　面孔诱发的 N170

资料来源：赵仑 . ERPs 实验教程（修订版）[M] . 南京：东南大学出版社，2010.

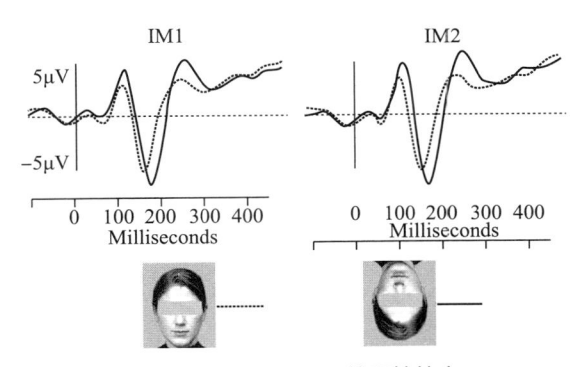

图 4.15 面孔 N170 的翻转效应

注：向上电压为正，面孔翻转引起 N170 的幅度增大和潜伏期延迟。
资料来源：赵仑. ERPs 实验教程（修订版）[M]. 南京：东南大学出版社，2010.

4.P50。听觉 ERPs 成分中，在顶区产生一个幅度较小但较为稳定的正成分，峰值潜伏期在 50 ms 左右，称为 P50，也称为听觉 P1。通过对在猫身上用深部电极记录的 P50 进行分析，发现 P50 起源于上行网状结构和丘脑（见图 4.16）。

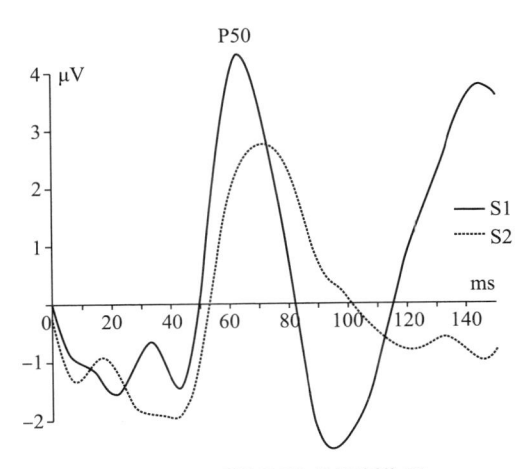

图 4.16 听觉 P50 的抑制作用

注：向上电压为正。
资料来源：赵仑. ERPs 实验教程（修订版）[M]. 南京：东南大学出版社，2010.

由于 P50 的稳定性及其不易受情绪和认知等因素的影响，科学家采用配对刺激（paired-stimulus）或训练－测试范式（conditioning-testing paradigm）研究中枢神经系统的感觉门控机制（sensory gating）①。实验中，给被试呈现一对性质相同的听觉刺激，前一个为训练（conditioning）刺激 S1，后一个为测试（testing）刺激 S2。如果被试的中枢神经系统抑制功能正常，S1 可以诱发出明显的 P50，而 S2 的 P50 会显著降低。如图 4.16 所示，双耳输入 85dB SPL 的短声（click），持续时间为 4 ms，S1 和 S2 的间隔为 500 ms，ITI 为 10 s。与 S1 诱发的 P50 相比，S2 产生的 P50 显著降低。通常情况下，以 P50 的训练－测试比（conditioning-testing ratio）来评估感觉门控机制的大小，即 S2 诱发的 P50 波幅与 S1 的 P50 波幅的比值，比率越大，即 S2 诱发的 P50 越大，表明抑制能力差，感觉门控缺陷，反之，抑制能力强，感觉门控强。

5. 听觉 ERPs 早期注意效应。在听觉 ERPs 成分中，最具有代表性或通道特异性的早期成分是 N1，即在刺激开始后 100 ms 左右记录到的负成分。该成分全脑区均可记录到，但往往以额中央区（fronto-central）幅度最大。N1 受刺激物理属性的影响较大，如随着声音刺激的强度的增大，N1 波幅增大，潜伏期缩短；随着短音频率的增高，N1 波幅会有所降低。

为探索听觉选择性注意发生的时间进程，沃尔多夫（Woldorff）等人进一步研究发现，听觉脑干诱发电位不受注意的影响，而中潜伏期成分（P20-50，刺激后 20~50 ms）则表现出明显的注意效应。目前认为 P20-50 是最早受注意影响的成分。通过多导 ERPs 记录的脑成像

---

① 感觉门控机制是大脑的一种正常功能，是指大脑对感觉刺激反应的调节能力，它能特异地抑制无关、冗余的感觉刺激输入，并且通过滤掉无关刺激，使大脑不因感觉刺激过多超载而引起大脑更高级的功能失效。

以及 MEG 的研究表明，P20-50 发生在听皮质（包括初级听皮质），说明 P20-50 发生在听觉信息加工的早期阶段，是支持注意选择机制发生在加工早期的有利证据（见图 4.17）。

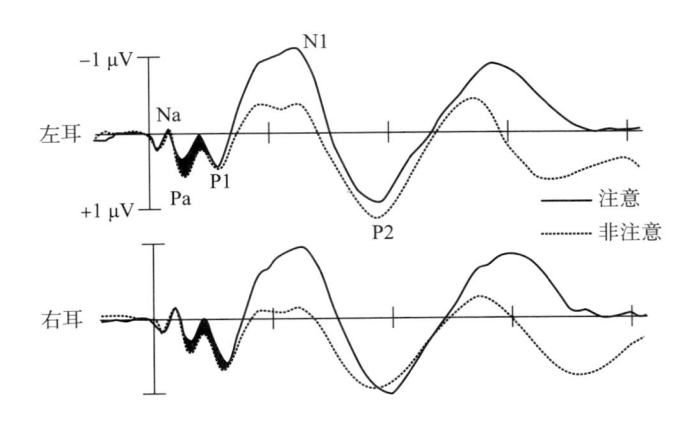

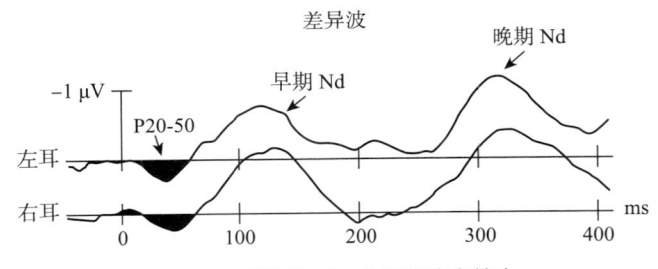

图 4.17 听觉 ERPs 的早期注意效应

注：向下电压为正。使用双耳分听任务，在通道选择性注意时，出现早期 ERPs 成分的调节。注意效应由增强的 P20-50 早期成分和相继增强的 N1 成分组成；Nd 是 Negativity difference 的简写。
资料来源：赵仑. ERPs 实验教程（修订版）[M]. 南京：东南大学出版社，2010.

（二）运动相关电位

1. ESP

科恩哈伯（Kornhuber）和德克（Deecke）于 1965 年发现，主动或有意运动产生的脑电位包括运动反应前的准备电位 RP（readiness potential)或 BSP（开始于反应开始之前 800 ms 左右的缓慢的负慢电位）以及其后的运动反应电位 MP（motor potential）和反应后电位 RAF（reafferent potential），而在被动运动条件下，则只有 MP 和 RAF，没有 RP 或 BSP 产生（见图 4.18）。一般情况下，运动反应前的准备电位和反应后电位分别反映了运动的准备和执行，均以中央顶区（运动皮层）分布为主，而且通常在肢体运动对侧电极记录的幅值更大，表现为偏侧化准备电位（lateralized readiness potential，简称为 LRP）和偏侧化运动电位（lateralized reafferent potential，简称为 LRAF）。大量的研究表明偏侧化准备电位可以用来推断在反应时任务中被试是否和何时进行运动反应。[2-6] 偏侧化准备电位的经典记录位置是 C3' 和 C4'（标准国际 10-20 系统 C3、C4 电极前方 1 cm），很多研究也采用 C3、C4 电极。

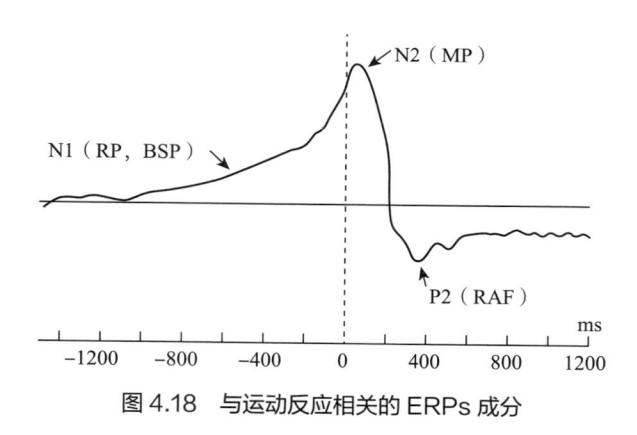

图 4.18 与运动反应相关的 ERPs 成分

注：向下电压为正。
资料来源：赵仑 . ERPs 实验教程（修订版）[M]. 南京：东南大学出版社，2010.

在偏侧化准备电位的记录和提取过程中，实验设计要保证所观察的偏侧化电位是与运动相关的，而不是其他脑活动的偏侧化。以左手运动为例，一方面要在反应正确的前提下，用右侧运动皮层位置（如

C4'）的 ERPs 减去左侧对应电极（C3'）的 ERPs；另一方面，要将左手运动和右手运动的偏侧化准备电位进行平均，以消除和运动无关的偏侧化电位。以 C3' 和 C4' 记录电极为例，左手和右手运动的电位分别设为 C3'LH、C4'LH 和 C3'RH、C4'RH（L、R 和 H 分别代表 left、right 和 hand）（Coles，1989）：

$$LRP = [(C4'LH - C3'LH) + (C3'RH - C4'RH)] \div 2$$

2. CNV

除了 BSP 外，与运动准备和执行相关的另一个重要的 ERPs 成分是 CNV。CNV 由沃尔特（Walter）等人于 1964 年首次报告。典型的 CNV 实验范式是"S1–S2"范式，即先呈现一个警告信号 S1（warning stimulus，如闪光或短音），要求受试者进行按键准备，经过一定的时间间隔（如 1.5 s）给出命令信号 S2（imperative stimulus，如另一种闪光或短音），要求受试者对该信号尽快按键反应。那么，在 S1 和 S2 之间就会产生电位的负向偏移，即 CNV。CNV 幅值在中央区和额区最大。图 4.19 为典型 CNV 的示意图。洛夫莱斯（Loveless）等人研究认为 CNV 包含两个子成分：早期朝向波（orienting wave，简称为 O-wave）和晚期的期待波（expectancy wave，简称为 E-wave）。我国学者魏景汉等人设计了无运动二级 CNV 实验范式，对 CNV 的机制进行了系统研究，[7,8] 提出了 CNV 心理负荷假说，认为 CNV 涉及期待、意动、朝向反应、觉醒、注意、动机等多种心理因素，而不是单个心理因素的结果。目前，CNV 已经被广泛用于医学临床的认知功能的评价，如阿尔茨海默病、帕金森病、癫痫、精神分裂症、焦虑、慢性疼痛等，但由于 CNV 反映了多种心理因素的变化，其应用受一定限制。

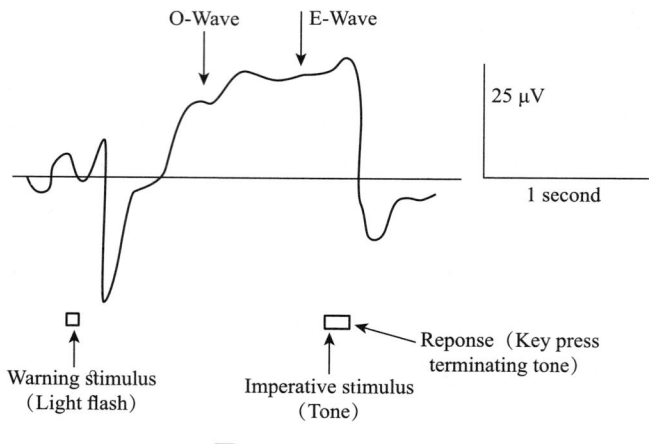

图 4.19　CNV 示意图

注：向下电压为正。
资料来源：赵仑.ERPs 实验教程（修订版）[M].南京：东南大学出版社，2010.

（三）MMN

脑的信息自动加工又称"脑的自动加工""脑对信息的自动加工"，它长期被实验科学所忽视，然而它是一种普遍存在的现象。例如，人的行为受着脑的控制，是脑功能的表现，行为自动化是脑的信息自动加工的结果。

1. 听觉失匹配负波（Auditory Mismatch Negativity，简称为 AMMN）

MMN 于 1978 年被 Näätänen 等首先报告。其典型实验范式是，令被试者双耳分听，即只注意一只耳而不注意另一只耳的声音。结果无论注意耳还是非注意耳，偏差刺激（小概率出现的纯音，如 1008 Hz）均比标准刺激（大概率出现的纯音，如 1000 Hz）引起更高的负波。偏差刺激与标准刺激的差异波中约 100~250 ms 之间的明显的负波，即 MMN。由于偏差刺激出现的概率很小，且与标准刺激差异甚小，在由标准刺激和偏差刺激组成的一系列刺激中，偏差刺激乃是标准刺激的一种变化，偏差刺激引起的差异波 MMN 就是该变化的反映。

由于这一刺激变化可以在非注意条件下产生，MMN反映了脑对信息的自动加工（见图4.20）。

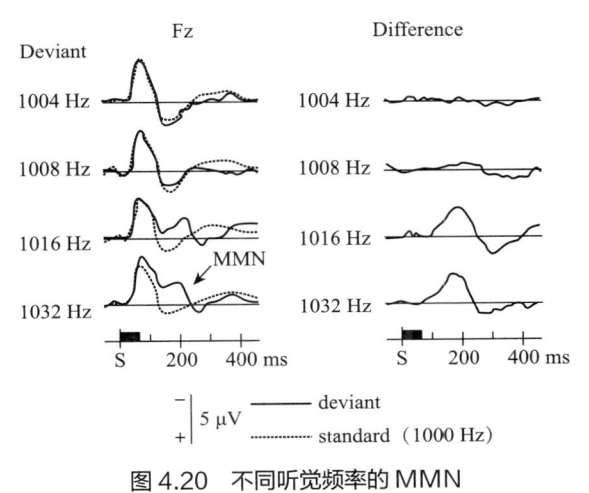

图4.20 不同听觉频率的MMN

注：偏差刺激的概率为20%。随着偏差程度的增大，MMN幅度增大，潜伏期缩短。向下电压为正。

资料来源：赵仑. ERPs实验教程（修订版）[M]. 南京：东南大学出版社，2010.

MMN实验通常采用视觉分心任务建立听觉信息的非注意条件，如简单视觉区分任务、观看无声或者声音很小的影片、阅读一本书。一般情况下，在非注意条件下，只要刺激序列中包含两种或两种以上的在某些特征上存在不同的刺激类型，且其中一种刺激出现概率较大（一般在70%~80%，标准刺激，即standard），用于形成感觉记忆模板，其他的刺激以小概率呈现（一般在20%~30%，偏差刺激，即deviant），如此一来，偏差刺激和标准刺激诱发的ERPs的差异波——MMN即可清楚地获得。

大量的研究已经证明，MMN反映了听觉信息的感觉记忆机制（Sensory Memory），如：把偏差刺激作为刺激序列的第一个试次，就没有MMN产生；当刺激偏差很小时，MMN的波峰潜伏期和持续时间明显延长；当刺激间隔延长到一定程度时，MMN 波幅显著降低。基于此，为得到反映了基于感觉记忆的前注意加工的 MMN，要求刺激序列的编排进行伪随机排列：在多个标准刺激出现之后出现第一个偏差刺激，且偏差刺激之前至少要有 2 个标准刺激。另外，也有研究认为 MMN 也反映了语音信息（如音素、音节、句法等）的长时记忆痕迹。最近，梅（May）和蒂妮（Tiitinen）对感觉记忆假说提出挑战，认为 MMN 实际上反映的是皮层神经元的输入更新活动（Fresh-Afferent Activity）。

2. 视觉失匹配负波（Visual Mismatch Negativity，简称为 VMMN）

MMN 是否也存在于其他感觉通道（如视觉、体感），目前尚未得到明确的结论。近年来，VMMN 的研究得到了充分的发展，发现视觉刺激的颜色、空间频率、对比度、运动方向、形状、线条朝向、刺激的空间位置、简单刺激的绑定、刺激的缺失以及刺激序列的偏差变化等均可以诱发 VMMN。2009 年在匈牙利布达佩斯召开的 MMN 国际会议上，举行了首次 VMMN 的专题讨论会，把 VMMN 的研究和应用推向了高潮。

VMMN 是否和 AMMN 具有相似的感觉记忆机制呢？为有效地回答这个问题，一些学者采用等概率的刺激序列作为对照，发现可以产生基于记忆比较的 VMMN。采用 AMMN（control-MMN）的实验范式，齐格勒（Czigler）等人发现视觉通道存在基于感觉记忆的 MMN，要求受试者注意视野中央的大小随机变化的十字，当十字的大小发生变化时，尽快按键。视野的背景刺激为不同颜色的光栅，告诉受试者光栅是为了增强视觉显示效果。实验包括两种刺激序列，即 Oddball 序列和等概率序列（Control 序列）。Oddball 序列中，标准刺激（如红色光栅）和偏差刺激（如绿色光栅）的概率分别为 87.5% 和 12.5%；Control 序列包含八种不同颜色的光栅（其中包括 Oddball 序列中的标准刺激和偏差刺激），概率分别为12.5%。以红色标准刺激为例，Oddball序列中，由于标准刺激的概率很大，会产生对红色光栅的记忆痕迹，当小概率的绿色光栅（偏差刺激）出现时，与已经形成的红色光栅记忆痕迹进行比较，从而产生MMN，称为Oddball-MMN。但是，由于红色和绿色具有显著不同的物理属性，其早期ERPs成分（如P1、N1、P2）会有所不同，这种差异势必会和Oddball-MMN有所重叠，而且大脑对偏差刺激的不应（refractory）效应要小于标准刺激，因此，难以确定Oddball-MMN是否真正反映了基于感觉记忆比较的MMN。Control序列中由于所有的刺激都是等概率呈现，不会产生由于大概率呈现某一种刺激导致的记忆痕迹，因此，如果存在真正的基于记忆比较的VMMN，将Oddball-MMN中的偏差刺激（绿色光栅）ERPs减去Control序列中的绿色光栅的ERPs，应该会得到一个明显的差异成分，称为Control-MMN。结果如图4.21所示，刺激呈现后120~160 ms，在头皮后部存在一个基于记忆匹配比较的VMMN。

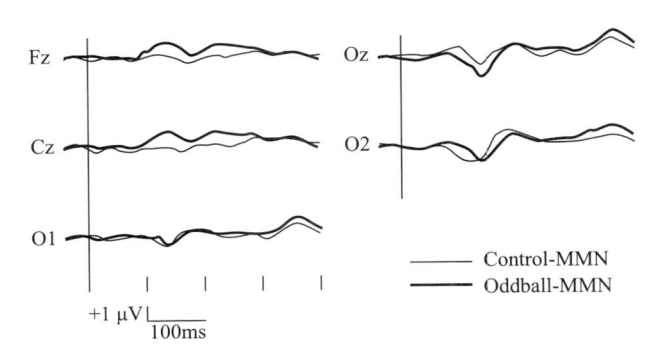

图4.21 基于记忆比较的VMMN

注：向上电压为正。
资料来源：赵仑. ERPs实验教程（修订版）[M]. 南京：东南大学出版社，2010.

简单视觉刺激诱发的VMMN已经得到了很多研究的证实，但复杂视觉刺激（如面孔表情）的偏差也可以产生VMMN。赵仑等人采用修正的"跨通道延迟反应"实验范式，[9] 发现面孔表情可以产生显著的颞枕区分布的 VMMN，命名为表情 MMN（Expression-Related MMN，简称为 EMMN）。

（四）N2 家族

1. N2pc（N2-posterior-contralateral）

在视觉搜索任务中，当对一个特征的搜索时间不因干扰项的增加而减慢时，该特征被认为是可以"pop out"，属于可以平行搜索的视觉基本特征。研究发现，在所搜索的靶刺激位置的对侧的头皮后部电极记录部位，产生比同侧记录部位更大的 200~300 ms 的负成分，称为 N2pc。[10-12] 如图 4.22 所示，要求被试搜索判断是否存在白色的"T"，ERPs 测量结果发现，在颞枕区电极记录部位，白色"T"的对侧脑区产生比同侧脑区更负走向（negative going）的 N2pc。该成分被认为是反映了视觉搜索过程中对靶刺激的空间选择性加工或对周围干扰项（非靶刺激）的抑制加工，[13-15] 是与视觉空间注意分配相关的唯一的 ERPs 指标。基于 MEG 的溯源分析发现，N2pc 源于外侧纹状体。[16]

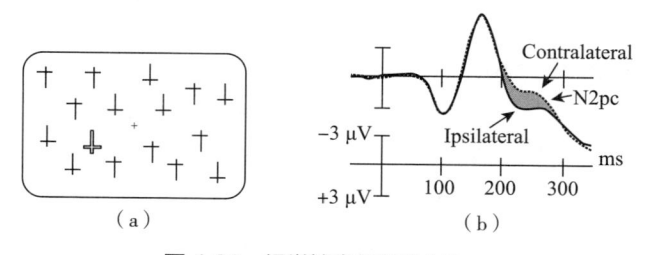

图 4.22　视觉搜索任务的 N2pc

注：要求被试搜索判断是否存在白色的"T"（a）；ERPs 测量结果发现，在颞枕区电极记录部位，白色"T"的对侧脑区产生比同侧脑区更负走向的 N2pc（b）。
资料来源：赵仑.ERPs 实验教程（修订版）[M].南京：东南大学出版社，2010.

2. Nogo-N2

如果将选择性注意 P300 的实验范式（如 Oddball 序列）的小概率的靶刺激和大概率的非靶刺激进行互换，即要求被试对大概率的刺激进行按键，而忽略小概率的刺激，会产生不同的 ERPs 成分。这种实验范式被称为 Go/Nogo 任务。在通常情况下，Go/Nogo 任务中刺激物会被逐一快速呈现，被试需要对某一类刺激（出现概率 ≥ 50%）进行按键反应（Go 刺激），而对另一类刺激（出现概率 ≤ 50%）不进行按键反应（Nogo 刺激）。这一任务尽管看上去简单，却涉及多个次级认知加工过程，包括刺激的辨别、运动准备、反应抑制和行为监控等。在这一过程中，Nogo 刺激诱发出潜伏期 200~300 ms 的比 Go 刺激下更明显的负波，即 Nogo-N2，主要分布在额中央区，称为 N2 的 Nogo 效应（见图 4.23），研究常用 Nogo-N2 波幅减去 Go-N2 波幅的差异波 N2d 作为该效应大小的指标（Bokura et al., 2001）。有些 Go/Nogo 的研究认为 Nogo-N2 反映了一种自上而下的抑制机制，即对既定反应倾向的抑制。[17]

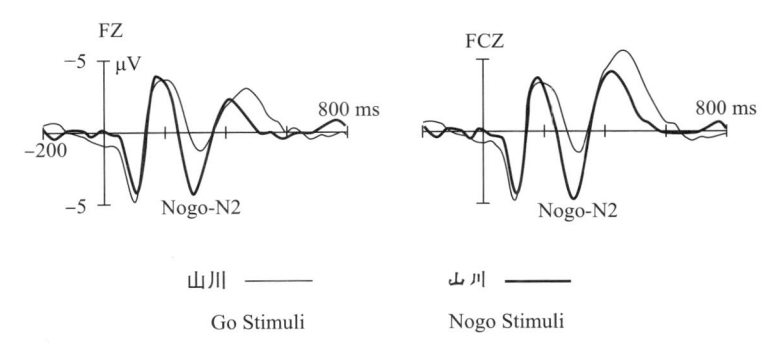

图 4.23 Go/Nogo 任务中 Go 刺激和 Nogo 刺激诱发的 ERPs 波形（额区）

注：向上电压为正。要求被试（n=16）对黑体字（Go）尽量快而准地按键，对楷体字（Nogo）不按键。Nogo 刺激诱发出比 Go 刺激更明显的 N2，即 Nogo-N2 成分。虽然额区 Nogo-P3 的幅度比 Go-P3 要小，但潜伏期明显提前。
资料来源：赵仑．ERPs 实验教程（修订版）[M]．南京：东南大学出版社，2010.

3. ERN/FRN

在反应时任务中，如果以反应为触发，相对于正确反应的刺激，被试错误反应之后 100 ms 以内在前脑区会记录到一个幅度增强的负成分，称为反应锁时的 EEG，简称为 ERN，见图 4.24，也称为 Ne。ERN 的峰值通常在错误反应后 50~60 ms。目前通常认为 ERN 反映了特异性的对错误的觉察，与扣带前回（anterior cingulate cortex，简称为 ACC）的活动有关。

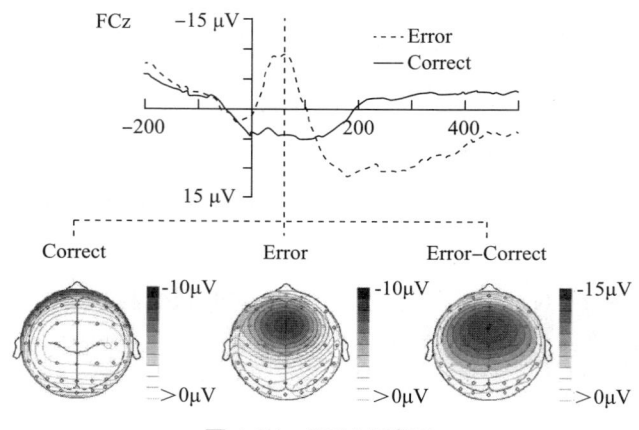

图 4.24 ERN 示意图

注：向下电压为正。上图：反应锁时的正确和错误反应的 ERPs 波形，纵轴为反应开始（FCz）；下图：反应后 56 ms，正确反应、错误反应以及错误与正确差异波的地形图，可见 ERN 为显著的额中央区分布。

资料来源：赵仑. ERPs 实验教程（修订版）[M]. 南京：东南大学出版社，2010.

如果以反馈刺激（feedback stimuli）为触发，负性反馈相对于正性反馈诱发出幅度更大的峰值在 250 ms 左右的负成分，即 FRN（见图 4.25）。FRN 主要分布在额中央区，与反馈刺激的感觉通道无关。在赌博任务中，赔付比盈利产生更大的 FRN，但 FRN 似乎与赔付的多少无关，也就是说，FRN 反映的只是盈利还是赔付的区别，或者说只是好或坏的评价。虽然 FRN 和 ERN 具有相似的机制，但 FRN 是否也源于 ACC，并未得到有效证明。相反，有研究认为，在 Flanker 任务中，FRN 的发生源比 ERN 更要靠前。[18]

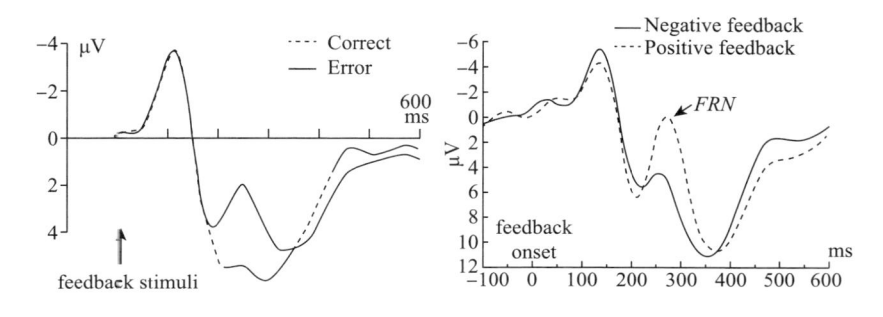

图 4.25　FRN 示意图（Cz）

注：向下电压为正。
资料来源：赵仑.ERPs 实验教程（修订版）[M].南京：东南大学出版社，2010.

（五）P3 家族

1. P3b

自 1965 年 Sutton 发现 P300（也称为 P3b），一直以来 ERPs 是研究的重要内容。当被试辨认"靶刺激"时，在头皮记录到的、潜伏期约为 300 ms 的最大晚期正波即为 P300。诱发 P300 的常用实验范式为 Oddball 范式，包含两种刺激类型，让被试对其中一种刺激（靶刺激）进行按键或计数。如果靶刺激呈现的概率比较小（Oddball），就会诱发出显著的 P300。[19]

大量的研究表明，P300 受主观概率、相关任务、刺激的重要性、决策、决策信心、刺激的不肯定性、注意、记忆、情感等多因素的影响。多钦（Dochin）认为靶刺激的概率小于 30% 即可诱发足够大的 P300，而潜伏期不受概率的影响。ISI 类刺激间隔也会影响 P300 的幅度，ISI 类刺激间隔越大，P300 幅度越大，潜伏期无明显变化。[20,21] ISI 类刺激间隔和相邻的靶刺激的间隔对 P300 幅度的影响和概率的影响具有一定的交互作用。当 ISI 类刺激间隔为 6 s 或更长时，刺激概率对 P300 的影响就很小了；[22] 当相邻靶刺激的间隔为 6~8 s，P300 的概率效应消失。[23] 此外，P300 的幅度也受到所诱发刺激的突出性的影响，如刺激的情感效价。[24,25] 到目前为止，普遍认为知觉和注意因素显著影响 P300 的幅度，而刺激的物理属性以及反应本身对 P300 的幅度影响较小。

刺激概率和 P300 幅度的反比关系提示，P300 只有在刺激已经被评价和分类后才得以产生，即反映了对刺激的评价和决策过程。研究表明，分类任务越难、刺激越复杂，P300 的潜伏期越长，甚至可以达到 1000 ms。需要注意的是，虽然 P300 的潜伏期与刺激的评价有关，但和反应的选择、执行和完成无关。[26,27] 因此，通过对 P300 潜伏期的分析，可以将反应时分解为作为刺激评价的 P300 和反应产生两个部分。[28-30]

2. P3a/Novelty P3

在 P300 的传统实验研究中发现，在典型的刺激（如短纯音、字母等）构成的刺激序列中，偶然出现的新异刺激（novelty，如狗叫、色块等）也会引起显著的 P300，称为 P3a 或 "Novelty P3"。Novelty P3 的潜伏期较短，头皮分布较广泛，最大波幅位于额叶后部，比反映了靶刺激注意加工过程的 P3b 明显靠前。新异刺激不是一般的刺激或环境变化，而是一种未预料到的突然的刺激，它以产生朝向反应为特征，即让有机体转向新异刺激发出方向的一种反应活动。现已公认 Novelty P3 是朝向反应的主要标志。通常情况下，为保证刺激的新异性，新异刺激出现的概率要小于或等于靶刺激出现的概率。脑损伤的研究表明 P3b 和 Novelty P3 具有不同的发生源和心理生理机制（见图 4.26）。

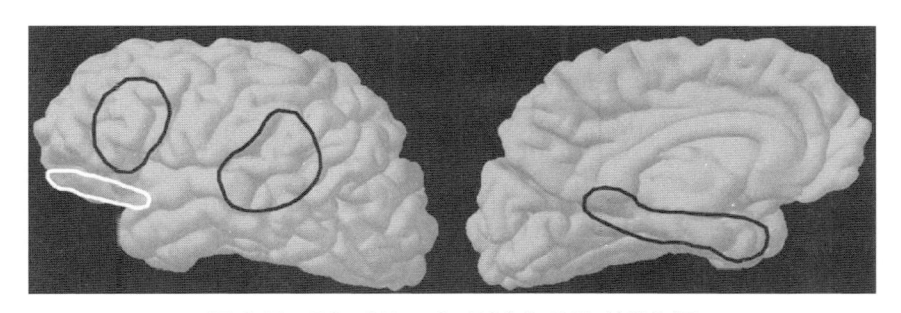

图 4.26　P3a（Novelty P3）和 P3b 的发生源

注：脑损伤研究发现，白色区域和黑色区域分别代表 P3a 和 P3b 的发生源。
资料来源：赵仑. ERPs 实验教程（修订版）[M]. 南京：东南大学出版社，2010.

需要注意的是，当靶刺激和标准刺激的区分难度较大，而与靶和标准刺激的物理属性差别较大的干扰刺激（也称为非靶刺激）重复出现时，尽管其新异程度不够，也会诱发出相似的 P3a 成分。[31] 该成分的潜伏期比 P3b 提前，脑区分布相对于 P3b 也更为靠前（尽管不是明显的额区分布）。有研究认为，相对于新异刺激，应用重复出现的干扰项可以减少刺激类型间的物理属性的差异，在 P3a 的研究中具有一定的优势。[32] 实际上，在早期的研究中，为区别于任务相关的靶刺激诱发的 P300，即 P3b，在无任务作业的大概率呈现的标准刺激序列中，稀少的偏差刺激（注意：不是新异刺激）会产生一个中央 - 顶区分布、潜伏期较短的 P300，也称为 P3a。大约 10%～15% 的正常青年人中，听觉 Oddball 任务均可诱发出该 P3a，[33] 而没有任何作业任务参与的合适的视觉刺激也可以诱发出类 P3a 成分。[34]

虽然头皮分布有一定的差异，Novelty P3 和 P3a 可能是一个成分在不同刺激条件下的不同表现，反映了相同的心理生理机制。最近，波利克（Polich）对 P3a/Novelty P3 和 P3b 进行了归纳和总结：P3a 反映了刺激驱动的自下而上的前脑区注意加工机制，而 P3b 反映了任务驱动的自上而下的颞 - 顶区注意和记忆机制（见图 4.27）。

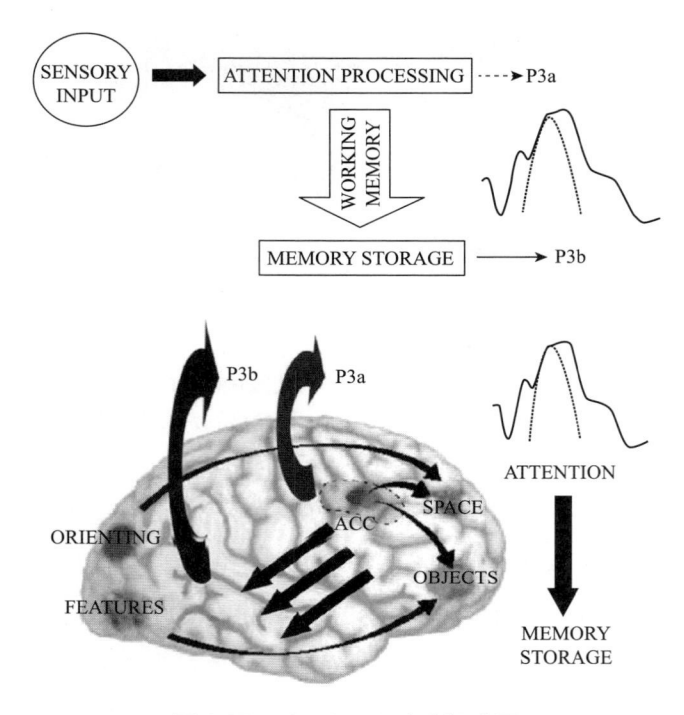

图 4.27　P3a 和 P3b 机制示意图

注：图上半部分是 P300 认知模型示意图。先进行感觉输入加工，基于注意驱动的工作记忆的变化（新异刺激的觉察）引起前额叶的激活，产生 P3a，而工作记忆的背景更新过程引起颞－顶区激活，产生 P3b。图下半部分是 P3a 和 P3b 的脑活动模型示意图。刺激信息被存储在受 ACC 监控的前额叶工作记忆系统，当对标准刺激（大概率）的集中注意受到干扰项或靶刺激识别的影响时，P3a 通过 ACC 以及相关结构的活动而诱发，这一注意驱动的神经活动被传递到颞－顶区，启动与记忆相关的存储机制，P3b 即通过颞－顶区的活动而产生。
资料来源：赵仑.ERPs 实验教程（修订版）[M].南京：东南大学出版社，2010.

（六）语言加工相关的 ERPs 成分

关于语言理解和产生的电生理研究实际上涉及各种 ERPs 成分，如 N1、P2、MMN、Nd、PN、P3 以及偏侧化准备电位等。经典的语言理解相关的 ERPs 成分主要包括 N400、左前额负波（Left anterior negativity，简称为 LAN）、句法加工正波（Syntactic positive shift，简称为 SPS，也被称为 P600）等。

1. N400

语言加工相关的 ERPs 成分中，研究最广泛的是 N400。1980 年，库塔斯（Kutas）和希尔雅得（Hillyard）在一项语句阅读任务中，发现语义不匹配的句尾词引出一个负电位，因其潜伏期在 400 ms 左右，故称之为 N400（见图 4.28）。

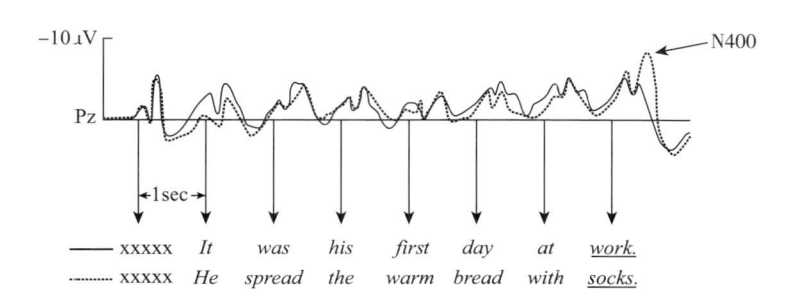

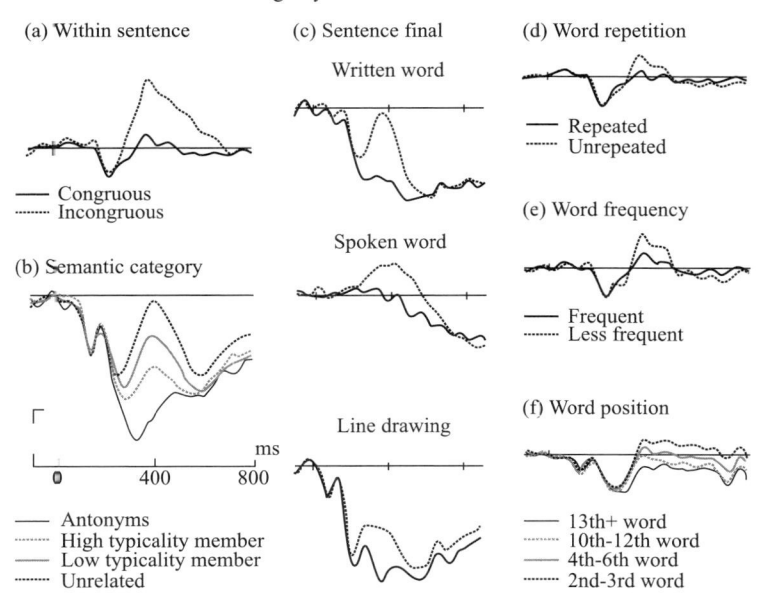

图 4.28 N400 示意图

注：向下电压为正。视觉通道 N400 以及影响 N400 的因素。
资料来源：赵仑. ERPs 实验教程（修订版）[M]. 南京：东南大学出版社，2010.

N400 的研究方法主要有以下几类。

（1）句尾歧义词：当句子最后一词出现不可预料的歧义时，歧义词与正常词相减可以得到顶区分布的差异负波 N400。（2）相关词与无关词：按词性、语义或形、音等可将词分为相关词与无关词，无关词产生明显的 N400。（3）词与非词：对正常拼写的词与拼写错误的非词或假词进行分类，非词或假词产生一个明显的 N400。（4）新词与旧词：当被试辨认出现的词是新词还是旧词时，首次出现的新词产生明显的 N400。（5）图片命名：被试的作业任务是命名或辨别图片的异同，意义不同的图片诱发出明显的 N400。

听觉语言 N400 一般以双额、额中央波幅最大，[35, 36] 溯源分析发现听觉语言 N400 的发生源位于听皮质的附近。早期的研究发现视觉语言 N400 以右侧颞顶枕波幅最高。[37] 但近年来的研究表明 N400 可能具有多源性，是多个部位共同作用的结果。如西莫斯（Simos）偶极子定位发现视觉语言 N400 起源于左颞叶海马、海马旁回及后颞新皮质区域；采用颅内电极在颞中叶可以记录到清楚的 N400 的成分，[38] 认为 N400 起源于双前中颞叶结构，包括杏仁核、海马体及海马旁回、前下颞皮质双侧外侧沟和纺锤形回前部等。

2. 左前额负波（Early Left Anterior Negativity，简称为 ELAN）、P600/句法加工正波

有很多 ERPs 研究通过词类违反考察句法加工的机制，发现词类句法违反产生潜伏期为 300~500 ms 的左前额负波，也有研究发现左前额负波的潜伏期为 100~300 ms（见图 4.29）。Friederici（1996）认为，出现在 100~300 ms 的早期左前额负波是词类违反导致的，而出现在 300~500 ms 的左前额负波是由形态句法加工导致的。

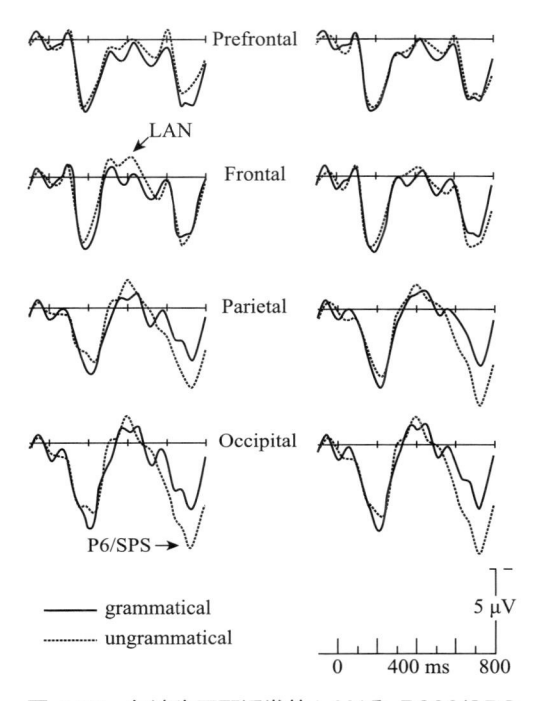

图 4.29 句法失匹配诱发的 LAN 和 P600/SPS

注：向下电压为正。
资料来源 赵仑.ERPs 实验教程（修订版）[M].南京：东南大学出版社，2010.

除了左前额负波和早期左前额负波，研究最多的句法加工的 ERPs 成分是 P600。[39-42] 当被试阅读包含句法歧义的句子时，会产生不同于 N400 的晚期正波，这种句法加工正波被称为 P600，或被称作句法正漂移，产生 P600 的一般前提条件是句法约束的违反，如 "The broker persuaded to sell the stock was sent to jail"。研究发现，不同语言的不同类型的句法违反（短语结构违反、数的一致违反、性的一致违反等）均可以产生类似的 P600/句法加工正波效应（见图 4.29）。有研究认为 P600/句法加工正波的大小反映了句法整合的难度。[43] 脑损伤的研究发现，左侧额叶损伤导致 P600 幅度减小，而基底核损伤病人出现了预期的 P600。说明基底核的损伤不影响句子的理解过程。也有研究发现，布罗卡失语症患者出现了减弱和延迟的 P600/ 句法加工正波效应，表明布罗卡区的损伤会导致句法加工的障碍。

需要注意的是，以 MMN 为指标，研究发现句法是可以自动加工的。实验中，要求被试观看默片，听觉通道呈现句法正确和违反的句子，如 We come/We comes，并以 come 和 comes 做对照。结果发现，在有语境"We"的条件下，句法违反产生更为显著的 MMN[44]（见图 4.30）。

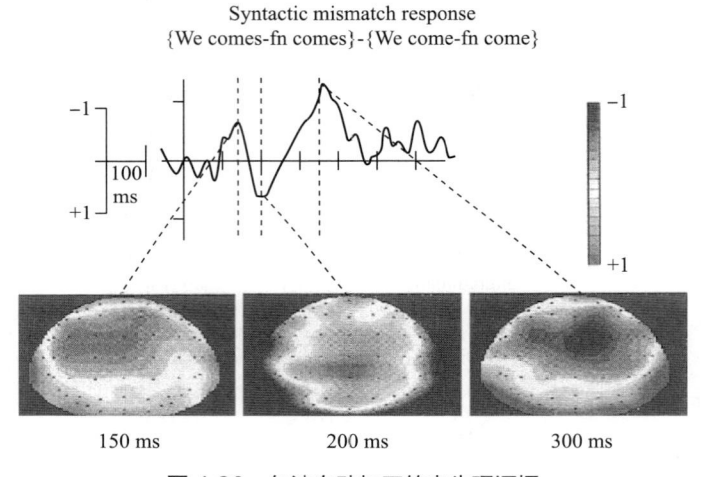

图 4.30 句法自动加工的电生理证据

注：向下电压为正。
资料来源：赵仑. ERPs 实验教程（修订版）[M]. 南京：东南大学出版社，2010.

六、EEG 振荡信号（EEG oscillations）的概念和特征

EEG 振荡信号是一系列频率成分构成的持续时间短暂的非平稳的时间序列。简单地说，EEG 可以看作是时间的函数，横轴是时间，纵轴是波幅。EEG 振荡信号在图像上表现为一系列波形，可以用三个参数来描述这个波。

第一类参数是频率。频率（frequency，ω）就是 EEG 振荡的速度，

也就是单位时间（1 s）内通过的波峰数或者波谷数。单位时间内出现了多少个波峰，也就是多少赫兹（Hz）。

第二类参数是强度。强度（intensity，A 或 A^2 或 PSD）代表了 EEG 振荡的能量，有多种测量方法，可以直接使用波幅（A）；也可以用波幅的平方（A^2），即功率（power）；或者使用功率谱密度（power spectral density，简称为 PSD），即每个采样点的功率再除以该采样点的频率（$\mu V^2/Hz$）。

第三类参数是相位。相位（phase，$\omega t+\varphi$）是振荡的时刻，时间零点时 EEG 的相位被称为初相（initial phase，φ）。把两个运动中的波相互比较，若它们在某个或者每个瞬间出现的时间、频率和极性都完全一致，则称这两个波为同相位波；若先后出现则称它们之间有相位差，以毫秒表示。当两个振荡的相位差为零的时候，称它们为同步振荡（synchronous oscillation），反之，则称为异步振荡（asynchronous oscillation）（见图 4.31）。

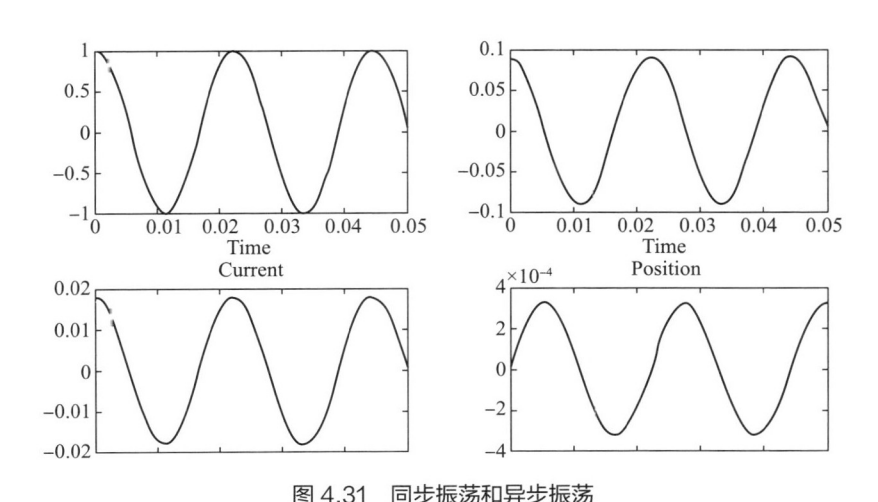

图 4.31 同步振荡和异步振荡

注：左图为同步振荡，右图为异步振荡。

七、诱发节律与引发节律

自发性（Spontaneous）的 EEG 振荡本身和事件无关，然而一旦呈现了事件，一些 EEG 振荡就会事件锁时（Time-Locked），也就形成了事件相关振荡（Evented-Related Oscillations，简称为 EROs）。我们在分析 ERPs 的时候，分段（epoch）完毕以后还没有进行叠加平均的那些 EEG 试次的分段实际上就是 EROs。

EROs 中实际上包含了两类成分，一类是事件锁相（Phase-Locked）的振荡，也就是相位之间彼此同步的振荡，这一类的振荡如果直接进行叠加平均，由于相位之间是彼此同步的，那么试次和试次之间不会相互抵消，叠加平均之后就得到了 ERPs。这一类振荡叫作诱发节律（Evoked Rhythm）。另一类 EROs 是事件非锁相（Non-Phase-Locked）的振荡，也就是相位之间彼此异步的振荡，这一类的振荡如果直接进行叠加平均，由于相位之间彼此有相位差，那么试次和试次之间会相互抵消，叠加平均之后就随着噪声一起衰减掉了。这一类振荡叫作引发节律（Induced Rhythm）（见图 4.32）。也就是说，直接叠加平均一组 EROs 就获得了传统上的 ERPs，不同频率的诱发节律和引发节律并没有加以区分，对 ERPs 的贡献主要来自既锁时又锁相的诱发振荡成分，而锁时但是非锁相的引发节律振荡成分就随着噪声一起衰减了（见图 4.33）。

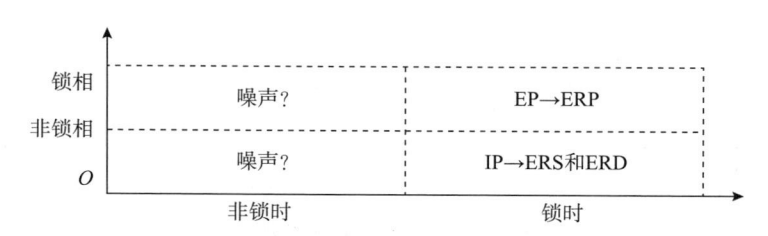

图 4.32　诱发节律和引发节律的锁时锁相关系

注：ERD/ERS 中其实既包含了锁相成分又包含了非锁相成分。
资料来源：作者绘制。

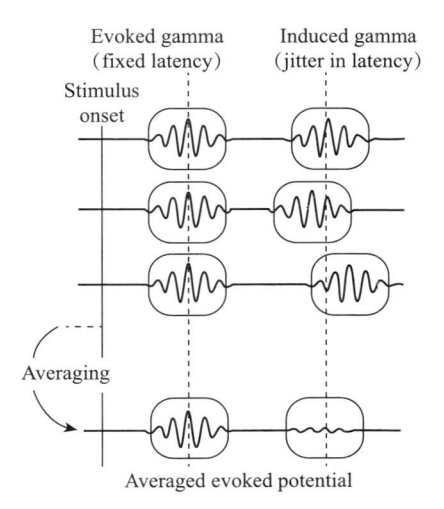

图 4.33　诱发节律和引发节律的叠加平均

　　为了保留这些引发节律的成分，先对 EROs 进行窄带滤波，保留想要分析的频率成分，然后经过平方变换消去负号，再"叠加平均"，就得到了事件相关同步（Event-Related Synchronization，简称为 ERS）和事件相关去同步（Event-Related Desynchronization，简称为 ERD）（见图 4.34）。

　　从这些分析里可以看出，ERPs 是 EROs 直接叠加平均而来的，这一过程损失了很多信息：频率信息几乎无从谈起，相位信息更是少得可怜，ERPs 只保留了波幅，然而由于事件不同，不同研究或不同被试之间又难以比较。这些局限性就导致 ERPs 并不能解决所有的认知信息加工的问题，特别是一些静息态或者平稳任务态的 EEG 实验（如交替睁眼闭眼，或者观看一段长时间的广告或者电影，抑或听一段几分钟的新闻），这些实验往往没有足够多的事件来满足试次数叠加平均的要求，而且在实验过程中对锁时的要求并不高，对频率变化的要求则很高，需要通过考察这一段时间之内的 EEG 频域变化来揭示信息加工的规律。这一类实验往往是传播学的常见实验场景。所以，在认知神

认知神经传播学

经传播学的实验中，要使用 EEG 频域分析和时频分析的方法。

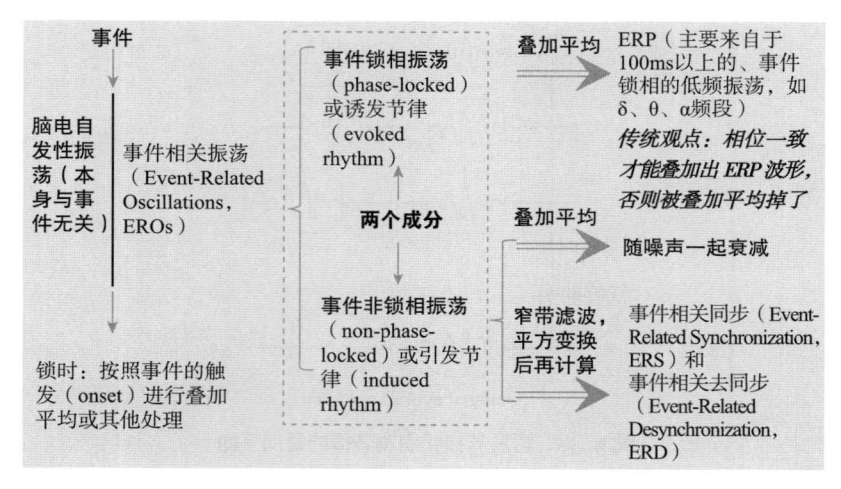

图 4.34　EROs 的两个成分和 ERD\ERS 的提取

资料来源：作者绘制。

八、频域分析的基本原理

信号若随着时间变化，且可以用幅度来表示，都有其对应的频谱（Frequency Spectrum）。可见光（颜色）、音乐、无线电波、振动等都有这样的性质，EEG 当然也不例外。频谱是指一个时域的信号在频域下的表示方式，针对信号进行傅里叶变换（Fourier Transform，简称为 FT）而得，所得的结果是分别以幅度及相位为纵轴、频率为横轴的两张图，不过有时也会省略相位的信息，只有不同频率下对应幅度的资料。有时也以"幅度频谱"表示幅度随频率变化的情形，"相位频谱"表示相位随频率变化的情形。简单来说，频谱可以表示一个信号是由哪些频率的正弦波和余弦波所组成，也可以看出各频率正弦波和余弦波的大小及相位等信息。

本质上，各类信号变换均是利用简单、初等的函数近似地表达复

198

杂函数（信号）的方法。1807 年，法国学者傅里叶发现"周期为 2π 的任一函数 f(t) 可以表示为一系列三角函数之和"，这就是傅里叶变换的基本原理。以一个方波为例，它能被分解为许多谐波成分，也可以理解为一个方波可以用不同波幅和频率的正弦波的叠加进行合成或者逼近，使用的谐波成分越多，逼近的误差越小。图 4.35 为用四个权重最大的正弦函数叠加来逼近一个方波的示意图。我们可以将傅里叶变换的结果视为衡量一个信号与不同频率的正弦函数是否相似的指标，其数值大小刻画了两者相似程度的高低。经过傅里叶变换的 EEG 信号，就分解为一系列不同频率的正弦波的叠加，这样时域信号的 EEG 就转换为频域信号的 EEG。为了方便处理，原本是波幅的纵轴，一般要经过平方运算后转换成功率或者功率谱密度，如此一个 EEG 信号的频域分析就完成了，然后可以得到 EEG 各个频段的功率谱（见图 4.36）。

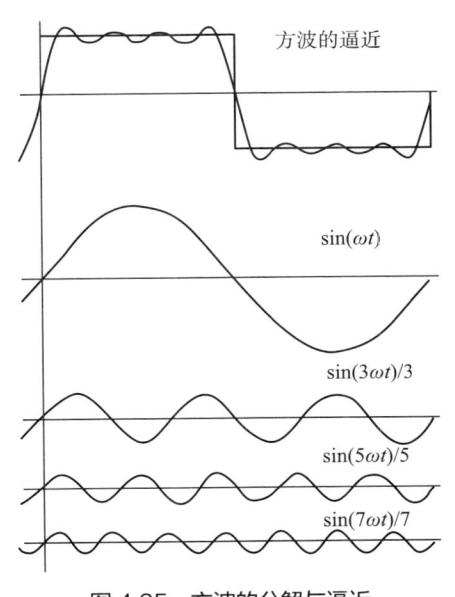

图 4.35 方波的分解与逼近

认知神经传播学

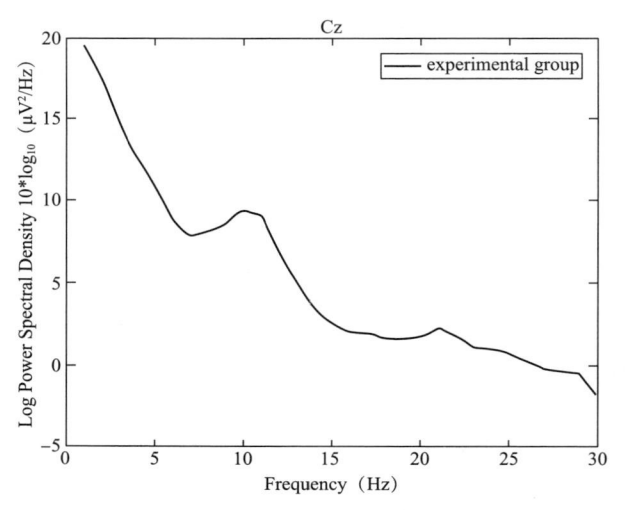

图 4.36　某个实验条件 Cz 电极通道上的功率谱

注：为了归一化而取了常用对数，横轴为频率，纵轴为功率谱密度。
资料来源：作者绘制。

频域分析的结果可以直接使用各个频段（delta band、theta band、alpha band、beta band）的功率或者功率谱密度，也可以经过进一步运算得出一些可以使用的频域指标，常见的一些指标有 FEA、快慢波比率（theta/beta ratio，简称为 TBR；theta/alpha ratio，简称为 TAR）等。在认知神经传播学中，一些平稳任务态的实验都可以采用这些指标作为因变量，即在一定时间段之内，要求被试在不同条件的被动觉察范式（Passive Detection Paradigm，简称为 PDP）之下去加工某一类信息（广告、影视、声音等），然后提取这一段时间之内的 EEG 频域指标并进行比较。

FEA 是对额区 alpha 波活动强度进行测查并计算得到的一个指标。alpha 波（8~13 Hz）的活动强度和相应脑区的皮层活动强度成反比，所以 alpha 波活动越强表明该脑区的皮层活动越弱。那么，在额区头皮表面放置电极并记录 alpha 波活动就可以对脑区的活动进行评估。

第四章 认知神经科学技术的应用

在实验室中，首先测查被试静息状态下左侧额区和右侧额区的alpha波，然后计算右侧额区电极通道记录的alpha波强度的自然对数值和左侧额区电极通道记录的alpha波强度的自然对数值，再将二者相减，即ln［右侧alpha］–ln［左侧alpha］，所得的差值就是额区EEG左侧化的指标在实际研究中，经常使用的电极通道是左额区的F3和右额区的F4。由于alpha波活动越强表明该脑区的活动越弱，计算得到的这个差值就可以反映额区活动的左侧化程度。若差值为正，则说明左侧额区比右侧额区活动强烈。数值越大，左侧化程度也就越大。若数值为负，则表明额叶活动没有出现左侧化。

根据戴维森（Davidson）提出的"趋近－回避模型"（Approach-Withdrawal），FEA这个指标在情绪的动机维度上代表了趋近和回避：趋近是指对物体或目标的接近方向，一般包括兴趣、娱乐、满足、兴奋、幸福等情绪，涉及基于左额皮层的行为兴奋系统（Behavioral Activation System，简称为BAS）的活动；回避是指对物体或目标的远离方向，一般包括恐惧、悲伤、痛苦、厌恶等情绪，涉及基于右额皮层的行为抑制系统（Behavioral Inhibition System，简称为BIS）的活动。因此，FEA可以在一定程度上评估个体在观看不同影视资料时的观看体验，特别是他们对视频材料的情绪、态度与偏好。以往有研究尝试在视频刺激环境的诱发下采集FEA这一指标。例如，欧姆等人考察了个体在观看SONY的三支广告时的FEA变化；梅耶（Meyer）、丹尼斯（Dennis）和所罗门（Solomon）考察了个体在观看情绪电影片段时的情绪反应；等等。

快慢波比率则一般为两个指标：与心理负荷有关的TAR和与注意控制有关的TBR。心理负荷是一个主观的概念，是操作者知觉到的负荷水平。[45] theta波和alpha波对心理负荷的变化敏感：被试的心理负荷与EEG的theta节律活动成正比，而与EEG的alpha节律活动成反

201

比。[46] 因此，可以使用 theta 节律功率与 alpha 节律功率的比值来评估心理负荷的水平。这个指标越高，代表着心理负荷的水平就越高，反之则越低。

theta 节律功率与 beta 节律功率的比值则被认为和注意控制有关。[47] 以往研究表明，注意缺陷多动障碍（Attention Deficit And Hyperactive Disorder，简称为 ADHD）儿童往往伴随有较高的 TBR 水平，这是一个非常稳定的现象，Barry 等人则发现了该指标与内侧 PFC 功能以及注意控制功能之间存在联系：TBR 指标的增高与注意控制能力的下降有关。[48-51]

九、时频分析的基本原理

傅里叶变换使提取 EEG 信号的频域特征成为可能，然而它也有一定的局限。首先，傅里叶变换是"全域"的，要么是时域信号完全转换成频域信号，要么是频域信号完全转换成时域信号（傅里叶逆变换）。也就是说，这种方法不能同时得到时域信号和频域信号。加伯（Gabor）于 1946 年引入了"窗函数"（Window Function）的概念，即把信号通过一个窗函数先分解成一个一个的小片段，然后分别对每一个片段进行傅里叶变换，从而计算各个不同时刻的频域特征。这种思想就叫作短时傅里叶变换（Short-Time Fourier Transform，简称为 STFT），时频分析方法由此诞生。

窗函数就好比一把剪刀，把原来的信号剪成一个一个的小片段，分别进行处理。所以时频分析的关键就是选用合适的窗函数。当选用的窗函数为高斯函数（也就是正态分布函数，该函数的图像为钟形曲线，即正态曲线）的时候，这种短时傅立叶变换就叫作 Gabor 变换。然而高斯函数并不适用于所有情况。这是因为 EEG 属于非平稳的随机信号，在不同时间上的频率特征并不相同，反之亦然。对 EEG 的时频分析就要求在信号变化比较剧烈时（主要是高频信号时），能有较好的时间分辨率；而在信号比较平缓时（主要是低频信号时）能有较好的频率分辨率。因此，如有可能，最好能够根据频率的变化特征调整分辨率。这样的窗函数就是小波函数（Wavelet Function），相应的分析方法就叫作小波分析（Wavelet Analysis）。小波分析中有一个特例是莫莱小波（Morlet Wavelet），它的特点就是根据所选择的参数，可以改变信号在时间与频率上的分辨率。小波函数决定了小波变换的效率和效果，可以灵活选择，而且可以根据问题进行构造。这部分内容已经超出了本书探讨的范围，感兴趣的读者可以选择相关资料进一步了解。

时频分析一般用于事件相关的实验设计，而不太适合前面提到的被动觉察范式的实验范式。也就是说，能够使用和提取 ERPs 的实验，都可以使用时频分析。

经过小波变换之后，EROs 信号就可以同时观察时间和频率上的共同变化。如果以时间和频率为自变量，功率为因变量制图，则得到的图像称为时频功率谱。在 EEGLAB 中，时频功率谱主要用 ERSP 表示，指 Event-Related Spectral Power，表示的是功率的平均变化，单位是分贝（dB）。

分贝是经过对数转换的单位，比较适合解决低频振荡波幅往往大于高频振荡波幅的问题。因为计算过程中消去了单位，既可以用波幅表示，也可以用功率表示。公式如下：

$$LdB = 20 \times \lg\left(\frac{S}{B}\right)$$

S 是信号部分的强度，B 是基线部分的强度。如果一个信号是 $10\,\mu V$ 而基线是 $5\,\mu V$，则该信号的强度为：

$$LdB = 20 \times \lg\left(\frac{S}{B}\right) = 20 \times \lg\left(\frac{10}{5}\right)$$
$$= 20 \times \lg 2 = 20 \times 0.301 = 6.02$$

在 EEGLAB 中，选择 Plot > Time-frequency transforms 即可以绘制出 ERSP 图（见图 4.37）。

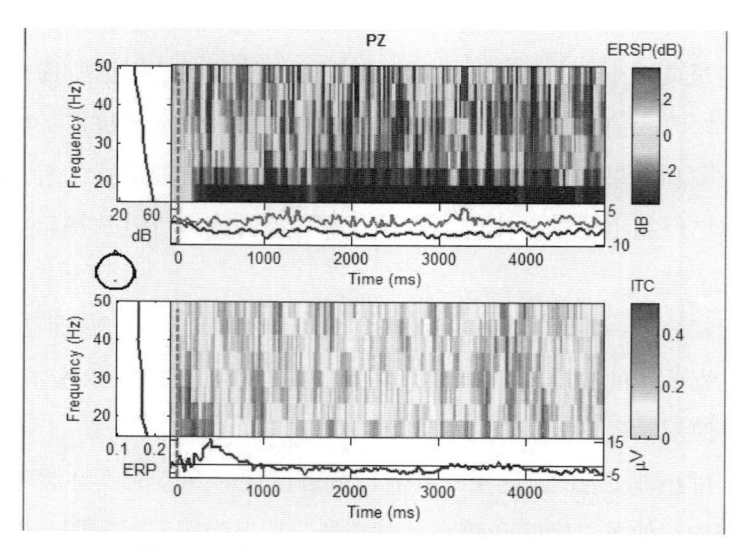

图 4.37　某实验 Pz 电极通道的 ERSP 和 ITC

资料来源：作者绘制。

在图 4.37 中，除了显示 ERSP，还显示了另外一个指标，叫作试次间相干（Inter-Trial Phase Coherence，简称为 ITC）。它表示了相位同步化（相位锁定）的程度，也是一种稳定性的表达。EROs 中诱发和引发节律的主要不同在于锁相的程度不同，而这种锁相的程度就可以用试次间相干来评价。刺激触发之后给定潜伏期内的振荡相位，如果其在各试次间是完全随机的，那么试次间相干值为 0；如果所有试次都一致，则为 1。因此，试次间相干的数值都在 0 到 1 之间变化。使用试次间相干就可以比较不同实验条件之间的 EEG 信号稳定性是否不同。

第二节 追踪视觉活动的轨迹：眼动技术基本原理与应用分析

眼睛是心灵的窗户，眼神接触和注视方向是人类交流和人机交互中的核心线索。人们通过眼神的注视来调节交互方式，建立情感联系。而凝视行为反映了个体的认知过程，暗示了思维和意图。本节主要从眼动技术的基础、数据采集与分析、眼动的应用领域和一些常见术语来分析眼动技术在传播学研究中的应用。

一、眼动技术基础

（一）眼动技术的历史

对眼球运动和凝视行为的早期观察可以追溯到19世纪末，这是眼动追踪历史的基础。虽然按照现代标准，技术和方法是基本的，但这些早期观察为开发更先进的眼动跟踪技术奠定了基础。1879年，法国眼科医生雅瓦尔（Javal）首次注意到，读者在阅读时不会流畅地浏览文本，其眼睛快速动作夹杂着短暂的停顿。这些研究是基于在缺乏更先进技术的情况下的肉眼观察。在同一时期，以运动生理学工作而闻名的法国生理学家马雷（Marey）开发了摄影技术来捕捉各种运动的图像。他的过程基于计时照片，可以对眼球运动进行视觉记录。这些早期记录眼球运动的尝试有助于我们理解眼部运动。

1908年，休伊（Huey）创造了一种可以在阅读过程中跟踪眼球运动的设备。第一个眼球追踪器非常具有侵入性，因为读者必须佩戴一种外形特征为瞳孔有小开口的隐形眼镜。镜片附着在一个指针上，指针随着眼睛的运动而改变其位置。休伊在《阅读的心理学和教育学》

(*The Psychology and Pedagogy of Reading*)一书中发表了他的发现。

后来，贾德（Judd）开发了眼球运动相机，这是一种非侵入式眼球跟踪设备，可以在胶片上记录眼睛的运动，可以详细研究眼睛运动。巴斯韦尔（Buswell）与贾德一起研究并分析了不同年龄和教育水平的读者在阅读过程中的眼动记录，取得了许多成绩。

（二）眼动追踪原理

眼动主要是指眼球运动，这和人体的肌肉运动一样是一种反射活动。由于必须在刺激信号通过皮层中枢的作用下，下行到脑干，眼动核才能启动眼球运动，期间的意识作用是不可避免的，所以眼动又被称为主动性眼动眼球运动，是一种极精细而巧妙的协调一致的动作。[52]其目的包括三个方面：一是按照意志改变注视方向；二是调整眼球的相对位置以获得双眼单视的功能；三是代偿体位变动，以维持视线的稳定。

当眼球无法运动时就会失去大部分视觉感知功能，因为来自外界的信息很大部分是通过人眼获得，为了取得这些信息，人眼必须连续不断地运动。眼球运动能使观察对象在视网膜黄斑部的中央凹上成像，而且能使两眼互相协同动作，并适应头部和躯体的运动和位置。

眼球运动的模式包括注视（Fixation）、眼跳、扫视（Saccade）、震颤、平滑追踪（Smooth Tracking）、旋转、汇聚、瞳孔变化。眼球运动主要有三种形式：注视、平滑追踪及扫视。

注视通常定义为至少 100 ms 的停顿，通常在 200~600 ms。在任何一次注视中，我们只能以高清晰度看到视觉场景中相当狭窄的区域。为了准确地感知视觉场景，我们需要不断地用快速的眼球运动扫描它，即所谓的扫视。扫视是眼球运动快速弹道跳跃，每次需要 30~120 ms。[53]除了扫视运动外，眼睛还可以平稳地跟随移动的目标，这被称为平滑追踪运动。

目前，三种眼动跟踪技术已成为主要技术，并广泛用于当今的研究和商业应用。这些技术是（1）视频成像（video oculography，简称为VOG），使用头戴式或远程可见光摄像机进行基于视频的跟踪；（2）基于视频的红外（video-based infrared，简称为IR）瞳孔角反射（pupil-corneal reflection，简称为PCR）；（3）眼光成像（Electrooculography，简称为EOG）或眼电图。虽然特别是前两种基于视频的技术有很多共同之处，但所有技术都有最合适与效用最大化的应用领域（见表4.1）。[54]

表4.1 眼动的追踪方法与技术特点

追踪方法	应用场合	技术特点
虹膜-巩膜边缘	眼动力学注视点	高带宽、垂直精度低、对人干扰大、头具误差大
角膜反射	眼动力学注视点	高带宽、头具误差大
瞳孔-角膜反射向量	注视点	准确、头具误差小、对人无干扰、低带宽
双浦肯野象	眼动力学、网模图象稳定、注视点	高精度、高带宽、对人干扰大
接触镜	眼动力学、微小的眼动	精度最高、高带宽、对人干扰大、不舒适
眼电图	眼动力学	高带宽、精度低、对人干扰大

资料来源：作者绘制。

（三）测量眼动的设备与工具

眼动仪是记录和分析眼动数据的设备或系统。目前使用比较广泛的眼动仪有Model Mon EOG眼动仪、EyeLink系列眼动仪、Tobii系列眼动仪、SMI眼动仪等。

眼动仪的追踪原理是根据校准（Calibration）建立的模型、角膜和瞳孔的反射相对关系来估计眼睛看的位置，即用图像识别瞳孔，估计瞳孔的大小。眼动追踪技术的首要步骤是选择合适的眼动追踪设备。能够体现眼动追踪设备性能的指标主要包括三个，分别是采样率、重新捕获率及准确性和精确性。[55] 采样率是指眼动仪每秒报告的数据点，高采样率的设备对真实眼动开始和偏倚的测量更精准。

采样率指的是每秒采多少个数据点，眼动的采样率将对眼跳潜伏期、注视点持续时间、眼跳幅度和速度检测产生影响。眼动的精确度和准确度类似问卷研究中的信度和效度，它们之间的关系如图 4.38 所示。

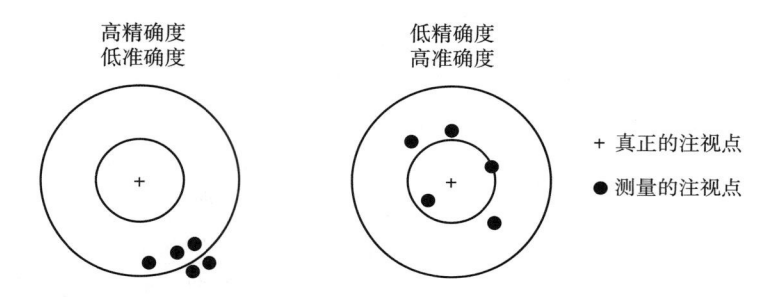

图 4.38 眼动数据的测量精确度与准确度

资料来源：作者绘制。

二、眼动实验过程 —— 以 SMI 眼动仪为例

（一）编写实验任务

眼动实验的好处在于其是非编程的，点击菜单栏即可完成实验任务设置，并且可以结合 E-prime 进行实验编程。

SMI 眼动仪在编写实验任务时首先需要对眼睛追踪进行校准、对校准精度进行验证，随后载入刺激（刺激类型可以为文本、视频、网页等），针对刺激设置呈现时长，或者更改分组信息（见图 4.39）。刺激的时间最小数值为 500，默认为手动模式，按空格键切换到下一个刺激。时间长度可以是区间数值 500~2000 ms。

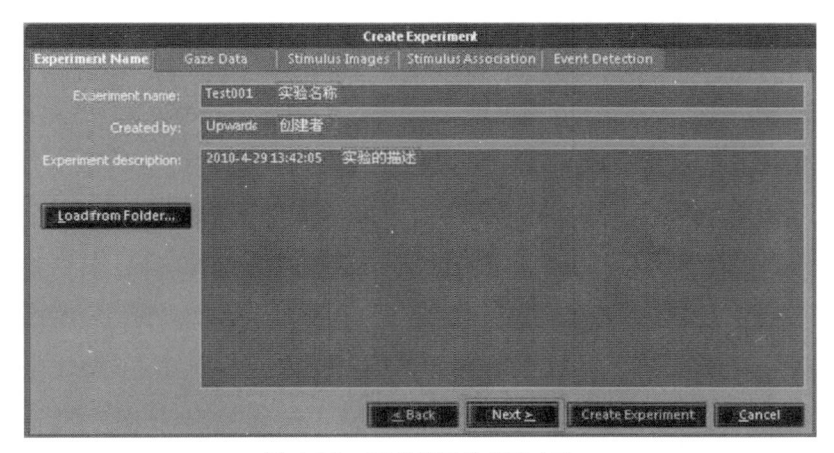

图 4.39　SMI 眼动仪创建实验

资料来源：作者在实验程序中的截图。

在 Experiment Center 中执行完实验后，点击右下角的 BeGaze 软件图标，打开 BeGaze 软件，软件会自动把这个实验项目结果目录文件夹下的数据加载到软件中，可以直接进行分析（见图 4.40）。如果手动创建，双击桌面的 BeGaze 图标打开 BeGaze 软件，请点击 File 菜单上的 New Experiment 选项，输入实验名称等信息（见图 4.41）。

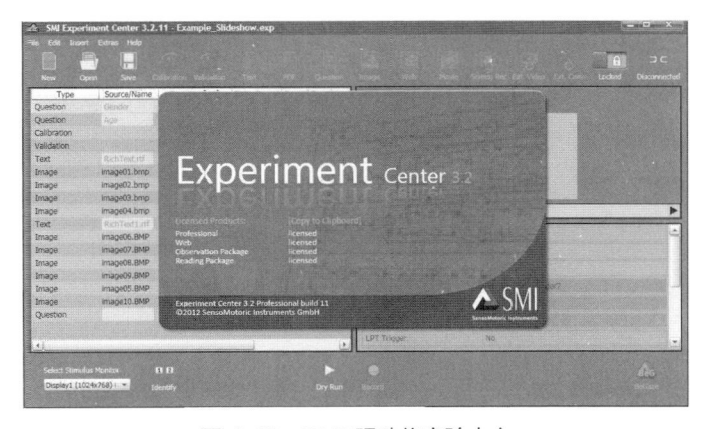

图 4.40　SMI 眼动仪实验中心

资料来源：作者在实验程序中的截图。

209

图 4.41　SMI 眼动仪数据处理中心

资料来源：作者在实验程序中的截图。

以 SMI 眼动仪为例，眼动实验的过程如图 4.42 所示。

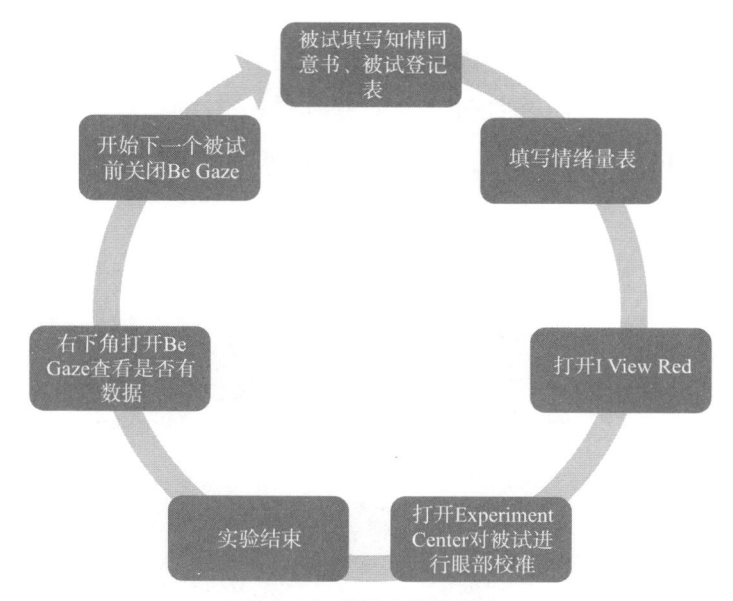

图 4.42　眼动实验流程图

资料来源：作者绘制。

（二）数据采集与分析

眼动数据采集与分析包括了数据采集、数据分析以及常见的眼动分析指标。

眼动数据采集是指如何使用眼动追踪设备进行数据采集。数据收集过程中，需要注意眼动的校准。校准通常是通过在屏幕上显示多个校准点并要求用户连续注视这些点来完成的，一次一个注视点。因此，瞳孔位置和角膜反射之间的关系就会随着眼睛注视方向的变化而变化。校准是决定任何眼动仪准确性的关键因素，眼动仪会根据校准点位置以及计算机算法自动对屏幕其他点进行插值。

眼动校准的操作主要是让被试看校准点的中心，在校准点离开前不要移开眼睛。校准前要求被试以一个相对舒服的姿势坐好，距离屏幕 60~80 cm，坐好后尽量不要再挪动。主试通过调整摄像头与被试的距离和上下倾斜角度来使被试眼睛被摄像头清晰、稳定地捕捉。检查校准结果时一般来说误差需要小于 1°，如果结果大于或等于 1°，需要重新校准。校准结果通过后需要提示被试在实验时减少头部和身体的转动。校准过程中，睫毛、眼睑下垂（Droopy Eyelids）、日光和近红外灯光均会对眼动校准产生影响。因此，校准时要屏蔽日光、近红外灯的影响，同时确保房间光亮正常。眼动仪的校准结果如图 4.43 所示。

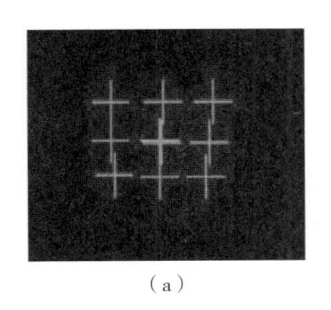

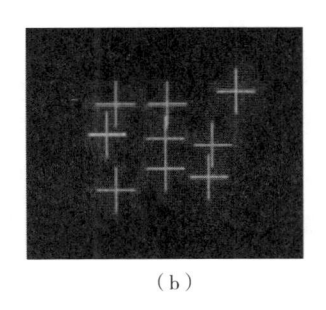

（a） （b）

图 4.43 眼动校准结果的两种情况

图 4.43a 为良好的校准结果，对称且各行各列平行。校准过后可以点击 record 记录数据。图 4.44 为 SMI 眼动仪眼动校准的结果。

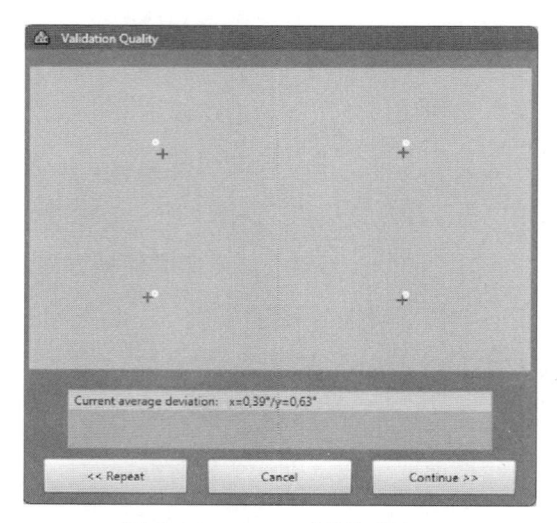

图 4.44　SMI 眼动仪校准结果

资料来源：作者在实验程序中的截图。

（三）数据分析

在实验完成后，实验材料会自动与 BeGaze 分析软件进行匹配，点击 Experiment Center 右下角的 BeGaze 图标即可打开，在 BeGaze 软件中可以编辑兴趣区、整体扫描路径回放、焦点图、热点图、蜂群图等。研究兴趣区（Area of Interest，简称为 AOI）又称兴趣区域，是指在实验刺激材料上人为指定的区域，可以是固定位置，也可以是随机位置。

点击研究兴趣区 Editor 工具按钮可以在各个刺激元素上编辑兴趣区域，每个兴趣区域都可以单独命名并选择对应的颜色，用各种形状勾勒，也可以设置某个时刻区域是否可见（通过左下方 Detail Properties 设置框中的 Visible 属性的 True 或者 False 更改）。

数据导出主要通过 BeGaze 左上角菜单栏中的 Export 按钮导出。

导出数据的格式包括表 4.2 SMI 眼动仪数据导出的几种情况。

表4.2 SMI 眼动仪数据导出

SMI 眼动仪数据导出项目名称	SMI 眼动仪数据导出对应含义
Export Gaze Replay Video	导出 Gaze Replay 视频
Export Raw Data to File	保存当前图片到指定文件夹
Save Image to File	复制当前图片到写字板
Copy Image to Clipboard	导出原始数据到文件夹
Export Event Data to File	导出事件数据到指定文件夹

资料来源 作者自制。

以下是眼动仪分析的主要指标及其含义，通过指标含义可以有针对性地研究和解决科学问题（见表 4.3）。

表4.3 眼动仪分析的主要指标

主要指标	含义
首次注视时间（First Fixation Duration）	首次对于某兴趣区内的首个注视点的注视时间，不用考虑该兴趣区有多少个注视点
第二次注视时间（Second Fixation Duration）	研究发现，第二次注视和首次注视的持续时间和它们的落点位置有密切关系
兴趣区内注视次数	兴趣区内注视次数越多，表明这个区域对于观察者来说更为重要，更能引起观察者注意
凝视时间（Gaze Duration）	从首次注视点落在当前兴趣区开始到注视点首次离开当前兴趣区之间的持续时间，包括兴趣区内的回视
回视时间（Regression Time）	所有回视到当前兴趣区的注视时间之和
眼跳距离（Saccadic Amplitude）	从眼跳开始到此次眼跳结束之间的距离
注视次数（Number of Fixations）	兴趣区被注视的总次数，反映阅读材料的认知加工负荷，认知负荷较大的阅读材料，注视次数也更多
瞳孔直径（Pupil Dilation/Pupil Size）	数据记录的是在当前刺激情境下观看者的瞳孔直径大小，但在最后的数据分析中多采用瞳孔直径的变化值。瞳孔直径的变化被用来推测认知加工的努力程度或认知负荷的大小

资料来源 作者自制。

（四）应用领域

眼动的应用领域在心理学中主要是眼动追踪在认知心理学、发展心理学中的应用，在新闻传播学的研究中主要将其用于分析媒介心理效果。学者预测了2023年新闻、媒体和技术的发展趋势，特别关注了社交媒体对新闻传播的影响。相关研究指出，眼动追踪技术可以用于分析受众在数字平台上的阅读行为和信息处理过程，从而帮助新闻机构优化内容发布策略，提高用户参与度和新闻传播效果。[56]

媒介效果研究主要是分析媒介信息的认知加工过程及其注意效果。在健康信息加工领域，研究者运用眼动追踪分析在线健康信息可读性对用户认知负荷和信息加工绩效的影响，可读性主要通过总注视时间、注视点个数、眼跳距离等指标来分析。[57]在阅读过程中的眼动分析指标主要可以分为两类：一类是与眼睛何时移动有关的时间维度的眼动指标，具体包括以字或词为兴趣区的眼动指标；另一类是与眼睛移动位置有关的空间维度的眼动指标。[58]

第一类眼动指标包括单一注视时间、首次注视时间、第二次注视时间、凝视时间、离开目标后的首次注视时间、回视时间和总注视时间以及以短语或句子为兴趣区的眼动指标。第二种眼动指标包括眼跳距离、注视位置、注视次数、跳读率、再注视比率和回视次数等。例如，通过分析注视点和注视持续时间，探索读者在面对广告干扰时的视觉注意力分布。

不过，目前眼动追踪主要用于广告领域，如果评估视觉注意力，可以采用注视时间、注视次数和视线转移等眼动追踪指标。眼动追踪在其他传播研究领域如政治传播中的潜力尚未完全挖掘。此外，不同眼动追踪设备之间的数据准确性差异可能影响研究结果的可比性。建议未来研究应在设备使用和数据处理方面保持一致，以提高研究的可靠性和可比性。

表 4.4 常用术语解释及参考文献

术语名称	定义	来源
注视点（Fixation）	眼睛在某一位置短暂停留，通常用于获取视觉信息	HOLMQVIST K, NYSTRÖM M, ANDERSSON R, et al. Eye tracking: a comprehensive guide to methods and measures [M].Oxford, UK: Oxford University Press, 2011.
扫视（Saccade）	眼睛在不同注视点之间的快速移动	RAYNER K. Eye movements in reading and information processing: 20 years of research [J]. Psychological Bulletin, 1998, 124（3）: 372–422.
注视轨迹（Gaze Path）	眼睛移动的路径，包括注视点和扫视的序列	DUCHOWSKI A T.Eye Tracking Methodology: Theory and Practice [M].Springer, London, 2017.
光反射技术（Pupil-Center Corneal Reflection，简称为PCCR）	基于光反射的眼动追踪技术，通过检测角膜和瞳孔的反射来确定注视方向	DUCHOWSKI A T.Eye Tracking Methodology: Theory and Practice [M].Springer, London, 2017.
电动眼图（Electrooculography，简称为EOG）	通过测量眼睛周围的电位变化来追踪眼动的技术	AUNGSAKUL S, PHINYOMARK A, PHUKPATTARANONT P, et al. Evaluating feature extraction methods of electrooculography （EOG）signal for human-computer interface [J]. Procedia Engineering, 2012, 32: 246–252.
角膜反射（Corneal Reflection）	光线从眼睛角膜反射回来的图像，用于眼动追踪	JACOB R J, KARN K S.Commentary on Section 4 –Eye Tracking in Human-Computer Interaction and Usability Research: Ready to Deliver the Promises [J]. Mind, 2003, 2（3）: 573–605.
第一普金耶图像（First Purkinje Image）	光线从角膜前表面反射形成的图像，是眼动追踪中常用的参考点	DUCHOWSKI A T.Eye Tracking Methodology: Theory and Practice [M].Springer, London, 2017.
双普金耶眼动追踪器（Dual-Purkinje Eye Tracker）	使用角膜前表面和晶状体后表面的反射来提高眼动追踪精度的方法	DUCHOWSKI A T.Eye Tracking Methodology: Theory and Practice [M].Springer, London, 2017.

续表

术语名称	定义	来源
注视点图（Heatmap）	显示用户注视点和注视时间分布的可视化图表，通常用于用户体验研究	POOLE A，BALL L J.Eye Tracking in Human-Computer Interaction and Usability Research［J］. Computer Science，2006.
眼跳（Saccadic Eye Movements）	眼睛快速从一个注视点移动到另一个注视点的运动	RAYNER K. Eye movements in reading and information processing：20 years of research［J］. Psychological Bulletin，1998，124（3）：372–422.
眨眼（Blinking）	眼睑短暂闭合和打开的动作，通常用于润滑和保护眼球	HOLMQVIST K，NYSTRÖM M，ANDERSSON R，et al. Eye tracking：a comprehensive guide to methods and measures［M］.Oxford，UK：Oxford University Press，2011.
微眼跳（Microsaccades）	在注视过程中发生的小幅度快速眼动，通常用于微调视线	MARTINEZ-CONDE S，MACKNIK S L，HUBEL D H. The role of fixational eye movements in visual perception［J］.Nature reviews neuroscience，2004，5(3)：229–240.

资料来源：作者自制。

第三节　探索生理信号的变化：生理多导技术基本原理与应用分析

一、媒介生理心理测量发展简史

历史上，对媒介信息的身体反应的测量短暂出现过两次，均迅速消退。第一次出现的标志是佩恩基金研究（Payne Fund Studies），第二次则是在20世纪70年代的相关研究中。佩恩基金的十一项研究中，有一项在很大程度上依赖对电影内容的生理反应的测量，其目的在于"探究电影中的不同事件对儿童以及成年人产生的情感影响"，具体实验操作是通过液体电极读取皮肤电阻数据,通过皮革臂带记录脉搏数据。[59]心理生理学可以定义为研究输入引起的生理系统活动变化的心理学分支。佩恩基金会的这项研究根据现代心理生理学的几个理论原则解释了实验结果,认识到外部和内部环境在预测个人对媒介信息反应时的重要性,然而这种情境化的思维方式在20世纪30年代被行为主义和经典条件反射所掩盖。[60]这一时期,传播学的行为主义转向显现锋芒,拉斯韦尔的宣传理论与"外星人入侵地球"主题的广播研究都体现了传播学对行为主义的关注。媒介生理心理测量在媒介研究中因行为主义日渐式微,这一现象持续到20世纪60年代。这一时期,心理学戏剧性地放弃行为主义学说转向认知革命。[61]传播学与心理学的进展并未同步,在20世纪70年代再次进行的媒介生理心理测量研究又面临技术与经济上的难题,之后这项技术又消失了近10年,直至20世纪80年代才缓慢重现。

20世纪80年代的重现缘起于传播学吸收了心理生理学的假设,这种转变意味着传播学能够更全面地探究媒介信息处理过程中的认知和情绪机制。Lang等人将生理心理学影响大众传播研究的假设总结为五点。[62]

1. 具身认知(embodied mind)。该假设否认了笛卡尔二元论,认为认知依赖于身体各项体验,并相互交织。

2. 大脑和身体的工作是随时间动态进行的(the work of the brain and the body occur over time)。

3. 除了大脑,身体同样支撑身体(the body supports the body, not just the brain)。具体可以理解为,身体的活动与思维同步进行,并不是彼此孤立的,而是彼此交织的,如身体活动与思维都会影响HR。

4. 生理测量十分复杂(physiological measures are "monstrosities"),单一时刻的测量值并不仅仅受单一因果概念的影响,而是受物理、生物、环境等多重影响。

5. 生理系统与认知系统相互作用，二者相互反馈与前馈（physiological systems are interactive and have both feedback and feedforward mechanisms）。

传播学正是在与生理心理学交织的过程中，逐步打开了人类在使用媒介时的认知与情感"黑箱"。生理心理学中，与认知相关的指标包括 HR 和 EEG，用于测量注意力、认知加工以及记忆等要素；与情绪相关的指标包括面部肌电（fEMG）、EDA，用于测量唤醒积极情绪与消极情绪等；新兴指标包括心率变异性（heart rate variability，简称为 HRV）和呼吸频率（Respiratory Rate，简称为 RR），用于测量更复杂的心理状态。[63] 拉瓦贾（Ravaja）认为 HR、fEMG 和 EDA 是传播与传媒研究中最广为应用的三大心理生理测量方法。[64] 本节将从注意力和情绪两大心理维度出发，以 HR、fEMG 活动和皮肤电导反应（Skin Conductance Response，简称为 SCR）作为生理心理测量的关键指标，深入探讨其在心理状态评估中的应用与价值。

二、情绪与媒介生理心理研究

（一）情绪的基本定义

情绪是由神经心理活动引发的精神状态。[65] 埃克曼（Ekman）提出，每种情绪都拥有其独特的特征，包括特定的信号、生理反应以及触发的前因条件。[66] 情绪不仅仅是一种主观体验，它同样表现为客观的生理变化，构成了一种多元且复杂的综合现象，同时也是一种社会性的表达方式。[67] 埃克曼与戴维森指出，情绪具有几个显著特点。首先，它是本能驱动的，不同个体在面对相似情境时倾向于产生相同的情绪反应。其次，情绪的表达具有普遍性，能够被他人所识别，并且在情绪体验中,个体展现出相似的生理模式。[68]情绪在推理和决策过程中扮演着关键角色,通常作为一种基础机制发挥作用,能够在缺乏理性思考的情况下驱动决策。[69]作为一种下意识的反应,情绪的决策路径往往是边缘化的,这意味着个体在情绪驱动下作出的选择往往不需要对事实、选项、结果和逻辑规则进行深入的反思。

情绪有助于构建认知,而认知有助于则塑造情绪。[70]情绪与认知的神经基础被视为高度非模块化的,复杂的认知-情绪行为是通过大脑网络之间丰富而动态的相互作用产生的。情绪和认知不仅在大脑中强烈互动,而且常常整合在一起共同促成行为。[71]媒体内容通常包含丰富的情感元素,个体在接触时会进行复杂的认知处理,了解情绪与认知的关系有助于研究人员更加全面地了解媒体对个体的影响,并选择合适的研究方法来更深入地研究媒体内容是如何被处理的。

拉塞尔(Russell)认为,情绪至少有两个维度,一是效价(valence),二是唤醒度(arousal)。[72]其提出的环状情感模型(Circumplex Model of Affect)依据效价将情绪分为正、负两极,位于正极的称积极情绪,通常带来愉悦感受,位于负极的称消极情绪,通常产生不愉悦感受;同时依据唤醒度区分情绪的强弱,唤醒度越大,所产生的情绪就越强烈。生理指标更加依靠情绪进行二维分类,而不是呈现离散的情感状态。[73]效价和唤醒度通常被视为情绪的独立维度,但它们之间存在复杂的相互作用。效价和唤醒度共同影响个体的情绪调节方式。高唤醒度的情绪(无论是正面,还是负面)通常需要更多的调节策略,而低唤醒度的情绪可能更易于管理。例如,高唤醒度和负效价的情绪(如愤怒、恐惧)可能会导致更强烈的行为反应和决策偏差,而低唤醒度和正效价的情绪(如放松、满足)可能会促进更冷静的思考和决策。效价和唤醒度也与生理反应密切相关。高唤醒度的情绪通常伴随更高的 HR、血压和皮肤电导(Skin Conductance,简称为 SC)等生理指标变化，而低唤醒度的情绪则反映为较低的生理激活水平。

情绪是媒体研究和传播研究中一个重要的概念。心理生理学提供了研究情绪的重要工具，如fEMG和皮肤电等指标。这些指标可以提供关于情绪体验和生理反应的信息，帮助研究者更好地理解媒体信息如何影响观众的感受和情绪。本节将从皮肤电与fEMG切入，简述其如何作为情绪的反应指标。

（二）情绪唤醒的反应指标：SC

皮肤电的测量，通常被称为SC，其是生理活动变化的一种表征，被广泛运用于与情绪相关的研究。当情绪唤醒程度增强时，交感神经（SNS）系统激活汗腺活动，皮肤电导水平（Skin Conductance Level，简称为SCL）增加。[74] SC不受意识控制，由驱动人类行为以及认知和情感状态的交感活动自主调节。[75] 作为媒体内容情绪处理的生理学指标之一，SC已被用于了解不断变化的新媒体环境中特定特征对情绪唤醒的影响。[76] 拉瓦贾使用SCL来检查在线数字游戏匹配不同类型的游戏对手对玩家唤醒效果的影响，结果表明与计算机对战相比，与人类对战会引发更多积极的情绪反应和更高的唤醒程度、空间存在感和参与度。[77] 在面对情绪化面孔时，情绪反应和唤醒度会引发个体SCL变化。[78]

对于SC的了解不应止步于其如何作为情绪的反映指标，也应当了解其背后的测量方式与生理意义。与SC经常相比较的是皮肤电位（Skin Potential，简称为SP），两者主要在测量方式、生理基础以及生理意义上存在差异（见表4.5）。对比可知，SP更多反映EDA的自发性变化，而SC主要反映汗腺活动及其引起的导电性变化。作为测量EDA的生理指标，SP反映情绪状态，而SC反映情绪唤醒水平。当下，SC是更广泛被采纳的测量方法。

表 4.5　SP 与 SC 的差异对比

项目	SP	SC
定义	SP 测量无电流流动时两个皮肤电极之间的电位差。这是人体自身产生的内源性电位水平和反应。[79] SP 通常以毫伏（mV）为单位	SC 是指皮肤对电流的导电能力，它是皮肤电阻的倒数。SC 通常以微西门子（μS）为单位
测量方式	SP 通过在皮肤表面放置电极来测量电压，通常在皮肤的两个点之间测量电压差，一个点是活性电极，另一个点是参考电极，不涉及电流通过皮肤	SC 是通过在皮肤表面放置电极，并在电极之间施加一个小的恒定电流，通过测量电流的大小来进行
生理基础	SP 的变化与汗腺活动相关，汗腺活动涉及离子转移，尤其是钠离子与钾离子。例如，情绪刺激可以导致细胞膜上的钠离子和钾离子分布发生变化，从而引起 SP 的变化	SC 的变化主要与汗腺的活动有关，情绪刺激可以导致汗腺分泌汗液，汗液中的电解质会增加皮肤的导电能力
生理意义	SP 的变化可以反映情绪状态。例如，焦虑或压力状态下的 SP 可能会升高	SC 的变化可以反映情绪唤醒水平。例如，情绪唤醒水平越高，SC 值就越高

资料来源：作者自制。

在 SC 测量中，有两个常见的术语用于描述对心理生理反应感兴趣的时间长度：持续反应（Tonic Response）与相性反应（Phasic Response）。[80] 持续反应可以理解为较长时间内持续存在的生理活动，它构成了生理活动的基线水平，其相对稳定，并反映了个体在特定时间内的整体生理状态。相性反应则是由特定刺激引起的短暂生理反应，持续时间通常较短。其变化迅速，反映了个体对某一特定刺激的反应。区分持续反应与相性反应的目的在于根据实验目的选取测量与分析方式，并使用对应的专业术语。Bolls 等人认为当提及持续 EDA 时使用 Level，而采用相性 EDA 时使用 Response。与前文提到的 SC 以及 SP 相结合，SCL、SCR、皮肤电位水平（Skin Potential Level，简称为 SPL）以及皮肤电位反应（Skin Potential Response，简称为 SPR）组成了四种特定的 EDA，可以将其理解为测量方式与测量目的的结合。当下，SCL以及SCR是媒体内容情绪加工研究的重要指标。

（三）情绪效价的反应指标：fEMG

　　fEMG是基于面部动作所产生的生物电信号，原理是通过人类面部动作的变化引起fEMG信号的变化。[81]面部肌肉的收缩是情绪表达的重要形式，其能够用于测量情绪加工时效价的差异。评估面部表情的方法通常分为两类，一类是个体主观评估，包括表情分类、表情维度评分和基于FACS系统的肌肉运动单元编码；[82]另一类是客观地利用fEMG进行测量。fEMG主要集中于三个肌肉群，与消极情绪相关的皱眉肌肉群（Corrugator，简称为COR），与积极情绪相关的颧骨肌肉群（Zygomatic，简称为Zygo）以及与愉悦情绪相关的眼轮匝肌（Orbicularis Oculi，简称为OO）。根据情绪效价的愉快程度，颧大肌以及眼轮匝肌的激活度将增强，而根据情绪效价的不愉快程度，皱眉肌激活度会增强。[83]需要注意的是，肌肉活动水平与情绪强度的关系并不是呈线性相关的，颧大肌激活形成微笑，但并不是所有微笑都代表着积极情绪。杜兴微笑（Duchenne Smile）包括颧大肌和眼轮匝肌形成的微笑才是具有愉悦情绪的微笑。[84]因此，愉悦情绪的标记最好同步记录颧大肌和眼轮匝肌。

三、注意力与媒介生理心理研究

（一）注意力与朝向反应

　　注意力是指将有限的认知资源分配给特定刺激的过程。注意力理论可以主要分为两大类：选择性注意理论和容量理论。[85,86]选择性注意理论指的是个体选择特定刺激进行加工，而忽略其他刺激的过程；容量理论则认为个体拥有固定的注意力资源，可以分配给不同的任务。对于媒介内容的认知加工而言，广义上指的是注意和记忆通过媒介的一些形式所呈现信息的心理行为。[87]Lang等人提出在信息加工中有一种动机性注意（Motivated Attention）视角，指的是对我们环境中的任何刺激的大部分注意力，其实已经被所感知到的信息的情绪或动机的意义调整过。[88]通俗来讲，人们是根据动机优先选择加工的信息。动机性媒介讯息加工的有限容量模型（Limited Capacity Model of Motivated Mediated Message Processing，简称为LC4MP）同样强调动机激活对信息处理的影响，该模型概述了处理媒介信息的三个关键认知子过程：编码、存储和检索。这些子过程持续、连续且同时发生。动机性媒介讯息加工的有限容量模型理论涉及注意力的朝向反应（Orienting Response，简称为OR），它指的是人们对新颖信号刺激的自动注意反应。朝向反应会影响认知资源的分配，进而影响信息的编码、存储和检索，最终影响信息加工的效率和效果。

（二）注意力的反应指标：HR与HRV

注意力是媒体研究和传播研究中一个重要的概念。心理生理学提供了研究注意力的重要工具，例如HR和HRV等指标。这些指标可以提供关于注意力分配和认知资源使用的信息，帮助研究者更好地理解媒体信息如何影响受众的认知过程。

HR是指心脏每分钟跳动的次数，它是一种反映人体生理状态的指标。在媒体心理学研究中，HR是被用作衡量认知处理的生理指标，帮助人们了解大脑在处理信息时的活动情况。心脏跳动由窦房结（SA）产生的动作电位刺激产生，这被称为"窦性心律"，窦房结产生遍及心脏组织的动作电位，导致心肌区域以表征心跳的协调方式收缩。同时，心脏受自主神经系统的交感神经和副交感神经（PNS）的支配，通过影响窦房结的活动来调节HR。交感神经纤维的激活对窦房结的放电率具有兴奋性影响，导致 HR 增加。副交感神经激活对窦房结的起搏活动具有抑制作用，并导致 HR 降低。[89] 交感神经系统的激活与唤醒相关，而副交感神经系统活动的变化被认为反映了分配给环境中信息感知认知资源的变化，与信息获取以及注意力有关。

HR 也存在前文出现的持续反应与相性反应。Ravaja 认为 HR 可以用来衡量持续注意力（Tonic attention）与相性注意力（Phasic attention）这两种心理过程。[90] 相性注意力指的是朝向反应发生，人们注意到外部刺激或获取信息时，HR 会减慢。它反映了大脑对刺激进行处理的资源分配。瞬态 HR 减慢通常在刺激出现后的几秒钟内发生，并由副交感神经系统介导。持续注意力则是当人们专注于内部刺激或执行认知任务时，HR 会加快。这种现象通常与情绪唤起有关，并由交感神经系统介导。这也说明 HR 不能明确归因于任何单一来源，这可能涉及解释上的困难。

HRV 作为 ECG 的常用指标，指的是心跳快慢的变化情况。[91] HRV 越高，反映心血管系统具有更高的灵活性，能使有机体更快速地作出改变以适应环境的需求。[92] HRV 的测量及分析方法有三种，时域分析、频域分析和非线性分析，经典的 HRV 分析方法主要是时域分析与频域分析。前者指按照时间序列通过对过去和现在的序列数据进行未来预测，常用的时域分析指标是 RMSSD（Root-Meansquare of Successive Differences），代表相邻 R-R 间期差值的均方根。频域分析是指把心脏活动的周期性数量化。频域分析法可将复杂的 HR 波动信号按不同频段来描述能量的分布情况，把各种生理因素的作用适量分离开进行分析，具有灵敏和准确的特点。[93] 心率变异功率谱可有意义地分为四个频域：超低频（ULF 即 ≤ 0.003 Hz）、极低频（VLF 即 0.0033~0.04 Hz）、低频（LF 即 0.04~0.15 Hz）和高频（HF 即 0.15~0.4 Hz）。[94] 研究表明高频和低频分别是副交感神经和交感神经活动的突出反映。[95]

低频与高频功率比（LF/HF）也常用作交感迷走神经平衡的指标，即衡量交感神经系统对副交感神经系统活动的相对贡献。[96] 低频 HRV 的含义存在争议。一些研究认为低频 HRV 与压力感受器反射系统的活动有关，反映交感神经和迷走神经的复合调节功能，某些情况下可反映交感神经系统张力。[97] 高频 HRV（HF-HRV）是一种能够体现人体情绪调节能力的指标，在个体情绪调节时，高频 HRV 会升高。Rajava 呼吁使用呼吸性窦性心律不齐（Respiratory Sinus Arrhythmia，简称为 RSA）来解决交感神经和副交感神经对于心脏之于媒介讯息的反应的影响，认为呼吸性窦性心律不齐反映了副交感神经系统的活动水平，并强调呼吸性窦性心律不齐对注意力变化非常敏感，可以用于评估注意力分配和认知资源的使用。[98]

四、BIOPAC-MP160 多导生理仪使用说明

以 BIOPAC-MP160 多导生理仪为例，简述使用 AcqKnowledge 5 如何进行多导模板建立、数据记录、数据分析，具体介绍 ECG、皮肤电、EMG，详细内容可查阅 *AcqKnowledge 5 Software Guide* 手册。

（一）设备基本信息

实验室使用的设备是 BIOPAC-MP160，开关位于设备之后（见图 4.45a），使用时打开开关，使用之前确保加密狗在主机上，有加密狗才能正常使用。分析数据时无须打开设备。BioNomadix 记录仪（见图 4.45b）用于接收数据，字母代表通道接受数据，例如，右侧的 EDA 是接受皮肤电信号的接口。实验开始前，根据自己的实验选取适合的指标，例如 HR、皮肤电、RR、EMG、皮肤温度等。常用测量指标主要为 ECG、皮肤电、EMG、RR。

认知神经传播学

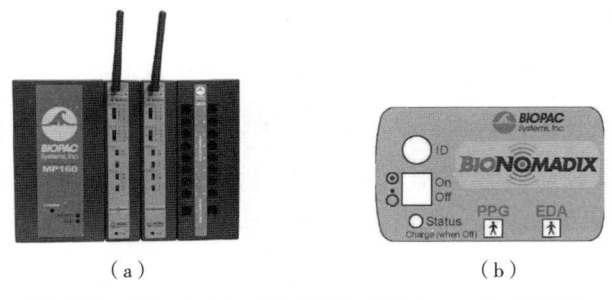

（a） （b）

图 4.45　Biopic MP160 设备和 BioNomadix 记录仪

注：图 4.45a 表示 Biopic MP160 设备，图 4.45b 表示 BioNomadix 记录仪。
资料来源：biopac 官网截图。

（二）建立模板

1. 新建模板

打开 Acqknowledge 5.0 软件>empty gragh。如果想要打开之前的模板请选择 Use recent gragh template（见图 4.46）。

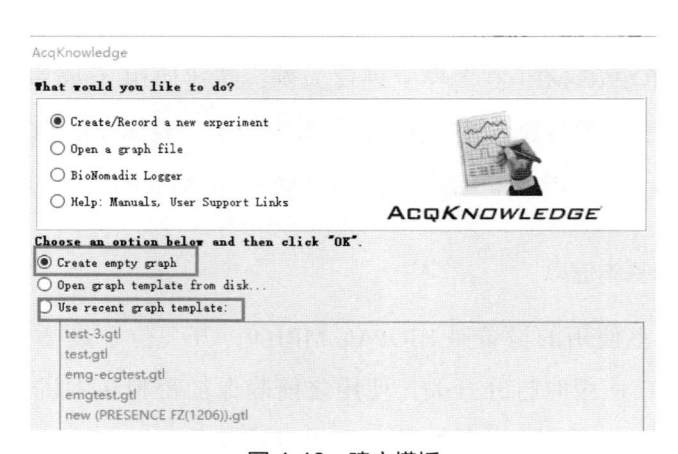

图 4.46　建立模板

资料来源：作者根据自己的数据分析过程从软件中直接截图。

2. 通道设置

选择 Set up data acquisition 建立模板；点击 Add new module，添加

要测量的通道，根据设备上的通道英文选取要添加的模块。例如，想测量 ECG 与呼吸信号（RSP），就选择 RSPEC-R 这个 module（见图 4.47）。

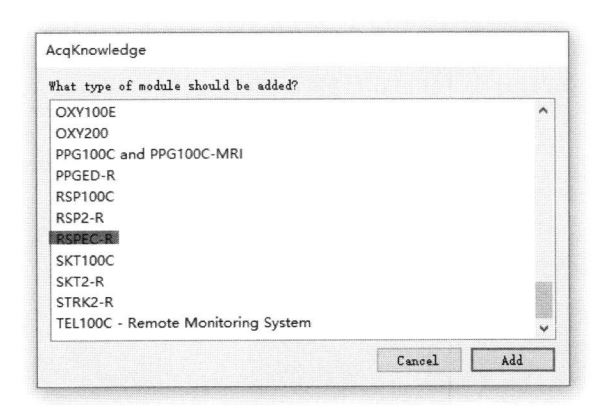

图 4.47　模块选择

资料来源：作者根据自己的数据分析过程从软件中直接截图。

保证记录的通道要打开。以图 4.48a 为例，RSP 通道与 ECG 通道均打开，RSP 是 Channel X 的 1 和 5 通道，ECG 是 Channel Y 的 9 和 13 通道。需要注意的是，通道数字之间具有互斥性，如果 ECG 已经占用了 Y 的 9 和 13 通道，那么 RSP、EMG 等其他通道就不能选择 Y 的 9 和 3 通道。接下来按照提示打开对应记录仪（见图 4.48b），调试好之后可关闭。

接下来设置计算通道：Channel>Calculation。以 ECG 为例，Label 根据测量信号更改，由于 ECG 测量的是 HR，因此 Preset 设置为 Rate。HR Channel Sampling Rate 默认为 2000 Hz。下一步是点击 Setup。Source channel 选取该通道记录的信号[①]，其余选项按照实验目的修改，通常按照默认进行。

---

① 本例选取 A13、ECG、Y、RSPEC-R，便于与其他信号区分，Label 设置为 ECG。

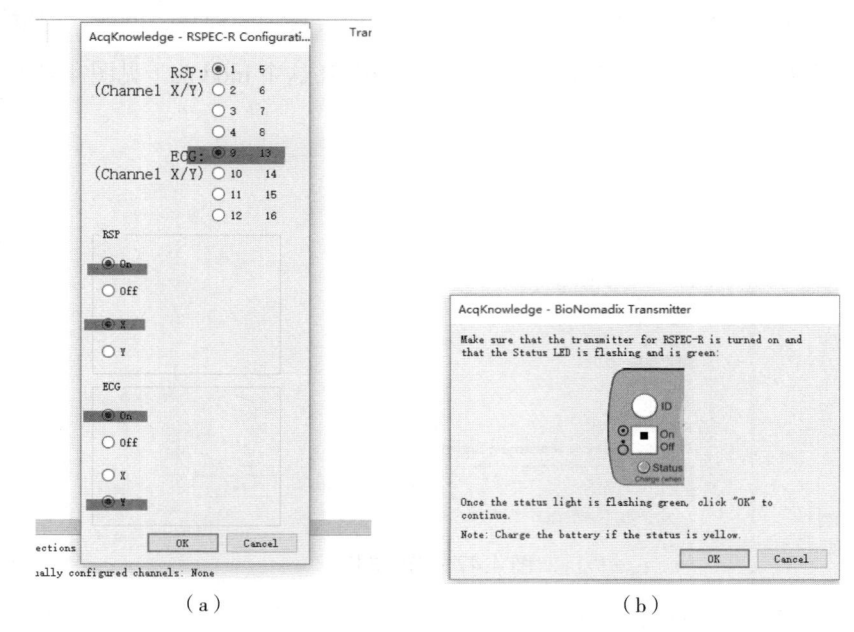

图 4.48　通道记录

资料来源：作者根据自己的数据分析过程从软件中直接截图。

以上是 HR 通道的设置，重复以上步骤可以设置 EMG、EDA 的通道，只有输出通道设 Setup 需要有相应调整。

EDA 计算通道的设置步骤如下：Preset 选择 Math，Source1 选择 EDA 通道。Operation 选择"+"号。Source2 选择 K，Constant 选择 5。

EMG 计算通道的设置步骤如下：Preset 选择 Math。Source1 选择 EMG 通道（注意：通道选择有 A，B 之分，需要提前明确好记录仪上不同的字母对应的肌肉）。Operation 选择"+"。Source 2 选择 K，Constant 选择"1e+06"。与 ECG 和 EDA 不同的是，EMG 需设置滤波通道，在计算通道的下一步重复进行通道选择，Preset 选择 Filter-FIR[①]。

---

① 详情参考 *AcqKnowledge 5 Software Guide* 手册。

3. 打点设置

除了通道的设置，还需要对实验任务的不同阶段进行打点设置。依据实验方案进行设置：Set up data acquisition > Event Marking > Hotkey。Hotkey 默认是 Esc，可根据喜好调整。Action 默认 Insert event，Type 默认 Default，Channel 默认 Global，Label 格式选择 Sequential。按照实验方案设置打点标签名称，有助于后续数据分析。右边的 Up & Down 可以调整顺序。

4. 保存模板

右下角 Save as Graph Template。默认保存为"graph template*.GTL"文件类型。

（三）界面介绍

模块选择 Display>Show。可以选择自己需要在界面上显示的模块。例如，Display>Show>Channel buttons 将显示不同通道对应的数字。注意：点击"Alt+Channel buttons"可以隐藏不同的通道。

数据截取：点击图 4.49 标识，可以选择截取不同的分析片段。

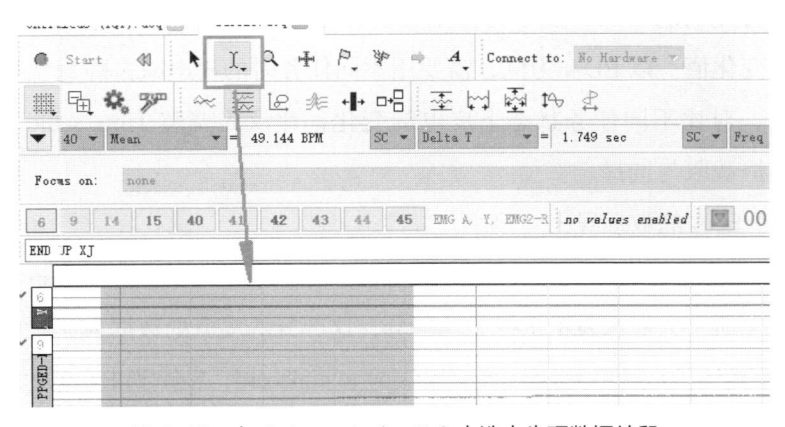

图 4.49　在 Acknowledge5.0 中选中生理数据片段

资料来源：作者根据自己的数据分析过程从软件中直接截图。

页面右键：Event Palette > Event list 可查看打点位置；Show all data 显示数据采集的整体标尺。

（四）数据记录

数据开始记录前，确定记录仪打开（绿灯闪烁）。点击左上角 Start 开始记录（见图 4.50），数据采集结束之后，点击左上角 Stop 结束记录。点击左上角 File-Save As 保存数据。

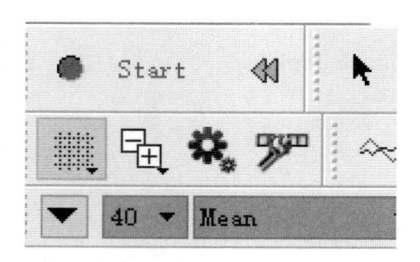

图 4.50　Acknowledge5.0 中 Start（开始）键

资料来源：作者根据自己的数据分析过程从软件中直接截图。

（五）数据分析

首先明确一点，多导的数据分析比较的是"任务态 – 静息态"的纯净变化值。以 EDA 为例，需要用不同任务时的皮电减去静息状态的皮电，对比不同任务状态下皮电的变化，建议先调整 Time scale，方便数据截取与选择。

1. EDA 的数据导出

本例皮电通道为 41，选中分析区域，计算方式选择 Mean。如图 4.51 所示，蓝色表示选择了这部分，这部分的皮电的数据为 "5.289"，皮电的单位为 microsiemens。右键 Copy to clipboard，粘贴到 Excel 上，方便后续分析。

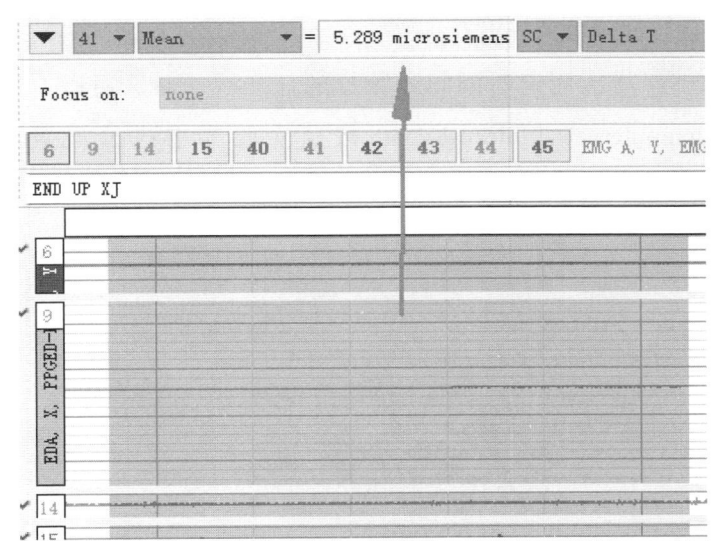

图 4.51 皮电数据导出

资料来源：作者根据自己的数据分析过程从软件中直接截图。

2. EMG 的数据导出

选取 EMG 滤波之后的通道，选中分析区域，计算方式选择 Mean。右键 Ccpy to clipboard，粘贴到 Excel，方便后续分析。EMG 的单位为 Mv。

3. HRV 的数据导出

首先选中 ECG 通道，Analysis > HRV and RSA-Single-epoch HRV-Spectral。确保 Source channel 为 ECG 通道，点击 OK。点击左下角 Copy to clipboard，粘贴到 Excel。注意：HRV 的数据导出有极低频、低频、高频以及极高频（VHF），根据实验目的选择保留的数据。

4. RMMSD 的数据导出

Analysis > HRV and RSA > Multi-epoch HRV > Statistical。确保选取 ECG Channel。默认 Fixed time intervals。Epoch width 根据实验目的选择。点击 OK 自动导出 Excel 文档。

5. 固定时间数据导出

选中想导出固定时间间隔数据的任务区，勾选通道。Ctrl+F > Fixed time intervals。Interval width 按照实验要求进行设置。点击 Output，按照图 4.52 进行设置。点击 Find in selected area，等待 Excel 文档导出。

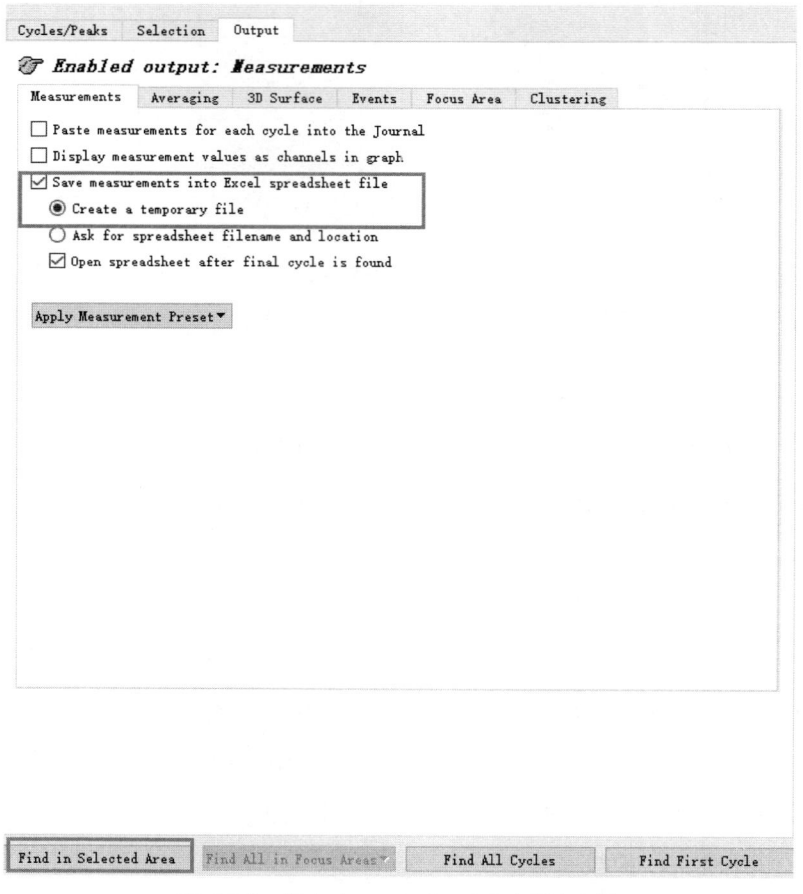

图 4.52　在 Acknowledge5.0 中新建文件

资料来源：作者根据自己的数据分析过程从软件中直接截图。

第四章 认知神经科学技术的应用

（六）电极片位置粘贴

在电极片粘贴之前，需用酒精棉为被试擦拭粘贴电极片的位置，确保皮肤干净，减少阻抗。

表4.6　ECG、EDA以及COR粘贴位置

粘贴位置[①]	对应位置示意图
ECG电极粘贴位置[②] 锁骨下方一指的位置：红色电极线； 再往下一拳的位置：白色电极线； 右腹部：黑色电极线	图4.53　ECG电极粘贴位置
EDA电极粘贴位置： 分别粘贴在大小鱼际上	图4.54　EDA电极粘贴位置 图4.55　大小鱼际位置

233

续表

粘贴位置[①]	对应位置示意图
皱眉肌 COR 电极粘贴位置	图 4.56　皱眉肌 COR 电极粘贴位置
颧大肌 ZYGO 电极粘贴位置	图 4.57　颧大肌 ZYGO 电极粘贴位置
眼轮匝肌 OO 电极粘贴位置	图 4.58　眼轮匝肌 OO 电极粘贴位置

资料来源：
表格中图 4.54 由作者拍摄。
表格中图 4.56、图 4.57、图 4.58 摘自 POTTER R F, BOLLS P. Psychophysiological measurement and meaning : Cognitive and emotional processing of media [M]. London : Routledge, 2012.
①电极片位置粘贴详见《传播与认知科学：媒介心理生理学测量的理论与方法》。
②注意：电极线贴错会导致 ECG 波形出错，可简记为"上红、下白、黑接地"。

（七）实验流程

具体实验流程详见图 4.59。

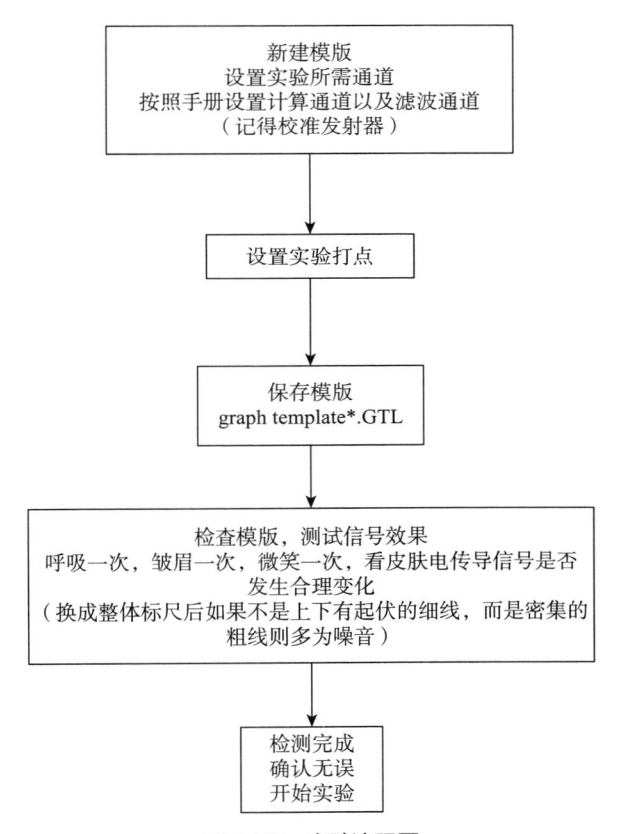

```
┌─────────────────────────┐
│      新建模版            │
│   设置实验所需通道        │
│ 按照手册设置计算通道以及滤波通道 │
│   （记得校准发射器）      │
└─────────────────────────┘
            │
            ▼
    ┌──────────────┐
    │  设置实验打点  │
    └──────────────┘
            │
            ▼
    ┌────────────────────┐
    │      保存模版       │
    │ graph template*.GTL │
    └────────────────────┘
            │
            ▼
┌─────────────────────────────────┐
│      检查模版，测试信号效果        │
│ 呼吸一次，皱眉一次，微笑一次，看皮肤电传导信号是否 │
│         发生合理变化              │
│ （换成整体标尺后如果不是上下有起伏的细线，而是密集的 │
│        粗线则多为噪音）           │
└─────────────────────────────────┘
            │
            ▼
    ┌──────────────┐
    │   检测完成    │
    │   确认无误    │
    │   开始实验    │
    └──────────────┘
```

图 4.59 实验流程图

| 第三部分 |

认知神经传播学的发展现状、技术趋势与范例解读

第五章
认知神经传播学的发展现状与技术趋势

第一节 认知神经传播学的范式演进、
关键议题与技术逻辑

　　传播学自诞生以来就是一门多学科交叉发展的研究领域，是一个由心理学、社会学、人类学以及政治学等学科流派相互竞合增长、渗透融合所建立起来的知识系统。近几十年，传播学研究结合了人类大脑的"认知转向"和交流环境"场景化"考量，同时立足于认知科学和传播学两大学科体系，将认知传播作为一种新的范式路径。在发展过程中，认知传播学借鉴了心理学中的先进技术手段，以人类的"认知"和"传播"这两大本能行为作为研究重点，融合了传播学的社会实践经验优势以及认知科学的实证研究支撑优势，从两个学科的耦合之处探究人们的内在心智活动以及外在行为效应，这不仅突破了传统传播学研究方法、研究范式匮乏的困境，还为解决多元多重多向的新媒介环境下的传播问题提供了新的阐释角度，最终致力于实现传播路径的优化。

一、认知科学与传播学研究的"耦合"进路

认知传播是在超越经验范畴的前提之下探索人们对外界信息接受、合成、加工、提取等过程的大脑活动、心理资源或者行为表征。人们对某一事物的判断、决策有时在一瞬间即可完成，但这种人脑所具备的复杂瞬时运算能力是人类在长期进化的过程中所演化而来的。从认知类型上看，认知科学包含了信仰体系、意识、发展、情感、学习、行为、互动、语言、记忆、技巧、感知以及思想十二项要素。[1]而从认知过程上看，可以将其划分为两个阶段：个体内部的感知以及对外界的延展性认识。

（一）内部关系

人内传播指的是个体在接受外界信息时所进行的内部的感知加工过程，其间也伴随着外在行为表现。其中，感知是传播过程的第一阶段，指的是人们使用视觉、听觉、嗅觉、触觉以及味觉等感官来认知外部世界的过程，即当人们接收外部信息时，首先信息会引起感官注意，从而进一步被知觉系统加工，再受个体的动机、情绪以及经验等要素的影响。[2]换言之，任何内容都要先通过感官系统的预加工才能进一步转换为大脑再加工的信号，因此这一人内传播的过程既是其他传播活动发生的前提条件，也是提升传播效果的关键节点。例如，在海量化的信息环境中，人的注意力成为一种稀缺资源，可以说注意系统决定着传播内容的到达性，也影响着人们对信息的接收和理解，而人体内部的感官通道系统是决定信息能否被触达的重要前提。已有研究证实，人的视觉系统将优先加工明亮、色彩鲜艳且处于运动状态的物体；[3]当文本内容在左侧会被优先看到，并且视觉停留时间更长；[4]而听觉系统是仅次于视觉系统的感官通道，人们能够为声音添加不同的

属性标签，从而形成不同的品牌印象；[5]还有研究发现，Siri、Cortana这类虚拟语音助手的性别会影响人们的接受程度，如声音拟人化程度越高，人们的使用意愿就越强，用户体验也就越好。[6]

简言之，人们对信息的处理在某种程度上也是一种人内传播。这一内省式的感知是人际传播、群体传播以及大众传播的基础与前提，并且伴随着传播活动的全过程。认知科学在传播学领域的一个重要作用是进一步解析自我传播过程中的心智动态，并在此基础上拓宽传播学的研究领域。

（二）外部关系

发生认识学认为，人的心智发展是"大脑－身体－环境"三者耦合的产物，认知传播的研究成果不仅揭示了人脑内部对信息的加工过程以及情绪偏向，而且为探索"智能实体与周围环境相互作用的原理"提供了新的切入点。[7]换言之，人类大脑的心智构建不仅仅控制着个体的注意、情绪以及记忆等能力，也在与外界的交互过程中反作用于内部系统的发展，即当信息处于一定的情境中，可以让人们更容易识别，这强调的是认知系统与环境之间的耦合关系。在技术迅速发展的当下，媒介已然建构了人们的日常交流语境，正如媒介环境学派的观点认为，"就像鱼活在水中并没有意识到水的存在一样，媒介已经构成了我们的环境。"[8]戈夫曼也进一步从"媒介情境论"视角将传播学研究拓宽至人、媒介与环境之间的互动机制。

再进一步看媒介化的环境表征如何影响并延展个体认知实践的机制。已有研究通过脑电实验和行为研究发现，媒介使用情境会显著影响用户体验；[9]短视频传播以及网络评论、弹幕行为的背后蕴含着多种情绪共现表征，并遵循着"情境—认知情感单元—行为"的路径。[10, 11]可见，这个阶段的研究者已经将个体的注意、记忆、知觉等内部感知要素与外部情境相结合，从内外多个维度深入探索多变量之间的作用关系，从静态的、局部的表征转向认知动力学的分析。如果说个体感知是人内传播的体现，那么人们对外界的延展性认识则进一步拓展了人际传播、群体传播甚至是大众传播的范畴。基于此，在深度媒介化社会中，传播实践如何构建客观环境，从而为社会主体提供新的情景交互，成为认知科学对传播研究影响的第二个层面。

二、认知传播学研究的基本议题

认知传播学的研究横跨心理学、社会学以及人类学等领域，其研究议题和层次结合了社会现象和人们的心理机制，超越了脑区定位等生理学层面的探讨，侧重将大脑概念化为一个同时参与多个任务的动态系统，从神经基础层面阐释媒介生理表征，也为社会现象产生的深层动因和传播作出理论上的贡献。从认知传播的应用范围上看，其研究有四项基本议题，分别是传播渠道研究、传播内容研究、传播对象研究以及传播者研究。[12]

（一）传播渠道研究

在步入互联网社会之前，传播渠道包括语言、符号以及实体化的载体，这些介质以象征的形式储存在人脑中，但是随着技术的发展，媒介形态日新月异，其以一种"浸透"的方式存在人们生活的方方面面。正如麦克卢汉所言："媒介即讯息。"这表明了媒介以一种独特的形态作用于人的认知方式，并且不同的传播渠道会为信息打上不同性质的标签。

1. 物理媒介对用户认知的影响

目前有传播学研究者通过实验模拟复刻传播环境，探究不同的传播渠道与传播效果之间的关系。例如，有研究从神经层面证实了手机和报纸这两种媒介使用过程中用户的认知机制差异，结果发现手机媒介产生了更佳的记忆效果，[13]部分原因是数字化进程下，人们的长时记忆效果会随着传播媒介的变化而变化，即一种媒介在经过长期使用过程后，不仅能决定传播的内容特征，也会影响人们的信息处理模式。

除了单媒体之外，多媒体信息的加工机制也受到了众多学者的关注。媒介丰富理论（Media Richness Theory）认为，媒介渠道的差异会导致信息传递能力的不同，其中"富媒体"可以同时传递多条线索，包括语言信息和非语言信息，[14]但是这也可能导致用户注意和记忆资源的认知负荷，即人的认知系统是一种有限容量的处理器，当信息以多种形式存在时，用户将同时使用多通道感知处理，这就可能导致某一通道的过载。[15]除此之外，多媒体化的传播渠道也意味着用户的多任务处理的行为，发表在《自然》（Nature）上的一篇实证研究通过EEG、眼动以及问卷测量等方式发现，当用户的注意频繁地在多个任务之间切换时，他们注意分散水平就越高，而注意力缺失对记忆行为和神经信号有着直接影响，因此将进一步导致更差的记忆效果。[16]

2. 游戏媒介对用户认知的影响

仅仅研究传统意义上的物理媒介已然无法适应当下日新月异的媒介环境，在数字空间中，游戏愈发成为一种在线上网络统领式的未来媒介。虽然游戏在当下生活中无法解释一切，但是游戏范式有利于帮助研究者理解用户的传播需求、把握用户的行为模式。因此，游戏作为一种未来式的媒介渠道，成为研究用户认知的良好载体，其不仅涉及用户的注意分配、工作记忆等基础心理表征，还包括逻辑推理以及行为决策等一系列更复杂的认知功能。[17]大多数人对游戏存在刻板印象，认为长期的游戏会减少亲社会行为，并干扰玩家的认知和情绪。但是近年来越来越多的研究从神经和行为两个方面为游戏的"污名化"

平反。例如，已有研究从 EEG 和行为结果共同表明了经常玩游戏的用户和不玩游戏的用户相比，专业玩家具有更强的注意资源分配能力，[18]并且具备显著的注意抑制优势。[19]

除了普通游戏，研究发现暴力游戏和个体攻击性行为之间并不是绝对相关。巴维利尔（Bavelier）等人让游戏用户连续两个月参与暴力游戏与非暴力游戏，结果发现不管被试是玩暴力游戏还是非暴力游戏，他们的攻击性行为、性别歧视态度、移情和人际关系能力、心理健康等方面均没有显著差异。[20] 还有一项研究利用 ERPs 技术，从个体差异的角度入手，发现和非游戏玩家相比，一些游戏玩家对暴力内容具有选择性注意偏向，这导致他们对暴力内容的脱敏，而这两个因素与攻击性之间存在紧密关联。[21] 这两项研究证明，经常玩暴力游戏的用户不一定就具备强攻击性，而是与个体差异相关。

由此可见，游戏之间存在相当大的形态差别，个体差异也在游戏效果中扮演着重要作用，笼统地断言游戏对情绪以及认知产生负面影响并不恰当。目前在传播学领域内关于游戏对用户认知的塑造作用仍然处于初期探索阶段，还有不少待解决的问题和广阔的探索空间，鉴于游戏在当下环境中起着越来越重要的作用，未来研究需要进一步揭示游戏作为一种新的信息分发渠道对大脑认知重塑的神经机制。

（二）传播对象研究

基于个体或群体差异的信息加工神经机制一直是传播学研究的重要课题，过去的研究大多采用自我报告式的测量，可靠性和准确性有限，而认知科学的手段可以为研究信息加工过程的瞬时效果提供便利条件，具有不同人格、内隐认知方式以及不同性别的个体在不同的语境下使用媒介都将在 EEG 信号和行为方面呈现差异。

1.基于人格差异的信息传播的神经机制

在认知传播学领域，探讨个体差异对信息传播的影响还需要考虑人格因素。人格是指人们在不同场景下思维、感知以及行为的方式。长期以来，人格心理学家一直主张稳定的人格特质在行为决策中发挥作用，[22]但是社会心理学家则更推崇情境和环境要素的重要性，[23]经过长期研究，当下学界已达成共识，即行为是由个人的人格特征和环境因素相互作用所驱动的。[24]神经学层面也已经证实，人格的独特性与稳定性在一定程度上决定了大脑的结构与功能，并且与大脑的功能连接存在区域相关关系。[25]因此，将人格的结构与起源纳入传播现象的考量，可以更好地预测个体行为倾向。例如，Wang等人通过调查发现，大五人格（神经质、外倾性、开放性、宜人性、尽责性）、自恋、自尊以及社交媒体使用行为之间存在相关性。其中，外向型人格的用户更倾向于使用社交媒体的交流功能，包括状态更新、评论和添加朋友；神经质人格则通过状态更新功能作为自我表达的方式；宜人型人格和自尊心强的人更倾向于评论他人资料；开放型人格喜欢玩在线游戏；自恋的用户经常在社交媒体上传他们有吸引力的照片，通过频繁更新状态来自我展示。[26]

2.基于内隐认知差异的信息传播的神经机制

与人格特质相似，不同个体内隐认知也是通过长期的家庭环境影响、教育背景塑造或者生活经验积累形成的思维、感知方式。但不同的是，人格特质可以通过外在的自我报告式问卷来预测，而内隐认知只能由间接测量方式进行了解，即让被试按照相应的实验范式完成实验，通过正确率和反应时来判断被试对某一对象的内隐认知处于积极状态还是消极状态。

在现实生活中，一些社会属性或者概念可以改变大脑皮层处理信息的表征结构，反映人们的感知偏见，而这部分所涉及的就是用户内隐认知层面的信息加工。内隐社会认知理论是由美国心理学家哈罗德·格林沃德（Harold Greenwald）于1995年提出的一个概念，指的是人们在认知过程中虽然不能准确回忆起过去的某一经验或者事实，但是这一经验或者事实仍然对他们的判断或者行为决策有潜在的影响，这种内隐意识是基于经验积累的、大脑内部深层的复杂社会认知，也是一种自动化的情感反应、不需要调动认知资源的操作过程。[27]例如，群体种族和社会身份等因素在人们的概念知识加工过程中存在印象关联，人们将通过大脑的眶额叶和梭状回对于这种关联进行加工。在很多情况下，人们虽然公开支持某个种族或者社会身份的群体，但是在内隐认知层面对他们存在负面偏见，这种隐性的负面偏见可以通过内隐联想测验（Implicit Association Test，简称为IAT）、评价启动任务（Evaluative Priming Task，简称为EPT）、情感错误归因程序（Affect Misattribution Procedure，简称为AMP）来间接测量。它们可以在用户自我报告没有外显偏见时测量出他们内隐意识中的隐含偏见，测量范围包括内隐态度、内隐刻板印象和内隐自尊等。

3. 基于性别差异的信息传播的神经机制

近年来已有研究发现，信息传播所带来的情绪和认知差异在不同性别个体之间有显著差异。例如，女性更容易对悲伤信息产生强烈的情绪反应，而男性则更容易受愤怒信息的影响，因为被诱导进入愤怒情绪的女性更常选择非情绪集中的加工方式，而男性更有可能采取情绪集中的加工方式，从而更关注他们的愤怒情绪。[28]此外，人们对信息传播主体的性别加工具有自动化的特征，即不管男性还是女性都可以在没有注意参与的情况下自动完成性别加工任务，这主要通过声音、面孔以及嗅觉信息的自动识别。[29]并且男性对女性声音的信息加工速度要比加工男性的声音更快，即男性往往会对女性的声音分配更多的注意，[30]这种"异性偏好"可能与人类繁衍的本能息息相关，已有

ERPs 实验证明异性的声音将诱发大脑的晚期正反应,这是一个与接受奖励相关的脑区。[31]

(三)传播内容研究

内容表达方式、第一或第三人称的叙事角度以及不同情感属性的内容呈现所引起的受众反应也是认知传播学研究中的一个重要方向。

1. 基于内容表达方式的差异:视觉型内容以及听觉型内容

根据感官通道的不同,内容表达方式可以划分为视觉型内容和听觉型内容,相应地,用户对于内容的理解也就包括了基于视觉的文本"阅读理解"和基于听觉信息的"语言理解"。

首先,文本理解需要用户综合运用逻辑推理、认知整合等资源对内容进行语义加工。激活扩散模型(spreading activation)成为语言心理学家解释用户文本加工过程的重要理论。该模型认为,人们在文本信息的加工过程中会通过其内在规律和外部联系将不同的概念整合在一起,这个过程包括了局部加工、全脑记忆结构和加工以及语义匹配三个阶段,每个概念之间都可以通过相同点形成联系,这种相同点的数量越多,两个概念之间的联系就越紧密,回忆时就更容易被激活。该理论在一定程度上解释了人类是如何将对外界的理解通过各种网络模型整合进认知系统的,这给传播学带来的启示是,传播者应善于将不同的概念置于一个网络中形成语义联系,激活用户对相关概念的既有经验,从而形成更持久的、相互关联的记忆。

其次,基于听觉信息的"语言理解"涉及大脑在颞叶和额叶脑区对信息的处理过程。近年来,音乐作为一种能直接诱发用户情绪的听觉信息成为学界的重要关注点之一。音乐本身具备的伴随性、渗透性的特征可以与不同的内容和场景相结合,具有广泛的探索空间,[32]而音乐在传播过程中诱发的人体生理反应还可以直接影响行为决策,例如音高、节奏或者曲速等要素会直接激活前额叶，前额叶这一关键脑区不仅负责音乐信息的处理，也与人类行为决策功能相关。[33] 除此之外，还有研究证实，音乐所表达的情绪与听众所诱发的情绪之间存在一致性，[34] 这就意味着音乐传播所带来的情感体验可以促进公众共情，从而有可能在社会情绪分裂的情况下推动"社会合意"的产生。

由此可见，音乐不仅是一种娱乐手段，更是一种关键的传播要素，但是目前传播学领域尚未建立系统的关于音乐认知的范式，特别是在技术快速发展的背景下，人工智能音乐成为一种独特现象。这种新的传播形式能给社会带来什么样的功能价值，或许是未来研究需要深入探索的议题。

2. 基于内容叙事角度的差异：个人叙事内容与描述性叙事内容

内容叙事的角度不同也会引起不同水平的用户参与度。在认知神经科学中，"参与（engagement）"一词是一种注意倾向，通常与大脑加工过程相关，即当传播内容与用户之间存在内在联系时可以促进更高程度的生理或者情绪唤醒。[35] 例如，一篇发表在 PNAS 的文章指出，当内容叙事中多使用"你"字来指代具有社会影响的人，可以让读者与特定含义产生认知关联，进一步吸引读者，从而增加他们的共鸣和联系。[36]

人们的这种偏好反应也得到了神经层面的支持，根据分层记忆框架（the hierarchical process memory framework），[37] 每个大脑区域都被视为信息整合系统的一部分，但每个脑区都有倾向于优先处理的信息，如较低级别的听觉信息可以在瞬间加工完成，但是内容的叙事结构则被视为一种高层次、高抽象化的信息单元，需要同时结合个体的社会认知和语义系统来处理和理解叙事内容。在一项神经影像学（MRI）研究中，格瑞尔（Grall）等学者通过比较个人叙事（第一人称叙事）和描述性叙事（无人称叙事）对人体大脑的作用差别，发现个人叙事的文本内容能够引起更高水平的用户参与,这一点体现在参与者额叶和顶叶之间的强烈相关性,意味着个人叙事内容可以激活特定的大脑区域,从而被更快、更准确地理解和加工。[38] 这一研究从神经生物学的角度阐释了如何利用内容的叙事角度来促进信息的传播。

3. 基于内容属性的差异:情感化内容与理性化内容

不同情感属性的内容也会带来不同认知效果。早在 2016 年,牛津词典就将后真相作为年度词汇,意指"情绪先行、真相靠后"的非理性传播生态,在当下,以情绪情感为主要导向的内容成为传播一个重要面向。情绪是一种普遍而又因人而异的主观体验,大脑的前额皮层、杏仁核、海马体以及前部扣带回等区域都与情绪有着直接关联,例如,已有研究通过 fMRI 实验发现,当用户阅读情绪性内容时主要由左侧前额叶进行加工。

基于情绪化文本的神经学启示,传播学领域学者通过脑电实验进一步对其传播效果进行探析,发现相较于理性化表达方式,情绪化文本更容易引起用户的阅读兴趣,但也会阻碍他们对于内容和事实本身的深入思考,[39] 使人们难以区分哪些信息是中立的,哪些是威胁性的。[40] 此外,布雷迪(Brady)等人通过注意瞬脱实验范式发现,相较于中性化的词汇,被试对情绪和道德内容的注意瞬脱效应减弱,这意味着在有限的认知条件下,被试对后者的识别有更快的反应速度和更高的正确率,说明道德和情绪语言比中性内容更容易捕获用户注意,在加工过程中拥有更高的优先级,[41] 这在一定程度上解释了道德与情绪内容是如何捕获注意的。

(四)传播者研究

传播者的形象以及传播手段在很大程度上影响着传播者与受众之间的关系,从而进一步影响了传播效果。对于传播者的研究不仅仅包括以个人和机器为传播主体的信息分发,还包括以企业、组织为传播主体的广告营销效果测量。

1. 个体传播者:以"关系"为主要面向的信任机制探索

社会信任渗透于一切传播活动中,被称为"社会的润滑剂",其既是个体或群体交往的前提,更是社会稳定运行的基石。近年来,信任研究不仅仅是除了传播学的重要议题,心理学、神经元经济学以及神经生物学等学科也都在探索"信任"在大脑神经路径中的功能表现。与感觉、知觉和注意等初级心理过程不同,信任激活的脑区更加广泛且复杂,可以说信任是一种人类的高级心理过程。[42] 有研究通过fMRI技术检测被试大脑血红蛋白的流量变化,发现实验者在信任决策过程中大脑神经中枢的一个区域被显著激活,这为信任的生成机制提供了脑神经基础的解释。[43]

在认知传播学领域中,对于信任的研究既包括以真人为主体的传播者,也涵盖了以机器为主体的信息生产者。对于前者来说,过去的研究主要集中于传播者的信誉、专业权威性等特征的影响,但是近年来的研究逐渐转向"关系"层面的信任机制探索。例如,已有研究从强弱关系的维度将传播者与受众的关系划分为三个层次:关系较弱的陌生人 – 关系一般的意见领袖 – 关系较强的朋友。以三个层次探究消费者的决策意愿。在ERPs实验结果中,被试的晚期积极电位成分被成功唤起,LPP振幅从大到小的顺序是意见领袖—朋友—陌生人,这表明被试对意见领袖的信息消耗了更多的情绪资源,但是影响最终决策意愿的顺序却是朋友—意见领袖—陌生人,与EEG的结果呈现不一致性,结果说明情感资源在决策过程中只起到一定的作用,最终的决策参考与关系亲密度更相关。[44]

2. 机器传播者:社会信任范围的延伸

基于人工智能技术所生成的虚拟人、机器等传播主体也成为认知传播学中的一个重要研究对象。人类与人工智能之间的互动大部分都是围绕着信任议题进行的，信任在二者的合作过程中是一个重要变量。学者探究了基于人工智能生成的合成语音与真人语音的不同传播效应，结果发现真人语音比合成语音在情绪唤起和创造性思维活动上更具优势；[45]格雷费（Graefe）等人探索了人们对机器生成新闻的看法，发现人们对机器生成内容的信任程度要高于真人记者。[46]除此之外，虚拟形象的拟人化程度也会对用户产生影响，该研究通过fMRI来测量全脑的血氧水平，发现那些被设计成更真实、更人性化、更接近于他们所代表人物的动画角色将获得更积极的自我评价。[47]

在理论层面，霍夫（Hoff）等学者将人与机器之间的信任划分为三种类型：倾向性信任、情景性信任以及习得信任。[48]其中，倾向性信任指的是一个人对机器的总体信任倾向，这是一种长期的经验看法；而情境性信任则与外部环境和个人的内在感知相关，这是一种根据不同的场景而改变的信任倾向；习得信任则意为用户从过去的经验或当前的互动中得出的对机器的评价，直接受用户既有知识和人工智能系统性能的影响。最后，研究者提出，为了增强人与机器之间的信任，应该考虑增强人工智能系统的拟人化程度、透明度、友善度和易用性等方面。

3.企业或组织传播者：认知科学在营销效果研究中的应用

除了个体传播者，以企业或者组织为传播主体的广告效果、营销效果测量也一直是传播学中的重要议题，而认知科学则为研究者探究广告、营销信息的接受程度以及持续使用意愿提供了重要测量工具。已有研究通过眼动仪来测量消费者在关注产品页面时的注视轨迹，要求被试观看5个不同品牌的产品页面，结果显示，尽管产品的详情页非常重要，但是被试也花了相当长的时间浏览评论信息，这表明产品评论会对消费者的购买决策发挥重要作用。[49]还有研究探索了广告信息质量和消息来源的专业性如何影响用户认知，发现用户在接受信息的过程中采用两种认知路径进行信息处理——中心路径和边缘路径。当广告营销信息与用户相关时，主要采用中心路径加工，这时信息质量将对态度产生影响；当信息与个人的相关度较低时，则采用边缘路径加工，这时消息来源的专业性更有助于改变态度。[50]

三、认知传播学的测量方式以及未来研究展望

（一）EEG/ERPs：以毫秒级的时间精度测量瞬时效果

EEG测量主要是通过毫秒级的时间精度来测量大脑皮层的神经活动，其包含了EEG和ERPs两种信号记录方式，EEG又称技术基础脑电图，指的是在没有特定刺激或者任务状态下的大脑皮层活动，ERPs主要测量的是外界的特定刺激作用于被试感知系统的过程，记录对应脑区引起的电位变化。[51] EEG主要通过分析比较以时间为单位的各个成分的波幅和潜伏期状态，来推导相应的认知加工过程。例如，已有研究发现emoji可以作为情感启动的符号，当emoji与后续的文本语义不一致时候，会引发更负的N400波幅，[52] 而N170则是作为面孔识别的重要成分，其波幅会受到性别面孔一致性的影响。[53] 未来的认知传播学还可以利用EEG工具来处理用户对相关议题加工等瞬时效果，包括社会认知、态度、信任等层面。

（二）fMRI：以毫米级的空间分辨率记录神经活动

EEG虽然具有高时间精度的优势，但是在脑区空间定位上却不如fMRI精准，相应而言，fMRI技术虽然拥有高空间分辨率，但在时间分辨率层面却效果不佳。fMRI工作原理是当个体在参与某项认知活动时，大脑相应区域的含氧血红蛋白会引起磁共振信号的变化，因此

通过对比某一脑区血氧状态的前后变化，就可以得到该认知任务激活了某一部分的大脑功能。对于传播学领域的研究者来说，要掌握fMRI的技术操作，还需要了解大脑的基本结构以及处理网络，包括语言处理、执行控制、分心抑制、情绪控制、社会认知以及记忆等神经网络的功能结构，这可以为传播研究提供一定的指导意义。

韦伯（Weber）等学者总结了fMRI技术应用于未来传播学研究的三个方面。[54]第一方面是预测行为。有研究在测量说服信息的有效性时，结合了被试自我报告的数据以及fMRI扫描结果，结果发现结合了神经数据的模型能够对用户行为的预测准确性提高20%以上。第二方面是作为一种"读心术"手段更好地了解大脑内部各个模块的加工过程。通过脑成像技术来研究用户在看电影、打游戏过程中的大脑反应，对于理解人类神经处理的丰富性、复杂性和动态性至关重要。fMRI研究中两个关键方法促进了这一研究领域的迅速崛起：主体间关联（Intersubject Correlations，简称为ISCs）以及多体素模式分析（Multi-Voxel Pattern Analysis，简称为MVPA），这两种解码方法已被成功用于探索大脑激活过程中的内部和外部状态，因此经常被称为"读心术"。[55]第三方面是可以通过心流体验探知大脑内部的同步化。心流体验指的是人处于一种高度集中的状态中，这种状态是没有自我意识参与的，人也无法感受到时间的流逝。同时，这种体验也无法通过自我报告的方式来测量，而fMRI可以通过注意力（视觉皮层）、奖励（丘脑）、错误监测（前扣带皮层）和运动刺激（体感和前运动皮层）等相关大脑区域的神经激活来精准衡量用户的心流状态。[56]

（三）fNIRs：探究多主体间的认知相关性

fNIRs是一种以光学为主要手段的、非侵入性的神经成像技术，通过近红外光的衰减量来推知相关脑区的活动强度。[57]fNIRs虽然在时间分辨率和空间分辨率上不如 EEG 和 fMRI，但它同时结合了二者的优势，即弥补了脑电图空间分辨率的缺陷，以及 fMRI 时间分辨率上的不足，从而有助于研究者从其他角度深入理解脑部活动情况。除此之外，fNIRs 还具有一些独特的优势，首先，相较于其他生理监测手段对被试在实验过程中大幅度动作的限制，fNIRs 的便携性和允许运动的特征可以探究在自然环境状态下的用户行为，这在一定程度上扩大了认知传播学的研究议题。其次，通过超扫描范式，fNIRs 可以进一步监测多主体之间的脑同步性和叙事参与状态，即对多个被试的大脑进行数据扫描记录。例如，有研究让 19 对健康成年人就两个有争议的话题进行现场讨论，结果发现在双方达成一致意见时，被试的注意力网络活动增加，引起的脑区范围包括右外侧回、双侧额叶眼区和左额叶区，脑区协作状态也比意见分歧时更加同步。[58] 基于此，认知传播学研究可以继续拓宽研究的面向，即从人内传播层面的认知功能研究拓展到人际或群体传播层面的探索，观察不同场景、议题之下群体间大脑反应的差异性与共性，这有助于理解媒介与不同群体间的神经同步关系。[59]

（四）眼动追踪（Eye-Tracking）：通过视线轨迹衡量注意偏向

眼动技术已经成为研究认知学和基础神经科学的重要手段之一，[60] 主要用来研究个体在注视某个对象时眼球注视焦点以及运动轨迹，是衡量传播效果的重要手段。其以研究兴趣区为主要分析单位，通过测量个体的眼跳、注视次数、注视时长、瞳孔直径等指标，间接推测出用户的内部注意加工过程。例如，有研究让被试通过阅读、视觉搜索以及场景观看这三个任务，比较眼动特征与工作记忆之间的联系，记忆结果显示，个体记忆容量越小，眼跳幅度越小，间接反映出被试注意力不集中、信息加工效率低等特征。[61] 眼动特征与认知能力之间存在密切联系，也是衡量消费者注意效果的重要工具，广告营销领域已经形成一系列相关研究，这些研究方法与传播学语境进一步结合，便能对广告和营销效果的探测产生带动作用。

（五）多导生理记录仪：通过皮肤微电流测量情绪唤醒

多导生理记录仪主要通过记录包括 GSR、EMG、ECG、EDA 等人体皮肤微电流数据来监测用户的认知与情绪唤醒，工作原理是将各种生理信号通过电极点或者换能器转换为电信号，再通过放大器过滤，将这些信号在电脑屏幕上可视化呈现。其在心理学中的主要应用领域包括失眠、儿童注意力缺陷、焦虑状态、孤独症和抑郁症等，而在认知传播学中，多导生理记录仪也有了一系列的应用。例如，学者通过 ECG 等指标对比了用户在观看 2D 电影和 VR 电影过程中的体验感差别，结果发现 VR 电影诱发了更强烈的情感体验和生理反应，带来更强的在场感；[62] 还有研究发现，不同的媒介呈现会给用户带来不同的情绪体验，相较电脑屏幕，当用户在手机上观看犯罪视频时，他们的注意力会更集中，生理唤醒度也更高。[63] 以上研究说明媒介作为人体延伸正在改变人们感知距离的方式，在某种程度上，人们在电子设备上体验到的"亲近感"弥补了信息的地理距离，未来研究还可以进一步探索不同介质的媒介如何影响人们信息处理的方式和外在行为，进而找出最佳的媒介组合方式。

四、小结

认知科学与传播学的结合并不是一蹴而就的，认知传播学是经过了传统行为主义研究的困境、媒介理论与技术方法之间的分离之后才逐步建立起来的学科体系。当下的认知传播学研究在一定程度上摒弃了简单化的"刺激-反应"逻辑，从更深层、本质的角度探索心智与现实之间的映射关系，利用心理和生理的测量工具来构建信息加工框架。但是，对于神经学以及心理学等学科来说，认知传播学对工具手段的应用以及对人脑加工机制的探索依然是浅层的。在此背景下，传播学需要区分对待交叉领域的研究方法与结论，既需要从大量的神经科学研究成果中汲取最有价值的范式来建构本学科的研究，又需要尽量避免沦为认知科学等领域的重复性研究。[64]

第二节 认知传播学的发展趋势与创新重点：从应用研究、理论研究到基础研究

传播学研究的"认知转向"发展至今，传播学研究已经通过认知传播学研究范式不断拓展"认知视角"对各类传播现象、传播场景、传播机理的解释维度。借助传播学的社会实践经验和认知科学的技术工具体系，认知传播学得以解释媒介作用下人们的内在心智活动和外在行为效应。随着认知传播学研究视角、探讨议题、应用面向的不断丰富，该范式不仅彰显出对人类传播活动的极大解释力，范式本身也在基础性研究（Fundamental Research）、理论性研究（Theoretical Research）、应用性研究（Applied Research）三个层面持续迭代更新，显示出勃勃生机。当然，相较于传统传播学研究范式譬如经验研究范式或者批判研究范式，作为传播学学科底下的"新生"范式，还未完全形成基于本体论、认识论、方法论三位一体的体系认同和知识结构。但也正因为其还未设限的研究视阈，加上该范式天生携带的传播学、心理学、认知科学、社会学等多学科"基因"，每年都涌现出一批议题丰富、方法多样的学术成果。

2023年的认知传播学研究在前人研究经验的基础上，能够进一步

细分为三个层面：认知操作和应用策略层面的应用性研究；认知态度形成、认知相关、因果关系层面的理论性研究；范式构建、学科建设层面的基础性研究。上述不同层面的研究经过学者们的不懈探索，在持续性和创新性两个维度上齐头并进，显现出继承与开拓、提炼与优化的研究趋势。本节基于国内外 2023 年认知传播学领域的最新成果，结合应用性研究、理论性研究和基础性研究三个层面与持续性研究和创新性研究两个维度，对 2023 年认知传播学研究的概貌与细节进行述评。这既是对过去研究的回顾、总结与提炼，也是对未来研究的铺垫、预设与指引。

一、应用性研究层面

应用性研究是指将基础研究所产生的知识，应用到解决人类实际问题上，具有特定的实际目的或应用目标。传播学研究的应用层面研究关注社会问题，重点探究改进传播实践的方法和策略，以期对学界、业界，或者利益相关者都有实践意义。[65]认知传播研究范式作为"离人类感知最近的传播"，[66]可以捕捉即时性、碎片化场景中媒介用户接近日常真实状态下的认知规律与效果反馈。具体而言，认知传播学借助科学工具可以揭示个体在接收外部信息后产生的感知、知觉、记忆等一系列认知加工结果，外显化媒介在大脑中形成的主观图景，这对媒介内容生产者、传播者的实践策略都有相当重要的参考价值。从最初的媒介暴力研究、影像认知研究、说服与健康传播研究以及广告与营销研究等，[67]到后来的用户体验研究、媒介场景研究、多通道感知研究、游戏研究、虚拟现实研究、人机研究等，[68,69]可以看出认知传播学作为研究工具在诸多应用领域发挥重要作用。在认知传播学的最新研究中，应用性研究依旧占据了半壁江山，这与应用研究的切口小、问题具象、方法规范、研究周期较短息息相关。从研究方法来看，应用性研究又可以细分为客观性研究视角（Objective Research）与解释性研究视角（Interpretive Research）。客观性研究通常采用实验的量化研究方法探测信息－认知－行为之间的预测、相关和因果关系，解释性研究则更关注对现象或问题的解释和理解，不强调预测和操控。[70] 国外相关学者更多基于客观性视角进行媒介效果层面的相关研究，关注不同传播要素对受众或用户认知与行为的影响，研究主题主要包括健康传播、广告营销、信息说服、游戏与VR、人机交互、场景研究等方面。国内学者更擅长用解释性研究视角解读新现象和新应用。

其中，健康传播、广告营销与游戏研究一直是国内外认知传播学研究者重点关注的研究对象之一，在学术群体、研究路径等方面都表现出相对稳定性和持续性。健康传播学者的主要目标之一是设计有说服力的健康传播信息以改变受众将来的不健康或危险行为，因此他们着重检验信息在健康方面的说服力。克莱顿（Clayton）等人借助生理心理指标（Psychophysiological Response）复现了"预防针或接种效应（Inoculation treatment）"在健康说服信息中的作用，预防针或接种效应指的是受众在接受说服信息之前先"接种"包含以下元素的信息：警告受众即将阅读的信息会威胁其自由，会引发其愤怒和不认同，并提前预设驳斥理由。他们发现在观看反吸烟公益广告之前接触到接种信息的吸烟者对广告的反应在自我报告和生理指标上都表现出更积极的情绪、态度和行为倾向。[71] 还有学者发现提前接触带来积极情绪的娱乐节目会抑制观众对随后出现的劝阻类（如不要过度饮酒）健康信息的抗拒情绪，增加劝服效果。[72] 上述类似"启动效应"的研究路径也出现在广告效果研究中，例如有学者探究了广告出现前的体育节目引发的观众情绪，如何与广告本身的情绪基调相互作用，从而影响广告效果，结果表明，如果体育节目引发的情绪与广告情绪基调都很积极，广告会显著吸引用户注意，若两种情绪不一致，情绪基调消极的广告反而更有效果。[73]游戏研究的学者结合趋近－回避动机理论与游戏可供性研究发现玩家会自适应不同的游戏可供性以获取利益或者避免威胁，趋近－回避动机反应能力的差异会调节自适应表现。[74]

另外，应用性研究中还出现了一些创新性的研究议题，一种创新指的是研究对象出现的时间新，另一种创新指的是用新研究视角来更新旧议题。一方面，人工智能尤其是生成式人工智能给新闻传播学学界和业界都带来极大震动，有学者率先注意到生成式 AI 平台型媒体的迭代升级扩展了用户认知争夺的版图，从信息、观点和态度竞争上升为思维模式和价值准则的争夺。[75]也有学者比较了人际交流和人机（聊天机器人）交流的异同，认为聊天机器人的社交吸引力始终低于人类。[76]直播作为传播学视阈下的热点话题，也有学者从认知的角度分析了直播场域中认知争夺的策略路线，根据认知争夺的"浅层争夺－中层争夺－深层争夺"三个层次，提出了直播中"人－货－场"的认知争夺策略路线。[77]另一方面，在媒介效果研究上，学者们进一步细分媒介场景。例如，有研究者关注到移动阅读场景下个体对所阅读内容的认知会受到阅读环境和文本体裁的影响；[78]还有学者发现在线信息搜索场景中用户认知处理的流畅性、主动搜索行为和搜索能力都会影响其对信息的认知和判断。[79]

二、理论研究层面

理论研究是对社会内各种现象内在联系和规律的研究，理论成果通常是一套原则的整合，对解释和预测社会行为具有普遍意义。经典的传播学理论研究主要来自经验学派与批判学派，围绕人际传播、群体传播、大众传播等不同传播类型衍生出一系列理论研究成果，如议程设置、使用与满足、涵化理论等，在传播环境不断变化的今天，这些理论研究成果依旧具有很强的解释力。具体到认知传播学领域，基于媒介信息的认知和情感加工机制，有个体层面的动机化媒介讯息加工的有限容量模型理论，[80] 也有人际层面的超扫描范式等。[81] 整体而言，理论研究本身具有论证复杂、周期较长、速度缓慢的特性，再加上认知传播学作为新兴学科范式还处在起步阶段，该领域下理论性研究成果不如应用性研究成果丰富。但是大量应用性成果的累积也为理论研究的优化与创新提供了动力与依据，这主要体现在以下两个层面：一是学者们在使用既有理论诸如有限容量模型的研究过程中，不断丰富与更新研究对象、优化研究工具；二是基于新的传播现象提出新的理论体系，不断增加认知传播学的解释效力。尤其值得注意的是，相比往年，新理论的提出和探讨格外热烈。

在既有理论的创新层面，有学者通过探索如何利用"旧"理论解释"新"场景以增加理论"活力"。例如，克莱顿用有限容量模型理论中的边缘性心理生理指标（如 HR、皮肤电、fEMG 等）来揭示处在数字媒体场景中个体的情绪和心理反应。[82] 还有学者从方法维度拓展现有理论，学者对情绪管理理论（Mood Management Modeling）进行计算建模，量化了不同情感属性对个人媒介内容选择的影响力大小，并综合考虑多维因素，提出了一个计算决策模型来解释个体的媒介内容选择机制。[83] 此外，基于趋近-回避动机理论，有研究提出人们可以通过媒介使用实现行为接近、行为回避、认知接近和认知回避，进而有效调节现实人际关系造成的负面情绪（孤独感、被排挤感等）。[84]

在新理论的开发层面，一方面是现实社会结构启发产生的结果，另一方面是对跨学科理论的吸收。对于前者，认知战略是学者们着重探讨的新理论对象，具体包括认知竞争、认知战、认知策略等核心概念。基于"认知"在传播效果中的撬动过滤作用，围绕个体认知展开竞争实践，[85]是当前智媒时代媒介效果研究的重要理论切口。目前认知竞争以及认知战的概念常见于政治军事领域，例如《中国社会科学报》刊文指出，"未来战争将从五个作战领域即陆地、海洋、空中、太空和网络，延伸至认知领域……认知战是调控人们对信息的解读和反应"。[86]还有学者更为系统地提出，认知战略传播基于网络群体扩散的非理性，培养意见领袖，在情感偏向上吸纳盟友，"是未来国际政治竞争和当代国与国关系投射的焦点"。[87]也已经有学者开始注意到经济、文化等领域的认知竞争，从概念解析层面提出认知战略传播的分析单元"认知带宽"，作为"个体在特定情境下处理特定媒介信息的实际认知空间"，[88]是认知竞争过程中需要高度关注的个性化特征。国外学者同一时间提出的媒介心理生理学（Media Psychophysiology）范式可以作为研究战略传播的可行方法论，为认知战略传播提供量化研究路径。[89]对于后者，有学者基于传播学者缺乏大脑加工知识、神经学者忽略社会复杂性的研究现状，引入工程学领域的网络控制理论（Network Control Theory），将媒介－大脑－效果的因果路径连接起来，形成一个整合媒介内容、用户接收和媒介效果的整体性分析框架，可以模拟特定信息如何影响个体认知、关联者行为以及整个社会网络。[90]

三、基础研究层面

基础性研究通常是从普遍意义上获得一般知识以及探索根本性社会规律。传播学学科中的基础性研究重点围绕学科知识或者自主知识体系建设的问题展开，加快构建中国新闻传播学的"三大体系"是研究者面临的重大学术问题，如张涛甫等强调新闻传播学自主知识体系的构建必须形成一致的规则和范式；[91]另外，知识体系应该具备自主性、原创性、系统性和融通性。[92]毫无疑问，知识体系探索与范式演进是大小学科领域的学者们都在努力跨越的高山，认知传播学学者同样如此。在经过数年微观应用研究与中观理论思辨的成果积累后，学者们正在建立认知传播学知识体系和学科范式的道路上砥砺前行。如果说之前已经出现"多视角、多层级、全方位解析认知神经传播学基本范式"的意识萌芽，那么现在学者们已经开始认真探讨认知传播学的知识体系构建问题，并形成一定的思想成果。有学者总结道：认知传播研究的知识谱系经历了由零散性知识到自主性知识体系和理论体系的转变。[93]

目前来看，认知传播学知识体系的建立显现两条路径，一条可以看作持续性的基础研究，即用整体性视角将割裂、孤立的研究板块连接起来，将既有的研究成果串联成一个系统性、全面性的知识谱系。[94,95] 王江蓬等将认知传播研究知识谱系的动态演化过程分为研究发轫期，理论初构期与学科成型期，提出认知传播研究已经逐渐摆脱零散性知识局限，形成了自主知识体系建构的学科生态，具体包括基于概念与内涵的本体性知识、基于关系与应用的认知论知识、以及基于方法与进路的方法论知识三大面向。[96] 另外，有学者从新文科建设角度切入，提出知识溯源—知识生成—知识服务的认知传播系统性实践路径：以"问题导向"的知识生产逻辑为出发点，以计算主义与建构主义相互融通的知识生产方法论体系互补完善研究方法，以着眼全球、回应时代命题、服务社会公共利益的知识服务目标凝聚学科价值。[97] 上述路径尝试结合哲学社会科学的现实号召与认知传播学已有的研究视角，建立一个相对全面的认知传播学知识体系或者话语体系。

另外一条路径表现出更大创新性，引入行为科学对包括认知传播学在内的整个传播学科进行"升维"，构建新的行为传播学范式。[98,99] 人或者说个体不仅是认知传播学研究的核心对象，也是传播学研究的基本单位，行为传播学以"个人"作为构建学科的基点，以个人的行为即"行为人"作为分析人及其实践的关键指标，构建以"传播 – 心智 – 行为"协同要素为关注对象、"环境 – 人类 – 行为"动态耦合为分析维度的交叉学科范式。[100] 行为传播学范式在观察人内心智的基础上，基于环境的复杂性与多变性，进一步关注到行为作为心智外化的社会实践对于一切传播现象的统摄性意义，可以"网罗人类社会传播动态过程中的全要素的链接形态"，[101] 从而更好地回答了传播如何影响个人并最终影响社会构造的问题。围绕"行为"，该范式延展出具体研究路线图，包括认知重构研究，行为诠释研究，以及多层效果研究（瞬时效果、短期效果、中期效果、长期效果）。[102]

四、小结

应用性研究、理论性研究与基础性研究共同组成了认知传播学研究的金字塔。作为金字塔底层，应用性研究以其相对易操作性在成果数量和话题丰富度上遥遥领先，为理论研究和基础研究奠定了基石。理论性研究与应用性研究相互映射，应用研究成果为理论研究提供来自真实世界的经验证据与思辨素材，理论研究是应用研究的升华提炼并为其提供一般性规律指导，在金字塔中层发挥承上启下的作用。基础性研究作为最难搭建的金字塔顶层，在底层和中层研究成果的铺垫下，以及研究者的笃行不息下，已然初具规模。三类研究循环互构，促进整个认知传播学研究的学术生态活跃。

2023 年的认知传播学研究持续发力，为后续的认知传播学研究提供了思路和参考。首先，与个人日常生活息息相关的可持续性议题依旧值得深挖。例如，健康传播、广告营销、用户体验等，不仅有学理意义，更有实践价值。其次，新场景下的传播议题需要跨学科思维提供创新性思路。要解决人工智能技术支持下的媒介场景如何重构个体认知、改变群体观念、影响社会构造等复杂问题，必须吸收各个学科的精华才能形成合理的理论抓手和操作依据。最后，认知传播学学科体系和范式的构建始终是认知传播学研究的最终目标。无论是聚沙成塔、总结思考，还是独辟蹊径、创新思路，都还需要研究者持之以恒地去求索、探寻。

第六章
认知神经科学研究的范例解读

第一节 后真相时代情绪化文本的传播效果研究

一、引言

2016年，后真相一词入选《牛津词典》年度词汇。《牛津词典》将其定义为在塑造公众舆论方面，诉诸情感（emotion）和个人信仰（personal belief）比陈述客观事实（objective facts）更加有效。[1]其实，有关后真相的论述最早可追溯至1992年美国《国家》杂志记载的关于"水门事件""伊朗门丑闻"等政治事件的描述。[2]因此，后真相是诞生于西方政治语境下的一个概念，用来描述事实或真相被服务于特定政治意图的话语所操纵的现象。围绕后真相展开的文化批评，表达了人们对于事实或真相这一基础信念逐渐消解的忧虑。[3]

然而，后真相不是对真相的否认，而是承认事实之外的其他因素对于真相的影响。柯林·怀特认为后真相概念涉及两个层面：一是信息生产领域中，有关真相和与真相相关的各种宣称之间互相混淆的现象；二是信息接收领域中，受众对关于真相的各种宣称的反应。[4]这一论述既区分了"真相"与"关于真相的宣称"的概念，同时也区分了信息"生产"与"接收"领域的问题，强调后真相概念应该更多从受众的立场出发，讨论受众基于不同立场对信息展开的个性化解读。此时，真相并不等同于唯一客观存在的事实，人们的情感、体验和感受都会干扰其对真相的认知。也有学者使用"第三种现实"来形容后真相时代，认为后真相是介于客观真实与虚构之间的信息内容，即"情绪化的现实"。[5]由此可见，情感表达是后真相时代信息内容的重要特征。

目前，后真相概念已经从政治领域蔓延到更广泛的学科领域。传播学等各研究领域开始意识到情感的重要性。[6]在传播学领域中，已有学者分析了后真相在新媒体语境下的新内涵。在传统媒体时代，客观事实与主观事实共同构成事实，事实被证实则成为真相，真相形成情感从而建构了某种价值，事实到真相再到价值的过程是单向线性的，即价值无法回溯并干扰事实或通过情感影响真相的建构。而在后真相时代，客观事实与主观事实以及噪音共同构成了事实，符合情感的事实片段被挑选或二次加工创造，再与情感一同拼贴重构了真相，这种真相建构出的价值，反过来又会驱动情感的形成，继而影响真相。整个过程中的各个环节相互牵制、相互影响，情感在事实与真相之间扮演了重要角色。[7]

因此，本研究将情绪性文本作为后真相时代的重要特征，对其传播效果进行定量研究。目前，已有学者就情绪化表达对传播效果的影响作出了初步探索。研究表明，情绪化文本会对受众的心理和行为产生影响。首先，情绪化信息能够通过情绪感染的方式影响受众对信息内容的认知，例如，研究者发现Facebook评论中的情绪化信息能够通过情绪感染的方式影响受众情绪，[8]以及亚马逊在线评论的情感内容可以影响受众对信息有用性的判断。[9]其次，情绪化文本还会进一步影响受众后续的传播行为。例如，有学者发现相比非情绪内容的新闻，用户更倾向于通过电子邮件转发《纽约时报》上含有情绪内容的新闻；[10]有学者通过负二项回归分析和最小二乘法回归分析证明了相对于中性表达，带有情绪色彩表达的微博被转发数量更多，被转发速度更快。[11]但这些传播学研究中涉及情绪化信息对个体认知层面影响的测量，通常采用事后自我报告或大数据分析的方式测量效果，这种事后行为测量并不精确，无法实时反映个体在阅读文本时的情感体验和认知过程。

EEG技术在认知神经科学领域广泛使用，可以通过记录头皮表面的神经活动，实时反映个体在信息加工过程中的心理活动及其规律。该技术无损伤且便于记录，时间分辨率较高，在实时信息处理的内隐监测能力方面具有明显优势。[12]EEG信号是大脑内部神经元活动在大脑皮层的综合反映，不同情绪状态或情绪变化会呈现出EEG信号的不同变化。[13]在以往的研究中，EEG技术对于个体情绪体验研究起重要作用。对于某些不易于主观察觉的情绪刺激，EEG能够通过描述生理反应，客观地揭示不同情绪刺激背后的认知加工机制。[14]

已有很多研究运用认知神经科学方法证明，人的情感体验和认知过程与EEG活动紧密相关。例如，在市场营销领域，EEG信号常被用于测量消费者的情感效价、情感唤醒以及趋近－回避行为等。欧姆等人从同一产品的三支不同版本的广告中提取出涉及情感部分的场景，结果发现消费者对于不同的情感场景产生了不同的趋近反应；[15]维克亚多（Vecchiato）等人发现受众在观看商业广告视频时，与视频体验愉悦度相关的额叶区域的脑电活动存在不对称现象，且额叶激活的不平衡与个体表达愉悦的程度呈线性相关；[16]卡尔托奇等人则在此基础上进一步考虑了性别和年龄对被试情绪偏好的影响。[17]

因此，我们假设在后真相语境下，新闻文本的情绪化表达也会影响受众的脑认知活动，个体在阅读采用不同情绪表达方式写作的新闻文本时，EEG信号会呈现出相应的变化。因此，本研究拟选取采用两种不同表达方式（情绪化表达或中性表达）写作的同一新闻事件文本作为实验材料，采用 EEG 方法记录两组被试阅读过程中的 EEG 信号，考察新闻文本的情绪化表达对个体的认知活动产生的影响。

二、方法

（一）被试

选取北京市某高校 50 名本科生和研究生。实验之前随机分为人数相等的两组，每组各 25 人。其中，实验组男性 12 人，女性 13 人，平均年龄 22.16 岁（标准差 1.91 岁）；控制组男性 12 人，女性 13 人，平均年龄 22.96 岁（标准差 2.32 岁）。所有被试均为右利手，视力或矫正视力正常，无任何精神疾病史和家族遗传病史，无服用烟酒或精神药物的情况。被试在实验前完成了中文版贝克焦虑量表（the Chinese Beck Anxiety Inventory，简称为 BAI）和贝克抑郁量表（the Beck Depression Inventory，简称为 BDI），其得分如表 6.1 所示，且均未表现出临床显著的焦虑或抑郁症状。为了评估情绪状态，在实验前对被试进行了正性负性情感量表（the Positive and Negative Affect Scale，简称为 PANAS）的评估。实验组积极情绪平均值 29.60 分（标准差 5.46 分），消极情绪平均值 20.92 分（标准差 20.9 分）；控制组积极情绪平均值 31.46 分（标准差 5.00 分），消极情绪平均值 20.29 分（标准差 7.85 分）（见表 6.1）。所有被试在实验前都签署了知情同意书，并在实验后取得一定数额的报酬。

表6.1 实验组和控制组被试的年龄以及 BAI、BDI 和 PANAS 得分

项目	实验组（N=25）	控制组（N=25）
男性	12	12
女性	13	13

续表

项目	实验组（N=25）	控制组（N=25）
年龄	22.16 ± 1.91	22.96 ± 2.32
BAI	29.56 ± 5.65	28.04 ± 4.46
BDI	9.00 ± 6.17	7.80 ± 6.44
积极情绪	29.60 ± 5.46	20.92 ± 6.65
消极情绪	31.46 ± 5.00	20.29 ± 7.85

资料来源：Yang Y，Xiu L，Yu G. Emotional information in news reporting on audience cognitive processing in the age of posttruth：An electroencephalogram and functional connectivity approach［J］. Frontiers in Psychology，2021，12：734147.

（二）实验材料与实验过程

控制组所使用的实验材料是一篇标题为《美国将开始转基因食品强制标识》的新闻，全文1369字，内容主要介绍转基因技术，完整阅读需要3~5分钟。实验组所使用的实验材料在原作基础上进行了修改，在保留原论点不变的情况下，将论据部分客观中性的叙述文本改为情绪性的表达，标题为《转基因食品换了新马甲 美国消费者已吵翻》，全文1343字，完整阅读需要3~5分钟。被试阅读的新闻材料均使用A4打印纸打印，大小为210mm×297mm。

两组被试分别阅读两篇新闻文本。实验开始前，被试进行3分钟的静息，然后被要求仔细阅读文本，并在阅读之后需回答3道与文章主题内容相关的问题，以加深对文本内容的印象。实验任务完成之后，再进行3分钟的静息，以使被试的情绪状态恢复到基线水平。阅读任务时长为4分钟左右，总任务时长大约10分钟，被试阅读过程中同步记录其EEG数据。

（三）EEG数据的采集与分析

采用Cognionics Quick-30 32导无线干电极EEG设备记录EEG数

据，按照 10~20 系统排列电极位置。EEG 数据采样率为 1000 Hz，DC 记录，前额接地，记录带宽 0~100 Hz。记录时采用左侧乳突为参考电极，离线分析时转换为双侧乳突平均参考电极。被试在安静、无干扰的实验室内完成实验。

使用 EEGLAB 14.1.1 对采集到的 EEG 数据进行离线分析，手动去除漂移较大的 EEG 并使用独立成分分析（Independent Component Analysis，简称为 ICA）剔除眨眼、扫视和头动等伪迹。得到干净的数据后，选取 F3、Fz、F4、C3、Cz、C4、P3、Pz、P4 这 9 个电极点的数据进行离线分析。通过快速傅里叶变换（Fast Fourier Transform，FFT）（Hanning 窗函数，1 s 宽度和 50% 交迭比）提取 delta（1~4 Hz）、theta（4~8 Hz）、alpha（8~13 Hz）、beta（13~30 Hz）波段在 9 个电极点上的功率谱密度值（$\mu V^2/Hz$）（Power Spectral Density，简称为 PSD），为了进行归一化，对这些 PSD 数值取自然对数，然后计算 9 个电极的 PSD 平均数。分别对实验组和控制组各波段的 PSD 值进行独立样本 t 检验，采用 SPSS 24.0 进行统计分析。

三、结果

两种条件（情绪化表达对比中性表达）之下，delta、theta、alpha 和 beta 节律的 PSD 头皮分布如图 6.1 所示。对实验组和控制组 delta、theta、alpha 和 beta 节律的 PSD 值进行独立样本 t 检验，结果发现（见表 6.2）：

在 delta 波的 PSD 值上，实验组（$M=2.792, SE=0.137$）与控制组（$M=3.406, SE=0.178$）之间存在显著差异，$t(48)=-2.728$，$p=0.009$，Cohen's d$=-0.614$，实验组 delta 波的 PSD 值明显低于控制组。

在 theta 波的 PSD 值上，实验组（$M=0.939, SE=0.090$）与控制组（$M=1.349, SE=0.118$）之间存在显著差异，$t(48)=-2.764$，

$p=0.008$,Cohen's $d=-0.410$，实验组 theta 波的 PSD 值明显低于控制组。

在 alpha 波的 PSD 值上，实验组（$M=0.178$，$SE=0.083$）与控制组（$M=0.558$，$SE=0.098$）之间存在显著差异，$t(48)=-2.952$，$p=0.005$，Cohen's $d=-0.381$，实验组 alpha 波的 PSD 值明显低于控制组。

在 beta 波的 PSD 值上，实验组（$M=-0.660$，$SE=0.076$）与控制组（$M=-0.261$，$SE=0.084$）之间存在显著差异，$t(48)=-3.518$，$p=0.001$，Cohen's $d=-0.399$，实验组 beta 波的 PSD 值明显低于控制组。

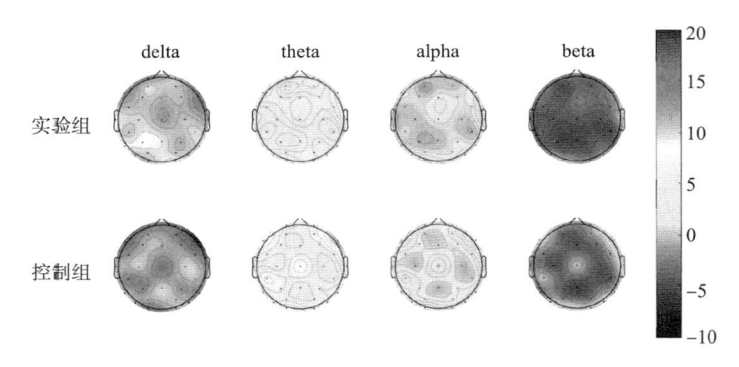

图 6.1　实验组和控制组被试 delta、theta、alpha 和 beta 节律 EEG 的 PSD 值头皮分布图

资料来源：喻国明，钱绯璠，陈瑶，等."后真相"的发生机制：情绪化文本的传播效果——基于脑电技术范式的研究［J］.西安交通大学学报（社会科学版），2019，39（4）：73-78+72.

表 6.2　实验组和控制组被试 delta、theta、alpha、beta 节律的 PSD 值

项目	实验组（N=25）	控制组（N=25）
delta 波	2.792 ± 0.686	3.406 ± 0.892
theta 波	0.939 ± 0.448	1.349 ± 0.592
alpha 波	0.178 ± 0.417	0.558 ± 0.491
beta 波	−0.660 ± 0.379	−0.261 ± 0.421

资料来源：喻国明，钱绯璠，陈瑶，等."后真相"的发生机制：情绪化文本的传播效果——基于脑电技术范式的研究［J］.西安交通大学学报（社会科学版），2019，39（4）：73-78+72.

注：本次统计分析采用统计指标 M±SD。

四、讨论

本研究采用 EEG 频域分析，通过 EEG 信号的活动强度揭示受众阅读新闻文本过程中的脑部活动，试图考察不同的文本表达方式（情绪化表达或中性表达）对个体信息加工的影响，以期探讨后真相语境下的情绪化新闻文本对受众认知活动的影响。

研究结果发现，阅读有情绪材料的实验组（情绪化表达）与阅读中性情绪材料的控制组（中性表达）的 EEG 信号中，alpha、beta、delta、theta 四类节律波均存在显著差异。其中，实验组各频率波段 PSD 值均小于控制组。这表明新闻文本的情绪性因素确实影响了受众的情绪状态以及信息加工过程。

具体来说，阅读情绪化材料的实验组 alpha 波 PSD 值低于阅读中性情绪材料的控制组，而 alpha 波是成年人头皮 EEG 信号中最主要的频率，其活动强度与所对应的皮层脑区活动强度成反比，即 alpha 波活动越弱，表明该脑区皮层活动越强，[18] 这表明，实验中材料的情绪性可能抑制了被试脑内 alpha 波的活动，大脑皮层活跃程度显著增强。alpha 波功率不仅在个体认知过程中起重要作用，在情绪研究中也至关重要。萨洛（Sarlo）等人采用 4 种不同情绪的影片片段，诱发被试的中性和消极情绪，研究发现三种消极情绪引起的脑区皮层活跃程度高于中性情绪引起的脑区皮层活跃程度，[19] 与本研究结果相一致。这表明，相比中性新闻内容，情绪化表达的新闻内容能显著激活个体特定的情绪状态，增强大脑皮层活跃度，吸引个体主动参与新闻阅读过程中。

本研究中，阅读情绪化材料的实验组 beta 波 PSD 值低于阅读中性情绪材料的控制组，而活跃的 beta 波节律与注意力、知觉和认知有关。[20] 当大脑的中枢神经系统进行强烈的脑力活动或者人体处于紧张的状态下，alpha波的幅值就会降低，转化为beta波；个体注意力集中，思维活跃，beta波增多，表明脑神经中枢处于兴奋状态。因此，beta波的活动与个体活跃的精神状态有关，尤其是在额叶皮层强烈的、集中的精神活动。由此可见，相比阅读中性新闻内容的控制组，实验组在阅读带有情绪的新闻材料时，可能将更多的认知资源投入到与情绪相关的任务处理中，而把较少的认知资源分配到与内容相关的任务，因此被试对新闻材料本身的关注下降，大脑中枢神经系统围绕内容进行的激烈思考活动会受影响；据此进一步推测，情绪化表达的新闻内容可能阻碍个体在阅读过程中的深度思考。

对比作为觉醒时成年人EEG基本波的alpha波和beta波，慢波delta波和theta波散落在基本波中间存在，并且多出现于成年人的睡眠状态。但也有一些认知神经科学家认为，delta波和theta波涉及许多认知过程，[21]并且与处理情绪刺激有关。[22]

theta波的增加与工作记忆的激活有关。[23]拉加瓦查里（Raghavachari）等人在一个类似Sternberg的工作记忆任务中发现，人类的皮质theta波活动显著增加，并且研究者认为theta波反映了对工作记忆任务相关信息的控制和对工作记忆任务无关信息的抑制。[24]在本实验中，实验组的theta波PSD值显著小于控制组，说明相比控制组，实验组被试用于处理与阅读任务无关信息（情绪相关信息）的认知资源更多。theta波的增加也与目标刺激相关的注意分配有关，[25]低级别的注意任务需要更少的网络资源，反映在更弱的theta波上，这与本实验中实验组比控制组在对信息的注意上使用了更少的资源一致。此外，Kamarajan等人发现，与No-Go处理相关的delta功率和theta功率的减少可能表明缺乏抑制控制和信息处理机制，[26]这或许意味着阅读情绪化表达新闻的被试增加了用于情绪处理的认知资源，而减少了用于信息处理的认知资源，从而阻碍了其对新闻内容本身的深入思考。

delta 波被认为与认知任务的难度（复杂性）有关，需要注意内部处理的认知任务会导致 delta 活动的增强，注意外部环境的情况时会导致 delta 活动的减弱。[27]情绪化的表达方式增加了被试在新闻阅读过程中的认知难度，导致被试需要注意新闻内容本身以外的情绪内容，因此实验组 delta 波 PSD 值显著小于控制组。

因此，在后真相语境下，情绪化表达的新闻文本更容易激活大脑皮层活跃度，吸引受众阅读，这也解释了情绪化表达的文本在渠道中更容易传播的现象。由于情绪性内容相比中立的客观陈述，本身存在主观立场，与读者原有的价值、信念或态度相一致或相冲突，很容易激起读者的兴趣，降低了读者进入新闻阅读状态的难度。但与此同时，研究结果也说明，受众在阅读情绪化表达的新闻内容时，可能将更多的认知资源投入到了与情绪相关的任务处理中，对内容本身的关注程度下降，也就是说，情绪化表达阻碍了受众的深入思考，受众容易停留在情绪表面，对情绪背后的客观事实缺乏思考。这说明，随着新媒体技术的发展，新闻生产的准入门槛降低，超越时空限制的社交媒体使得传统新闻审查机制不再适用，新闻的客观性原则受到挑战，充斥着情绪渲染、观点鼓动的新闻内容的泛滥导致真相不再是基于客观性理念之上的事实，而是"情绪在前，客观在后"的后真相，这也是后真相时代新闻领域面临的最重要的问题之一。

然而，后真相不是对真相的全盘否定，而是在新媒体语境下，对新闻价值内涵的扩展与重塑，对待后真相不应过度悲观，而应运用情绪化文本易传播扩散的特征，改进新闻文本生产。从大众传播时代到新媒体传播时代，时空距离被消除，大众传播转变为更加精确的社群化传播，个体的个性化需求得以凸显，此时新闻价值的判断标准已经发生变化。原本强调事件本身的显著性转变为强调事件是否具有显著的情感导向,强调对全体受众的重要性转变为强调对目标群体的重要性,强调空间上的接近性转变为强调对个体兴趣爱好、情感需求、观点态度的接近。[28] 因此,新闻生产者未来应该从更加精确细分受众需求的角度来重新定义新闻的公共性,为满足不同群体的个性化需求选取最佳的表达方式,促进不同群体间的沟通与理解,建立情感认同,从而使得传媒成为表达多元利益与意见的公共平台。

本研究也存在一些局限与不足。EEG方法虽然具有极高的时间分辨率,可以实时捕捉个体的瞬间反应及变化,但EEG的空间分辨率不高,难以准确地将EEG信号与对应的脑区位置匹配起来,因此,本实验无法直观显示不同情绪材料引起的被试EEG信号上的差异在不同脑区位置上的体现,后续可以结合其他认知神经科学中常用的脑认知技术或其他生理学测量方法,如fMRI、近红外光谱技术(near infrared spectroscopy,简称为NIRs)以及眼动、多导生理记录等技术,进一步比较不同新闻文本的传播效果在大脑活动层面的表现。

第二节　传播媒介对受众长时记忆的影响研究

媒介技术变迁史就是一部浓缩的人类文明史。作为人类信息传播活动的重要工具,媒介的形态处于不断演化发展中。以媒介技术为轴,追溯媒介形态变化,可发现它的进化就是一个技术与社会相互作用的过程。作为媒介形态变迁的重要驱动力量,技术的每一次迭代更新都带来传播质量和效率的极大提升,增强媒介对前技术环境的复制能力,模糊虚拟与现实的边界。技术的合目的性和合手段性的复合性,又会在技术得到成功推广应用后引发社会制度、社会组织的改变,以产生容纳新技术的情境，从而导致人类认知模式、交往方式、社会结构的改变。

人是媒介的尺度。以报纸为代表的印刷媒介和以手机为代表的电子媒介是两种不同特性的媒介，它们塑造着不同的媒介文化。在不同的媒介使用过程中，人们的认知方式、思维习惯是否会受两种媒介场景中不同的信息加工机制的影响？两种媒介的传播效果是否存在差异？这些问题值得我们深入研究。迄今为止，学术界不乏对印刷媒介和电子媒介的对比研究，但大多停留在浅层，以探索型研究居多。从方法论上看，多是运用定性研究，量化不足，研究效度不高。长期以来，人文社科学者受制于研究手段的局限性，对人类信息处理中枢大脑的研究一直游离于传播效果研究之外。如今，关键技术的突破为我们超越内省（introspection）和行为主义的局限，并在无意识层面研究媒介传播效果的认知机制创造了条件。为深入研究受众在使用不同媒介时的信息加工机制，本节将基于传播学、心理学、认知神经科学等交叉学科思维，采用认知神经科学的方法，从神经层面和行为层面研究印刷媒介和电子媒介的记忆效果。

一、文献综述

技术作为媒介发展的关键推动力，不断赋予媒介新的形式与功能。印刷媒介的兴起实现了信息的大规模快速传播，使信息传播突破了时间和空间的限制，推动了信息传播的民主化进程。手机媒介则超越了单一传播载体的内涵，成为影响个人行为与社会生活的结构性力量。如今，手机媒介已经渗透到社会生活的各个方面，依托于手机媒介的移动互联网更是将金融、医疗、教育等与人们生活息息相关的领域融入移动互联网平台。因此，对于媒介的研究，尤其是手机媒介的研究纷繁复杂，多个学科的学者都试图从所处学科的视角出发，在手机媒介研究领域开辟疆土。

本研究尝试从传播学和认知神经科学的视角出发，分别从方法层面和理论层面进行文献梳理。在方法层面，主要总结认知神经科学方法的技术原理与优势，梳理与记忆研究相关的实验范式与测量指标；在理论层面，主要完成对记忆概念的界定，梳理传播学领域的媒介研究的成果，以及整合运用认知神经科学方法进行传播效果研究的成果。

（一）方法层面

1. 认知神经科学方法的技术原理与优势

认知神经科学是基于认知科学与神经科学发展而来的交叉学科领域，旨在运用眼动追踪、EEG等技术测量人脑的认知、情感与意识，以研究人脑功能及其形成机制。目前，认知神经科学的方法已经应用到管理学、经济学等众多学科领域，全新方法和工具的引入不仅推动着学术理论的发展，还为众多经济活动提供指导性依据。

从认知神经科学的视角来看，认知的过程是信息加工的过程，人类的信息加工系统是一个时刻与外部环境发生互动的开放性系统。人类对信息的加工处理，需要由感官系统接收外部环境的刺激，经由加工系统将外部刺激以符号的形式实现内部化表征，再通过反应器对外部环境作出反应，并进入记忆系统。因此，认知研究涵盖知觉、注意、记忆等维度。

技术的发展为我们研究人类认知的内部机制提供了多样化的工具与手段，包括眼动仪、EEG、面部表情编码（facial action coding system，简称为FACS）技术等。眼动仪是基于眼动追踪技术，通过测量注视、眼跳以及追随运动相关指标，考察人们认知加工模式的技术。该技术尤其是在视觉加工以及注意力研究方面有相当优势。FACS技术是通过对人们面部肌肉的变化进行编码,按照一个通用标准系统划分面部表情的类别,并基于此考察人们的情绪、注意等指标。EEG 技术是"基于 EEG 或 MEG 信号的脑生理功能成像,记录 EEG 压在时间维度变化的测量技术"。[29]

脑细胞时刻都在进行着电活动,通过记录一段时间序列中由脑细胞放电所产生的电位变化,即可形成 EEG。健康人的自发 EEG 波幅一般在 10~100 微伏,[30] 微伏是非常小的电压计量单位,而与事件相关的脑电波则更弱,通常在 EEG 中难以被发现,因此,要想在 EEG 中提取与事件相关的脑电波,就要将多次相同刺激所诱发的脑电波进行叠加放大,从而形成 ERPs。

长期以来,调查法、实验法、观察法等逐渐成为传播学领域的主导性研究方法。其中,问卷调查是传播效果研究中最常采用的方法。问卷调查法以被调查者的理性选择等同于最终的行为选择为前提假设,研究可被发现和总结的客观主体的规律性。但是"理性正如现代决策论和概率论阐明的那样是演绎推理的、符合逻辑的、前后一致的,当应用这些标准来评估人类行为时,经常可以观察到对标准情况的偏离"。[31] 另外,认知心理学的研究表明,"人们的决策是认知和情感共同作用的结果,其中的认知包括自主过程(controlled process)和自为过程(automatic processes)"。[32] 自主过程是人们可以控制和感知的信息处理过程,而自为过程则是基于无意识的自动加工过程。因此,在现实生活中,人们的行为选择并不完全是理性选择的结果,处于大脑"黑箱"之中的无意识也是影响人们行为实践的驱动性要素。为了突破研究手段上的局限,传播学者引入认知神经科学的方法,运用脑电实验等技术深入研究人脑信息加工的过程,通过电生理信号构造人脑镜像的方式研究人脑信息处理机制,准确探测人们行为选择的生理和心理诱因,拓展了传播效果研究的维度,提高了传播效果评估的精准度。

2. 与记忆研究相关的实验范式与测量指标

学习－再认范式是记忆研究的经典范式，通常用于脑电实验。该范式包含两个阶段：学习阶段（记忆编码阶段）中，被试需先认真学习相关项目，如词汇或文章等，无须作出反应；再认阶段（记忆提取阶段）中，研究者则给被试呈现一组项目（一半是先前学习过的旧项目，一半是未学习过的新项目），要求被试进行新旧项目判断并按键，在此过程中收集被试EEG数据。大量研究表明，在再认阶段，正确识别的旧词相对于正确判断的新词会产生更大的LPC，即新旧效应，该效应一般出现在刺激后300~500 ms，[33] 持续时间为300~600 ms。该范式的测量指标分为两类：一类是ERPs指标，主要关注LPC的差异与变化；一类是行为指标，即根据被试按键反应所得出的正确率、反应时间等指标。

自由回忆也是记忆研究中常用的方法，通常用于行为实验。自由回忆是指被试认真学习一段材料后，通过自行回忆得出记忆结果的方法。语言学和广告学等学科领域的研究，通常将词汇或图片作为实验材料，让被试自行回忆学习过的材料，以测量正确率等指标。在新闻传播学领域，文字信息的传播不是通过单个、无序的词汇来完成的，而是通过或长或短的句子或者文章来传达的。在本研究中，研究者将以文章为实验材料，通过行为问卷的方式考察被试对于文章细节的记忆情况。

（二）理论层面

1. 记忆概念的界定

记忆是人们存储和提取信息的一种能力，[34] 这种能力体现在获取新信息的过程中。它既可能发生在信息的单次呈现后，也可能产生于信息的重复呈现后，其突出特征是能够在一段时间内维持。

根据维持时间长短，记忆可分为感觉记忆、短时记忆和长时记忆。感觉记忆（sensory memory）的维持时间以毫秒或秒计算，短时记忆（short-term memory）是指那些能够维持几秒至几分钟的记忆，长时记忆（long-term memory）则是按照天或年来计量，通常情况下，维持在一分钟以上的记忆便属于长时记忆的范畴。

根据记忆的功能，理查德·格里格等人将记忆划分为外显记忆和内隐记忆、陈述性记忆和程序性记忆。外显记忆是指需要有意识的努力去恢复信息的过程，而与之相对的，内隐记忆则是指不需要有意识的努力就可以获得信息的过程。陈述性记忆是指涉及事实和事件的回忆，而程序性记忆是指关于怎样去做某些事的回忆，它被用于获得保持和使用直觉的、认知的和运动的技能。

从传播实践的角度来看，"长时记忆意味着用户行为的惯性效应"，[35] 任何传播活动的最终目的都是致力于对受众思维惯性和行为模式的培养，从而产生更持久的传播效果。

2. 媒介研究

从传统意义上讲，媒介是信息传播的载体，但众多学者的研究成果表明，媒介的功能与价值已经远远超越了物质层面的意义。媒介以一种技术无意识的形式影响着传播内容，塑造着时代文化，改变着受众的行为模式和认知模式。

伊尼斯基于时间和空间的视角将媒介形态、文化与权力联系起来，认为媒介具有偏向性，不同的媒介类型会构造不同的文化形态，并影响权力格局。"一种媒介经过长期使用之后，会在一定程度上决定传播的知识有何特征"，[36] 从而决定知识垄断权力的分布。按照媒介的偏向性，伊尼斯将媒介划分为偏时间的媒介和偏空间的媒介。偏时间的媒介侧重时间序列上的纵向传播，在这种传播格局下权力结构较为集中；

而偏空间的媒介侧重空间形态上的横向传播,形成去中心化的权力格局。麦克卢汉提出"媒介即信息",强调媒介对人的行为模式和社会文化的影响。他所阐述的"冷媒介"和"热媒介"的概念则更具象地分析了不同媒介特性需要不同的认知模式。热媒介清晰度高,提供的信息量大,不需要受众发挥过多的想象力,要求的参与度比较低;而冷媒介则清晰度低,提供的信息量较小,需要受众充分发挥想象力,要求的参与度较高。[37] 麦克卢汉的媒介思想为后续学者的媒介研究奠定了基础,指明了方向。尼尔·波兹曼(Neil Postman)在此基础上更深入一步,提出了"媒介即隐喻"和"媒介即认识论"。[38] 媒介以一种隐蔽的形式定义着现实世界,塑造着时代文化,不同媒介对应着不同的认知习惯。在波兹曼看来,印刷媒介是一种极度重视逻辑、理性和秩序的媒介,抽象化的严肃语言使印刷媒介对受众的身体和大脑提出更严格的要求。在印刷媒介场景中,人们需要保持专注,同时还需要克服文字的外在形式,在抽象化的印刷文字中思考其内涵和观点间的逻辑关系。梅罗维茨则从麦克卢汉的媒介思想出发,以情境为中心系统化论证了媒介情境对受众行为的影响,即受众在不同媒介情境中会采取不同的行为模式。

综合以上媒介研究的经典理论,我们可以看出人与媒介之间互为影响的关系。媒介的变迁源于科学技术的推动和人类需求的拉动,是人类文明进化的产物。然而,随着媒介凭借自身特性渗透到社会生活的方方面面,它会潜移默化地塑造人类的认知和行为模式。因此,媒介类型不同,受众的认知模式也会存在差异。

3. 基于认知神经科学方法的传播效果研究

认知神经科学的研究表明,感觉处理通常发生在知觉意识之外,这个过程会导致有意识的情绪反应。研究发现,当处于非视觉的闪烁光条件下(人眼基本感觉不到屏幕闪烁光存在的情况),被试会感到情绪较为低落且不够放松。因此，电子媒介屏幕的"闪动效应"可能会对传播效果产生影响。[39]格斯克（Geske）和卡尔（Carl）通过脑电实验对比了读者使用印刷媒介、CRT屏幕和LCD屏幕时的注意力机制，发现被试大脑顶叶区域的信息处理过程存在显著不同，同时他们还进行了一项探索性研究，测量了15位女性被试的EEG数据，结果表明60%的被试会对印刷媒介投入更多的注意力资源。[40]格斯克和贝鲁尔（Bellur）在此基础上更进一步，运用脑电实验的方式收集了34名被试的数据，研究了被试在印刷媒介和CRT屏幕上注意力的差异，结果表明相比CRT屏幕，被试在印刷媒介上会采用更认真的注意模式。[41]喻国明等人也曾在纸质报纸和电纸书报纸场景中对受众的脑认知机制进行比较研究，实验将EEG成分中的MMN作为衡量以上两种条件中被试信息加工机制的测量指标，从而考察媒介对受众认知机制的影响。研究发现被试在两种媒介场景中投入的注意力存在一定差异，媒介介质不同，人们的信息处理模式也会存在差异。[42]

综上所述，传播媒介由于其自身介质的不同，会具备不同的媒介特性，从而导致受众采取不同的认知模式。众多研究已经证实了手机和报纸两种媒介的受众认知模式存在差异，相较于手机媒介，人们会在报纸媒介场景中投入更多的注意力，手机更有可能分散受众的注意力。

二、研究问题与研究假设

（一）研究问题

研究何种媒介更有利于提升受众的记忆效果具有极大的价值和重要意义。众多交叉学科实证研究表明，面对不同的媒介，受众会采用不同的认知模式，倾注不同程度的注意力。受众的选择性机制理论表明，受众在媒介使用过程中会根据自身需求与喜好进行选择性注意、选择性理解与选择性记忆，选择性注意是产生记忆的基本条件。因此，有效注意对产生良好的记忆效果具有重要影响。手机和报纸作为两种不同属性的媒介，会对受众的认知模式产生影响，受众在这两种媒介场景中通常会投入不同程度的注意力，从而在很大程度上证实了以上学者的判断。然而，多数学者缺乏对认知效果中的另一个十分重要的维度——记忆效果的研究。

本研究拟探索"传播媒介对受众长时记忆效果的影响"这个核心问题。为探究不同媒介场景中受众的长时记忆效果，本研究将综合使用传播学和认知神经科学的方法展开研究。在文献梳理的基础上，提出了一个基本问题和若干假设，并分别从神经层面和行为层面设计了两个实验——脑电实验和行为实验，基于多项指标测量报纸和手机两种媒介场景中受众的长时记忆效果。

研究问题：通过报纸和手机两种媒介浏览相同的内容时，受众的长时记忆效果有无差异？

自变量：传播媒介，如报纸和手机；刺激类型，如新词和旧词。

因变量：受众长时记忆效果，如 ERPs 指标（LPC）、行为指标（正确率、反应时间）。

（二）研究假设

本实验以一篇科普类文章为实验材料，要求被试分别在报纸和手机媒介场景中阅读实验材料。基于前期文献研究，提出假设 H1、H2、H3、H4。

H1：本研究预期，在报纸和手机两种媒介场景中阅读信息后，被试面对旧词和新词时所诱发的 EEG 信号存在差异。

H2：本研究预期，相比于使用手机阅读信息，使用报纸阅读信息后，被试大脑在记忆提取阶段会产生更强烈的新旧效应。

H3：本研究预期，手机组和报纸组被试的自由回忆正确率会存在显著差异。

H4：本研究预期，相比于使用手机阅读信息，使用报纸阅读信息后，被试在自由回忆中会获得更高的正确率。

三、传播媒介对受众长时记忆的影响——来自 ERPs 的证据

（一）实验目的

本研究的脑电实验旨在通过探测人的大脑皮层的电生理信号，考察被试通过不同媒介学习文字材料后，面对旧词和新词所诱发的 LPC 的变化，从而探索不同传播媒介的长时记忆效果是否存在差异。

（二）实验假设及变量

1. 实验假设

H1：本研究预期，在报纸和手机两种媒介场景中阅读信息后，被试面对旧词和新词时所诱发的 EEG 信号存在差异。

H2：本研究预期，相比于使用手机阅读信息，使用报纸阅读信息后，被试大脑在记忆提取阶段会产生更强烈的新旧效应。

2. 实验变量

自变量：传播媒介，如报纸和手机；刺激类型，如新词和旧词。

因变量：受众长时记忆效果，如 ERPs 指标（LPC）、行为指标（正确率、反应时间）。

（三）方法

1. 被试

本研究通过学校论坛、微信等平台公开招募了 50 名健康状况良好

的大学生。被试来自不同的学科背景，年龄为 18~35 岁，男性 24 人，女性 26 人。实验分为两组，即报纸组和手机组，被试被随机分配入组，每组共 25 人，都是 13 名女性和 12 名男性。其中，由于某些被试数据存在严重伪迹以及被试的流失，报纸组剔除了 4 名被试，手机组剔除了 3 名被试。所有被试均为右利手，视力或矫正视力正常，无色盲色弱，无神经衰弱、失眠症，无精神 – 神经疾病史及家族史（如癫痫等），无严重烟瘾、酒瘾等不良嗜好，平时无服用安眠药、兴奋剂等精神活性药物。另外，所有被试在实验开始前都阅读并签署知情同意书，且在实验结束后获得相应报酬。

2. 实验材料

文字材料：《中国青年报》某一期的一篇科普类文章，字长 2819 字，完整阅读需要 5~10 分钟。

刺激材料：旧词为文字材料中出现过的词汇，新词为研究人员选取的与旧词相关的迷惑性词汇，所有词汇均为两个字的词或者三个字的词。所有新词和旧词的词频均进行匹配。

被试阅读的报纸媒介为研究人员制作的模拟报纸，报纸开本为 4 开，尺寸为 390 mm × 540 mm，共包含 4 个版面，本实验的文字材料位于报纸的第一个版面。报纸的材质与普通报纸相同，排版设计与普通报纸基本类似，从而保证被试在真实的报纸场景中阅读。考虑到被试平时使用的手机型号各有不同，为避免实验设备差异影响实验结果，本实验为被试提供了统一的手机设备。手机是屏幕大小为 5.5 英寸，分辨率为 1920 × 1080 像素的 iPhone 7 Plus。

3. 实验程序

本实验采用学习 – 再认范式，共包含两个阶段。一是学习阶段，被试通过手机或报纸认真学习文字材料，时间限制在 10 分钟以内，以被试阅读完文字材料为准。考虑到多数被试平时阅读报纸的频率可能比较低，因此，在实验开始前，被试需阅读一段时间的报纸媒介，增强对报纸媒介的熟悉性。

二是再认阶段，刺激材料通过 E-Prime 3.0 软件进行随机呈现。刺激呈现和 EEG 数据收集通过两台相同型号的联想 ThinkPad 手提电脑进行。每个试次开始时，在电脑屏幕中会首先呈现一个红色"+"符号注视点，提醒被试开始实验并集中注视电脑屏幕中央。注视点呈现时间为 2 s。接着会呈现 1 个中文词汇，被试要判断在刚刚阅读的文字材料中是否见过这个词，如果见过，按数字键盘上的"3"键，如果没见过按数字键盘上的"1"键。被试按键后自动跳转至下一个试次（见图 6.2）。每个词呈现时间为 5 s，实验共包含 170 个词，其中练习程序包含 15 个新词和 15 个旧词，正式测试程序包括 70 个新词和 70 个旧词。实验全程持续约 40 分钟。

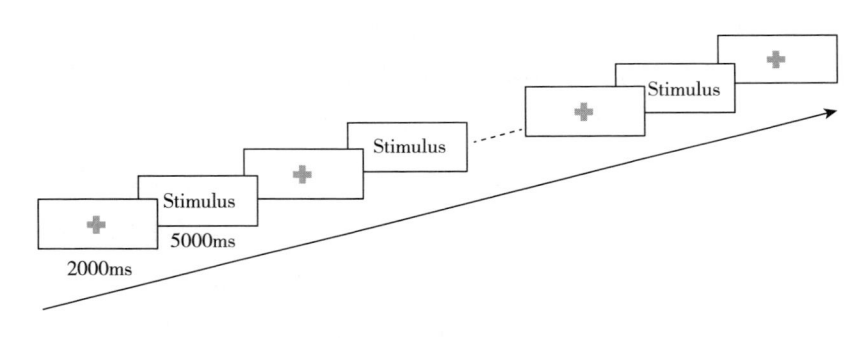

图 6.2 实验程序流程图

资料来源：韩婷，喻国明. 传播媒介对受众长时记忆的影响研究——基于认知神经传播学的研究范式 [J]. 新闻大学，2019（1）：60-74+118.

4. 实验设计

本实验采用 2（组别：手机组和报纸组）×2（实验刺激类型：新词和旧词）的混合实验设计。其中，组别是被试间变量，实验包含两组被试——报纸组和手机组，每个被试只需通过一种媒介类型阅读文字材料。实验刺激类型为被试内变量,即每个被试都必须接受新词和旧词两种刺激类型,被试在本次脑电实验中需要分别接受70个新词的刺激和70个旧词的刺激。

5. EEG 数据的采集与处理

本研究采用 Cognionics Quick-30 32 导无线干电极 EEG 设备收集被试的 EEG 数据,该设备包含32个电极,按照10~20系统排列电极位置。根据以往研究,[43] 选取额区的 Fz,位于额中央区的 Cz 和位于顶区的 Pz 三个电极点上的数据进行方差分析,以考察被试的长时记忆效果。

实验过程中,安排被试全程在安静、无干扰的实验室内完成实验。EEG 数据采样率为 500 Hz,DC 放大,前额接地,记录带宽为 0~200 Hz。记录时以左侧乳突为参考电极,离线分析时转换为双侧乳突,平均为参考电极。

实验开始前,主试需要确保每个电极都与被试的头皮接触良好,尽量降低因头发等因素造成的电阻干扰,使每个电极都能收集到被试大脑皮层诱发出的 EEG 信号。正式实验过程中,主试需要时刻关注 EEG 设备上的各个电极是否与被试头皮充分衔接,以确保各电极稳定地收集被试 EEG 数据。

本实验全程共收集被试三段 EEG 数据:前静息 EEG 数据、再认测试阶段的 EEG 数据以及后静息 EEG 数据。前静息测试和后静息测试分别在再认测试前和再认测试后进行,可以平复被试的情绪,使被试以较为平稳的状态进入实验和结束实验。

本研究采用 EEGLAB 对 EEG 数据进行处理。使用 ICA 方法去除眨眼、EMG 等伪迹。对数据进行 30 Hz 低通滤波,然后进行分段和基线校正。以词出现的时刻作为事件触发零点,取 −200~1000 ms 为分段叠加 LPC 成分。

6. 数据的测量与统计分析

行为数据的处理主要进行了以下步骤：一是将被试的行为数据在 E-merge 软件中进行分组合并；二是过滤筛选出被试的正确率和反应时间等数据；三是在此基础上求平均值。通常情况下，正常人面对刺激的反应时间在 200~2000 ms，因此，本研究将小于 200 ms 和大于 2000 ms 的反应时间数据予以过滤去除。

采用 200 ms 逐窗口测量法对 LPC 的平均波幅进行测量，对刺激出现 400 ms 之后的慢波数据，以每隔 200 ms 作为一个时间窗口进行分段处理，并在此基础上进行逐段统计。因此，本研究总共对 400~600 ms、600~800 ms、800~1000 ms 三个时间窗口进行统计分析。统计分析软件采用 SPSS 22.0。

（四）实验结果

1. 行为结果

手机组和报纸组在新词和旧词两种条件下的正确率和反应时如表 6.3 所示。采用 2（组别：报纸组和手机组）×2（刺激类型：新词和旧词）混合实验设计的重复测量方差分析模型（two ways repeated ANOVA）对正确率进行了统计分析，其中刺激类型（新词、旧词）是组内变量，组别（报纸情景组和手机情景组）是组间变量。结果发现，组别的主效应不显著 [$F(1, 41)=0.067$, $p=0.797$, $\eta_p^2=0.002$]，刺激类型的主效应不显著 [$F(1, 41)=0.679$, $p=0.415$, $\eta_p^2=0.016$]，刺激类型和组别的交互效应不显著 [$F(1, 41)=0.991$, $p=0.325$, $\eta_p^2=0.024$]。

表6.3 报纸组和手机组在新词、旧词两种条件下的正确率和反应时间

正确率单位：%
反应时间单位：ms

实验分组	行为指标	旧词	新词
报纸组 （N=21）	正确率	70.24 ± 0.10	69.71 ± 0.12
	反应时间	1075.10 ± 151.36	1148.29 ± 172.86
手机组 （N=22）	正确率	66.68 ± 0.10	72.23 ± 0.15
	反应时间	1103.66 ± 178.75	1184.45 ± 204.34

资料来源：作者自制。

注：本次统计分析采用统计指标 M±SD。

采用2（组别：报纸组和手机组）×2（刺激类型：新词和旧词）混合实验设计的重复测量方差分析模型对反应时间进行了统计分析，其中刺激类型（新词和旧词）是组内变量，组别（报纸组和手机组）是组间变量。分析发现，组别的主效应不显著 [$F(1, 41)=0.368$, $p=0.547$, $\eta_p^2=0.009$]，刺激类型的主效应显著 [$F(1, 41)=53.873$, $p<0.01$, $\eta_p^2=0.568$]，刺激类型和组别的交互效应不显著 [$F(1, 41)=0.131$, $p=0.719$, $\eta_p^2=0.003$]。这些结果显示，在新词和旧词两种条件下，被试的反应时间存在显著差异。不管是报纸组还是手机组，在旧词条件下的反应时间均快于新词条件下的反应时间。

2. LPC 结果

从手机组和报纸组在 Fz、Cz、Pz 三个电极点上 EEG 波形的总平均图来看（见图6.3），与报纸组相比，手机组表现出更强烈的新旧效应，假设 H2 不成立。两组大约在刺激发生后 400 ms 开始诱发 LPC，因此本研究提取了刺激发生后 400~1000 ms 时间窗口内的数据进行分析。

采用2（刺激类型：新词和旧词）×2（组别：报纸组和手机组）×3（电极点：Fz、Cz、Pz）的重复测量方差分析模型对 LPC 的平均波

幅数据进行统计分析。其中,刺激类型和电极点是组内变量,组别是组间变量。

在400~600 ms,组别的主效应边缘显著[$F(1, 41)=3.716$,$p=0.061$,$\eta_p^2=0.083$],刺激类型的主效应不显著[$F(1, 41)=1.255$,$p=0.269$,$\eta_p^2=0.030$],电极点的主效应显著[$F(2, 82)=3.701$,$p=0.029$,$\eta_p^2=0.083$]。事后检验发现,Pz和Cz两个电极点之间存在显著差异,$p=0.047$,Fz和Cz没有显著差异,$p=1.000$,Fz和Pz也没有显著差异,$p=0.100$。刺激类型和组别的交互作用不显著[$F(1, 41)=0.977$,$p=0.329$,$\eta_p^2=0.023$],电极点和组别的交互作用不显著[$F(2, 82)=0.344$,$p=0.710$,$\eta_p^2=0.008$],电极点和刺激类型的交互作用不显著[$F(2, 82)=1.433$,$p=0.245$,$\eta_p^2=0.034$],刺激类型、电极点和组别三者间的交互作用不显著[$F(2, 82)=0.662$,$p=0.519$,$\eta_p^2=0.016$]。在600~800 ms,组别的主效应显著[$F(1, 41)=4.842$,$p=0.033$,$\eta_p^2=0.106$]。

刺激类型的主效应不显著[$F(1, 41)=1.103$,$p=0.300$,$\eta_p^2=0.026$],电极点的主效应不显著[$F(2, 82)=0.286$,$p=0.752$,$\eta_p^2=0.007$]。刺激类型和组别的交互作用不显著[$F(1, 41)=0.745$,$p=0.393$,$\eta_p^2=0.018$],电极点和组别的交互作用不显著[$F(2, 82=1.989$,$p=0.143$,$\eta_p^2=0.046$],电极点和刺激条件的交互作用不显著[$F(2, 82)=2.075$,$p=0.132$,$\eta_p^2=0.048$],电极点、组别和刺激条件的交互作用不显著[$F(2, 82)=0.402$,$p=0.529$,$\eta_p^2=0.010$]。

在800~1000 ms,组别的主效应不显著[$F(1, 41)=3.437$,$p=0.071$,$\eta_p^2=0.077$],刺激类型的主效应不显著[$F(1, 41)=0.574$,$p=0.453$,$\eta_p^2=0.014$],电极点的主效应显著[$F(2, 82)=4.730$,$p=0.011$,$\eta_p^2=0.103$]。经事后检验发现,Fz和Pz两个电极点之间存在显著差异,$p=0.019$,Fz和Cz之间没有显著差异,$p=0.078$,Cz和

Pz 之间没有显著差异，$p=0.078$。刺激类型和组别的交互效应不显著 $[F(1, 41)=0.234, p=0.631, \eta_p^2=0.006]$，电极点和组别的交互效应不显著 $[F(2, 82)=2.762, p=0.069, \eta_p^2=0.063]$，刺激类型和电极点的交互效应不显著 $[F(2, 82)=2.311, p=0.106, \eta_p^2=0.053]$，电极点、刺激类型和组别之间的交互作用不显著 $[F(2, 82)=0.493, p=0.612, \eta_p^2=0.012]$。

这些结果表明，报纸组和手机组的记忆效果存在差异。其中，在刺激发生后 600~800 ms 组间差异最为显著，假设 H1 成立。

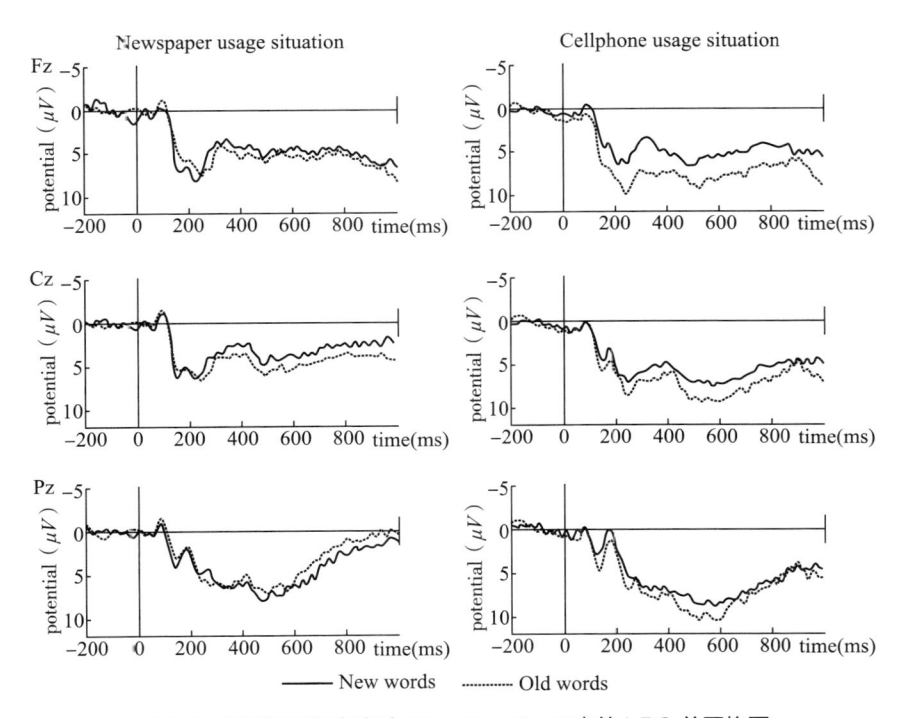

图 6.3　报纸组和手机组在 Fz、Cz、Pz 三点的 LPC 总平均图

资料来源：韩婷，喻国明. 传播媒介对受众长时记忆的影响研究——基于认知神经传播学的研究范式 [J]. 新闻大学，2019（1）：60-74+118.

四、传播媒介对受众长时记忆的影响 —— 来自行为层面的证据

（一）实验目的

本研究侧重测量被试对文章细节的记忆，要求被试运用不同媒介学习文字材料，通过记录被试自由回忆结果的正确率，考察不同传播媒介的长时记忆效果是否存在差异。

（二）实验假设及变量

1. 实验假设

实验二拟解决的核心问题是"通过报纸和手机两种媒介浏览相同的内容时，受众的长时记忆效果有无差异？"，并提出以下假设：

H3：本研究预期，手机组和报纸组自由回忆正确率会存在显著差异。

H4：本研究预期，相比使用手机阅读信息，被试使用报纸阅读信息会在自由回忆中获得更高的正确率。

2. 实验变量

自变量：传播媒介 —— 报纸或手机。

因变量：受众长时记忆效果 —— 行为指标（自由回忆的正确率）。

（三）方法

1. 被试

本实验的被试与实验一的被试是同一批。如此既可以将实验一和实验二的数据进行参照性分析，又可以节省实验成本。

2. 实验材料

实验材料与实验一相同。

3.实验程序

被试在做完脑电实验测试后，继续进入实验二。首先，被试被要求再阅读一遍实验材料，随后填写一份行为问卷，没有时长限制，提交问卷即可结束实验。主试人员对被试的知情同意书和行为问卷进行编码处理并保存。

4.实验设计

实验二采用单因素实验设计，运用自由回忆的方式，考察不同媒介（手机和报纸）对受众长时记忆效果的影响。由于实验二紧随实验一之后进行，此时距离阅读材料已达30~40分钟，并且再认过程中被试一直在接受脑电实验，可能会分散注意力，影响最终的记忆效果。因此，为避免实验一对实验二产生影响，实验二开始前要求两个组别被试再阅读一遍实验材料，也保证了组别间存在可比性。

5.实验设备

实验二与实验一采用相同的报纸和手机设备。

（四）实验数据的收集与处理

实验二的行为问卷共包含20道题，主要考察被试对文章细节的记忆。为保证数据统计的信度，题目均有标准参考答案。

（五）实验结果

在对手机组和报纸组所有被试的正确率求平均值之后，得出报纸组正确率为57.17%，手机组的正确率为60%，假设H4不成立。同时，对手机组和报纸组自由回忆的正确率进行独立样本t检验，结果发现报纸组的正确率与手机组的正确率之间差异不显著，$t(44)=-0.568$，$p=0.758$，$d=0.050$。这表明报纸和手机两种媒介对受众的自由回忆效果影响不存在显著差异，因此假设H3不成立。由此可见，在行为层面上手机和报纸对受众记忆的影响并无显著差异。

五、综合讨论

本研究的结果表明，手机和报纸作为两种不同介质的媒介，在长时记忆效果上存在显著差异。因此，本节拟解决的核心问题"通过报纸和手机两种媒介浏览相同内容时，受众的长时记忆效果有无差异？"得以解决。两个实验（神经层面实验和行为层面实验）探讨了传播媒介对受众长时记忆效果的影响，通过比较手机组和报纸组的 ERPs 指标（LPC）和行为指标（再认正确率、反应时间和自由回忆正确率）数据，探究手机和报纸对受众长时记忆效果的作用机制，获得了一些有意义的发现。

神经层面上，从报纸组和手机组在 Fz、Pz、Cz 三点的 LPC 总平均图可以看出，与研究预期相反，相比报纸媒介，手机媒介产生了更强烈的新旧效应。手机媒介和报纸媒介的长时记忆效果存在差异，尤其在刺激出现后的 600~800 ms 最为显著。被试通过手机媒介阅读文字材料，在记忆提取阶段会产生更强烈的新旧效应，即手机媒介的长时记忆效果更佳。

这些结果与以往研究存在一些不同。桑达尔（Sundar）等人的研究表明印刷媒介的读者比网络媒介的读者能记住更多广告内容。[44] 另外，一些研究表明印刷媒介能够使受众产生更多有效注意，而电子屏幕则会让人注意分散。[45,46] 记忆过程包括编码、存储和提取三个阶段，[47] 有效注意是将媒介信息与用户长期知识存储相整合所必需的精细编码的先决条件，[48,49] 分散注意则会降低记忆效果。[50] 以往多数的研究证据直接或间接地指向了印刷媒介情景，有助于产生更多记忆，然而本实验结果表明手机的记忆效果比报纸的记忆效果更佳。

这可能与手机媒介大规模普及背景下，人们已经适应了手机阅读情景有关。得益于手机媒介的广泛普及，十年来中国手机网民的数量实现了巨大增长。调查显示，2008年6月底，中国网民数量达到2.53亿人，其中，手机网民仅7305万人，半年内有过手机接入互联网行为的网民比例仅占28.9%。[51]到2018年6月，中国手机网民规模已达7.88亿。[52]与此同时，手机媒介的使用时间也在逐渐增长。2008年，中国网民的人均周上网时长仅为19个小时；到2018年6月，中国网民的人均周上网时长已经增长到27.7个小时，而使用手机上网的网民比例高达98.3%。[53]随着数字化时代的到来，报业纷纷进行数字化转型，例如，《金融时报》《纽约时报》开设了网页版，并设立"付费墙"；作为英国四大报刊之一的《独立报》于2016年将纸质版刊正式停刊，转变为一家网络媒体。数字化时代的受众离纸质阅读情景越来越远。调查显示，2018年约有60%的美国人通过移动设备获取新闻。[54]而格斯克等人和桑达尔等人的研究均是在十年以前完成的，在当时印刷媒介仍是主导性媒介，手机或网络媒介的覆盖面较小。如今，手机已经成为人们获取信息的主要途径，[55]人们对手机情景的熟悉性可能导致人们在手机使用情景下有更好的记忆表现。

行为层面上，相较报纸媒介，被试使用手机媒介阅读文字材料后，记忆提取阶段的自由回忆正确率略高，但两者之间并不存在显著差异，这表明在行为层面上手机和报纸在对受众记忆的影响方面差异不大。这些发现颠覆了以往人们经验中认为纸质阅读会产生更佳记忆效果的惯性认知，同时丰富了我们对媒介效果的认识，有助于启发我们在此基础上做进一步深入的研究。

本研究也存在一些不足，如没有考虑年龄、性别等中介变量的影响。皮尤研究中心的调查显示，虽然越来越多的老人使用移动设备获取新闻，但他们不一定喜欢这种方式。因此，老人不一定在手机情景下有更佳的记忆表现。未来研究应考虑这些中介变量的影响。但总体来说，本研究在传播效果的客观评价指标上进行了一定有益的尝试，为在传播学领域借鉴认知神经科学的发展进行了积极的探索。

同时，本研究在神经层面实验得出的"手机比报纸的长时记忆效果更佳"的结论也在一定程度上表明了加快媒介融合步伐的必要性与紧迫性。报业的时代已经过去，数字化时代已经来临，传统媒体只有在媒介融合思维变革的基础上，更注重发挥手机媒介的特性与优势，才能在激烈的传媒竞争中找到适合自身发展的路径与方向。

第三节 竖视频广告效果：分析框架与测量指标

一、研究缘起

移动互联时代，手机是网民上网最主要的工具。第44次《中国互联网络发展状况统计报告》显示，截至2019年12月底，中国网民中使用手机上网的比例高达99.1%。[56]手机的便携性是其获得网民青睐的重要原因之一。入睡前、用餐时、通勤路上，网民随时随地皆可用手机上网。因此广告营销人员认为，手机搭载的广告更能匹配受众的特定消费场景，从而获得更好的广告传播效果。目前移动端广告市场份额在网络广告市场规模中的占比高达70%，[57]这其中大部分便是手机端广告。

竖视频广告是新近出现的一种特殊的手机端广告，即以竖屏的比例与方向制作的广告。受众在竖向握持手机时可以单手完成操作，因此有学者认为类似抖音、快手、微博故事等短视频平台生产传播的竖向视频更贴合移动设备的功能可供性与用户的握持习惯，这种对屏幕进行最大化利用的视频形式能够为受众带来更多的生动性与在场感，从而增强传播效果。[58]且竖视频主体突出，弱化了画面中的无关信息，更能吸引受众注意力。[59]竖视频的传播特点是否影响了竖视频广告的传播效果尚未可知，但当前竖视频广告已获得较好的投放反馈。根据国内短视频平台抖音的统计，竖视频广告播放完成率比横屏视频广告高9倍，视觉注意力要高出2倍。同时，竖屏广告点击率比横版高1.44倍，互动效果提升41%。[60]大量专为竖屏使用场景制作的竖视频广告正被投放到各类短视频信息流广告位、客户端开屏、直播广告等渠道，成为移动端广告营销的新趋势。

当前学界对竖视频广告的相关研究尚处于滞后阶段。目前关于竖视频的研究主要集中于对竖视频所做的特征总结，[61]或是对某一类竖视频内容进行讨论，比如对竖视频新闻效果、[62]竖视频访谈节目特征[63]的研究等。竖视频广告的相关研究则更少，大多是业界根据自身平台数据进行的总结性报告，学界尚无针对竖视频广告传播效果的相关讨论。竖视频广告的"竖"如何影响广告传播效果？哪些因素可能影响竖视频广告效果？本节在以受众认知的视角出发探索竖视频广告传播效果机制的基础上，结合广告效果相关理论与过往研究，梳理可能对竖视频广告效果产生影响的重要变量，尝试搭建竖视频广告效果研究的框架，最后整理出适用的研究方法与测量指标，以期为后续研究提供参考。

二、理论基础

理解竖视频广告的作用机制是研究竖视频广告效果的基础。在以往广告学或消费行为学的研究中，通常是以总结消费者或受众从广告接触、理解到行动的过程来理解广告的作用机制。例如，以Attention（注意）–Interest（兴趣）–Desire（欲望）–Memory（记忆）–Action（行动）为核心的AIDMA消费者行为模式，[64]将Memory（记忆）替换为Corviction（相信）的AIDCA模式，抑或是电通公司提出的

AISAS[①]模型等，都是沿着"认知信息—形成自身态度与评价—作出行动"这一核心思路进行探讨的。

这样的广告效果产生机制也可以用于解释信息加工范式（Information-Processing Approach）。广告内容作为一种信息被一系列加工系统（如注意、知觉、短时记忆）所加工，在这其中存在由输入刺激（如广告元素）引起的自下而上加工（Bottom-Up Processing）以及受个体既有经验和期望影响的自上而下加工（Top-Down Processing）。[65]信息加工到行动的过程本身极其复杂，但根据受众从接触周围信息到作出自身决定，需要"认知—态度—行动"三个步骤[66]（见图6.4），包含竖视频广告在内的各类广告信息在传播时，可能也需要经历"被受众所认知—形成积极态度—态度驱动行动"这样的过程，才能获得较好的传播效果。在这一过程中，信息说服效果的影响因素较多。由于广告视频的竖向或横向呈现改变了受众接触到的信息形态，受众消费竖视频广告的场景也有差异，因此在各环节中，广告视频的方向均可能会对广告效果产生影响。

认知 ➡ 态度 ➡ 行动

图6.4 竖视频广告作用机制的三个环节

资料来源：作者绘制。

（一）认知阶段：视觉呈现差异影响信息的载入

消费者与广告信息接触的初始，主要是通过视觉、听觉等知觉（Perception）对信息进行提取，再由大脑进行后期的信息认知加工。

[①] AISAS为注意（Attention）、兴趣（Interest）、信息搜集（Search）、行动（Action）、信息分享（Share）的首字母缩写

在这一环节，广告信息首先引起消费者注意，再让消费者产生对信息的记忆。

注意是信息的入口，它与消费者兴趣的提升有密切关系。[67] 广告注意是受众心理或意识活动对广告的指向与集中，当受众对广告信息的注意度较高时，其认知资源会被重新分配以加强对信息的收集和加工，与之相关的意义就会被从中提取。[68] 记忆是信息的容器，受众在注意到广告信息后立即开始对信息进行编码加工，被注意到的广告信息经过受众大脑加工后被存储于记忆中，加工水平的深浅与被加工信息的选择都与注意密切相关。经过深层加工的信息将储存于长时记忆中，若与其他信息（如日常生活中的信息）呈现相关性，这一系列关联内容将更容易被大脑重新提取，用于形成对信息本身的认知态度与结论。[69] 因此在认知阶段，注意和记忆效果是评价广告效果的重要指标。

竖视频广告信息的视觉呈现与横视频广告存在明显差异。一方面是视觉元素的差异，由于画面方向的不同，竖视频广告中动态图像的排列位置、活动路线与横视频会有明显不同；另一方面是视觉交互性的差异，以横视频呈现风景更有身临其境之感，以竖视频呈现人像似乎更让人有"在场"的感受。[70] 因此，即使是相同的内容元素的横视频与竖视频，受众接触信息时的注意度与观看后的记忆度也可能受上述因素的影响而有所不同，即视频观看方向可能对广告信息认知效果产生影响。

（二）态度形成：交互场景特征影响决定生成

态度是大脑和行为协调变化的一种反应，[71] 是决定广告效果的关键因素之一。可以说，认知是态度形成的基础，而态度是决定行动的参照。对广告信息的态度包含对广告的信任、情感以及行为倾向，其形成与改变可能遵循多种模式，如精细加工可能性模型等，[72] 受众的既有经验、对广告内容的情感体验等都会影响最终的态度。[73] 态度的偏向决定了行动的方向，受众对广告和品牌的态度越积极，购买意愿也就越强。因此，营销界在做广告活动后效果统计或品牌宣传效果评估时，都将受众对广告和品牌的态度视为衡量广告效果的重要标准。[74]

无论是横视频广告还是竖视频广告，只要是同一产品，面向的目标受众群体都是相同的，因此受众既有经验等变量对受众广告态度的影响不会有太大差异。但在态度的形成上，横竖视频的细微差别可能使受众对广告内容产生不同的态度。第一，面对具有同样购买欲望的受众，若竖视频广告在其进行竖向握持的媒介消费时出现，这种顺其自然的广告呈现方式无须消费者翻转手机即可观看。如果上下文内容衔接自然、顺畅，不易引起受众反感，广告观看的完成率会更高，广告也更容易达到效果；第二，由于竖向握持可以轻松对视频广告作出"跳过"或"点击了解详情"的行动，受众的控制感更强，操作更为顺畅，反而能缩短态度形成的时间，增加类似"冲动购买"行为发生的概率，促进行动的实施。

（三）行动实施：渠道特征影响传播效果

这里的行动包含两层含义。其一，广告主投放广告的最终目的是提升品牌形象或促进商品销售，受众受广告影响后购买了商品，此类行动是评价广告效果的终极指标；其二，对于竖视频广告来说，"行动"并不仅限于购买行为，对广告本身的行为反应也是竖视频广告效果的一部分。

在传统媒介时代，对于广告后消费行为的统计存在一定的滞后性，且这种统计仅局限于对某种产品销售额等进行计算。因此，大多数对广告效果的测量只将行动视为测量结果的佐证。但由于竖视频广告投放的渠道大多是开屏、朋友圈信息流或短视频 App,这些平台社交属性很强,受众对广告本身进行点赞、评论,或者点入链接进行购买,都会直接影响广告在同类特质群体中出现的概率,这样的公开评价行为可能会影响网友对广告内容的注意、记忆与态度形成。[75] 投放时会通过算法对受众进行分析后再进行精准投放也可以增加广告信息与个人的相关性,减少了广告怀疑。[76] 因此在社交媒介时代,受众对竖视频广告作出的行动与最终广告效果关系密切,受众对于广告本身作出的行动将反过来进一步影响广告传播的效果,行动也是竖视频广告效果作用机制中的重要环节。

综上,受众对竖视频广告的反应包含认知、态度、行动三个环节,这一过程不是线性的,三个环节之间、甚至是不同个体在同一环节的反应都会产生相互影响。对竖视频广告效果影响变量的讨论应当围绕这一作用过程展开,梳理能够对三个环节产生影响的变量作为自变量,以注意、记忆、态度、行动方面的效果体现作为因变量,即具体的广告效果测量指标。

三、竖视频广告效果研究的框架

影响广告效果的因素很多,学界业界多年来对此进行深入分析,已渐成体系。虽然尚无竖视频广告影响因素的相关研究,但由于同是手机端视频广告,竖视频广告与横视频广告效果的部分影响变量应具有一定的共性。一些不因视频方向横竖而改变的变量,对横竖视频广告效果的影响是基本相同的。例如,广告代言人的知名度、类型等,在横竖视频广告中体现时并不会有太大差异;受众既有的心理方面的特征,如购买意向、产品期望等,并不因横竖视频形式的改变而发生变化。竖视频广告与横视频广告效果产生差异，最主要的影响因素来自广告内容与形式特征（内容层面）、投放的线上线下场景（场景层面）以及受众的接触特征（受众层面），本研究仅对以上三类重要变量进行重点探讨，梳理后的关键自变量及其在横竖视频广告中的具体差异如表6.4所示。

表6.4 竖视频广告效果研究的关键自变量

一级指标	二级指标	三级指标	竖视频广告	横视频广告
内容层面	视觉元素	物理特征	视觉元素为窄长布局，运动画面速度感强，窄画面适合展现人像	宽画幅适合展现风景与大场面
		信息量		
		代言人		
	交互性	掌控感	屏幕利用程度高，单手握持方便互动，竖向视频符合手机视频通话习惯，提升在场感	宽视野带来更好的沉浸感
		在场感		
场景层面	线上场景	投放渠道特征	受众使用度较高的社交媒体、短视频软件中穿插广告观看更方便，流畅的投放语境让行动顺理成章	更适合横向握持进行媒介消费时的广告位，如游戏或电视剧
		社交属性		
		上下文语境		
	线下场景	触发时间	受众竖向使用手机频率更高，LBS或强相关性线下场景的广告投放易获得反馈	可投放具体场景较少，需受众在日常使用中翻转手机才能观看
		触发位置		
受众层面	接触特征	动机	较高的参与度影响认知、态度与最终行动	需将手机转向才能观看，有被打断感，影响认知路径选择
		参与度		
		卷入度		

资料来源：作者自制。

（一）内容层面

1. 视觉元素。广告视觉元素包含广告的人物外形、色彩、构图等视觉语言要素，过去已有大量研究证明这些外源性因素会影响广告传播效果。例如，动态广告更能吸引受众注意，[77] 使用符合受众喜好的广告代言人会对广告效果产生积极影响[78]等。相较于横视频广告，画面较为窄长的竖视频广告更适合展现某些元素，如竖向的人像或纵深感的变化，在竖视频中呈现时包含更多的信息量，生动性更强，[79] 能够带来与横视频不同的感官体验。因此，竖视频广告特殊的内容布局与视觉元素组合、更富细节信息量的人像画面可能是造成横竖视频广告效果出现差异的原因，详细比较讨论横竖视频广告元素带来的效果差别具有一定价值。在对竖视频广告效果产生机制进行研究时，视觉元素是非常重要的自变量。

2. 交互性。交互性一直是网络广告的突出优点，交互性提高会给受众广告态度带来积极影响。[80] 受众在竖向握持手机时更方便单手参与互动，这有利于内容本身所具有的交互属性发挥作用，例如在竖视频中增加可点击的按钮，或是以游戏互动的形式呈现广告，让受众可以在广告播放过程中进行互动。内容的交互性强度影响广告感知，也影响受众卷入度。交互性越强，受众注意更为集中，对信息的加工处理更深。[81] 因此，交互性是竖视频广告效果研究的重要变量。可交互的广告页面中会设置方便受众控制广告播放的内容，由于竖视频广告具有受众竖向握持优势，受众能够更方便地触及控制图标，甚至在短视频 App 中，只需向上一滑即可关闭广告，不影响原有的媒介消费，给予受众掌控感反而会带来良好的广告传播效果。[82]

除此之外，广告的在场感已被证明会正向影响用户的购买意愿。[83] 竖向握持观看的广告与现实生活中与他人通过手机视频对话的感受相似，在场感会更强。例如日本女星新垣结衣拍摄的"男友视角"系列广告，就是以竖向的视频，拍摄新垣结衣生活中的部分场景，给受众一种与女友在视频的感觉，通过社交在场感[84]的提升来获得更好的传播效果。竖视频广告由于在这一方面具有独特优势，以关系型内容进行诉诸情感的劝服效果也会更好。这也是购物类直播能够调动消费者兴趣并且激发购物欲望的可能原因。因此，内容的掌控感和在场感都是影响广告传播效果的重要的自变量，也是横竖视频广告差异的显著体现。

（二）场景层面

1. 线上场景。广告投放平台或渠道的功能属性会影响受众对广告信息的认知结果。目前竖视频广告多在短视频信息流、社交软件开屏等渠道进行投放，而横视频广告大多投放在视频类 App 如腾讯视频、爱奇艺视频等的电视剧、电影播放前，这两类投放场景存在明显差异。第一，投放渠道自身特征会影响广告传播的效果。在调性相近的平台投放广告，受众可能更容易关注到信息。[85] 第二，功能属性也会影响消费行为。例如在抖音或淘宝中的竖视频广告，受众可以直接点击进入购买，在这样的平台投放促销类广告可简化受众消费时的思考过程，促进行动的转化。但横视频广告则需要匹配适用的横向媒介内容，在操作时跳转到其他平台，需要翻转手机，较为不便。第三，社交属性是行动反馈影响最终效果的重要条件，当前竖视频广告大部分投放平台如微博、微信、抖音等具有很强的社交属性，这种社交属性也会对广告效果产生影响，一方面，广告主可基于社交关系锁定目标受众通过算法精准推送；另一方面，受众对该平台中他人的关系感知会影响其对广告的态度、行动与决策。[86] 第四，网络广告的上下文语境（Context）会影响广告效果。[87] 竖视频广告在短视频 App 中以信息流的形式出现，若上下文语境顺畅，出现的顺序合适，可能对广告信息的传播产生正向影响。

2. 线下场景。得益于技术发展，当前的广告投放可由受众移动设备的所在地理位置触发，以求获得更精准的投放效果。用户在与广告信息相关的位置收到广告（基于位置的广告，即 Location-Based Advertising）能够显著促进购买，[88] 其对于广告信息的主动搜索也会显著增加。[89] 在移动互联时代，用户处于手机随手、随身不离的状态，多以竖向握持的方式使用，当信息在恰当的时间地点出现，直接以竖向呈现的视频广告可以免去观看信息时翻转手机的麻烦，提升广告触达率。手机横向握持在实际生活使用中为少数情况，广告主依据横向使用习惯可进行精准线下投放的场景并不多。因此，在现实生活中，相较于横视频广告可能更不便于被关闭或跳过，竖视频广告被完整观看的概率也更高。

（三）受众层面

一般媒介效果研究中的受众研究指标均包含人口统计学变量，包含性别、学历、收入、年龄、文化背景等多个指标，[90] 人口统计学变量在千人千面地进行竖视频广告推送的当下具有一定意义。受众的心理特征如购买意向[91,92]、预期（期望）也会影响广告传播效果。[93] 但就本研究看来，这些受众的原生特征并不会因为视频广告的方向而异，因此对于竖视频广告来说，与横视频广告相比，对广告效果产生不同影响的主要自变量是受众的接触特征。

受众的广告信息接触习惯与认知路径各不相同。其中，动机被证实会影响广告信息的选择性接触、注意、记忆等。[94] 这种动机既包含对广告信息进行接触的动机，也包括受众在进行投放渠道内容消费时的原动机。例如在使用抖音打发碎片时间时，出现广告并不会过度干扰受众，所以较不容易使其产生强烈抗拒；但横屏看电视剧或者打游戏时，几乎任何的广告干扰都会让受众有一种被打断感，使受众感到烦躁，这样的状态下广告的播放完成率往往较低。由于竖视频广告推送与受众的原本媒介消费动机冲突较小，广告效果也会更好。

此外，受众参与度是竖视频广告效果有关的重要变量。高参与度会提升广告效果，[95]竖视频广告互动性高，受众参与度可能会更强，从而产生比横视频广告更好的传播效果。除此之外，还有影响受众信息处理路径选择的受众卷入度特征。受众会结合信息呈现的渠道、信息本身内容与具体的接收场景来评估与自身的相关性，决定是以中心路径（自身经验）还是边缘路径（广告信息）来得出结论，[96]不同的受众卷入度也可能对广告效果产生不同的影响。

四、竖视频广告效果测量的因变量指标

根据上文提出的竖视频广告效果的作用机制，对竖视频广告的效果测量主要针对认知阶段的注意、记忆以及后续的态度、行动四个因变量来进行。其中，注意、记忆和态度是学界关注较多的变量，通过实验法对竖视频广告效果研究中的自变量进行操控，可精确比较自变量变化对广告认知效果中注意、记忆和态度的影响。相较而言，行动在广告真正投放前只能通过实验或意向询问进行评估，关于行动的测量大多是由广告主与媒介进行事后的准确数据收集再得出结论。目前，四个因变量都有较为成熟的测量方法、测量指标与相应量表可供参考。

（一）注意的测量

不同自变量对受众注意的影响并不能通过问卷、自我汇报等方式准确测量。作为一种人体反应，以心理及生理性指标对注意进行测量会更加准确。目前注意的测量有眼动及 EEG 两种较为准确的方法，二者可单独使用或结合使用。

眼动（Eye-Tracking）是目前在广告注意研究方面得到的数据最直接、应用最广泛的方法，其技术的发展为广告注意研究提供了重要支

持。人类的眼睛会透露很多信息，包括注意、感知觉、记忆、情绪等，揭示消费认知与决策等心理行为。眼动仪通过图像处理技术，使用能锁定眼睛的摄像机，记录人眼角膜和瞳孔反射的红外线的变化，从而实现对视线的跟踪记录。

人的眼动主要有三种可显示方式。一是注视，注视时眼睛的中央窝对准某一物体超过 100 ms，物体在中央窝成像，可以获得更充分的加工，形成清楚的像。二是眼跳，它是指注视点或注视方位的突然改变，这种改变往往个体意识不到，多发生于进行快速搜索以及对刺激信息进行选择之时。三是追随移动，为了保证眼睛总是注视和眼睛保持相对运动的物体，眼球会追随物体移动。上述三种眼动方式经常交错发生，其目的均在于选择信息、将要注意的刺激物成像于中央窝区域，以形成清晰的像。[97]

目前常用的眼动指标有注视时长、注视次数、注视点序列、回视次数等。在研究中，一般以首次注视时间测量信息引起被试注意所需的时长以及所看区域对被试的吸引力程度，[98] 以一定区域内的注视点个数测量被试对该区域的关注度，[99] 以回视次数测量被试对特定区域的注意力投入程度，还可以直观的热区图显示被试对不同区域关注度的差异。眼动数据可以通过常见的 Neurobox 等品牌眼动仪进行精确测量，后续可做数据统计分析。对竖视频广告的眼动分析也可通过专门为手机设计的眼动仪进行测量。

EEG 是认知神经科学实验领域广泛使用的研究方法，可记录人头皮表面的神经活动，以数据信号反映人体信息加工的过程，对人体无损伤，有较高的时间分辨率，可准确反映大脑内部信息处理的过程与机制。[100]

通过脑电实验采集被试 EEG 数据后，研究者可采用 EEGLAB 等工具对 E3G 数据进行离线分析，提取并统计与因变量相关的重要指标。与注意相关指标中，Beta 波功率谱密度和 TBR 两个指标较为常用。Beta 波节律会在脑神经中枢兴奋时增多，表现出强烈的精神活动，一般认为反映了注意的聚焦功能；[101] TBR 与注意控制有关，TBR 数值越低，个体的注意控制水平越高。[102]

（二）记忆的测量

以往的研究主要以回忆的方法统计记忆的结果。竖广告效果研究中研究者可让被试自由回忆广告内容，或是给予一定提示，引导回忆。记忆是在个体处理信息的过程中发生的，因此采用 EEG 的方法可清楚了解个体记忆的全过程，尤其是能够考察瞬间的广告传播效果。

在认知活动相关的 EEG 研究中，研究者可以利用刺激事件诱发特定的 EEG，与该刺激事件相关的 EEG 波形可提供与认知过程紧密相关的 EEG 信息，这一方法被称为 ERPs，[103] 能反映当刺激被给予或撤销刺激时脑区的电位变化，[104] 可以在对信号进行观察分析时精确到毫秒级，[105] 为研究提供直观、量化的研究证据。它记录了大脑的认知活动过程，其变化与刺激的物理属性和内在的心理因素均有关系。运用 ERPs 的技术手段，可对受众在接收到某一信息后的完整加工过程按照精准的时间点进行确切分析。ERPs 中有一个重要的研究指标，称为成分。成分是在某一时间点被诱发出特定有明显波幅变化的 EEG，可以作为某种特定脑部活动的标志，能够推断认知加工的过程，同时也可以通过刺激诱发特定成分来验证假设，解释相关问题。对成分的描述主要通过对其极性（P 为正，N 为负）、成分波幅（反映大脑兴奋性的高低）、潜伏时间（反映加工时间与速度）、头皮分布（反映相关活动位置）情况加以测量来进行。[106]

再认范式是以脑电实验法进行记忆研究的常见范式。这一范式适合竖视频广告时长较长的特点（多数脑电实验范式中的刺激呈现时间较短）。在竖视频广告效果研究中，可遵照再认范式，先给被试观看竖视频广告相关实验材料，此步骤称为学习。然后提供一组再认材料给被试，一半与广告内容相关（旧材料），另一半为无关项（新材料），要求被试在记忆提取的再认阶段判断识别。一般来说，相关项被正确识别会诱发更正的LPC，通常出现在刺激后300~500 ms。[107]脑电实验中，往往结合被试的行为反应如正确率、反应时以及对相关ERPs成分的考察得出对记忆的结论。

（三）态度的测量

对态度的测量分为认知和情感两个维度，在广告效果研究中主要针对情感维度进行调查，[108]可通过调查法以李克特量表测量受众的态度。目前已有大量针对不同自变量的成熟量表，例如内容层面，学者以七点选项量表测量受众对各类内容自变量的喜好程度、内容吸引力、内容可信度等。[109]类似量表还有很多，在此不赘述。

除调查法外，对于态度中的情感也可通过生理性方法进行测量，包括呼吸、血压、脉搏、腺体分泌等相关指标。因此，有意识或潜意识的情感表达可通过fEMG[110]、GSR[111]、呼吸信号[112]等进行识别。

在广告说服效果研究中，通过对照实验或是事前事后的对比性研究可以对态度改变情况进行了解。除以上方法外，进行焦点小组访谈有时也能帮助发现自变量对态度的特殊影响。竖视频广告常常以个性化推送的方式投放，因此对同质型受众进行焦点小组访谈可能对研究有所帮助。

（四）行动的测量

学界对行动的研究往往局限于对行动意愿的研究，大多通过调查法进行。但只有结合投放渠道以及广告投放后市场调查的数据，才能尽可能地描绘行动中体现出的竖视频广告效果。根据抖音内部竖屏广告效果考察的指标体系，与行动相关的基础指标有总点击数、点击率；互动指标有点赞、转发、评论、链接点击；高价值指标包括播放完成数、平均播放时长；用户沉淀指标有提交表单数、下载点击量等。这当中部分指标与后续算法推荐挂钩，关系到广告效果的加成；还有部分指标与行动意愿具有相关性，[115] 这些都是除实际购买量等市场数据外，在广告传播阶段可对行动本身进行考察辅助的指标。

五、一次尝试

根据上文对竖视频广告作用机制与影响变量的分析，我们猜测代言人形象更适合以竖视频广告呈现。人物形象在竖屏画面中更突出、更生动，使得受众对竖视频广告画面中代言人的注意程度高于横视频广告。

（一）研究假设

受众投入竖视频广告中代言人区域的注意多于横视频广告。

（二）研究方法

通过眼动实验法，比较被试观看内容相同的横、竖视频广告中代言人区域的首次注意时间与注视点个数。被试为44名符合眼动实验条件的视力正常人士，年龄18~29岁，平均分配到横屏组与竖屏组，分别通过手机观看内容相同的6支视频广告，时长均在一分钟以内，观看时全程采集被试眼动数据。眼动仪为美国 The Eyetribe 公司生产的桌面眼动仪，采集频率为 30 hz，精度为 0.5°~1°。实验所用手机为6寸屏幕的 1920*1080 分辨率安卓手机。眼动数据通过 neurobox 进行代言人兴趣区的框定（见图6.5）与眼动数据的定量汇总分析。

图 6.5 代言人兴趣区示例

资料来源：抖音 . Olay 抖音官方账号［EB/OL］.（2020-03-26）. https://v.douyin.com/vBMhty/

（三）研究结果

对横竖屏两组被试在代言人兴趣区的注视点个数与首次注视时间进行统计，结果如表 6.5 所示。

表 6.5 横竖屏组各兴趣区注视点个数与首次注视时间

注视点个数单位：（个）
首次注视时间单位：（s）

测量变量	组别	代言人兴趣区
注视点个数	横屏	7.22 ± 3.10
	竖屏	9.75 ± 3.34
首次注视时间	横屏	9.27 ± 2.54
	竖屏	7.69 ± 1.41

资料来源：作者自制。
注：本次统计分析采用统计指标 M ± SD。

采用独立样本 t 检验分别对横竖屏两组被试在代言人兴趣区的注视点个数进行统计分析。结果发现，代言人兴趣区的注视点个数差异显著

[t（38）=−2.479，p=0.018，Cohens'd=0.79]，竖屏组代言人兴趣区注视点个数显著多于横屏组；采用独立样本 t 检验分别对横竖屏两组被试在各兴趣区的首次注视时间进行了统计分析，结果发现，被试在代言人兴趣区的首次注视时间差异极其显著[t（38）=2.422，p=0.022，Cohens'd=0.77]，竖屏组在代言人兴趣区的首次注视时间显著少于横屏组。

（四）研究结论

根据研究的数据结果，广告视频的横向与竖向对被试观看手机视频广告时投射于代言人兴趣区的注意度有显著影响，竖视频广告中代言人区的被试的注视点个数显著多于横视频广告，说明竖视频广告播放时代言人区域的重要性更突出；被试在竖视频广告代言人区域的首次注视时间显著低于横视频，说明竖视频广告播放时用户更容易注意到代言人。这可能是人体的窄长、垂直的特征更适合用竖屏来展现所导致。正如我们所猜测的，采用垂直构图的竖视频适合于表现和放大特定对象，尤其是自带竖长外观属性的物体比如人体、高楼、大树等，在竖视频中会显得更为突出。[114] 除此之外，也可能是竖视频中的人像更能让人产生社交在场感，因此相较于横屏，代言人在视频中更受被试的关注。这一尝试性研究部分验证了前文所提出竖视频广告效果分析框架与测评指标的合理性，未来可针对其余变量进一步分析，验证竖视频广告效果的分析框架与影响因素。

六、总结

在流量过剩、信息饱和的当下，广告主如何抓住受众注意力，获得更好的营销效果？随着 5G 时代的到来，视频传播形态崛起，相关数据海量涌现，中国互联网广告处于"换轨超车"的紧要阶段，只有转换思路，以技术为依托，通过受众乐于接受的方式，利用大数据精准投放广告，才能达到事半功倍的传播效果。竖视频广告就是在这一大背景下出现的广告形式创新，辨析其效果产生的机制对广告实践创造更好的传播效果具有重要意义。本节探讨了竖视频广告效果研究的具体分析框架，就自变量和因变量提出了详细的测量指标，并进行一个眼动实验研究，验证广告视觉元素中的代言人变量与竖视频广告注意效果间的关系，部分证明了效果研究设想的可行性。后续可进一步通过实证研究检验各项变量，并在此基础上建立研究模型，使用因子分析、回归分析等实证研究方法，进一步修正分析框架。未来竖视频广告效果研究应在参考以往广告效果研究的基础上，以屏幕的转向引导研究的转向，突出竖视频自身特性，基于生理和心理的反应机制，进行更为深入的个体说服效果洞察。

第四节　冷热媒介：合成语音与真人语音的不同传播效应

一、引言

在新闻传播领域，新闻传播与智能合成语音的结合引发了人们对智能声音的关注。央视纪录片《创新中国》首次采用智能合成语音配音，再现了已故播音员李易的声音。新华社以新闻主播邱浩为原型推出了首位人工智能新闻主播。不只在新闻传播领域，合成语音正在越来越普遍地深入到人们的生活中。有声读物的智能合成声音的选择多种多样，在移动场景下各类手机应用的智能语音辅助也种类繁多，各类智能音箱也越来越方便人们以语音作为传播的主要方式。

合成语音技术是以计算机技术为基础，将文字转换成语音的技术，即文本转化为语音系统。在语音层面，合成语音首先要使人能听懂，然后要更自然，也就是要更贴近人类说话的方式。而在智能传播时代，合成语音与算法等人工智能技术的结合能使其更广泛地运用于智能媒体，使智能媒体的人性化程度更高，如目前的小度、小爱、天猫精灵等需要高度的拟人化交互来提升用户体验。

  随着技术的发展，语音合成技术也有了新的突破。早期的计算机合成语音让用户感受到较强的机械感，使他们觉得这些声音不连贯、不流利，甚至达不到声音质量良好的基本要求。目前，智能合成语音越来越贴近人声，不断地在音调、音色、节奏、语调等方面赋予其人性化的特质。有研究者发现人们对语音故事的情绪效价的感知不仅会受到真人语音所传达的情绪的影响，还会受到合成语音所传达的情绪的影响，不论是真人语音还是合成语音，当用快乐的语气陈述时，人们会感觉内容听起来更加快乐，而用悲伤的语气陈述则会感觉内容更加悲伤。[115]更值得一提的是，无论是对内容的喜爱度还是信任度，人们对合成语音的评分都比真人语音更高。[116]这个研究表明了合成语音正不断地向"人性化"迈进。然而，也有研究表明人类的自然语音仍然优于合成语音。斯特恩（Stern）对7个实验研究进行元分析，证实了相比于电脑合成语音，人们更容易被真人语音劝说。[117]此外，也有研究认为在劝说程度方面，合成语音和真人语音并无差异。马伦尼克斯（Mullennix）的研究是让不同组的实验参与者听分别由大学生录制或电脑语音合成的一篇观点性强的文章，然后通过前测和后测来测量他们态度的改变，结果发现人类的语音和合成语音在劝说程度上没有什么不同。[118]

  媒介环境学派的学者麦克卢汉将媒介区分为热媒介和冷媒介。热媒介是清晰度较高的媒介，能够提供丰富的信息，不需要受众参与过多的联想；而冷媒介是清晰度较低的媒介，所提供的信息不足，需要受众加入丰富的联想。热媒介和冷媒介的区分并不是泾渭分明的,而是一种相对的概念。相较于报纸而言,电视是热媒介;相较于电影,则电视是冷媒介,电影是热媒介。[119] 就本节所讨论的语音层面,相较于能够提供更多节奏、音调等副语言变化的真人语音,合成语音可以被认为是一种冷媒介。而随着技术的发展,合成语音不断地向真人语音靠近。纵观媒介的发展之路,就是不断丰富媒介的感官体验,从冷媒介走向热媒介的发展历程。热媒介能够为我们构建更加真实的媒介环境,进而影响我们对于现实环境的认知。

除了声音来源有真人发出与合成的区别,声音的性别因素也是一个值得关注的因素。纳斯将进化心理学理论与语音的发展融合后总结出几条规律,其中一条是"人类根据性别区分声音"。性别因素如此重要,以至于在语音中,男性和女性的区别不是通过语音的规范表示来编码的,而是通过异常详细和复杂的听觉心理－物理过程来实现的,这一过程涉及基频、共振峰频率、呼吸声和其他特征。[120] 马伦尼克斯的研究认为女性真人语音比女性合成语音更有说服力、更好、更积极;而女性合成语音所传达的内容更有害、更无效。与女性合成语音相比,人们认为男性合成语音所传达的内容更好、更积极且更有说服力。[121] 同样地,对于合成语音的一项研究表明,男性声音比女性声音得到更多的赞扬,男性声音比女性声音更有说服力,此外在内容上,人们认为女性声音在爱情和人际关系方面提供的信息量比较多,而在科技方面提供的信息量则要少得多。[122] 男性声音比女性声音更"优越"这一刻板印象,里夫(Reeves)在1996年所进行的研究中也早已证实,该研究让实验参与者听6名女性的录音,通过高低频等方面的变换,使她们的声音变为"女性化"或者"男性化",声音提示导致了刻板印象,尽管面孔都是女性,但是结果表明男性化声音的女性被认为比女性化声音的女性有更强的驱动力、意志力、推理能力、说服力、学习

315

能力和外倾性。[123,124]

综合文献来看,以往的研究结果有一致的情况,具体表现在不同声音性别因素方面,基本上都存在男性声音比女性声音更"优越"这一刻板印象。然而随着时代的发展,人们的性别观念也在不断地变化,在受众的感知中男性声音是否仍然具有"优越性"值得进一步探究。

这些以往的研究结果也有不一致的情况,具体表现在人们对于合成语音和真人语音的评价方面,有研究认为合成语音和真人语音基本上没有区别,但也有研究发现了两者之间的区别,对合成语音和真人语音的传播效果的对比还需要进一步探究和明确。研究结果出现矛盾可能的原因在于,首先在客观方面,当时的语音合成技术水平比较初级,合成语音和真人语音之间的差别过于突出。合成语音有较强的机械感,尤其是在副语言因素上,比如音调、节奏、速度、强弱、停顿等的机械感明显,无法达到连贯和流利的要求。所以,人们对于合成语音和真人语音的评价有所不同,可能是当时的合成语音技术水平导致的。值得庆幸的是,随着时代的发展,合成语音技术已经日益进步,合成语音与真人声音之间的差距不断缩小,为研究这一问题提供了更好的条件。其次,还有一些主观的原因,实验设计的理想情况应该是把合成语音和真人语音放在除了技术区别以外,其他条件基本相同的情境下进行比较,而以往的研究大都无法找到合成语音的音源提供者录制真人语音,也就无法排除是否为同一个人的音色、音高等因素的干扰。因此,本研究采用目前处于行业领先水平的讯飞合成语音①和合成语音的音源提供者录制的录音来探究合成语音与真人语音之间传播效果的差异,聚焦人们对于合成语音新闻和真人语音新闻的喜爱度

---

① 安徽科大讯飞股份有限公司成立于1999年,是亚太地区知名的智能语音和人工智能上市企业,长期从事语音及语言、自然语言理解、机器学习推理及自主学习等核心技术研究并保持了国际前沿技术水平,在语音合成、语音识别、机器翻译等方面处于领先地位。

和信任度，在音色、语速等不变的情况下，更纯粹地探讨合成语音和真人语音之间的差异。

此外，传播效果测量方式上的差异也可能是造成结果不一致的原因之一。传统的量表测量是对主观体验的测量，相对比较客观，但是仍然会有一些诸如社会称许性等因素的干扰。而且值得注意的是，量表的测量是一种事后回溯，参与者是在接受了实验条件的处理之后，根据自身的有意识感受和回忆对效果进行评价，而这种评价变异性较大，不能如实地反映听语音新闻过程中的实时反应。针对这一问题，本研究除了对信任度和喜爱度进行测量之外，还采用了认知神经科学中普遍采用的研究方法，即EEG技术。通过在个体头皮表面放置一些电极来采集大脑皮层神经活动的电信号，能够实时、内隐地考察他们在听新闻时大脑的同步信息加工活动，并反映出他们实时的"在线"（on-line）状态。

按照麦克卢汉的观点来推断，作为冷媒介的合成语音比作为热媒介的真人语音更需要受众参与联想，来填补信息上的不足。我们不妨也可以这样作出假设。然而，根据媒介的"清晰度"，也就是信息的多少来划分冷热媒介，是可以通过观察来进行比较客观地判断的，但受众参与联想的程度则是一个"黑箱"，是受众内部的认知加工，并不能够被直接观察到，需要通过认知神经技术手段等来进行考察。因此本研究就是在语音层面，通过行为与脑电实验的结合，将作为热媒介的真人语音和作为冷媒介的合成语音给受众带来的主观体验是否有所不同作为考察的切入点，并且加入声音性别这一变量，考察不同声音来源（真人语音、合成语音）条件下，不同性别的声音对语音新闻的用户体验的影响，进而更深入具体地找出从冷媒介到热媒介变化的突破点。综上，提出如下假设：

H1：真人语音的信任度比合成语音的信任度高。

H2：真人语音的喜爱度比合成语音的喜爱度高。

H3：男性声音的信任度比女性声音的信任度高。

H4：男性声音的喜爱度比女性声音的喜爱度高。

H5：听合成语音时的联想多于听真人语音时的联想。

二、方法

（一）实验参与者

50位实验参与者（其中女性26人），年龄在18~28岁（$M=22.300$，$SD=2.460$），以在校大学生为主，右利手，无精神、神经疾病史及家族史（如癫痫等），实验时无头部外伤，实验前一周内未服用精神兴奋类药物或影响中枢神经功能的其他药物。参与者被随机分成4组，每组被试男女性别均衡，在实验开始之前填写中文版贝克焦虑量表、贝克抑郁量表和正性负性情感量表，考察其情绪状态。结果显示，参与者没有表现出临床上的焦虑和抑郁症状，各组之间没有显著差异，各量表的得分如表6.6所示。所有实验参与者在实验前均签署了知情同意书，实验后获得一定数额的报酬。

表6.6 实验参与者BAI、BDI和PANAS得分情况

声音来源	真人语音（$N=25$）		合成语音（$N=25$）	
声音性别	男（$N=13$）	女（$N=12$）	男（$N=13$）	女（$N=12$）
BAI	28.231 ± 3.833	26.667 ± 6.919	29.692 ± 4.270	27.750 ± 4.330
BDI	7.846 ± 4.997	6.167 ± 6.221	8.615 ± 2.219	6.667 ± 5.944
积极情绪	30.462 ± 7.055	30.250 ± 6.864	30.769 ± 3.940	34.417 ± 5.712
消极情绪	19.231 ± 6.954	18.333 ± 9.049	22.846 ± 5.014	17.917 ± 4.641

资料来源：冯菲，王文轩，修利超，等.冷热媒介：合成语音与真人语音的不同传播效应——基于EEG的实验证据［J］.新闻与传播研究，2020，27（12）：5-20+126.

注：本次统计分析采用统计指标 M±SD。

（二）实验材料

实验选取了 1 篇用于练习的新闻和 7 篇用于正式实验的新闻。新闻内容取材自大众媒体已经发布的新闻，均不是当时的热点新闻，题材主要为经济和科技类，未做二次编辑，将初选的 12 篇文章分发给新闻传播领域的老师、博士生、硕士生共 17 位，让他们判断情感偏向，最终选取 8 篇情感偏向为中性的文章，分别作为正式实验材料和练习实验材料。然后，在科大讯飞的合成语料库中挑选了一个男性声音和一个女性声音，使用这两种声音生成男女两种合成版语音新闻，速度接近中央人民广播电台新闻广播节目的速度，为 270~290 字/分钟。同时，邀请这两种声音的音源提供者——两位播音员，由他和她本人按照同样的语速录制同样内容的真人版语音新闻。最后生成练习阶段的语音新闻，时间长度为 1 分 28 秒，字数为 405 字；正式实验的语音新闻每段时间长度为 2 分 20 秒至 2 分 51 秒，字数在 614~764[①]字。每段语音新闻均为录音男女、合成男女共 4 个版本。实验过程中，7 篇正式实验的语音新闻以随机的顺序呈现给参与者。

梅耶、[125]纽哈根和纳斯、[126]桑达尔、[127]克莱瓦尔（Clerwall）、[128]格雷费（Graefe）[129]等研究者都曾制定出新闻信任度和喜爱度的量表，在这些量表中存在着一些相同的评价词，这些词被筛选出组成适用于本研究的信任度和喜爱度评价表，而且不同于大众传播时代，社交媒介时代的"转发""分享"等词也被纳入本研究的信任度和喜爱度评价表中。

信任度：公正的（Fair）、无偏的（Unbiased）、准确的（Accurate）、

[①] 练习语音新闻时长稍微短一些，是为了被试能够适应实验流程，正式实验的音频新闻的时长差距不是很大。7 段正式实验音频的脑电数据的处理是在 MATLAB 中的工具箱 EEGLAB 14.1.1 中，合并后进行统一分析，所以材料时长的差异对于数据的处理没有影响。

清楚的（Clear）、值得信赖的（Trustworthy）、可靠的（Reliable）、可信的（Believable）、客观的（Objective）、权威的（Authoritative）。

喜爱度：有趣的（Interesting）、令人享受的（Enjoyable）、有娱乐性的（Entertaining）、令人愉悦的（Pleasing）、生动的（Vivid）、写得好（Well-written）、令人厌烦的（Boring）、转发（Repost）、分享（Share）。

（三）实验程序

实验参与者端坐于电脑前，先静息5分钟，然后开始收听电脑扬声器外放的合成语音新闻或真人语音新闻，在每段新闻播放完毕后，填写信任度和喜爱度评分表。信任度与喜爱度评分表采用九点选项评分表的形式，实验参与者需要在1（一点儿也不）到9（非常）的范围内评价语音新闻的信任度和喜爱度，其中令人厌烦的（Boring）一项为反向计分，在听新闻的过程中，有EEG设备收集EEG数据。

（四）数据处理和分析

对实验参与者的信任度与喜爱度评分分别进行平均。分数越高，即信任度、喜爱度越高。采用SPSS 24.0进行统计分析。EEG数据采用Cognionics Quick-30 32导无线干电极EEG设备记录，采样率为1000 Hz，按照10~20系统排列电极位置，DC记录，前额接地，0~100 Hz带宽。参考电极为左侧乳突，离线分析时转化为双侧乳突平均参考。参与者在安静、无干扰的实验室内完成实验。采集数据后，使用EEGLAB 14.1.1进行离线分析，手动去除漂移较大的EEG，并使用独立成分分析剔除眨眼、扫视、头动等伪迹。得到干净的数据后，选取F3、Fz、F4、C3、Cz、C4、P3、Pz、P4这9个电极点的数据进行离线分析。通过快速傅里叶变换（Hanning窗函数，1s宽度和50%交迭比）提取 delta（1~4 Hz）、theta（4~8 Hz）、alpha（8~13 Hz）、beta（13~30 Hz）波段在9个电极点上的功率谱密度值以及快慢波比率、[130-133] FEA 和个体 alpha 振荡峰频率（Individual Alpha Frequency，简称为 IAF）等指标的数值。为了进行归一化，对这些 PSD 数值取自然对数，然后计算9个电极的 PSD 平均数。FEA 的数据采用张晶、周仁来、修利超、赵仑、张帆的方法，取额区 F3、F4 电极的 alpha 频段功率值，使用公式 FEA=lnF4-lnF3 得出。[134, 135] IAF 的数据采用克利梅施（Klimesch）的方法，提取 IAF 指标。[136] 采用 SPSS 24.0 对这些数据进行统计分析。

三、结果

（一）行为实验结果

行为实验中各组被试的信任度和喜爱度分数如表6.7所示。

表6.7 不同条件下受众的喜爱度和信任度得分

声音来源	真人语音（N=25）		合成语音（N=25）	
声音性别	男（N=13）	女（N=12）	男（N=13）	女（N=12）
喜爱度	4.775±0.819	5.019±0.733	4.641±0.555	4.711±0.633
信任度	7.448±1.015	7.256±0.684	6.799±1.299	6.765±0.952

资料来源：马菲，王文轩，修利超，等.冷热媒介：合成语音与真人语音的不同传播效应——基于 EEG 的实验证据［J］.新闻与传播研究，2020，27（12）：5-20+126.
注：本次统计分析采用统计指标 M±SD。

1.喜爱度

对喜爱度分数采用两因素方差分析（Two-Way ANOVA）进行统计，声音来源和声音性别均为组间因素。结果发现：声音来源的主效应不显著［$F(1, 46)=1.268, p=0.266, \eta_p^2=0.027$］。声音性别的主效应不显著

[F（1，46）=0.644，p=0.426，η_p^2=0.014]。声音来源和声音性别的交互效应不显著[F（1，46）=0.198，p=0.658，η_p^2=0.004]。

2. 信任度

对信任度分数采用两因素方差分析进行统计，声音来源和声音性别均为组间因素。结果发现：声音来源的主效应不显著[F（1，46）=3.909，p=0.054，η_p^2=0.078]。声音性别的主效应不显著[F（1，46）=0.154，p=0.697，η_p^2=0.003]。声音来源和声音性别的交互效应不显著[F（1，46）=0.076，p=0.784，η_p^2=0.002]。

（二）脑电实验结果

脑电实验中各组被试的 delta、theta、alpha、beta 节律的 EEG 头皮分布如图 6.6 所示。

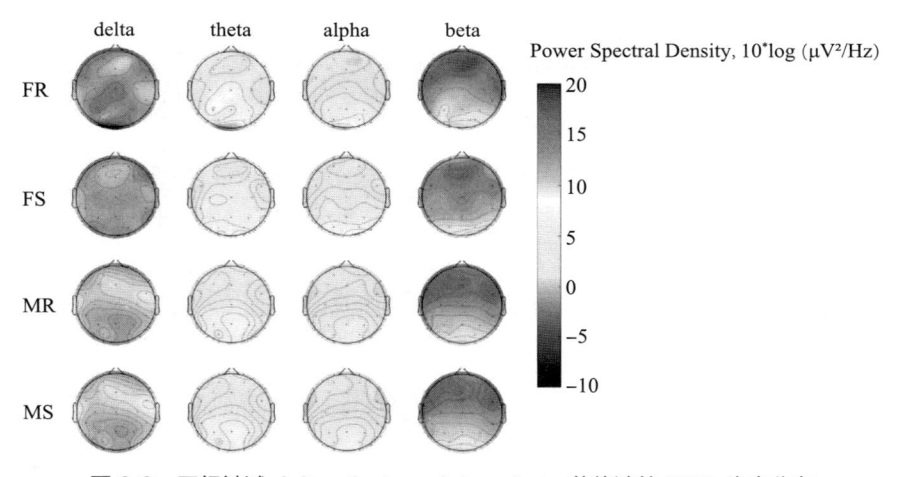

图 6.6　四组被试 delta、theta、alpha、beta 节律波的 EEG 头皮分布

注：Mr 即 Male Recorded Speech，代表男声真人语音；Ms 即 Male Synthesized Speech，代表男声合成语音；Fr 即 Female Recorded Speech，代表女声真人语音；Fs 即 Female Synthesized Speech，代表女声合成语音。

资料来源：冯菲，王文轩，修利超，等. 冷热媒介：合成语音与真人语音的不同传播效应——基于 EEG 的实验证据[J]. 新闻与传播研究，2020，27（12）：5-20+126.

脑电实验中各组被试的各个波段的 PSD 数值和快慢波比率等指标如表 6.8 所示。

采用两因素方差分析分别对各个波段的 EEG 数据功率谱密度以及 FEA、TBR、TAR、IAF 指标进行了统计分析。其中，声音来源和声音性别均为组间因素。

表 6.3 不同条件下各个波段的 PSD 数值和 FEA、TBR、TAR、IAF 指标

声音来源	真人语音（$N=25$）		合成语音（$N=25$）	
声音性别	男（$N=13$）	女（$N=12$）	男（$N=13$）	女（$N=12$）
delta	2.859 ± 0.546	3.558 ± 0.873	3.108 ± 0.475	3.080 ± 0.579
theta	1.192 ± 0.292	1.312 ± 0.535	1.534 ± 0.248	1.257 ± 0.451
alpha	0.880 ± 0.494	0.834 ± 0.436	1.353 ± 0.191	1.084 ± 0.546
beta	−0.171 ± 0.469	−0.171 ± 0.517	0.106 ± 0.369	−0.058 ± 0.416
FEA	0.097 ± 0.197	0.270 ± 0.326	0.117 ± 0.120	0.008 ± 0.177
TBR	3.265 ± 3.624	2.320 ± 9.291	3.222 ± 1.756	4.422 ± 1.735
TAR	1.474 ± 0.402	1.481 ± 0.176	1.208 ± 0.104	1.315 ± 0.246
IAF	10.019 ± 0.161	10.050 ± 0.345	10.012 ± 0.423	10.150 ± 0.244

资料来源：冯菲，王文轩，修利超，等．冷热媒介：合成语音与真人语音的不同传播效应——基于 EEG 的实验证据［J］．新闻与传播研究，2020，27（12）：5-20+126.
注：本次统计分析采用统计指标 M±SD。

delta 波段 PSD 结果显示：声音来源的主效应不显著 $[F(1, 46)=0.408, p=0.526, \eta_p^2=0.009]$；声音性别的主效应不显著 $[F(1, 46)=3.532, p=0.067, \eta_p^2=0.071]$；声音来源和声音性别的交互效应显著 $[F(1, 46)=4.134, p=0.048, \eta_p^2=0.082]$，进一步做简单效应分析，发现只有声音来源为真人语音时，听男性声音和女性声音有显著差异 $[F(1, 46)=7.654, p=0.008, \eta_p^2=0.143]$，听男性声音的 delta 波段的 PSD($M=2.859$) 小于听女性声音的 delta 波段的 PSD($M=3.558$)，声音来源为合成语音时，听男性声音和听女性声音没有显著差异 $[F(1, 46)=0.012, p=0.914, \eta_p^2<0.001]$。

theta 波段 PSD 结果显示：声音来源的主效应不显著 [$F(1,46)=1.645$, $p=0.206$, $\eta_p^2=0.035$]；声音性别的主效应不显著 [$F(1,46)=0.494$, $p=0.486$, $\eta_p^2=0.011$]；声音来源和声音性别的交互效应不显著 [$F(1,46)=3.173$, $p=0.081$, $\eta_p^2=0.065$]。

alpha 波段 PSD 结果显示：声音来源的主效应显著 [$F(1,46)=8.591$, $p=0.005$, $\eta_p^2=0.157$]，在听合成语音新闻的时候（$M=1.219$）比听真人语音新闻的（$M=0.857$）alpha 波段 PSD 更大；声音性别的主效应不显著 [$F(1,46)=1.630$, $p=0.208$, $\eta_p^2=0.034$]；声音来源和声音性别的交互效应不显著 [$F(1,46)=0.823$, $p=0.369$, $\eta_p^2=0.018$]。

beta 波段 PSD 结果显示：声音来源的主效应不显著 [$F(1,46)=2.391$, $p=0.129$, $\eta_p^2=0.049$]；声音性别的主效应不显著 [$F(1,46)=0.419$, $p=0.521$, $\eta_p^2=0.009$]；声音来源和声音性别的交互效应不显著 [$F(1,46)=0.425$, $p=0.518$, $\eta_p^2=0.009$]。

FEA 结果显示：声音来源的主效应不显著 [$F(1,46)=3.915$, $p=0.054$, $\eta_p^2=0.078$]；声音性别的主效应不显著 [$F(1,46)=0.279$, $p=0.600$, $\eta_p^2=0.006$]。声音来源和声音性别的交互效应显著 [$F(1,46)=5.287$, $p=0.026$, $\eta_p^2=0.103$]，进一步做简单效应分析，发现只有声音性别为女性时，听真人语音和合成语音有显著差异 [$F(1,46)=8.799$, $p=0.005$, $\eta_p^2=0.161$]，听合成语音的 FEA（$M=0.008$）小于听真人语音的 FEA（$M=0.270$），声音性别为男性时，听真人语音和合成语音没有显著差异 [$F(1,46)=0.054$, $p=0.818$, $\eta_p^2=0.001$]。

TBR 结果显示：声音来源的主效应不显著 [$F(1,46)=0.517$, $p=0.476$, $\eta_p^2=0.011$]；声音性别的主效应不显著 [$F(1,46)=0.008$, $p=0.929$, $\eta_p^2<0.001$]；声音来源和声音性别的交互效应不显著 [$F(1,46)=0.561$, $p=0.458$, $\eta_p^2=0.012$]。

TAR 结果显示：声音来源的主效应显著 [$F(1, 46)=8.693$, $p=0.005$，$\eta_p^2=0.159$]，在听合成语音新闻的时候（$M=1.261$）比听真人语音新闻的（$M=1.477$）TAR 更小；声音性别的主效应不显著 [$F(1, 46)=0.613$，$p=0.438$，$\eta_p^2=0.013$]；声音来源和声音性别的交互效应不显著 [$F(1, 46)=0.462$，$p=0.500$，$\eta_p^2=0.010$]。

IAF 结果显示：声音来源的主效应不显著 [$F(1, 46)=0.285$, $p=0.596$，$\eta_p^2=0.006$]；声音性别的主效应不显著 [$F(1, 46)=0.920$, $p=0.342$，$\eta_p^2=0.020$]；声音来源和声音性别的交互效应不显著 [$F(1, 46)=0.371$，$p=0.545$，$\eta_p^2=0.008$]。

四、讨论

本研究试图考察不同声音来源（真人语音、合成语音）和不同声音性别（男、女）对受众收听语音新闻时的用户体验的影响。行为结果发现，语音新闻的信任度和喜爱度均与声音性别和声音来源是真人语音还是合成语音无关。因此，从行为结果来看，H1、H2、H3、H4均不支持。脑电实验结果显示，受众在听合成语音比听真人语音时的 alpha 波段强度更大，TAR 则更小，即联想程度更小。这一结果与 H5 正相反。当声音来源为真人语音时，听男性声音比听女性声音的 delta 波段强度更小。除此之外，当声音性别为女声时，听真人语音比听合成语音的 FEA 大，即喜爱程度更大。这一结果部分支持 H2。这些结果表明作为热媒介的真人语音情感丰富，受众能够联想出说话者的外形、性格等具体形象；而作为冷媒介的合成语音，则在人们认知中确定了这是计算机合成的语音，所以不会去联想更多。作为冷媒介的合成语音与作为热媒介的真人语音相比，在传播效果上仍有一些不足之处。

在对声音的信任度和喜爱度的主观评价方面，真人语音与合成语音没有什么不同。这与马伦尼克斯的研究结果一致，该研究认为在劝说效果上，人类的语音和合成语音没有什么不同。而与斯特恩的研究发现不同，[137]该研究发现人类的语音比计算机合成的语音更有说服力。[138]原因可能是本研究选用的讯飞合成语音系统目前属于业界顶尖水平，能够高度还原真人，避免奇怪、机械的音调和韵律，而且合成语音的音源来自录制真人语音的两位专业播音员，又均在专业的录音室录制，从而保证了音色的一致和较高的声音质量，而以往的研究受限于技术而较难做到这些。因此，本研究的结果表明在音色一致的情况下，合成语音与真人语音在主观体验方面的差异很小。

此外，声音性别对于信任度和喜爱度也没有影响。这与马伦尼克斯的研究结果不一致，该研究认为与女性合成语音相比，人们认为男性合成语音所传达的内容良好且更积极，更有说服力。[139]这也与纳斯对于合成语音的研究结果不一致，该研究认为男性声音能够比女性声音得到更多赞扬，男性声音比女性声音更有说服力。[140]人类女声的典型特征是更高的基频和更分散的共振峰结构，这导致难以产生高质量的合成女声。[141]他们的研究结果也许是当时合成语音技术的不成熟导致受众对于不同声音性别合成语音的感受存在差异。本研究中受众不论对于合成语音还是真人语音，都没有表现出性别刻板印象的另一个原因可能与所选择的实验参与者有关，本研究选择的实验参与者都是高校学生，基于其所接受的教育，以及个体普遍具有一定的批判性思维能力，他们在声音性别的信任度和喜爱度方面并无差异。

多年来的研究已经验证了 FEA 指标作为情感加工和精神病理学的前瞻性标记的价值。[142]这一指标在情绪的动机维度上代表了趋近和回避，在一定程度上能够反映参与者喜欢或不喜欢的态度。[143]在本研究中，脑电实验结果显示，声音性别为女性时，听真人语音比听合成语音的 FEA 大，即人们更喜欢真人语音。可能女性真人声音的副语言信息较为丰富，会带来一定的亲切感，使人们在情绪上更为趋近。然而，结合前面喜爱度主观评价的数据来看，声音性别和声音来源对于喜爱度均没有影响，这说明虽然在外显的行为评价上没有表现出差异，但在实时的脑电神经指标上反映了这种差异，脑电实验结果反映了人们在内隐评价上的喜爱度，这也许与量表测量易受社会称许性等因素影响有关。也就是说，作为情绪评价之一的喜爱度的评价实际上在行为和生理水平上是分离的。因此，对于喜爱度的测量需要综合多方面去考量，不同的测量手段可能会带来不一样的发现。由于喜爱度并不是单一层面的指标，对于这种跨越行为和生理两个层面的变量，除了传统的主观体验评估，还有必要考察较为客观的生理反应。

EEG 数据功率谱密度结果显示，受众在听合成语音新闻时比听真人语音新闻时的 alpha 波段强度更大。以往研究发现，alpha 频率是放松清醒期间人类 EEG 的主要频率，[144] 情绪唤起程度与 alpha 波的活动呈显著负相关关系，[145] 情绪唤起程度越高，alpha 波活动越弱，在复杂和认知要求高的任务中，alpha 波会下降。[146] 在本研究中，受众在听真人语音新闻时比听合成语音新闻时情绪唤醒的程度更高，认知活动增加。尽管智能合成语音发展得越来越贴近人声，不管是音调、音色、节奏还是语调上都更具人性化，但被试仍然能辨别出智能合成的声音。相对而言，真人录制的新闻带有更多的情绪线索，当个体收听这些材料时，alpha 波活动更弱、情绪唤起更强、认知活动增强，因而真人语音比合成语音在情绪唤起和思维认知方面更有优势。

当声音来源为真人语音时，个体在听男性声音时的 delta 波强度小于听女性声音时的 delta 波强度。delta 波段一般是处在无意识状态、深沉睡眠时释放的脑波，成年人在极度疲劳和昏睡状态下也会出现。

从心理负荷（Mental Load）增加向心理疲劳过渡的过程中，delta 和 alpha 波段增强，beta 波段下降。[147] 因此，本研究的结果可能意味着当声音为真人语音时，人们认为听女性的声音比男性的声音更疲劳。这可能是由于人们认为女性声音在爱情和人际关系方面提供的信息量要大得多，而在科技方面提供的信息量则要少得多。[148] 而本研究所采用的实验材料为经济和科技新闻，导致在信息量的传达上女性声音不如男性声音，接收信息时听者需要付出更多的努力，故更疲劳。

TAR 是认知负荷的一个指标，认知负荷越大，则该指标越大。安东年科（Antonenko）等人的研究发现，当参与者睁开眼睛开始执行心算任务时，alpha 波明显受到抑制。随着任务难度的增加，alpha 活动减少，而 theta 波活动增加，[149] 即 TAR 指标增大。本研究发现，受众的 TAR 在声音为真人语音时更大。其原因可能在于二者的人性化程度不同：真人语音的人性化程度相对高，人们可能更容易联想到声音背后的人，而合成语音的联想度相对来说会差一些，甚至可能无法形成具象的人的形象，所以人们对于真人语音的认知负荷会较高，这和上文提到的真人语音条件下 alpha 波活动相对弱的结果吻合。

IAF 是工作效率的一个指标。克利梅施发现个体 alpha 波频率与记忆表现或注意力需求相关，表现良好的个体，其 IAF 比表现不佳者高。[150] TBR 则是反映注意控制的一个指标，这一比率与注意控制呈负相关关系。[151] 在本研究中，合成语音和真人语音的 IAF 和 TBR 差异均不显著，这说明在合成语音和真人语音的信息加工效率和注意控制上，二者并无差异，而且男性声音和女性声音之间也无差异。综合前面的结果来看，这些发现说明合成语音和真人语音之间的传播效果差异不是表现在加工效率以及注意控制上，而是表现在二者所带来的精神状态、情绪唤醒、喜爱度和认知负荷等方面。

总之，人们听真人语音时比听合成语音时的 alpha 波段的功率谱密度更小，即真人语音在情绪唤醒上更好，而且人们听真人语音时比听合成语音时的 FEA（当声音为女性时）和 TAR 更大，即喜欢程度和认知负荷会相对较高；也就是说人们在听热媒介真人语音时需要调动更多的认知资源和丰富的联想，也有更积极的参与态度。此前，一项基于 MMN 的研究发现，作为冷媒介的纸质报纸比作为热媒介的电纸书报纸更能吸引受众的注意力，需要脑机制更多地参与，证实了麦克卢汉的冷、热媒介猜想。[152] 而本研究的结果却与麦克卢汉所描述的热媒介和冷媒介不同。在本研究中，作为热媒介的真人语音情感丰富，继而能够联想出说话者的外形、性格等具体形象；而作为冷媒介的合成语音，则在人们认知中确定了这是计算机合成的语音，所以不会去联想更多。那么，如何才能赋予合成语音更多拟人化的联想呢？最基本的是要解决合成语音比较机械、不流畅的问题，然后要给合成语音设定真人形象，比如微软的社交机器人小冰就拥有 16 岁的少女形象和由用户自定义的人物性格，而以"初音未来"为代表的基于语音合成程序为基础的音源库，更是将人物形象、人物性格等人格特质丰富到了极致，以至于成为风靡全世界的虚拟偶像。所以，要让用户对合成语音有更多人性化感知，还是要提供更多拟人化的信息，使得他们可以在此基础上展开想象甚至进行二次创作，把技术当成人来创造才是跨越机器和人之间的鸿沟的关键。

为什么热媒介反而使人联想更多？联想的前提是提供一定的信息，而且信息越多，越有助于想象。尤其是在只有单一通道的语音层面，需要借助更加丰富的语音信息来想象出画面。同理，在视觉层面，也只有画面提供更加丰富的信息，才能使人想象出融合声音的视听环境，正如 2D 和 3D 动画都在画面上追求更具体和细致的质感一样，配音演员也力求在人物形象和人物性格更加丰满的情况下，配出更贴合完美的声音。那么，单一感官通道的媒介（冷媒介）和多感官通道的媒介（热媒介）相比，是不是就是冷媒介的联想比热媒介的联想更多呢？也不一定，可能不仅在接收信息的实时联想上和麦克卢汉的假设不一样，甚至在后续联想上冷媒介未必就一定比热媒介多，热门的 IP 影视作品能激发受众的进一步联想，甚至可以让他们进行二次创作，也就是同人创作，[153] 当然这有待进一步研究证实。

从脑电指标来看，不管是 FEA 还是 TAR 都用到了 alpha 频段的能量振荡，以往一项对于足球决策的创造性想象的研究发现，更新颖的任务表现与更强的左右皮层 alpha 波段强度的异步相关，[154] 可见 alpha 波与创造性思维密切相关，这与我们的结果相一致，听真人语音比合成语音可能更需要受众积极地参与创造性想象。当思维强度增加时，alpha 节律的幅度通常总是趋于下降（异步化）。[155] 既然与 alpha 波活动强度相关的 FEA 与 TAR 指标作为判断脑活动的标准具有一定程度的一致性，那么从另一个角度来看，除了麦克卢汉以观察到的信息的"清晰度"作为标准来划分冷热媒介之外，以更为客观的脑电指标作为标准，是否也可以划分出全新的"高参与度媒介"和"低参与度媒介"呢？将后者与前者进一步对比验证，有可能解构与重构麦克卢汉关于冷热媒介的理论，也有助于澄清很多对冷热媒介划分的争论，加深我们对媒介以及媒介环境、媒介体验的认识。当然，这也需要更多的实验结果来证实，本研究在这方面作出了一次有益的尝试。

此外，声音来源为真人语音时，受众在听男性声音时的 delta 波小于听女性声音时的 delta 波，即声音来源为真人语音时，受众听女性声音时更疲劳。而在一定程度上可以反映参与者喜欢－不喜欢的态度的 FEA 指标则显示，声音性别为女性时，听真人语音比听合成语音的 FEA 大，人们更喜欢真人语音。这两个结果看似矛盾，实则是在不同的维度讨论，并不矛盾。首先，声音来源为真人语音时，受众听女性声音时更疲劳，这是声音性别之间的比较，研究认为女性声音在爱情和人际关系方面的提供信息量要大得多，而在科技方面提供的信息量则要少得多，[156] 而本实验的语音材料均为经济和科技新闻，有可能在信息量的传达上女性声音不如男性声音，接收信息时人们需要付出更多的努力，导致人们更疲劳。这表明不同性别的声音和内容的匹配度十分重要。在推送语音新闻时，根据新闻内容属性的不同，采用不同性别的声音，则能使用户获得更好的用户体验。声音来源为合成语音时，男性声音和女性声音所导致的疲劳程度并无差别，也说明真人语音更能体现不同性别声音的声音特质。其次，声音性别为女性时，人们更喜欢真人语音，这是真人语音和合成语音之间的比较，而且只有当声音性别为女性的时候，这种差异才会明显，声音性别为男性的时候，这种差异不明显。这可能是由于女性的声音在情绪表现上更丰富，所以情绪丰富的真人语音更受人们的喜爱。同时，这也给我们提供了一个思路，要想克服合成语音与真人声音的差异，首要是从女性声音入手，这能在技术上使得女性声音的合成语音和真人声音的差异减小，则男性声音的技术问题或可迎刃而解。

智能合成语音正在不断发展，通过 AI、算法等技术，合成语音变得越来越独立、越来越脱离"人的操作"而存在。在不远的机器智能时代，合成语音将是我们生存的媒介环境中的重要一部分，它既是媒介，也是传播者和接收者。我们的研究为了使合成语音更好地融入我们的生活，获得我们的认同，更好地从"冷媒介"变为"热媒介"，提供了初步的判断。目前，我们的研究在合成语音和真人语音的使用上，只是区分了语音的性别，与以往的研究对比来看，声音性别对受众的影响，与声音表述的内容密切相关，本研究仅仅使用了新闻材料，未来的研究可以考虑更多不同类型的内容，如商品广告、公益宣传、儿童读物等。此外，本研究中的合成语音与真人语音，都是用正常情绪朗读出中性情绪的内容，未来的研究还可以进一步深入探讨不同声音来源，在不同语音情绪和不同情绪内容条件下的传播效果。而且，本研究进行严格控制的变量"音色"，也是一个值得研究的重要因素，我们后续的研究将会探讨音色差异对于传播效果的影响。同时，本研究对受众的个性化差异进行了随机化处理，而其实受众的差异，比如受众的性别，也是一个对于传播效果产生影响的重要因素，这一因素也会加入到我们的后续研究中。而且除了声音元素，后续研究可以将声画结合，探索合成语音与影像结合后的传播效果。

第五节　媒介使用动机与场景对用户体验的影响研究

用户体验（User Experience）指用户在使用某些产品和服务的过程中方方面面的体验，其中包括用户的认知、搜索、情绪、偏好、支持等，[157]伴随着近年来产品界面设计、终端功能服务等内容的"用户中心化"趋势，其相关问题得到业界与学界的共同关注。有诸多学者围绕媒介用户使用体验之影响因素进行了相关讨论，并取得了一定的研究成果。[158-162]不少研究发现，用户的接触动机（Motivation）、个人的既有使用经验、使用场景（Context）等成为影响媒介用户使用体验的重要因素。[163-165]研究者通过设置行为实验，研究技术性媒介在教育活动中的角色与影响，发现使用动机的引导性设立能有效提升用户使用技术性媒介的满意度与认可度；学者将目光锁定为媒介用户的动机、感知和用户体验，研究发现，媒介用户的使用动机对用户体验有显著的影响作用，并提出媒介用户的"动机 – 感知 – 使用"模型，认为用户的自我管理动机、享乐动机和社会化动机是影响用户体验的三个核心要素。[166]不断有研究表明，用户与硬件终端的移动性决定的用户媒介互动体验会随着使用场景的变化而发生改变;[167]研究者指出,媒介用户使用体验的研究视角应当着重关注两个方面,即使用场景与使用的即时性,并提出用户的使用动机与场景选择、使用体验之间可能存在相关关系。[168]越来越多的研究者发现,与使用功能高度贴合的场景匹配是提升媒介App用户互动体验的正向有效因素;[169]科勒(Kohler)团队在研究中提出,场景的设置通过情感带动能够直接或间接影响用户使用体验的提升。[170]在过往的学术论证中,有研究者提出按照场景的私人化程度将场景划分为私人场景(Personal Context)和公共场景(Public Context)两种类型,[171,172]为今天的研究提供了理论基础。

现阶段,对用户体验的测量已形成相对成熟的结构化模型并被多次论证。学者在针对期望确认理论的研究中发现,用户的满意度对用户的使用体验具有正向促进作用,并将感知满意度定义为消费者使用产品前的经验期望与使用后的实际体验进行比较所产生的心理状态的总和;[173]戴维斯(Davis)在媒介系统人机互动研究中提出技术接受模型,[174]是在斯旺森(Swanson)提出的媒介倾向模型研究基础上发现用户媒介使用态度的影响因素包括感知有用性、感知易用性两个方面;[175,176]喻国明从认知神经传播学的角度将影响媒介用户使用体验的感知划分为有用性、易用性和满意度三个维度,并结合认知神经科学视角将其解释为感官体验、交互体验与情感体验三个层面。[177]

综上所述,本研究在前人相关研究与理论积淀的基础上,结合现有的研究问题,提取用户使用场景、使用动机两项因素,并将使用场景划分为私人场景、公共场景,将使用动机划分为自我管理动机、享乐动机、社会化动机。与此同时,本研究沿用既有的用户体验感知模型,包括感知有用性、感知易用性和感知满意度三个方面,进行媒介用户的使用体验影响因素测量。

一、研究问题与研究方法

研究者提出本次研究的三个问题。

Q1：对比自我管理动机、享乐动机、社会化动机，哪种动机主导下的用户使用移动应用的体验更佳？

Q2：对比公共场景和私人场景，用户在哪种场景下使用移动应用的体验更佳？

Q3：不同动机主导下用户的使用体验，是否受不同场景的影响？即动机、场景两个自变量之间是否存在交叉关系？

基于上述研究问题，进一步提出本次实验的三个假设。

H1：社会化动机主导下的用户较自我管理动机、享乐动机主导下的用户更容易获得优质的使用体验；

H2：用户在公共场景下较私人场景下更容易获得优质的使用体验；

H3：不同动机主导下用户的使用体验受到不同场景的影响；

H3.1：在公共场景下，自我管理动机主导用户的体验更佳；

H3.2：在私人场景下，享乐动机主导用户的体验更佳。

为解决以上问题，本次研究借助近年来在学界备受关注并被多次验证的脑电实验和行为实验法进行。本研究中的 EEG 脑电实验主要采用频域分析的方法，主要通过提取 EEG 信号的频谱特征参数来反映 EEG 信号在各个频段所携带的能量信息，[178] 并借助电生理指标[①]对 EEG 信号的功率进行估计并记录大脑活动。大量针对 alpha 节律和 theta 节律的 EEG 频谱分析经验证明，EEG 技术作为一种有效的科学

---

① 电生理指标一般包括 SC、HRV、FEA 三种类型，本节主要参考的是 FEA 电生理指标类型。

测量方法具有较高的信度，与过往的传统主观评定和主任务测量等方法相比，EEG 技术的主任务抗干扰程度较高、对实施测量场地的要求较低，能够实现在自然环境下进行数据收集与抓取，[179]这为本研究中对比不同动机主导下、不同场景下的用户使用体验研究提供了技术准备。本研究采用客观的 FEA 指标来考量不同动机主导下的用户在不同场景下使用移动应用过程中的体验情况，通过 EEG 波段数据对体验的影响，提供场景、动机两个变量对移动应用用户体验作用的相关实证资料。

行为实验法是 19 世纪末发展起来并广泛应用于社会学、经济学、社会学等研究领域的一种实验研究方法。近年来，采用行为实验法进行的社会科学与自然科学研究在学术界日渐增多。与传统的定性研究方法和定量研究方法相比，行为实验法具有易操作、可控制、能复制等特点。易操作指的是行为实验的操作方法相对简单，技术难度较低，对研究人员的专业素质要求较核磁共振、脑电实验等其他方法更低；可控制指的是在组织行为实验的过程中，对实验环境、要素设定等混杂因素的控制相对简单，也更具操作性；能复制指的是研究者可以从既有研究中获取方法、结论的经验与教训，进而在前人基础上组织解决相应问题的新行为实验。在本次研究中，EEG 脑电实验与行为实验是同时穿插进行的，即被试被要求在一段时间内穿插进行脑电实验和行为实验。

二、研究过程

（一）被试对象

EEG 脑电实验和行为实验的所有被试来自北京市某高校本科生和研究生，共计 67 名，其中 1 名被试因故中途退出实验，本实验有效被试共计66名。实验前根据被试填写的主导动机测量问卷将被试分为自我管理动机组、享乐动机组、社会化动机组[①]。其中，自我管理动机组被试为22名，包括男性被试14名，女性被试8名，平均年龄22.41岁（标准差2.09岁）；享乐动机组为23名，包括男性9名，女性14名，平均年龄22.09岁（标准差2.61岁）；社会化动机组为21名，包括男性10名，女性11名，平均年龄22.33岁（标准差2.38岁）。各组被试数量均超过20名且呈现平均分布状态，符合实验测量的信效度。全部66名被试均为右利手，无精神疾病史或家族遗传病史，视力或矫正视力正常，无烟酒等不良嗜好。被试在实验前完成了中文版正性负性情感量表、贝克焦虑量表、贝克抑郁量表，均未表现出临床上的焦虑和抑郁症状，各项得分如表6.9所示。所有被试实验前充分了解并签署知情同意书，实验后获得一定数额的报酬。

表6.9 不同动机组的年龄与情绪量表分数

变量	自我管理动机组	享乐动机组	社会化动机组
男性	14	9	10
女性	8	14	11
年龄	22.41 ± 2.09	22.09 ± 2.61	22.33 ± 2.38
BAI	29.10 ± 7.74	32.00 ± 9.73	28.00 ± 5.40
BDI	7.91 ± 5.25	9.04 ± 8.10	4.95 ± 5.81
PA	18.59 ± 6.41	22.91 ± 10.32	18.71 ± 5.33
NA	30.32 ± 4.93	34.00 ± 8.90	35.19 ± 5.84

资料来源：梁爽，喻国明. 媒介使用动机与场景对用户体验的影响研究——基于认知神经传播学的效果测量[J]. 新闻大学，2021（1）：89-102+121.

[①] 该部分内容来自Stragier团队在2016年提出的媒介用户的"动机-感知-使用"模型（Motivation Model of OFC Users），研究认为媒介用户的动机主要分为自我管理动机、享乐动机、社会化动机三种类型。

（二）实验材料与过程

本次实验中使用的实验材料为 Keep 6.4.0 版本应用，选取 Keep 6.4.0 中的主要服务功能——运动规划指导功能界面作为被试的任务材料（见图 6.7）。实验材料通过 E-Prime 3.0 软件呈现，刺激呈现与 EEG 数据收集由两台相同型号的联想 ThinkPad 手提电脑进行。

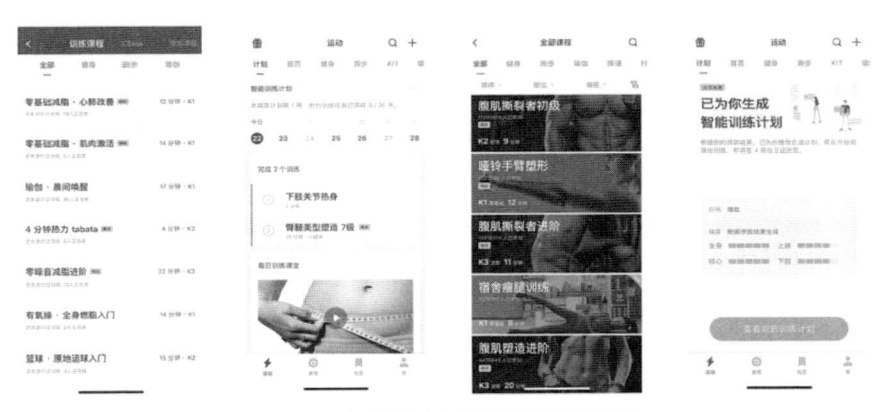

图 6.7　实验材料应用功能界面示意图

资料来源：梁爽，喻国明.媒介使用动机与场景对用户体验的影响研究——基于认知神经传播学的效果测量［J］.新闻大学，2021（1）：89-102+121.

为探究不同使用场景对用户使用体验的影响，研究者设置对照实验，即每名被试均需要在安静、无干扰的实验室环境下和无其他混杂因素干扰的健身房环境下参加 2 次实验。为平衡实验顺序的影响，本实验将 66 名被试随机分为两个部分：一半被试先进行实验室场景下的应用功能体验，一周后再进行健身房场景下的应用功能体验；另一半被试先进行健身房场景下的应用功能体验，一周后再进行实验室场景下的应用功能体验。另外，本实验对被试的性别、年龄、使用 Keep 时长等因素也进行了组间平衡，使其在三组间（动机：社会化动机、享乐动机、自我管理动机）出现的概率相等。实验过程如图 6.8 所示。

图 6.8　每名被试分别在两种场景下进行脑电实验和行为实验

资料来源：梁爽，喻国明．媒介使用动机与场景对用户体验的影响研究——基于认知神经传播学的效果测量［J］．新闻大学，2021（1）：89-102+121．

（三）EEG 数据的采集与分析

本研究采用 Cognionics Quick-30 32 导无线干电极设备接收被试的 EEG 信号数据和相关行为数据，按照 10~20 系统排列电极位置，辅助两台联想 ThinkPad 电脑（Core2 A3 双核处理器，2G Hz 内存）。基于帕勒（Paller）和库塔斯在关于记忆的认知神经生理学研究中提出的研究思路，[180] 本次实验选取额区的 Fz 电极、额中央区的 Cz 电极、顶区的 Pz 电极作为数据来源，共收集六个阶段的数据：（1）私人场景下的前静息 EEG 数据；（2）私人场景下的任务操作阶段 EEG 数据；（3）私人场景下的后静息 EEG 数据；（4）公共场景下的前静息 EEG 数据；（5）公共场景下的任务操作阶段 EEG 数据；（6）公共场景下的后静息 EEG 数据。每个阶段中分别收集被试的四项 EEG 指标数据，包括 α 节律 PSD 值、β 节律 PSD 值、θ 节律 PSD 值、δ 节律 PSD 值，同时结合行为实验中设置的量表问题，收集被试在媒介使用过程中的感知有用性、感知易用性、满意度三项数据。在 EEG 数据的处理阶段，由于人体的生理结构及本能反应可能给实验数据造成部分伪迹影响（如眨眼、头动、咬牙等），加之存在部分外界环境（如噪声、光线等）的干扰，需要结合 Biotrace 软件、Excel 软件、Matlab 平台的 EEGLAB 工具包等对原始测量数据进行去除伪迹等处理，使用 ICA 的方法进行数据筛选，保留 $-100~\mu V \sim 100~\mu V$ 之间的测量数据，通过快速傅里叶变化得到每个频段的可用数据作频域分析[①]，然后进行分段和基线矫正。数据在 Matlab 7.0 下完成编程及运行计算，最终使用 SPSS 22.0 对行为实验部分的问卷数据进行统计分析。

在行为数据的处理部分，首先将被试的行为数据导入 E-Merge 软件中并就相关数据进行分组合并与统计，然后将过滤筛选出的被试量表数据进行平均值、方差值求取，统计分析部分采用 SPSS 22.0 软件进行。

三、数据结果分析

（一）行为实验结果报告

本研究采用 3（动机类型：自我管理动机、享乐动机、社会化动机）×2（场景类型：公共场景、私人场景）混合实验设计的重复测量方差分析模型对用户体验的可用性、易用性、满意度三个方面进行统计分析，其中使用动机（自我管理动机、享乐动机、社会化动机）是组间变量，使用场景（公共场景、私人场景）是组内变量。结果见表 6.10。

[①] "快速傅里叶变化"指的是利用计算机计算离散傅里叶变换（DFT）的高效、快速计算方法，在 1965 年由 J. W. Cooley 和 T. W. Tukey 提出。

表 6.10　三种主导动机个体在两种场景下的用户体验分数

变量	自我管理动机 (N=22)		享乐动机 (N=23)		社会化动机 (N=21)	
	公共场景	私人场景	公共场景	私人场景	公共场景	私人场景
可用性	7.09 ± 0.426	10.09 ± 0.97	7.04 ± 0.21	9.91 ± 1.08	7.00 ± 0.01	9.81 ± 1.021
易用性	6.14 ± 0.35	7.00 ± 0.76	6.13 ± 0.46	7.04 ± 0.48	6.14 ± 0.48	7.00 ± 0.55
满意度	12.14 ± 0.47	13.27 ± 0.63	12.04 ± 0.21	12.96 ± 0.37	12.00 ± 0.01	12.90 ± 0.30

资料来源：梁爽，喻国明. 媒介使用动机与场景对用户体验的影响研究——基于认知神经传播学的效果测量[J]. 新闻大学，2021（1）：89-102+121.
注：本次统计分析采用统计指标 M±SD。

在可用性方面，动机的主效应不显著 [$F(2,63)=0.602$，$p=0.551$，$\eta_P^2=0.019$]，场景类型的主效应显著 [$F(1,63)=544.317$，$p<0.001$，$\eta_P^2=0.896$]，公共场景下的可用性量表分数明显低于私人场景下的可用性量表分数，这表明在使用移动应用的过程中，公共场景下的用户可用性体验明显优于在私人场景下的可用性体验；动机和场景类型的交互效应不显著 [$F(2,63)=0.203$，$p=0.817$，$\eta_P^2=0.006$]。

在易用性方面，动机的主效应不显著 [$F(2,63)=0.17$，$p=0.984$，$\eta_P^2=0.001$]，场景类型的主效应显著 [$F(1,63)=91.473$，$p<0.001$，$\eta_P^2=0.592$]，公共场景下的易用性量表分数明显低于私人场景下的易用性量表分数，这表明在使用运动指导功能时，公共场景下的用户易用性体验明显优于私人场景下的易用性体验；动机和场景类型的交互效应不显著 [$F(2,63)=0.038$，$p=0.963$，$\eta_P^2=0.001$]。

在满意度方面，动机的主效应显著 [$F(2,63)=3.634$，$p=0.032$，$\eta_P^2=0.103$]，采用 LSD 法进行事后比较发现，自我管理动机组与享乐动机组之间的差异显著（$p=0.041$），自我管理动机组与社会化动机组之间的差异显著（$p=0.014$），享乐动机组与社会化动机组之间的差异不显著（$p=0.632$）。社会化动机主导下的满意度量表分数明显低于自我管理动机主导下和享乐动机主导下的满意度量表分数。这表明在使用运动指导功能时，社会化动机主导下的感知满意度体验明显优于自我管理动机主导下和享乐动机主导下的满意度体验；场景类型的主效应显著 [$F(1, 63)=17.723, p<0.001, \eta_P^2=0.220$]，公共场景下的满意度量表分数明显低于私人场景下的满意度量表分数，这表明在使用移动应用的过程中，用户在公共场景下的感知满意度体验明显优于私人场景下的满意度体验；动机和场景类型的交互效应不显著 [$F(2, 63)=1.331, p=0.272, \eta_P^2=0.041$]。

（二）脑电实验结果报告

本研究采用 3（动机类型：自我管理动机、享乐动机、社会化动机）×2（场景类型：公共场景、私人场景）×3（脑区位置：Fz、Cz、Pz）的重复测量方差分析（Three-Ways Repeated ANOVA）对各个波段的 EEG 数据功率谱密度进行了统计分析，其中使用动机（自我管理动机、享乐动机、社会化动机）是组间变量，使用场景（公共场景、私人场景）和脑区位置（Fz、Cz、Pz）是组内变量。结果发现见表 6.11。

表 6.11 三组动机个体在公共场景和私人场景下不同节律波的 PSD 数值

PSD 数值单位：μV2Hz

动机类型	场景类型	电极点	α 波	β 波	θ 波	δ 波
自我管理动机（N=22）	公共场景	Fz	4.14 ± 5.07	3.28 ± 5.35	4.91 ± 4.76	6.12 ± 4.47
		Cz	4.04 ± 4.81	3.09 ± 5.04	4.96 ± 4.66	6.15 ± 4.23
		Pz	2.78 ± 5.12	1.79 ± 5.37	3.70 ± 4.87	5.11 ± 4.58
	私人场景	Fz	1.73 ± 1.69	0.76 ± 164	2.50 ± 1.79	3.90 ± 1.86
		Cz	1.63 ± 1.76	0.78 ± 1.71	2.43 ± 1.76	4.00 ± 1.78
		Pz	0.52 ± 1.16	0.49 ± 1.21	1.39 ± 1.11	3.00 ± 1.29
享乐动机（N=23）	公共场景	Fz	2.40 ± 2.28	1.52+2.48	3.26+2.24	4.89 ± 2.26
		Cz	2.57 ± 2.07	1,60 ± 2.20	3.46 ± 2.08	5.19 ± 2.18
		Pz	1.20 ± 1.65	0.18 ± 1.88	2.12 ± 1.68	3.88 ± 1.83

续表

动机类型	场景类型	电极点	节律波			
			α 波	β 波	θ 波	δ 波
	私人场景	Fz	2.41 ± 3.84	1.56 ± 3.94	3.18 ± 3.71	4.58 ± 3.44
		Cz	2.84 ± 3.98	1.91 ± 3.87	3.74 ± 4.04	5.27 ± 3.72
		Pz	1.95 ± 3.93	1.08 ± 4.11	2.84 ± 3.83	4.33 ± 3.43
社会化动机 (N=21)	公共场景	Fz	1.73 ± 1.59	0.73 ± 164	2.62 ± 1.56	4.26 ± 1.56
		Cz	1.76 ± 1.26	0.75 ± 1.18	2,67 ± 1.24	4.38 ± 1.38
		Pz	0.45 ± 0.82	0.70 ± 0.75	0.37 ± 0.84	3.07 ± 0.90
	私人场景	Fz	1.82 ± 1.43	0.91 ± 1.47	2.68 ± 1.33	4.24 ± 1.19
		Cz	2.15 ± 1.61	1.21 ± 1.51	3.04 ± 1.76	4.47 ± 1.95
		Pz	0.85 ± 1.17	0.22 ± 1.25	1.79 ± 1.13	3.33 ± 1.24

资料来源：梁爽，喻国明. 媒介使用动机与场景对用户体验的影响研究——基于认知神经传播学的效果测量[J]. 新闻大学，2021（1）：89-102+121.

注：本次统计分析采用统计指标 M±SD。

在 α 波段 PSD 值上，场景的主效应不显著 [$F(1, 63)=1.475$, $p=0.229$, $\eta_P^2=0.023$]，动机的主效应不显著 [$F(2, 63)=1.659$, $p=0.198$, $\eta_P^2=0.50$]，脑区位置的主效应显著 [$F(1, 63)=56.551$, $p<0.001$, $\eta_P^2=0.473$]。事后检验发现，Fz 和 Cz 两个电极点之间不存在显著差异（$p=1.000$），Fz 和 Pz 两个电极点之间存在显著差异（$p<0.001$），Cz 和 Pz 两个电极点之间存在显著差异（$p<0.001$）。场景与动机的交互效应显著 [$F(2, 63)=3.608$, $p=0.033$, $\eta_P^2=0.103$]，进一步进行简单效应分析发现，自我管理动机组在公共场景下的 alpha 波段指标与私人场景下的 alpha 波段指标之间存在显著差异（$p=0.005$），享乐动机组在公共场景下的 alpha 波段指标与私人场景下的 alpha 波段指标之间不存在显著差异（$p=0.664$），社会化动机组在公共场景下的 alpha 波段指标与私人场景下的 alpha 波段指标之间不存在显著差异（$p=0.725$）。场景与脑区位置的交互效应不显著 [$F(2, 126)=0.689$, $p=0.497$, $\eta_P^2=0.011$]，动机与脑区位置的交互效应不显著 [$F(4, 126)=0.400$,

$p=0.789$，$\eta_P^2=0.013$］，场景与动机与脑区位置的交互效应不显著［$F(4, 126)=0.175$，$p=0.945$，$\eta_P^2=0.006$］。

在β波段PSD值上，场景的主效应不显著［$F(1, 63)=1.141$，$p=0.289$，$\eta_P^2=0.018$］，动机的主效应不显著［$F(2, 63)=1.838$，$p=0.168$，$\eta_P^2=0.055$］，脑区位置的主效应显著［$F(2, 63)=33.362$，$p<0.001$，$\eta_P^2=0.346$］。事后检验发现，Fz和Cz两个电极点之间不存在显著差异（$p=1.000$），Fz和Pz两个电极点之间存在显著差异（$p<0.001$），Cz和Pz两个电极点之间存在显著差异（$p<0.001$）。场景与动机的交互效应显著［$F(2, 63)=3.504$，$p=0.036$，$\eta_P^2=0.100$］，进一步进行简单效应分析发现，自我管理动机组在公共场景和私人场景下的beta波PSD之间存在显著差异（$p=0.007$），享乐动机组在公共场景和私人场景下的beta波PSD之间不存在显著差异（$p=0.616$），社会化动机组在公共场景和私人场景下的beta波PSD之间不存在显著差异（$p=0.673$）。场景与脑区位置的交互效应不显著［$F(2, 126)=0.931$，$p=0.393$，$\eta_P^2=0.015$］，动机与脑区位置的交互效应不显著［$F(4, 126)=0.399$，$p=0.789$，$\eta_P^2=0.013$］，场景与动机与脑区位置的交互效应不显著［$F(4, 126)=0.221$，$p=0.920$，$\eta_P^2=0.007$］。

在θ波段PSD值上，场景的主效应不显著［$F(1, 63)=1.826$，$p=0.181$，$\eta_P^2=0.028$］，动机的主效应不显著［$F(2, 63)=1.541$，$p=0.222$，$\eta_P^2=0.047$］，脑区位置的主效应显著［$F(2, 63)=27.949$，$p<0.001$，$\eta_P^2=0.307$］。事后检验发现，Fz和Cz两个电极点之间不存在显著差异（$p=0.981$），Fz和Pz两个电极点之间存在显著差异（$p<0.001$），Cz和Pz两个电极点之间存在显著差异（$p<0.001$）。场景与动机的交互效应显著［$F(2, 63)=4.040$，$p=0.022$，$\eta_P^2=0.114$］，进一步进行简单效应分析发现，自我管理动机组在公共场景与私人场景下的theta波PSD之间存在显著差异（$p=0.003$），享乐动机组在公共场

景与私人场景下的 theta 波 PSD 之间不存在显著差异（$p=0.691$），社会化动机组在公共场景与私人场景下的 theta 波 PSD 之间不存在显著差异（$p=0.720$）。场景与脑区位置的交互效应不显著 [$F(2, 126)=0.744$，$p=0.469$，$\eta_P^2=0.012$]，动机与脑区位置的交互效应不显著 [$F(4, 126)=0.368$，$p=0.807$，$\eta_P^2=0.012$]，场景与动机与脑区位置的交互效应不显著 [$F(4, 126)=0.214$，$p=0.921$，$\eta_P^2=0.007$]。

在 δ 波段 PSD 值上，场景的主效应不显著 [$F(1, 63)=2.408$，$p=0.126$，$\eta_P^2=0.037$]，动机的主效应不显著 [$F(2, 63)=1.281$，$p=0.285$，$\eta_P^2=0.039$]，脑区位置的主效应显著 [$F(2, 126)=25.513$，$p<0.001$，$\eta_P^2=0.288$]。事后检验发现，Fz 和 Cz 两个电极点之间不存在显著差异（$p=0.596$），Fz 和 Pz 两个电极点之间存在显著差异（$p<0.001$），Cz 和 Pz 两个电极点之间存在显著差异（$p<0.001$）。场景与动机的交互效应显著 [$F(2, 63)=3.137$，$p=0.050$，$\eta_P^2=0.091$]，进一步进行简单效应分析发现，自我管理动机组在公共场景与私人场景下的 delta 波 PSD 之间存在显著差异（$p=0.005$），享乐动机组在公共场景与私人场景下的 delta 波 PSD 之间不存在显著差异（$p=0.916$），社会化动机组在公共场景与私人场景下的 delta 波 PSD 之间不存在显著差异（$p=0.885$）。场景与脑区位置的交互效应不显著 [$F(2, 126)=0.606$，$p=0.537$，$\eta_P^2=0.010$]，动机与脑区位置的交互效应不显著 [$F(4, 126)=0.458$，$p=0.749$，$\eta_P^2=0.014$]，场景与动机与脑区位置的交互效应不显著 [$F(4, 126)=0.164$，$p=0.950$，$\eta_P^2=0.005$]。

四、讨论

本研究通过在不同动机组别、不同场景下设置功能任务来考察动机、场景因素对用户体验的影响，分别从用户体验的不同方面（可用性、易用性、满意度）进行被试行为数据与 EEG 数据的采集与分析，在动机与场景对用户使用体验的影响方面取得了创新性的成果。

第一，本研究发现，社会化动机主导下的用户在使用移动应用过程中产生的体验显著优于其他动机类型用户，H1 被验证。研究者认为可能的发生机制在于，社会化动机主导下的用户更倾向于通过使用 Keep 来与朋友保持社会交往与连接关系，如获知朋友运动信息、保持与朋友的互动联系、获得朋友的运动支持等。同时，移动应用为人们提供了一个社会交往、关系连接的平台，虚拟人际互动功能的实现极大促进用户社会支持、社会连接需求的满足。有丰富的研究表明，社会支持（Social Support）是影响人们社会活动表现的重要因素，[181-184] 且社会支持与人们社交需求、关系需求的满足有密切联系。[185, 186] 进一步，有学者发现，社会化动机能正向提升用户在科技产品使用过程中的体验，[187, 188] 过往研究结果与本研究结论一致。另外，研究者认为，社会化动机主导人群通常希望借助特定行为来满足他们在群体间的关系维持、炫耀、获得认可等心理需求，[189] 而移动应用中的"排行榜""分享至第三方软件""广场"等功能则恰当地满足了该类人群的心理需求，故而能对社会化动机主导下用户有更佳体验的结论进行解释。

第二，研究发现，场景因素在媒介用户功能操作过程中产生显著主效应，具体表现在公共场景下的使用体验比私人场景下的使用体验显著更优，H2 得到验证。研究者认为可能的发生机制在于，公众的、开放的、人员流动性强的公共场景在环境上更契合 Keep 这一运动健康 App 所提供的服务内容，当用户置身于公共场景下使用 Keep 进行动作指导、规划等人机交互活动的过程中，更容易受周围环境、人群的影响，进而对移动应用的可用性、易用性、满意度等方面持有较高评价，最终产生更佳的使用体验。有研究证明用户在接触产品或服务时所处的场景因素对其使用体验有显著影响，当接触环境与产品的服务内容相契合时，其用户体验会更佳。[190, 191]且有进一步的研究结果显示，用户在群体环境中进行的运动效果要显著优于个人环境中进行的运动效果，[192]而运动软件的使用被验证能有效正向地导致使用者的运动表现提升。[193-195]在这一层面上，过往研究结果与本实验中的研究结论是一致的。

第三，场景的主效应反映在用户体验的可用性、易用性和满意度三个方面。事实上，可用性、易用性、满意度作为用户体验研究模型的三个结构层次揭示了用户认识事物由浅入深过程的认知机制，即本能层、行为层和反思层。[196]可用性作为本能层的体现和反映，是用户对产品、内容或服务的一种基本的、本能的反应，它产生于产品、内容、服务的外观设计与环境影响，如对某一产品的视觉体验、环境制约、对某项服务的使用感受等；易用性作为行为层面的体现与反映，指用户在经历了最初的视觉、触觉认识之后产生的对产品、内容、服务使用的基本反馈体验，如用户对熟练使用某一产品所付出的努力程度、花费时间的长短都相应影响着用户对产品易用性的评价；反思层作为用户体验或用户互动体验的最高层次指标，产生于用户在使用产品或服务后所感受到的愉悦或不愉悦、满足或不满足，如用户的情感体验、自我价值的实现等，主要反映在满意度指标上。实验数据表明，场景的主效应在用户体验的三个方面均得到体现，说明场景因素在对媒介用户体验的影响机制中扮演着重要的角色，值得进行后续的跟进性研究。

第四，动机与场景的交互效应在 EEG 数据中得到体现，研究发现不同动机主导下的用户体验受场景因素的影响，主要反映在公共场景下自我管理动机主导用户的使用体验显著优于其他用户，H3 得到验证。研究者认为可能的发生机制在于，在使用移动应用的过程中，用户通过关键词进行运动内容搜索以获取相关运动指导、运动建议等内容，或通过别人对自己发布内容的反馈进行互动连接。这就为运动健身爱好者、话题关注者提供了虚拟连接、互动社交并进行社会整合、社会凝聚、获取社会支持的机会。在公共场景下，人们受周围环境、周围人群的作用和影响，而自我管理动机是以实现自我监控、规范自我行为、实现自我目标设定为出发点的动机类型，[197,198] 行动以个人需求、目的等内在机制为导向，例如对目标的需求程度、自身的能力水平等，[199,200] 相比其他动机主导人群较为不易受到环境的负向影响。有研究表明，自我管理动机能正向引导用户在开放环境下浏览运动健身信息的用户体验提升，[201] 与本研究结论一致。

五、结语

由互动体验、视觉体验、情感体验构成的用户体验研究，近年来在传播学、心理学、认知神经学、经济学、社会学等学科得到了广泛研究并取得了阶段性成果。[202-206] EEG 数据与行为数据综合采集的验证方式在心理学、脑科学、认知神经科学、社会心理学等学科的用户体验研究领域有丰富的验证经验。[207-209] 事实上，动机与场景作为对用户体验产生重要作用的关键要素，究其根本，属于影响用户进行媒介使用行为的内部驱力和外部刺激，是以用户为出发点产生的两种主客观作用因素。因此，本研究关于动机、场景对用户体验之影响的验证，实际上是对用户内部驱力、外部刺激与用户媒介使用体验之间关系的探讨。研究结论证实，用户的内部驱力、外部刺激对用户的媒介选择、媒介使用体验之间有着显著的相关关系。在未来产业实践应用层面上，"用户本位"应当被提升至媒介产品设计、媒介服务定位的关键位置。一方面，在未来移动应用产品设计层面，应当围绕用户的内部动机需求与外部场景需求，以用户为出发点，细化服务维度与产品类型，全面调动用户在不同场景下进行媒介使用的主动性和参与感,更加重视用户的使用动机,以用户不同的内部驱动力作为产品个性化延伸的线索,最终实现从"大众媒介产品"向"我的媒介产品"的个人定制转化;另一方面,在功能实现上,应全面优化媒介产品功能,将目光转向多场景融合、多媒体界面合作,进一步打破不同场景类型的界限和不同媒介形态的交叉壁垒,在满足用户需求的基础上,借助数据学习与算法程序预估用户的进阶需要,化被动为主动,进一步提升用户的媒介使用黏性与依赖度,从满足用户"需要的"服务到提供用户"想要的"的服务。

注 释

前论部分 绪章

[1] SMYTHE D W. Communications：blindspot of western Marxism [J]. Canadian Journal of Political and Social Theory，1977，1（3）：1-27.

[2] 喻国明. 试论受众注意力资源的获得与维系（上）——关于传播营销的策略分析[J]. 当代传播，2000（2）：23-24.

[3] 喻国明. 关于传媒影响力的诠释——对传媒产业本质的一种探讨[J]. 国际新闻界，2003（2）：5-11.

[4] 沃纳·赛佛林，小詹姆斯·坦卡德. 传播理论——起源、方法与应用[M]. 郭镇之，译. 北京：华夏出版社，2000.

[5] 陈鹏. 内容与渠道创新基础上的吸引力经济：传媒经济本质的另一种解读[J]. 新闻与传播研究，2014，21（4）：42-52+126.

[6] 王沛，林崇德. 社会认知研究的基本趋向[J]. 心理科学，2003，26（3）：536-537.

[7] 周葆华. 算法、可见性与注意力分配：智能时代舆论基础逻辑的历史转换[J]. 西南民族大学学报（人文社会科学版），2022，43（1）：143-152.

[8] 克里斯多夫·库克里克. 微粒社会：数字化时代的社会模式[M]. 黄昆，夏柯，译. 北京：中信出版社，2018.

[9] 喻国明.传播学的未来学科建设：核心逻辑与范式再造[J].新闻与写作，2021（9）：4-11.

[10] 同绪章[8].克里斯多夫·库克里克.微粒社会：数字化时代的社会模式[M].黄昆，夏柯，译.北京：中信出版社，2018.

[11] 喻国明，耿晓梦."微版权"："微粒化"方法论下版权范式的转型迭代[J].中国出版，2022（2）：16-22.

[12] 李智超，罗家德.中国人的社会行为与关系网络特质——一个社会网的观点[J].社会科学战线，2012（1）：159-164.

[13] 朱天，张诚.概念，形态，影响：当下中国互联网媒介平台上的圈子传播现象解析[J].四川大学学报（哲学社会科学版），2014（6）：71-80.

[14] 喻国明."破圈"：未来社会发展中至为关键的重大命题[J].新闻与写作，2021（6）：1.

[15] 喻国明，滕文强，王希贤.分布式社会的再组织：基于传播学的观点——社会深度媒介化进程中协同创新理论的实践逻辑[J].学术界，2022（7）：184-191.

[16] 胡重明.再组织化与中国社会管理创新——以浙江舟山"网格化管理、组团式服务"为例[J].公共管理学报，2013，10（1）：63-70+140.

[17] 黄伟迪.再组织化：新媒体内容的生产实践——以梨视频为例[J].现代传播（中国传媒大学学报），2017，39（11）：117-121.

[18] 马斯洛.动机与人格[M].许金声，译.北京：中国人民大学出版社，2012.

[19] 孟林山，赵永华.英尼斯传播偏向理论的拓展：基于对媒介哲学本质的思考[J].国际新闻界，2021，43（7）：125-138.

[20] WOLTERS A W. Remembering：A study in experimental and social psychology[J]. Philosophy，1933，8（31）：374-376.

[21] 皮亚杰.发生认识论原理[M].王宪钿，译.北京：商务印书馆，1981.

[22] 蒋柯，李其维.论皮亚杰的方法论及其当代意义[J].心理学报，2020，52（8）：1017-1030.

[23] 李松，许源源.政策议程、传播与注意力：基于心理视角的分析[J].湖南社会科学，2018（6）：83-91.

[24] AAGAARD J. 4E cognition and the dogma of harmony[J]. Philosophical Psychology，2021，34（2）：165-181.

[25] NEWEN A，DE BRUIN L，GALLAGHER S. The Oxford handbook of 4E cognition [M]. Oxford：Oxford University Press，2018.

[26] STERELNY K. Minds：extended or scaffolded？[J]. Phenomenology and the

Cognitive Sciences，2010，9（4）：465-481.

[27] 李建会，于小晶."4E+S"：认知科学的一场新革命？[J].哲学研究,2014（1）：96-101.

[28] CLARK A. Busting out：Predictive brains，embodied minds，and the puzzle of the evidentiary veil [J]. Noûs，2017，51（4）：727-753.

[29] GONZALEZ-GRANDÓN X，FROESE T. Grounding 4E cognition in Mexico：introduction to special issue on spotlight on 4E cognition research in Mexico [J]. Adaptive Behavior，2018，26（5）：189-198.

[30] 张婧婧，牛晓杰，刘杨，等.学习科学中"4E+S"认知理论模型的内涵与应用[J].现代教育技术，2021，31（8）：23-31.

[31] 刘妤，李建会.融合心灵——认知科学新范式下的4E整合[J].山东科技大学学报：社会科学版，2014，16（2）：7-14+38.

[32] VARGA S. Scaffolded minds：Integration and disintegration [M]. Cambridge：MIT Press，2019.

[33] 同绪章[30].张婧婧，牛晓杰，刘杨，等.学习科学中"4E+S"认知理论模型的内涵与应用[J].现代教育技术，2021，31（8）：23-31.

[34] 叶浩生，苏佳佳，苏得权.身体的意义：生成论视域下的情绪理论[J].心理学报，2021，53（12）：1393-1404.

[35] 牟方磊.生存困境与情感救赎——李泽厚"情本体论"探析[J].中国文学研究，2015（1）：20-25.

[36] HUTTO D D. Truly enactive emotion [J]. Emotion Review，2012，4（2）：176-181.

[37] LEGAULT M，BOURDON J N，POIRIER P. From neurodiversity to neurodivergence：the role of epistemic and cognitive marginalization [J]. Synthese，2021，199（5-6）：12843-12868.

[38] 喻国明.重拾信任：后疫情时代传播治理的难点、构建与关键[J].新闻界，2020（5）：13-18+43.

[39] HOLLAN J，HUTCHINS E，KIRSH D. Distributed cognition：toward a new foundation for human-computer interaction research [J]. ACM Transactions on Computer-Human Interaction（TOCHI），2000，7（2）：174-196.

[40] 喻国明.未来媒介的进化逻辑："人的连接"的迭代、重组与升维——从"场景时代"到"元宇宙"再到"心世界"的未来[J].新闻界，2021（10）：54-60.

第一部分　第一章

[1] 陈萌，李幼军，刘岩. 脑电信号与个人情绪状态关联性分析研究[J]. 计算机科学与探索，2017，11（5）：794-801.

[2] OHME R, MATUKIN M, SZCZURKO T. Neurophysiology uncovers secrets of TV commercials [J]. Markt, 2010, 49：133-142.

[3] OHME R, REYKOWSKA D, WIENER D, et al. Analysis of neurophysiological reactions to advertising stimuli by means of EEG and galvanic skin response measures [J]. Journal of Neuroscience, Psychology, and Economics, 2009, 2（1）：21.

[4] 赵仑. ERPs实验教程（修订版）[M]. 南京：东南大学出版社，2010.

[5] OWCZARCZUK M. Long memory in patterns of mobile phone usage[J]. Physica A：Statistical Mechanics and its Applications, 2012, 391（4）：1428-1433.

[6] CARTER R F, GREENBERG B S. Newspapers or television：Which do you believe？[J]. Journalism Quarterly, 1965, 42（1）：29-34.

[7] 罗文辉，林文琪，牛隆光，等. 媒介依赖与媒介使用对选举新闻可信度的影响：五种媒介的比较[J]. 新闻学研究，2003（74）：19-44.

[8] JOHNSON T J, KAYE B K. Cruising is believing：Comparing Internet and traditional sources on media credibility measures [J]. Journalism & Mass Communication Quarterly, 1998, 75（2）：325-340.

[9] 叶恒芬. 网络媒体可信度及其影响因素初探研究——以台湾地区网路使用者为例[D]. 嘉义：中正大学电讯传播研究所，2000.

[10] GESKE J, BELLUR S. Differences in brain information processing between print and computer screens：Bottom-up and top-down attention factors [J]. International Journal of Advertising, 2008, 27（3）：399-423.

[11] 喻国明，李彪，丁汉青，等. 媒介即信息：一项基于MMN的实证研究：关于纸质报纸和电纸书报纸的脑认知机制比较研究[J]. 国际新闻界，2010，32（11）：33-38.

[12] 韩婷，喻国明. 传播媒介对受众长时记忆的影响研究——基于认知神经传播学的研究范式[J]. 新闻大学，2019（1）：60-74.

[13] 喻国明，钱绯璠，陈瑶，等. "后真相"的发生机制：情绪化文本的传播效果——基于脑电技术范式的研究[J]. 西安交通大学学报：社会科学版，2019，39（4）：73-78+2.

[14] XIU L, YANG Y, HAN T, et al. Emotional expression inhibits attention bias：From the post-truth era perspective [J]. Social Behavior and Personality, 2020, 48

（4）：e8961.

[15] TODOROV A, PAKRASHI M, OOSTERHOF N N. Evaluating faces on trustworthiness after minimal time exposure [J]. Social Cognition, 2009, 27 (6): 813-833.

[16] KIM M P, ROSENBERG S. Comparison of two structural models of implicit personality theory [J]. Journal of Personality and Social Psychology, 1980, 38 (3): 375–389.

[17] 杨雅. 后学科视角下基于信任度的网络视频直播效果评价体系研究 [J]. 当代传播, 2019 (5): 64-67.

[18] MENDE-SIEDLECKI P, SAID C P, TODOROV A. The social evaluation of faces: a meta-analysis of functional neuroimaging studies [J]. Social Cognitive and Affective Neuroscience, 2013, 8 (3): 285–299.

[19] 杰弗里·温斯洛普-扬. 基特勒论媒介 [M]. 张昱辰, 译. 北京：中国传媒大学出版社, 2019.

[20] 同第一章 [19]. 杰弗里·温斯洛普-扬. 基特勒论媒介 [M]. 张昱辰, 译. 北京：中国传媒大学出版社, 2019.

[21] 魏然. 新闻传播研究的情绪转向 [J]. 新闻与写作, 2021 (8): 1.

[22] FISCHER K W, TANGNEY J P. Self-conscious emotions and the affect revolution: framework and overview [M] //Tangney J P, Fischer K W. Self-Conscious Emotions: The Psychology of Shame, Guilt, Embarrassment, and Pride. New York: Guilford Press, 1995: 3–22.

[23] 威廉·雷迪. 情感研究指南 [M]. 周娜, 译. 上海：华东师范大学出版社, 2020.

[24] 罗玲玲. 技术与可供性 [M]. 北京：科学出版社, 2020.

[25] EVANS S K, PEARCE K E, VITAK J, et al. Explicating affordances: A conceptual framework for understanding affordances in communication research [J]. Journal of Computer-Mediated Communication, 2017, 22 (1): 35–52.

[26] 宋红　余隋怀, 陈登凯. 基于深度图像技术的可供性物体获取方法 [J]. 机械设计与制造, 2015 (3): 28-31.

[27] ISFANDYARI-MOGHADDAM A. Communication matters: Materialistic approaches to media, mobility, and networks [J]. Journal of Communication, 2012, 62 (4): E9-E13.

[28] 喻国明, 欧亚, 李彪. 瞬间效果：传播效果研究的新课题——基于认知神经科学的范式创新 [J]. 现代传播：中国传媒大学学报, 2011 (3): 28-35.

［29］罗跃嘉，姜扬，程康. 认知神经传播学［M］. 北京：北京大学出版社，2006.

［30］梁宁建. 当代认知心理学［M］. 上海：上海教育出版社，2003.

［31］周树华，闫岩. 心理生理学在传播学中的应用［M］// 洪浚浩. 传播学新趋势（下）. 北京：清华大学出版社，2004.

［32］LIEBERMAN M D, GAUNT R, GILBERT D T, et al. Reflexion and reflection：A social cognitive neuroscience approach to attributional inference［J］. Advances in Experimental Social Psychology，2002，34：199-249.

［33］BUCK R. The biological affects：a typology［J］. Psychological Review，1999，106（2）：301-336.

［34］ZAJONC R B，MCINTOSH D N. Emotions Research：Some Promising Questions and Some Questionable Promises［J］. Psychological Science，1992，3（1）：70-74.

［35］CAMERER C, LOEWENSTEIN G, PRELEC D. Neuroeconomics：How neuroscience can inform economics［J］. Journal of economic Literature, 2005, 43(1)：9-64.

［36］GRAY K, WEGNER D M. Six guidelines for interesting research［J］. Perspectives on Psychological Science，2013，8（5）：549-553.

［37］贝内特·海克尔. 认知神经科学史［M］. 彭晓哲，王超，译. 杭州：浙江教育出版社，2017.

［38］SOJA E W. Postmodern geographies：The reassertion of space in critical social theory［M］. London：Verso，1989.

［39］尼克·史蒂文森. 认识媒介文化：社会理论与大众传播［M］. 王文斌，译. 北京：商务印书馆，2013.

［40］YANG Y, XIU L, YU G. Emotional Information in News Reporting on Audience Cognitive Processing in the Age of Posttruth：An Electroencephalogram and Functional Connectivity Approach［J］. Frontiers in Psychology，2021，12：734147.

［41］ZHU L, WU Y. Love your country：EEG evidence of actor preferences of audiences in patriotic movies［J］. Frontiers in Psychology，2021，12：717025.

［42］EDELSON M, SHAROT T, DOLAN R J, et al. Following the crowd：brain substrates of long-term memory conformity［J］. science，2011，333（6038）：108-111.

［43］杨歆迪，王宜文. 近年来神经电影学发展新探：基于认知神经科学的电影理论创新［J］. 北京电影学院学报，2018（4）：42-51.

[44] HASSON U, NIR Y, LEVY I, et al. Intersubject synchronization of cortical activity during natural vision [J]. Science, 2004, 303 (5664): 1634-1640.

[45] BLUMER H. Sociological analysis and the" variable" [J]. American Sociological Review, 1956, 21 (6): 683-690.

[46] 刘亚, 王振宏, 孔风. 情绪具身观: 情绪研究的新视角 [J]. 心理科学进展, 2011, 19 (1): 50-59.

[47] MCCABE K, HOUSER D, RYAN L, et al. A functional imaging study of cooperation in two-person reciprocal exchange [J]. Proceedings of the National Academy of Sciences, 2001, 98 (20): 11832-11835.

[48] MONTAGUE P R, BERNS G S, COHEN J D, et al. Hyperscanning: simultaneous fMRI during linked social interactions [J]. Neuroimage, 2002, 16 (4): 1159-1164.

[49] JIANG J, ZHENG L, LU C. A hierarchical model for interpersonal verbal communication [J]. Social Cognitive and Affective Neuroscience, 2021, 16 (1-2): 246-255.

[50] 蔡曙山, 江铭虎. 人类的心智与认知 [M]. 北京: 人民出版社, 2016.

[51] RANEY G E, CAMPBELL S J, BOVEE J C. Using eye movements to evaluate the cognitive processes involved in text comprehension [J]. Journal of Visualized Experiments, 2014(83): e50780.

[52] SÜMER Ö, BOZKIR E, KÜBLER T, et al. FakeNewsPerception: An eye movement dataset on the perceived believability of news stories [J]. Data in Brief, 2021, 35: 106909.

[53] KIM S C, VRAGA E K, COOK J. An eye tracking approach to understanding misinformation and correction strategies on social media: The mediating role of attention and credibility to reduce HPV vaccine misperceptions [J]. Health Communication, 2021, 36 (13): 1687-1696.

[54] LANG A. Defining audio/video redundancy from a limited-capacity information processing perspective [J]. Communication Research, 1995, 22 (1): 86-115.

[55] BOLLS P D, LANG A, POTTER R F. The effects of message valence and listener arousal on attention, memory, and facial muscular responses to radio advertisements [J]. Communication Research, 2001, 28 (5): 627-651.

[56] KALLINEN K, RAVAJA N. Effects of the rate of computer-mediated speech on emotion-related subjective and physiological responses [J]. Behaviour & Information Technology, 2005, 24 (5): 365-373.

［57］ BRYMAN A. The end of the paradigm wars［M］//The SAGE handbook of social research methods. London：Sage Publications Ltd，2008：13–25.

［58］ ADOLPHS R. Investigating the cognitive neuroscience of social behavior［J］. Neuropsychologia，2003，41（2）：119–126.

［59］ 同第一章［30］. 梁宁建. 当代认知心理学［M］. 上海：上海教育出版社，2003.

［60］ FREY L，BOTAN C H，KREPS G. Investigating communication［M］. New Jersey：Prentice Hall，2000.

［61］ EASTON A，EMERY N J. The cognitive neuroscience of social behaviour［M］. London：Taylor & Francis，2017.

［62］ 格雷厄姆·默多克，刘宣伯，芮钰雅，等. 媒介物质性：机器的道德经济［J］. 全球传媒学刊，2019，6（02）：93–102.

［63］ CROMBY J. Integrating social science with neuroscience：Potentials and problems ［J］. BioSocieties，2007，2（2）：149–169.

［64］ ROSE S. Lifelines：life beyond the gene［M］. Oxford：Oxford University Press，2003.

［65］ 朱滢. 心理实验研究基础［M］. 北京：北京大学出版社，2006.

第一部分　第二章

［1］ 尤瓦尔·赫拉利. 未来简史［M］. 林俊宏，译. 北京：中信出版社，2017.

［2］ 中国网财经. 2019媒体人工智能发展报告：BAT、科大讯飞影谱科技等助力媒体智能变革［EB/OL］.（2019-10-18）［2025-02-25］. https://m.gxfin.com/article/finance/default/default/2019-10-18/5099859.html

［3］ GUZMAN A L，LEWIS S C. Artificial intelligence and communication：A human–machine communication research agenda［J］. New Media & Society，2020，22（1）：70–86.

［4］ 喻国明，杨雅. 5G时代：未来传播中"人–机"关系的模式重构［J］. 新闻与传播评论，2020，73（1）：5–10.

［5］ 林升梁，叶立. 人机·交往·重塑：作为"第六媒介"的智能机器人［J］. 新闻与传播研究，2019，26（10）：87–104+128.

［6］ 保罗·莱文森. 人类历程回放：媒介进化论［M］. 邬建中，译. 重庆：西南师范大学出版社，2016.

［7］ 前瞻网. 2019全球100大趋势：科技日趋人性化 未来科技城市成为最新主题［EB/OL］.（2019-01-31）［2025-02-25］. https://m.gxfin.com/article/finance/

default/default/2019-10-18/50998 59.html

[8] 中文互联网数据资讯网.App Annie：2019年全球移动应用报告App总下载量破2040亿次［EB/OL］.（2020-1-16）［2025-02-25］.http：//www.199it.com/archives/999112.html

[9] 韩卓吾.以计算机为中介的人际传播理论范式［J］.中国社会科学报，2015.

[10] HILL J，FORD W R，FARRERAS I G.Real conversations with artificial intelligence：A comparison between human–human online conversations and human–chatbot conversations［J］.Computers in Human Behavior，2015，49：245-250.

[11] FISCHER K，FOTH K，ROHLFING K J，et al.Mindful tutors：Linguistic choice and action demonstration in speech to infants and a simulated robot［J］.Interaction Studies，2011，12（1）：134-161.

[12] MISCHEL W.Toward an integrative science of the person［J］.Annual Review of Psychology，2004，55（1）：1-22.

[13] MOU Y，XU K.The media inequality：Comparing the initial human-human and human-AI social interactions［J］.Computers in Human Behavior，2017，72：432-440.

[14] REEVES B，NASS C.The media equation：How people treat computers，television，and new media like real people and places［M］.Cambridge：Cambridge University Press，1996.

[15] 宫承波，梁培培.从"用户体验"到"媒体用户体验"——关于媒体用户体验几个基本问题的探析［J］.新闻与传播评论，2018，71（1）：66-73.

[16] 尼古拉·尼葛洛庞帝.数字化生存［M］.胡泳，范海燕，译.北京：电子工业出版社，2017.

[17] 新浪科技.QuestMobile泛娱乐用户报告：用户规模达到10.86亿［EB/OL］.（2019-06-11）［2025-02-25］.https://tech.sina.com.cn/i/2019-06-11/doc-ihvhiqay4835990.shtml

[18] 张洪忠，石韦颖，刘力铭.如何从技术逻辑认识人工智能对传媒业的影响［J］.新闻界，2018（2）：17-22.

[19] 刘伟.智能传播时代的人机融合思考［J］.学术前沿，2018（24）：16-24.

[20] 喻国明.认知神经传播学：范式创新与研究框架［J］.浙江传媒学院学报，2018（1）：9-13.

[21] 赵蓓，张洪忠.2019年人工智能技术在中国传媒业的应用与思考［J］.新闻与写作，2019（12）：23-29.

［22］腾讯云. 数字内容产业的七大黄金拐点［EB/OL］.（2019-12-20）[2025-02-25］. https://cloud.tencent.com/developer/news/492089

［23］同第二章［4］. 喻国明, 杨雅. 5G时代: 未来传播中"人－机"关系的模式重构［J］. 新闻与传播评论, 2020, 73（1）: 5-10.

［24］KRÄMER N C, EIMLER S, VON DER PÜTTEN A, et al. Theory of companions: what can theoretical models contribute to applications and understanding of human-robot interaction? ［J］. Applied Artificial Intelligence, 2011, 25（6）: 474-502.

［25］牟怡. 传播的进化: 人工智能将如何重塑人类的交流［M］. 北京: 清华大学出版社, 2017.

［26］36氪. "失恋治愈"应用Mend创始人: 我的创业想法、经验和初心［EB/OL］.（2017-07-25）[2025-02-25］. https://www.sohu.com/a/159755805_114778

［27］杨嘉仪, 杨雅. 不止是"传声筒": AI合成主播的特征、趋势与进化逻辑［J］. 教育传媒研究, 2019（6）: 28-32.

［28］傅丕毅, 徐常亮, 陈毅华. "媒体大脑"提供了怎样的深度融合新模式［J］. 新闻与写作, 2018（4）: 11-15.

［29］申屠晓明, 甘恬. 机器人写稿的技术原理及实现方法［J］. 传媒评论, 2017（9）: 15-19.

［30］EDWARDS C, EDWARDS A, SPENCE P R, et al. Is that a bot running the social media feed? Testing the differences in perceptions of communication quality for a human agent and a bot agent on Twitter［J］. Computers in Human Behavior, 2014, 33: 372-376.

［31］同绪章［40］. 喻国明. 未来媒介的进化逻辑: "人的连接"的迭代、重组与升维——从"场景时代"到"元宇宙"再到"心世界"的未来［J］. 新闻界, 2021（10）: 54-60.

［32］喻国明. 虚拟人、元宇宙与主流媒体发展的关键性操作要点［J］. 媒体融合新观察, 2022（1）: 4-8.

［33］LOVELOCK C H. Classifying services to gain strategic marketing insights［J］. Journal of Marketing, 1983, 47（3）: 9-20.

［34］FELDMAN N H, GRIFFITHS T L, MORGAN J L. The influence of categories on perception: explaining the perceptual magnet effect as optimal statistical inference［J］. Psychological Review, 2009, 116（4）: 752.

［35］WIRTZ J, PATTERSON P G, KUNZ W H, et al. Brave new world: service robots in the frontline［J］. Journal of Service Management, 2018, 29（5）: 907-931.

[36] 戈夫曼.日常生活中的自我呈现[M].冯钢,译.北京:北京大学出版社,2008.

[37] 许高勇,王蕾婷."人设戏精"网络亚文化的自我呈现,社会表征及其反思[J].新疆社会科学,2020(1):118-125.

[38] SILVA E S, BONETTI F. Digital humans in fashion:Will consumers interact?[J]. Journal of Retailing and Consumer Services,2021,60:102430.

[39] EYSENCK H J. Genetic and environmental contributions to individual differences:The three major dimensions of personality[J]. Journal of Personality,1990,58(1):245-261.

[40] 喻国明,杨名宜.虚拟偶像:一种自带关系属性的新型传播媒介[J].新闻与写作,2020(10):68-73.

[41] 邓胜利.国外用户体验研究进展[J].图书情报工作,2008(3):43-45

[42] BRAJNIK G, GIACHIN C. Using sketches and storyboards to assess impact of age difference in user experience[J]. International Journal of Human-Computer Studies,2014,72(6):552-566.

[43] MOESLINGER S. Technology at home:A digital personal scale[C]//CHI'97 Extended Abstracts on Human Factors in Computing Systems. New York:Association for Computing Machinery,1997:216-217.

[44] 胡飞.聚焦用户:UCD观念与实务[M].北京:中国建筑工业出版社,2009.

[45] NORMAN D A, SHALLICE T.Attention to action:Willed and automatic control of behavior[M]//Consciousness and self-regulation:Advances in research and theory volume 4. Boston, MA:Springer,1986:1-18.

[46] MASSEY B L, LEVY M R. Interactivity,online journalism,and English-language web newspapers in Asia[J]. Journalism & Mass Communication Quarterly,1999,76(1):138-151.

[47] DAVIS F D. Perceived usefulness,perceived ease of use,and user acceptance of information technology[J]. MIS Quarterly,1989,13(3):319-340.

[48] 喻国明.关于媒介用户使用体验的模型与定量化研究——一项认知神经传播学研究的逻辑框架[J].新疆师范大学学报:哲学社会科学版,2018,39(6):53-60.

[49] KONSTANTAKIS M, MICHALAKIS K, ALIPRANTIS J, et al. Formalising and evaluating cultural user experience[C]//2017 12th International Workshop on Semantic and Social Media Adaptation and Personalization(SMAP). IEEE,2017:90-94.

[50] ZHAO M, ROY DHOLAKIA R. A multi-attribute model of web site interactivity

and customer satisfaction: An application of the Kano model [J]. Managing Service Quality: An International Journal, 2009, 19 (3): 286-307.

[51] RYAN R M, DECI E L. Self-determination theory and the facilitation of intrinsic motivation, social development, and well-being [J]. American Psychologist, 2000, 55 (1): 68.

[52] WOODRUFF A, AOKI P M. Media affordances of a mobile push-to-talk communication service [J]. arXiv preprint cs/0309001, 2003.

[53] SUNDAR S S, LIMPEROS A M. Uses and grats 2.0: New gratifications for new media [J]. Journal of Broadcasting & Electronic Media, 2013, 57 (4): 504-525.

[54] SCHROCK A R.Communicative affordances of mobile media: Portability, availability, locatability, and multimediality [J]. International Journal of Communication, 2015, 9: 18.

[55] BHATTACHERJEE A, PREMKUMAR G. Understanding changes in belief and attitude toward information technology usage: A theoretical model and longitudinal test [J]. MIS Quarterly, 2004, 28 (2): 229-254.

[56] CASTANEDA J A, MUNOZ-LEIVA F, LUQUE T. Web Acceptance Model (WAM): Moderating effects of user experience [J]. Information & Management, 2007, 44 (4): 384-396.

[57] VENKATESH V, MORRIS M G, DAVIS G B, et al. User acceptance of information technology: Toward a unified view [J]. MIS Quarterly, 2003, 27 (3): 425-478.

[58] LIN C P, BHATTACHERJEE A. Extending technology usage models to interactive hedonic technologies: a theoretical model and empirical test [J]. Information Systems Journal, 2010, 20 (2): 163-181.

[59] HU P J H, CLARK T H K, MA W W. Examining technology acceptance by school teachers: A longitudinal study [J]. Information & Management, 2003, 41 (2): 227-241.

[60] STRAGIER J, ABEELE M V, MECHANT P, et al. Understanding persistence in the use of online fitness communities: comparing novice and experienced users [J]. Computers in Human Behavior, 2016, 64: 34-42.

[61] 同第二章 [52].WOODRUFF A, AOKI P M. Media affordances of a mobile push-to-talk communication service [J]. arXiv preprint cs/0309001, 2003.

[62] HASSENZAHL M, TRACTINSKY N. User experience-a research agenda [J]. Behaviour & Information Technology, 2006, 25（2）: 91-97.

[63] PARISE S, GUINAN P J, KAFKA R. Solving the crisis of immediacy: How digital technology can transform the customer experience [J]. Business Horizons, 2016, 59（4）: 411-420.

[64] MÄKELÄ A, FULTON SURI J. Supporting users' creativity: Design to induce pleasurable experiences [C] //Proceedings of the International Conference on Affective Human Factors Design. 2001, 6: 387-394.

[65] 同第二章［62］.HASSENZAHL M, TRACTINSKY N. User experience-a research agenda [J]. Behaviour & Information Technology, 2006, 25（2）: 91-97.

[66] BAMBERGER Y, TAL T. Learning in a personal context: Levels of choice in a free choice learning environment in science and natural history museums [J]. Science Education, 2007, 91（1）: 75-95.

[67] BROWN N R, SHEVELL S K, RIPS L J. Public memories and their personal context [M] //Rubin D C. Autobiographical memory. Cambridge: Cambridge University Press, 1986.

[68] 程思琪, 喻国明. 情感体验: 一种促进媒体消费的新动力——试论过剩传播时代的新传播范式 [J]. 编辑之友, 2020（5）, 32-37+63.

[69] 同第二章［46］.MASSEY B L, LEVY M R. Interactivity, online journalism, and English-language web newspapers in Asia [J]. Journalism & Mass Communication Quarterly, 1999, 76（1）: 138-151.

[70] ALTURKI R M. A systematic review on what features should be supported by fitness apps and wearables to help users overcome obesity [J]. International Journal of Research in Engineering and Technology, 2016, 5（9）: 197-206.

[71] HASSENZAHL M. The Thing and I: Understanding the Relationship Between User and Product [M] //Blythe M, Monk A. Funology 2: From Usability to Enjoyment. Cham: Springer International Publishing, 2018: 301-313.

[72] 孟维杰. 从认知心理学到认知神经科学: 范式检讨与文化自觉 [J]. 南京师大学报: 社会科学版, 2012（3）: 103-109.

[73] GAZZANIGA M S. The cognitive neurosciences [M]. Cambridge: MIT Press, 2004.

[74] 李颖洁, 樊飞燕, 陈兴时. 脑电分析在认知研究中的进展 [J]. 北京生物医学工程, 2006, 25（3）: 321-324.

[75] 李轶，赵波，杨文伟，等.基于对称导联 EEG 特征分析的脑损伤部位判别［J］.科学通报，2013，58（21）：2087-2093.

[76] 喻国明.5G 时代传媒发展的机遇和要义［J］.新闻与写作，2019（3）：63-66.

[77] 喻国明.传播学的学术创新：原点、范式与价值准则——在"反思传播学圆桌论坛"上的发言［J］.国际新闻界，2018，40（2）：109-117.

[78] LOMBARD M，DITTON T. At the heart of it all：The concept of presence［J］. Journal of Computer-Mediated Communication，1997，3（2）：JCMC321.

[79] KIM T，BIOCCA F. Telepresence via television：Two dimensions of telepresence may have different connections to memory and persuasion［J］. Journal of Computer-Mediated Communication，1997，3（2）：JCMC325.

[80] STEUER J. Defining virtual reality：Dimensions determining telepresence［J］. Journal of Communication，1992，42（4），73-93.

[81] FORTIN D R，DHOLAKIA R R. Interactivity and vividness effects on social presence and involvement with a web-based advertisement［J］. Journal of Business Research，2005，58（3）：387-396.

[82] NEUMAN W R. Beyond HDTV：exploring subjective responces to very high definition television［M］. Media Laboratory，Massachusetts Institute of Technology，1990.

[83] REEVES B，LANG A，KIM E Y, et al. The effects of screen size and message content on attention and arousal［J］. Media Psychology，1999，1（1）：49-67.

[84] HATADA T，SAKATA H，KUSAKA H. Psychophysical analysis of the "sensation of reality" induced by a visual wide-field display［J］. Smpte Journal，1980，89（8）：560-569.

[85] MUHLBACH L，BOCKER M，PRUSSOG A. Telepresence in videocommunications：A study on stereoscopy and individual eye contact［J］. Human Factors，1995，37（2）：290-305.

[86] 同第二章［78］.LOMBARD M，DITTON T. At the heart of it all：The concept of presence［J］. Journal of computer-mediated communication，1997，3（2）：JCMC321.

[87] LIN J J W，DUH H B L，PARKER D E，et al. Effects of field of view on presence，enjoyment，memory，and simulator sickness in a virtual environment［C］//Proceedings IEEE Virtual Reality 2002. IEEE，2002：164-171.

[88] 同第二章［84］.HATADA T，SAKATA H，KUSAKA H. Psychophysical analysis of the "sensation of reality" induced by a visual wide-field display［J］. Smpte

Journal，1980，89（8）：560-569.

［89］ CNNIC. 第43次中国互联网络发展状况统计报告［R/OL］.（2019-02-28）［2025-02-25］. https://www.cac.gov.cn/2019zt/cnnic43/.

［90］ BIOCCA F. The cyborg's dilemma：Progressive embodiment in virtual environments［J］. Journal of Computer-Mediated Communication，1997，3（2）：JCMC324.

［91］ 同第二章［80］.STEUER J. Defining virtual reality：Dimensions determining telepresence［J］. Journal of Communication，1992，42（4）：73-93.

［92］ BRASEL S A，GIPS J. Breaking through fast-forwarding：Brand information and visual attention［J］. Journal of Marketing，2008，72（6）：31-48.

［93］ 杨雅. 现象学视域下"在场"效应的多重维度研究［D］. 北京：中国人民大学，2016.

［94］ REEVES B，LOMBARD M，MELWANI G. Faces on the screen：Pictures or natural experience［C］//Annual Conference of the International Communication Association，1992.

［95］ DETENBER B H，REEVES B. A Bio-Informational Theory of Emotion：Motion and Image Size Effects on Viewers［J］. Journal of Communication，1996，46（3）：66-84.

［96］ 同第二章［87］.LIN J J W，DUH H B L，PARKER D E，et al. Effects of field of view on presence，enjoyment，memory，and simulator sickness in a virtual environment［C］//Proceedings IEEE Virtual Reality 2002. IEEE，2002：164-171.

［97］ HEETER C. Communication research on consumer VR［J］. Communication in the Age of Virtual Reality，1995，1：191-218.

［98］ NICHOLS S，HALDANE C，WILSON J R. Measurement of presence and its consequences in virtual environments［J］. International Journal of Human-Computer Studies，2000，52（3）：471-491.

［99］ IVORY J D，KALYANARAMAN S. The effects of technological advancement and violent content in video games on players' feelings of presence，involvement，physiological arousal，and aggression［J］. Journal of Communication，2007，57（3）：532-555.

［100］ 同第二章［79］.KIM T，BIOCCA F. Telepresence via television：Two dimensions of telepresence may have different connections to memory and persuasion［J］. Journal of Computer-Mediated Communication，1997，3（2）：JCMC325.

［101］ FOX J，BAILENSON J，BINNEY J. Virtual experiences，physical behaviors：

The effect of presence on imitation of an eating avatar [J]. Presence: Teleoperators and Virtual Environments, 2009, 18 (4): 294-303.

[102] LEVY M R. Watching TV news as para - social interaction [J]. Journal of Broadcasting & Electronic Media, 1979, 23 (1): 69-80.

[103] KUMAR N, BENBASAT I. Para-social presence and communication capabilities of a web site: a theoretical perspective [J]. e-Service, 2002, 1 (3): 5-24.

[104] 同第二章 [78].LOMBARD M, DITTON T. At the heart of it all: The concept of presence [J]. Journal of Computer-Mediated Communication, 1997, 3 (2): JCMC321.

[105] RUBIN A M, PERSE E M, POWELL R A. Loneliness, para-social interaction, and local television news viewing [J]. Human Communication Research, 1985, 12 (2): 155-180.

[106] 同第二章 [99].IVORY J D, KALYANARAMAN S. The effects of technological advancement and violent content in video games on players' feelings of presence, involvement, physiological arousal, and aggression [J]. Journal of Communication, 2007, 57 (3): 532-555.

[107] 同第二章 [87].LIN J J W, DUH H B L, PARKER D E, et al. Effects of field of view on presence, enjoyment, memory, and simulator sickness in a virtual environment [C] //Proceedings IEEE Virtual Reality 2002. IEEE, 2002: 164-171.

[108] DARKEN R P, BERNATOVICH D, LAWSON J P, et al. Quantitative measures of presence in virtual environments: The roles of attention and spatial comprehension [J]. CyberPsychology & Behavior, 1999, 2 (4): 337-347.

[109] RILEY J M, KABER D B, DRAPER J V. Situation awareness and attention allocation measures for quantifying telepresence experiences in teleoperation [J]. Human Factors and Ergonomics in Manufacturing & Service Industries, 2004, 14(1): 51-67.

[110] DRAPER J V, KABER D B, USHER J M. Telepresence [J]. Human Factors, 1998, 40 (3): 354-375.

[111] BRYANT J, OLIVER M B. Media effects: Advances in theory and research [M]. London: Routledge, 2009.

[112] BRADLEY M M, GREENWALD M K, PETRY M C, et al. Remembering pictures: pleasure and arousal in memory [J]. Journal of experimental

psychology：Learning, Memory, and Cognition, 1992, 18（2）：379.

［113］ LANG A, DHILLON K, DONG Q. The effects of emotional arousal and valence on television viewers' cognitive capacity and memory［J］. Journal of Broadcasting & Electronic Media, 1995, 39（3）：313-327.

［114］ THORSON K S, RODGERS S. Relationships between blogs as eWOM and interactivity, perceived interactivity, and para-social interaction［J］. Journal of Interactive Advertising, 2006, 6（2）：5-44.

［115］ 曲慧，喻国明. 超级个体与利基时空：一个媒介消费研究的新视角［J］. 新闻与传播研究，2017，24（12）：51-61+127.

［116］ FORTUNATI L. The mobile phone：Towards new categories and social relations［J］. Information, Communication & Society, 2002, 5（4）：513-528.

第二部分　第三章

［1］ 朱滢. 实验心理学：第4版［M］. 北京：北京大学出版社，2016.

［2］ MYSTAKIDIS S. Metaverse［J］. Encyclopedia, 2022, 2（1）：486-497.

［3］ LOCKMAN A S, SCHIRMER B R. Online instruction in higher education：Promising, research-based, and evidence-based practices［J］. Journal of Education and e-Learning Research, 2020, 7（2）：130-152.

［4］ WIJANTO M C, KARNALIM O, AYUB M, et al. Transitioning from offline to online learning：Issues from computing student perspective［C］//2021 IEEE Global Engineering Education Conference (EDUCON). IEEE, 2021：1137-1142.

［5］ COLE M T, SHELLEY D J, SWARTZ L B. Online instruction, e-learning, and student satisfaction：A three year study［J］. International Review of Research in Open and Distributed Learning, 2014, 15（6）：111-131.

［6］ BABER H. Determinants of students' perceived learning outcome and satisfaction in online learning during the pandemic of COVID-19［J］. Journal of Education and e-learning Research, 2020, 7（3）：285-292.

［7］ PEI L, WU H. Does online learning work better than offline learning in undergraduate medical education? A systematic review and meta-analysis［J］. Medical Education Online, 2019, 24（1）：1666538.

［8］ DAFT R L, LENGEL R H. Organizational information requirements, media richness and structural design［J］. Management Science, 1986, 32（5）：554-571.

［9］ ISHII K, LYONS M M, CARR S A. Revisiting media richness theory for today and future［J］. Human Behavior and Emerging Technologies, 2019, 1（2）: 124-131.

［10］OFFIR B, LEV Y, BEZALEL R. Surface and deep learning processes in distance education : Synchronous versus asynchronous systems［J］. Computers & Education, 2008, 51（3）: 1172-1183.

［11］DE FELICE S, VIGLIOCCO G, HAMILTON A F C. Social interaction is a catalyst for adult human learning in online contexts［J］. Current Biology, 2021, 31（21）: 4853-4859.

［12］GUNAWARDENA C N, ZITTLE F J. Social presence as a predictor of satisfaction within a computer - mediated conferencing environment［J］. American Journal of Distance Education, 1997, 11（3）: 8-26.

［13］ROURKE L, ANDERSON T, GARRISON D R, et al. Assessing social presence in asynchronous text-based computer conferencing［J］. The Journal of Distance Education, 1999, 14（2）: 50-71.

［14］RICE K, MORACZEWSKI D, REDCAY E. Perceived live interaction modulates the developing social brain［J］. Social Cognitive and Affective Neuroscience, 2016, 11(9): 1354-1362.

［15］ARAGON S R. Creating social presence in online environments［J］. New Directions for Adult and Continuing Education, 2003, 2003（100）: 57-68.

［16］PETERSON A T, BEYMER P N, PUTNAM R T. Synchronous and asynchronous discussions : Effects on cooperation, belonging, and affect［J］. Online Learning, 2018, 22（4）: 7-25.

［17］SHARIFRAZI F, STONE S. Students perception of learning online : Professor's presence in synchronous versus asynchronous modality［C］//Proceedings of the 2019 5th International Conference on Computer and Technology Applications. 2019 : 180-183.

［18］SAHI A N, BIBI T, ALI I. The impact of online learning on teacher-student trust at university level during pandemic 2020［J］. Pakistan Journal of Social Research, 2021, 3（3）: 301-312.

［19］HARTMANN T. Para-social interaction, para-social relationships, and well-being［M］//The Routledge handbook of media use and well-being. London : Routledge, 2016 : 131-144.

［20］WITMER B G, JEROME C J, SINGER M J. The factor structure of the presence questionnaire［J］. Presence : Teleoperators & Virtual Environments, 2005, 14（3）:

298-312.

[21] KANG M, CHOI H, PARK S. Construction and validation of a social presence scale for measuring online learners' involvement [C] //EdMedia+ Innovate Learning. Association for the Advancement of Computing in Education (AACE), 2007: 1829-1833.

[22] AREAUGH J B. Instructors as facilitators of learner-learner interaction in third-generation learning environments [J]. Industrial and Organizational Psychology, 2008, 1 (4): 487-490.

[23] FREESURFER.FreeSurfer software suite [EB/OL]. [2025-01-27]. https://surfer.nmr.mgh.harvard.edu.

[24] IGLESIAS J E, AUGUSTINACK J C, NGUYEN K, et al. A computational atlas of the hippocampal formation using ex vivo, ultra-high resolution MRI: Application to adaptive segmentation of in vivo MRI [J]. Neuroimage, 2015, 115: 117-137.

[25] CAVANNA A E, TRIMBLE M R. The precuneus: a review of its functional anatomy and behavioural correlates [J]. Brain, 2006, 129 (3): 564-583.

[26] ZENG Y, ZHAO Y, ZHANG T, et al. A brain-inspired model of theory of mind [J]. Frontiers in Neurorobotics, 2020, 14: 60.

[27] SCHURZ M, AICHHORN M, MARTIN A, et al. Common brain areas engaged in false belief reasoning and visual perspective taking: a meta-analysis of functional brain imaging studies [J]. Frontiers in Human Neuroscience, 2013, 7: 712.

[28] TU C H, MCISAAC M. The relationship of social presence and interaction in online classes [J]. The American Journal of Distance Education, 2002, 16 (3): 131-150.

[29] GARRISON D R. Self-directed learning: Toward a comprehensive model [J]. Adult Education Quarterly, 1997, 48 (1): 18-33.

[30] KIM J, KWON Y, CHO D. Investigating factors that influence social presence and learning outcomes in distance higher education [J]. Computers & Education, 2011, 57 (2): 1512-1520.

[31] CUI G, LOCKEE B, MENG C. Building modern online social presence: A review of social presence theory and its instructional design implications for future trends [J]. Education and Information Technologies, 2013, 18: 661-685.

[32] WIMMER H, PERNER J. Beliefs about beliefs: Representation and constraining function of wrong beliefs in young children's understanding of deception [J].

Cognition, 1983, 13（1）: 103-128.

［33］MORGAN E J, CARROLL D J, CHOW C K C, et al. The effect of social presence on mentalizing behavior［J］. Cognitive Science, 2022, 46（4）: e13126.

［34］LAIDLAW K E W, FOULSHAM T, KUHN G, et al. Potential social interactions are important to social attention［J］. Proceedings of the National Academy of Sciences, 2011, 108（14）: 5548-5553.

第二部分　第四章

［1］同第一章［4］. 赵仑. ERPs实验教程（修订版）［M］. 南京: 东南大学出版社, 2010.

［2］GRATTON G, KRAMER A F, COLES M G H, et al. Simulation studies of latency measures of components of the event-related brain potential［J］. Psychophysiology, 1989, 26（2）: 233-248.

［3］DE JONG R, WIERDA M, MULDER G, et al. Use of partial stimulus information in response processing［J］. Journal of Experimental Psychology: Human Perception and Performance, 1988, 14（4）: 682-692.

［4］GEHRING W J, GRATTON G, COLES M G H, et al. Probability effects on stimulus evaluation and response processes［J］. Journal of Experimental Psychology: Human Perception and Performance, 1992, 18（1）: 198-216.

［5］GRATTON G, COLES M G H, SIREVAAG E J, et al. Pre-and poststimulus activation of response channels: a psychophysiological analysis［J］. Journal of Experimental Psychology: Human perception and performance, 1988, 14（3）: 331-344.

［6］KUTAS M, HILLYARD S A. Reading senseless sentences: Brain potentials reflect semantic incongruity［J］. Science, 1980, 207（4427）: 203-205.

［7］魏景汉. 伴随性负变化（CNV）中心理因素之研究进展［J］. 心理学动态, 1984（4）: 32-35+48.

［8］魏景汉, 尔朱光. 人脑二级CNV和解脱波［J］. 中国科学（B辑 化学 生物学 农学 医学 地学）, 1986（7）: 734-739.

［9］ZHAO L, LI J. Visual mismatch negativity elicited by facial expressions under non-attentional condition［J］. Neuroscience Letters, 2006, 410（2）: 126-131.

［10］LUCK S J, HILLYARD S A. Electrophysiological correlates of feature analysis during visual search［J］. Psychophysiology, 1994, 31（3）: 291-308.

［11］EIMER M. The N2pc component as an indicator of attentional selectivity［J］. Electroencephalography and Clinical Neurophysiology, 1996, 99（3）: 225–234.

［12］WOODMAN G F, LUCK S J. Electrophysiological measurement of rapid shifts of attention during visual search［J］. Nature, 1999, 400（6747）: 867–869.

［13］同第四章［10］.LUCK S J, HILLYARD S A. Electrophysiological correlates of feature analysis during visual search［J］. Psychophysiology, 1994, 31（3）: 291–308.

［14］同第四章［11］.EIMER M. The N2pc component as an indicator of attentional selectivity［J］. Electroencephalography and Clinical Neurophysiology, 1996, 99（3）: 225–234.

［15］WOODMAN G F, LUCK S J. Serial deployment of attention during visual search［J］. Journal of Experimental Psychology: Human Perception and Performance, 2003, 29（1）: 121–138.

［16］HOPF J M, LUCK S J, GIRELLI M, et al. Neural sources of focused attention in visual search［J］. Cerebral Cortex, 2000, 10（12）: 1233–1241.

［17］KIM H W, CHAN H C, GUPTA S. Value-based adoption of mobile internet: an empirical investigation［J］. Decision Support Systems, 2007, 43（1）: 111–126.

［18］TAYLOR S E, WELCH W T, KIM H S, et al. Cultural differences in the impact of social support on psychological and biological stress responses［J］. Psychological Science, 2007, 18（9）: 831–837.

［19］DUNCAN - JOHNSON C C, DONCHIN E. On quantifying surprise: The variation of event - related potentials with subjective probability［J］. Psychophysiology, 1977, 14（5）: 456–467.

［20］PICTON T W, STUSS D T. The component structure of the human event-related potentials［J］. Progress in Brain Research, 1980, 54: 17–49.

［21］WOODS D L, COURCHESNE E. The recovery functions of auditory event-related potentials during split-second discriminations［J］.Electroencephalography and Clinical Neurophysiology/Evoked Potentials Section, 1986, 65（4）: 304–315.

［22］POLICH J. P300, probability, and interstimulus interval［J］. Psychophysiology, 1990, 27（4）: 396–403.

［23］GONSALVEZ C J, POLICH J. P300 amplitude is determined by target-to-target interval［J］. Psychophysiology, 2002, 39（3）: 388–396.

［24］KEIL A, BRADLEY M M, HAUK O, et al. Large-scale neural correlates of affective picture processing［J］. Psychophysiology, 2002, 39（5）: 641–649.

［25］YEUNG N, SANFEY A G. Independent coding of reward magnitude and valence in the human brain [J]. Journal of Neuroscience, 2004, 24 (28): 6258-6264.

[26] MCCARTHY G, DONCHIN E. A metric for thought: a comparison of P300 latency and reaction time [J]. Science, 1981, 211 (4477): 77-80.

[27] MAGLIERO A, BASHORE T R, COLES M G H, et al. On the dependence of P300 latency on stimulus evaluation processes [J]. Psychophysiology, 1984, 21 (2): 171-186.

[28] DUNCAN-JOHNSON C C, KOPELL B S. The Stroop effect: Brain potentials localize the source of interference [J]. Science, 1981, 214 (4523): 938-940.

[29] VERLEGER R. On the utility of P3 latency as an index of mental chronometry [J]. Psychophysiology, 1997, 34 (2): 131-156.

[30] SPENCER J, BLACKMORE D, HEARD S, et al. Patient - oriented learning: a review of the role of the patient in the education of medical students [J]. Medical Education, 2000, 34 (10): 851-857.

[31] POLICH J. Theoretical overview of P3a and P3b [C] //Polich J. Detection of change: Event-related potential and fMRI findings. Dordrecht: Kluwer Academic Publishers, 2003: 83-98.

[32] BLEDOWSKI C, PRVULOVIC D, HOECHSTETTER K, et al. Localizing P300 generators in visual target and distractor processing: a combined event-related potential and functional magnetic resonance imaging study [J]. Journal of Neuroscience, 2004, 24 (42): 9353-9360.

[33] POLICH J. Bifurcated P300 peaks: P3a and P3b revisited? [J]. Journal of Clinical Neurophysiology, 1988, 5 (3): 287-294.

[34] JEON Y W, POLICH J. P3a from a passive visual stimulus task [J]. Clinical Neurophysiology, 2001, 112 (12): 2202-2208.

[35] CONNOLLY K. The cost of ignorance [J]. Developmental Medicine and Child Neurology, 1992, 34 (11): 941-942.

[36] CONNOLLY K. The Needs of Children [J]. Developmental Medicine and Child Neurology, 1995, 37 (12): 1035-1036.

[37] KUTAS M, VAN PETTEN C, BESSON M. Event-related potential asymmetries during the reading of sentences [J]. Electroencephalography and Clinical Neurophysiology, 1988, 69 (3): 218-233.

[38] MCCARTHY G, NOBRE A C, BENTIN S, et al. Language-related field potentials in the anterior-medial temporal lobe: I. Intracranial distribution and neural generators

［J］. Journal of Neuroscience，1995，15（2）：1080-1089.

［39］ NEVILLE C，GONZALES D，HOUGHTON L，et al. Modular elements of the MLC 1f/3f locus confer fiber - specific transcription regulation in transgenic mice［J］. Developmental Genetics，1996，19（2）：157-162.

［40］ OSTERHOUT L，HOLCOMB P J. Event-related brain potentials elicited by syntactic anomaly［J］. Journal of Memory and Language，1992，31（6）：785-806.

［41］ HAGOORT P，BROWN C，GROOTHUSEN J. The syntactic positive shift（SPS）as an ERP measure of syntactic processing［J］. Language and Cognitive Processes，1993，8（4）：439-483.

［42］ FRIEDERICI A D. Towards a neural basis of auditory sentence processing［J］. Trends in Cognitive Sciences，1996，6（2）：78-84.

［43］ COULSON S，KING J W，KUTAS M. Expect the unexpected：Event-related brain response to morphosyntactic violations［J］. Language and Cognitive Processes，1998，13（1）：21-58.

［44］ PULVERMÜLLER F，SHTYROV Y. Automatic processing of grammar in the human brain as revealed by the mismatch negativity［J］. Neuroimage，2003，20（1）：159-172.

［45］ 贾会宾，赵庆柏，周治金. 心理负荷的评估：基于神经人因学的视角［J］. 心理科学进展，2013，21（8）：1390-1399.

［46］ ANTONENKO P，PAAS F，GRABNER R，et al. Using electroencephalography to measure cognitive load［J］. Educational Psychology Review，2010，22：425-438.

［47］ PUTMAN P，VAN PEER J，MAIMARI I，et al. EEG theta/beta ratio in relation to fear-modulated response-inhibition，attentional control，and affective traits［J］. Biological Psychology，2010，83（2）：73-78.

［48］ BARRY R J，CLARKE A R，JOHNSTONE S J，et al. Electroencephalogram θ/β ratio and arousal in attention-deficit/hyperactivity disorder：Evidence of independent processes［J］. Biological Psychiatry，2009，66（4）：398-401.

［49］ LANSBERGEN M M，ARNS M，VAN DONGEN-BOOMSMA M，et al. The increase in theta/beta ratio on resting-state EEG in boys with attention-deficit/hyperactivity disorder is mediated by slow alpha peak frequency［J］. Progress in Neuro-Psychopharmacology and Biological Psychiatry，2011，35（1）：47-52.

［50］ 同第四章［47］.PUTMAN P，VAN PEER J，MAIMARI I，et al. EEG theta/beta ratio in relation to fear-modulated response-inhibition, attentional control, and affective traits [J]. Biological Psychology, 2010, 83 (2): 73-78.

[51] PUTMAN P, VERKUIL B, ARIAS-GARCIA E, et al. EEG theta/beta ratio as a potential biomarker for attentional control and resilience against deleterious effects of stress on attention[J]. Cognitive, Affective, & Behavioral Neuroscience, 2014, 14(2): 782-791.

[52] 邓铸. 眼动心理学的理论、技术及应用研究[J]. 南京师大学报：社会科学版, 2005 (1): 90-95.

[53] JACOB R J K. Eye tracking in advanced interface design[M]//Barfield W, Furness T A. Virtual environments and advanced interface design. New York: Oxford University Press, 1995: 258-288.

[54] MAJARANTA P, BULLING A. Eye tracking and eye-based human–computer interaction [M] // Fairclough S, Gilleade K. Advances in physiological computing. London: Springer, 2014: 39-65.

[55] 尤佳璐, 惠延年, 张乐. 眼球运动及眼动追踪技术的临床应用进展[J]. 国际眼科杂志, 2023, 23 (1): 90-95.

[56] NEWMAN N. Journalism, media and technology trends and predictions 2018 [M]. Oxford: Reuters Institute for the Study of Journalism, 2018.

[57] 柯青, 丁松云, 秦琴. 健康信息可读性对用户认知负荷和信息加工绩效影响眼动实验研究[J]. 数据分析与知识发现, 2021, 5 (2): 70-82.

[58] 闫国利, 熊建萍, 臧传丽, 等. 阅读研究中的主要眼动指标评述[J]. 心理科学进展, 2013, 21 (4): 589-605.

[59] DYSINGER W S, RUCKMICK C S. The emotional responses of children to the motion picture situation. Bound with Peters, C. C. Motion pictures and standards of morality [J]. Journal of Nervous and Mental Disease, 1933, 79 (4): 485.

[60] POTTER R F, BOLLS P. Psychophysiological measurement and meaning: Cognitive and emotional processing of media [M]. London: Routledge, 2012.

[61] MILLER G A. The cognitive revolution: a historical perspective [J]. Trends in Cognitive Sciences, 2003, 7 (3): 141-144.

[62] LANG A, POTTER R F, BOLLS P. Where psychophysiology meets the media: Taking the effects out of mass media research [M] //Media effects. London: Routledge, 2009: 201-222.

[63] 同第四章 [60]. POTTER R F, BOLLS P. Psychophysiological measurement and

meaning : Cognitive and emotional processing of media [M]. London : Routledge, 2012.

[64] RAVAJA N.Contributions of psychophysiology to media research : Review and recommendations [J]. Media Psychology, 2004, 6（2）: 193-235.

[65] PANKSEPP J. Affective neuroscience : The foundations of human and animal emotions [M]. Oxford : Oxford University Press, 2004.

[66] EKMAN P. An argument for basic emotions[J]. Cognition & Emotion, 1992, 6(3-4): 169-200.

[67] IZARD C E. Four systems for emotion activation : cognitive and noncognitive processes [J]. Psychological Review, 1993, 100（1）: 68.

[68] EKMAN P E, DAVIDSON R J. The nature of emotion : Fundamental questions [M]. Oxford : Oxford University Press, 1994.

[69] DAMASIO A R. Emotion in the perspective of an integrated nervous system [J]. Brain Research Reviews, 1998, 26（2-3）: 83-86.

[70] CACIOPPO J T, GARDNER W L, BERNTSON G G. The affect system has parallel and integrative processing components : Form follows function [J]. Journal of Personality and Social Psychology, 1999, 76（5）: 839.

[71] TEASDALE J D. The relationship between cognition and emotion : The mind-in-place in mood disorders [M]. Oxford : Oxford University Press, 2015.

[72] RUSSELL J A. A circumplex model of affect [J]. Journal of Personality and Social Psychology, 1980, 39（6）: 1161.

[73] LARSEN J T, NORRIS C J, CACIOPPO J T. Effects of positive and negative affect on electromyographic activity over zygomaticus major and corrugator supercilii [J]. Psychophysiology, 2003, 40（5）: 776-785.

[74] BOUCSEIN W. Electrodermal activity [M]. Berlin : Springer Science & Business Media, 2012.

[75] VAN DOOREN M, JANSSEN J H. Emotional sweating across the body : Comparing 16 different skin conductance measurement locations [J]. Physiology & Behavior, 2012, 106（2）: 298-304.

[76] 同第四章 [60].POTTER R F, BOLLS P. Psychophysiological measurement and meaning : Cognitive and emotional processing of media [M]. London : Routledge, 2012.

[77] RAVAJA N. The psychophysiology of digital gaming : The effect of a non co-located opponent [J]. Media Psychology, 2009, 12（3）: 268-294.

［78］ DIMBERG U. Facial reactions to facial expressions［J］. Psychophysiology, 1982, 19（6）: 643-647.

［79］ GRIMNES S, MARTINSEN O G. Bioimpedance and Bioelectricity Basics Third Edition［M］. Amsterdam: Elsevier Ltd, 2015.

［80］ 同第四章［60］.POTTER R F, BOLLS P. Psychophysiological measurement and meaning: Cognitive and emotional processing of media［M］. London: Routledge, 2012.

［81］ 黄文浩.基于面部动作肌电信号的人机交互研究［D］.杭州：杭州电子科技大学，2019.

［82］ 王甦菁，王俨，李婧婷，等.微表情面部肌电跨模态分析及标注算法［J］.心理科学进展，2024，32（1）：1-13.

［83］ CACIOPPO J T, PETTY R E, LOSCH M E, et al. Electromyographic activity over facial muscle regions can differentiate the valence and intensity of affective reactions［J］. Journal of Personality and Social Psychology, 1986, 50（2）: 260-286.

［84］ EKMAN P, DAVIDSON R J, FRIESEN W V. The Duchenne smile: Emotional expression and brain physiology: II［J］. Journal of Personality and Social Psychology, 1990, 58（2）: 342-353.

［85］ KAHNEMAN D. Attention and effort［M］. Englewood Cliffs, NJ: Prentice-Hall, 1973.

［86］ NÄÄTÄNEN R. Attention and brain function［M］. Hillsdale, NJ: Lawrence Erlbaum Associates, Inc., 1992.

［87］ 同第四章［60］.POTTER R F, BOLLS P. Psychophysiological measurement and meaning: Cognitive and emotional processing of media［M］. London: Routledge, 2012.

［88］ LANG P J, BRADLEY M M, CUTHBERT B N. Motivated attention: Affect, activation, and action［M］// Lang P J, Simons R F, Balaban M T. Attention and orienting. London: Psychology Press, 2013: 97-135.

［89］ APPELHANS B M, LUECKEN L J. Heart rate variability as an index of regulated emotional responding［J］. Review of General Psychology, 2006, 10（3）: 229-240.

［90］ 同第四章［64］.RAVAJA N.Contributions of psychophysiology to media research: Review and recommendations［J］. Media Psychology, 2004, 6（2）: 193-235.

［91］ 阎克乐，张文彩，张月娟，等.心率变异性在心身疾病和情绪障碍研究中的应用

［J］．心理科学进展，2006（2）：261-265.

［92］王维，李须，陈红．心率变异性是自我调节的生物指标［J］．心理技术与应用，2015，3（1）：16-19.

［93］柴桠红，吴水才，白燕萍，等．心率变异性分析方法的现状与展望［J］．生物医学工程与临床，2004，8（1）：53-57+60.

［94］MAREK MALIK. Heart rate variability：standards of measurement, physiological interpretation, and clinical use［J］. Circulation, 1996, 93（5）：1043-1065.

［95］RAJENDRA ACHARYA U, PAUL JOSEPH K, KANNATHAL N, et al. Heart rate variability：a review［J］. Medical and Biological Engineering and Computing, 2006, 44：1031-1051.

［96］PHAM T, LAU Z J, CHEN S H A, et al. Heart rate variability in psychology：A review of HRV indices and an analysis tutorial［J］. Sensors, 2021, 21（12）：3998.

［97］庹焱，陶红，朱铨英．心率变异性研究进展［J］．国外医学（生理病理科学与临床分册），2001，21（4）：305-308.

［98］同第四章［64］．RAVAJA N. Contributions of psychophysiology to media research：Review and recommendations［J］. Media Psychology, 2004, 6（2）：193-235.

第三部分　第五章

［1］NORMAN D A. Twelve issues for cognitive science［J］. Cognitive Science, 1980, 4（1）：1-32.

［2］DESIMONE R, DUNCAN J. Neural mechanisms of selective visual attention［J］. Annual Review of Neuroscience, 1995, 18（1）：193-222.

［3］李茂华，欧阳宏生．接受主体的认知传播机制考察［J］．现代传播（中国传媒大学学报），2017，39（11）：18-23.

［4］LECKNER S. Presentation factors affecting reading behaviour in readers of newspaper media：an eye-tracking perspective［J］. Visual Communication, 2012, 11（2）：163-184.

［5］KOMATSUZAKI T, HAN J, UCHIDA H. Approach for combining physical properties and sensibility for pleasant beverage can-opening sound［J］. Applied Acoustics, 2016, 103：64-70.

［6］SCHROEDER J, EPLEY N. Mistaking minds and machines：How speech affects dehumanization and anthropomorphism［J］. Journal of Experimental Psychology：

General,2016,145（11）：1427.

[7] 熊哲宏.认知科学导论[M].武汉：华中师范大学出版社,2002.

[8] 詹姆斯·凯瑞.作为文化的传播[M].丁未,译.北京：华夏出版社,2005.

[9] 梁爽,喻国明.媒介使用动机与场景对用户体验的影响研究——基于认知神经传播学的效果测量[J].新闻大学,2021（1）：89-102+121.

[10] 胡鑫,蒋俏蕾,宋磊,等."萌"的媒介效果：基于脑电情感计算的"萌"视频情绪分析[J].全球传媒学刊,2021,8（6）：27-44.

[11] 叶许婕,赵宇翔,张轩慧.Reaction 视频的用户弹幕评论行为生成机制探索——基于认知-情感系统理论[J].数据分析与知识发现,2023,7（2）：1-14.

[12] 同第二章[20].喻国明.认知神经传播学：范式创新与研究框架[J].浙江传媒学院学报,2018（1）：9-13+140.

[13] HAN T,XIU L,YU G. The impact of media situation on people's memory effect--an ERP study[J]. Computers in Human Behavior,2020,104：106180.

[14] KAHAI S S,COOPER R B. Exploring the core concepts of media richness theory：The impact of cue multiplicity and feedback immediacy on decision quality[J]. Journal of Management Information Systems,2003,20（1）：263-299.

[15] LANG A.The limited capacity model of mediated message processing[J]. Journal of Communication,2000,50（1）：46-70.

[16] MADORE K P,KHAZENZON A M,BACKES C W,et al. Memory failure predicted by attention lapsing and media multitasking[J]. Nature,2020,587（7832）：87-91.

[17] BAVELIER D,BEDIOU B,GREEN C S. Expertise and generalization：lessons from action video games[J]. Current Opinion in Behavioral Sciences,2018,20：169-173.

[18] QIU N,MA W,FAN X,et al. Rapid improvement in visual selective attention related to action video gaming experience[J]. Frontiers in Human Neuroscience,2018,12：47.

[19] BAVELIER D,GREEN C S. Enhancing attentional control：lessons from action video games[J]. Neuron,2019,104（1）：147-163.

[20] KÜHN S,KUGLER D T,SCHMALEN K,et al. Does playing violent video games cause aggression？ A longitudinal intervention study[J]. Molecular Psychiatry,2019,24（8）：1220-1234.

[21] JABR M M,DENKE G,RAWLS E,et al. The roles of selective attention and

desensitization in the association between video gameplay and aggression: An ERP investigation [J]. Neuropsychologia, 2018, 112: 50-57.

[22] AJZEN I. Attitudes, traits, and actions: Dispositional prediction of behavior in personality and social psychology [M] //Advances in experimental social psychology. New York: Academic Press, 1987, 20: 1-63.

[23] BRONFENBRENNER U. Toward an experimental ecology of human development[J]. American Psychologist, 1977, 32(7): 513.

[24] OISHI S. Socioecological psychology[J]. Annual Review of Psychology, 2014, 65(1): 581-609.

[25] LEI X, CHEN C, XUE F, et al. Fiber connectivity between the striatum and cortical and subcortical regions is associated with temperaments in Chinese males [J]. NeuroImage, 2014, 89: 226-234.

[26] WANG J L, JACKSON L A, ZHANG D J, et al. The relationships among the Big Five Personality factors, self-esteem, narcissism, and sensation-seeking to Chinese University students' uses of social networking sites (SNSs) [J]. Computers in Human Behavior, 2012, 28(6): 2313-2319.

[27] GREENWALD A G, BANAJI M R. Implicit social cognition: attitudes, self-esteem, and stereotypes [J]. Psychological Review, 1995, 102(1): 4.

[28] NOLEN-HOEKSEMA S. Emotion regulation and psychopathology: The role of gender [J]. Annual Review of Clinical Psychology, 2012, 8(1): 161-187.

[29] ELLEMERS N. Gender stereotypes[J]. Annual Review of Psychology, 2018, 69(1): 275-298.

[30] JUNGER J, PAULY K, BRÖHR S, et al. Sex matters: Neural correlates of voice gender perception [J]. Neuroimage, 2013, 79: 275-287.

[31] LI Y, GU F, ZHANG X, et al. Cerebral activity to opposite-sex voices reflected by event-related potentials [J]. PloS One, 2014, 9(4): e94976.

[32] 喻国明, 张珂嘉. 作为媒介的音乐: 传播中音乐要素的新价值范式 [J]. 现代传播 (中国传媒大学学报), 2022, 44(3): 84-90.

[33] POTES C, GUNDUZ A, BRUNNER P, et al. Dynamics of electrocorticographic (ECoG) activity in human temporal and frontal cortical areas during music listening[J]. Neuroimage, 2012, 61(4): 841-848.

[34] SCHUBERT E. Emotion felt by the listener and expressed by the music: literature review and theoretical perspectives [J]. Frontiers in Psychology, 2013, 4: 837.

[35] SCHMÄLZLE R, HÄCKER F E K, HONEY C J, et al. Engaged listeners: shared neural processing of powerful political speeches [J]. Social Cognitive and Affective Neuroscience, 2015, 10（8）: 1137-1143.

[36] ORVELL A, KROSS E, GELMAN S A. "You" speaks to me: Effects of generic-you in creating resonance between people and ideas [J]. Proceedings of the National Academy of Sciences, 2020, 117（49）: 31038-31045.

[37] HASSON U, CHEN J, HONEY C J. Hierarchical process memory: memory as an integral component of information processing [J]. Trends in Cognitive Sciences, 2015, 19（6）: 304-313.

[38] GRALL C, TAMBORINI R, WEBER R, et al. Stories collectively engage listeners' brains: Enhanced intersubject correlations during reception of personal narratives [J]. Journal of Communication, 2021, 71（2）: 332-355.

[39] 同第一章[13].喻国明，钱绯璠，陈瑶，等."后真相"的发生机制：情绪化文本的传播效果——基于脑电技术范式的研究[J].西安交通大学学报：社会科学版，2019，39（4）：73-78+2.

[40] 同第一章[14].XIU L, YANG Y, HAN T, et al. Emotional expression inhibits attention bias: From the post-truth era perspective [J]. Social Behavior and Personality: An International Journal, 2020, 48（4）: 1-9.

[41] BRADY W J, GANTMAN A P, VAN BAVEL J J. Attentional capture helps explain why moral and emotional content go viral [J]. Journal of Experimental Psychology: General, 2020, 149（4）: 746-756.

[42] 陈瀛，徐敏霞，汪新建.信任的认知神经网络模型[J].心理科学进展，2020，28（5）：800-809.

[43] FETT A K J, GROMANN P M, GIAMPIETRO V, et al. Default distrust? An fMRI investigation of the neural development of trust and cooperation [J]. Social Cognitive and Affective Neuroscience, 2014, 9（4）: 395-402.

[44] GUO Y, WANG W, ZHANG W, et al. The Impact of online word-of-mouth on Consumers' Purchase Intention in Social Commerce [C] //2019 16th International Conference on Service Systems and Service Management（ICSSSM）. IEEE, 2019: 1-6.

[45] 冯菲，王文轩，修利超，等.冷热媒介：合成语音与真人语音的不同传播效应——基于EEG的实验证据[J].新闻与传播研究，2020，27（12）：5-20+126.

[46] GRAEFE A, HAIM M, HAARMANN B, et al. Readers' perception of computer-

generated news: Credibility, expertise, and readability [J]. Journalism, 2018, 19 (5): 595–610.

[47] JAMES T W, POTTER R F, LEE S, et al. How realistic should avatars be? An initial fMRI investigation of activation of the face perception network by real and animated faces [J]. Journal of Media Psychology, 2015, 27 (3): 109.

[48] HOFF K A, BASHIR M. Trust in automation: Integrating empirical evidence on factors that influence trust [J]. Human Factors, 2015, 57 (3): 407–434.

[49] MASLOWSKA E, SEGIJN C M, VAKEEL K A, et al. How consumers attend to online reviews: an eye-tracking and network analysis approach [J]. International Journal of Advertising, 2020, 39 (2): 282–306.

[50] MANCA S, ALTOÈ G, SCHULTZ P W, et al. The persuasive route to sustainable mobility: Elaboration likelihood model and emotions predict implicit attitudes [J]. Environment and Behavior, 2020, 52 (8): 830–860.

[51] LUCK S J. An introduction to the event-related potential technique [M]. Cambridge: MIT press, 2014.

[52] YANG J, YANG Y, XIU L, et al. Effect of emoji prime on the understanding of emotional words–evidence from ERPs [J]. Behaviour & Information Technology, 2022, 41 (6): 1313–1322.

[53] TOMELLERI S, CASTELLI L. On the Nature of Gender Categorization: Pervasive but Flexible [J]. Social Psychology, 2012, 43 (1): 14–27.

[54] WEBER R, FISHER J T, HOPP F R, et al. Taking messages into the magnet: Method–theory synergy in communication neuroscience [J]. Communication Monographs, 2018, 85 (1): 81–102.

[55] NORMAN K A, POLYN S M, DETRE G J, et al. Beyond mind-reading: multi-voxel pattern analysis of fMRI data [J]. Trends in Cognitive Sciences, 2006, 10 (9): 424–430.

[56] KLASEN M, WEBER R, KIRCHER T T J, et al. Neural contributions to flow experience during video game playing [J]. Social Cognitive and Affective Neuroscience, 2012, 7 (4): 485–495.

[57] 周爱保.实验心理学 [M].北京:清华大学出版社, 2016.

[58] HIRSCH J, TIEDE M, ZHANG X, et al. Interpersonal agreement and disagreement during face-to-face dialogue: an fNIRS investigation [J]. Frontiers in Human Neuroscience, 2021, 14: 606397.

［59］何苗. 认知神经科学对传播研究的影响路径：回顾与展望［J］. 新闻与传播研究，2019，26（1）：5-23+126.

［60］VÕ M L H, BOETTCHER S E P, DRASCHKOW D. Reading scenes: How scene grammar guides attention and aids perception in real-world environments［J］. Current Opinion in Psychology, 2019, 29: 205-210.

［61］LUKE S G, DAROWSKI E S, GALE S D. Predicting eye-movement characteristics across multiple tasks from working memory and executive control［J］. Memory & Cognition, 2018, 46（5）: 826-839.

［62］DING N, ZHOU W, FUNG A Y H. Emotional effect of cinematic VR compared with traditional 2D film［J］. Telematics and Informatics, 2018, 35（6）: 1572-1579.

［63］ZHU D, JOHNSON E K, BOLLS P. Platform and proximity: Audience responses to crime news on desktop computers and smartphones［J］. Journal of Broadcasting & Electronic Media, 2020, 64（3）: 438-458.

［64］同第二章［20］. 喻国明. 认知神经传播学：范式创新与研究框架［J］. 浙江传媒学院学报，2018，25（1）：9-13+140.

［65］HEATHER J. CARMACK. Applied Communication［M］//Allen M. The SAGE encyclopedia of communication research methods. California: SAGE Publication, INC, 2018.

［66］杨雅. 离人类感知最近的传播：认知神经传播学研究的范式、对象与技术逻辑［J］. 新闻与写作，2021（9）：21-28.

［67］同第五章［59］. 何苗. 认知神经科学对传播研究的影响路径：回顾与展望［J］. 新闻与传播研究，2019，26（1）：5-23+126.

［68］同第二章［48］. 喻国明. 关于媒介用户使用体验的模型与定量化研究——一项认知神经传播学研究的逻辑框架［J］. 新疆师范大学学报（哲学社会科学版），2018，39（6）：53-60+2.

［69］喻国明，程思琪. 2022年认知神经传播学研究综述［J］. 教育传媒研究，2023（1）：16-19.

［70］HILLER J. Epistemological Foundations of Objectivist and Interpretivist Research［M］//Wheeler BL, Murphy K M. Music Therapy Research. Pennsylvania: Barcelona Publishers, 2016.

［71］CLAYTON R B, COMPTON J, REYNOLDS-TYLUS T, et al. Revisiting the effects of an inoculation treatment on psychological reactance: A conceptual replication and extension with self-report and psychophysiological measures［J］.

Human Communication Research, 2023, 49(1): 104-111.

[72] CLAYTON R B, MYRICK J G, DALE K R, et al. Diminishing psychological reactance through self-transcendent media experiences: A self-report and psychophysiological investigation [J]. Health Communication, 2024, 39(9): 1738-1749.

[73] LEE M, POTTER R F, HAN J. Motivational system approach to understand ad processing following various game outcomes [J]. Sport Management Review, 2023, 26(4): 517-539.

[74] LEE J, EDEN A. How Motivation and Digital Affordances Shape User Behavior in a Virtual World [J]. Media Psychology, 2023, 26(5): 551-578.

[75] 喻国明,王水宁.生成式AI浪潮下平台型媒体的迭代升级与认知争夺版图的扩展[J].教育传媒研究,2023(5):48-52.

[76] LEW Z, WALTHER J B. Social scripts and expectancy violations: Evaluating communication with human or AI chatbot interactants [J]. Media Psychology, 2023, 26(1): 1-16.

[77] 喻国明,赵文娜,谢乔杉.试析直播场域中认知争夺的策略路线——媒介可供性的分析视角:以"东方甄选"为例[J].教育传媒研究,2023(4):69-74.

[78] LI Y, ZHANG L, SHIAU W L, et al. Psychophysiological responses to mobile reading: evidence from frontal EEG signals under a distracting reading environment and different text genres [J]. Information Technology & People, 2023, 36(3): 1043-1075.

[79] FLANAGIN A J, LEW Z. Individual inferences in web-based information environments: How cognitive processing fluency, information access, active search behaviors, and task competency affect metacognitive and task judgments [J]. Media Psychology, 2023, 26(1): 17-35.

[80] RUSSEL B C. Physiological responses to using digital media [M]//Robin N, Myrick J G. Our online emotional selves: The link between digital media and emotional experience. Oxford: Oxford University Press, 2023.

[81] 郭婧一,喻国明.从"人内传播"到"人际传播"超扫描范式在认知神经传播学研究中的应用与拓展[J].新闻与写作,2022(8):51-61.

[82] CLAYTON R B. Psychophysiological responses to using digital media [M]// Nabi R L, Myrick J G. Emotions in the digital world: Exploring affective experience and expression in online interactions. Oxford: Oxford University Press, 2023.

［83］GONG X，HUSKEY R，EDEN A，et al. Computationally modeling mood management theory：a drift-diffusion model of people's preferential choice for valence and arousal in media［J］. Journal of Communication，2023，73（5）：476–493.

［84］LUTZ S，SCHNEIDER F M，REICH S. Media as powerful coping tools to recover from social exclusion experiences？ A systematic review on need restoration and emotion regulation through using media［J］. Media Psychology，2023，26（4）：388–413.

［85］喻国明，刘彧晗. 从信息竞争到认知竞争：策略性传播范式全新转型——基于元传播视角的研究［J］. 现代传播（中国传媒大学学报），2023，45（2）：128–134.

［86］曾庆香. 认知战是全球数字传播的"大脑争夺战"［J］. 青年记者，2023（17）：4–5.

［87］林克勤，曾静平. 认知战略传播：关涉题域、核心诉求与实践范式［J］. 西安交通大学学报（社会科学版），2023，43（5）：101–112.

［88］喻国明，刘彧晗. 认知带宽：个性化传播时代用户洞察的新范畴［J］. 社会科学辑刊，2023（3）：213–219.

［89］LEE Y I，LEE Y J，BOLLS P D. Media psychophysiology and strategic communications：a scientific paradigm for advancing theory and research grounded in evolutionary psychology［J］. International Journal of Strategic Communication，2023，17（3）：181–198.

［90］SCHMÄLZLE R，HUSKEY R. Integrating media content analysis, reception analysis, and media effects studies［J］. Frontiers in Neuroscience，2023，17：1155750.

［91］张涛甫，姜华. 依附与重构：试论中国自主新闻传播学知识体系建设［J］. 新闻与传播研究，2023，30（9）：5–20+126.

［92］涂凌波. 基于中国式现代化实践建构新闻传播学自主知识体系［J］. 中国编辑，2022（11）：28–32+37.

［93］王江蓬，欧阳宏生. 论认知传播研究的知识谱系——从零散性知识到自主性知识体系［J］. 西安交通大学学报（社会科学版），2023，43（5）：113–124.

［94］同第五章［93］王江蓬，欧阳宏生. 论认知传播研究的知识谱系——从零散性知识到自主性知识体系［J］. 西安交通大学学报（社会科学版），2023，43（5）：113–124.

［95］朱婧雯. 认知传播：新文科背景下跨学科融合的理论知识版图［J］. 湖南师范大

学社会科学学报，2023，52（1）：41-48.

［96］同第五章［93］．王江蓬，欧阳宏生．论认知传播研究的知识谱系——从零散性知识到自主性知识体系［J］．西安交通大学学报（社会科学版），2023，43（5）：113-124.

［97］同第五章［95］．朱婧雯．认知传播：新文科背景下跨学科融合的理论知识版图［J］．湖南师范大学社会科学学报，2023，52（1）：41-48.

［98］喻国明．行为传播学或将成为未来传播学学科发展的基本范式［J］．视听理论与实践，2023（5）：5-10.

［99］喻国明，苏健威，杨雅．行为传播学：未来传播学学科构型的核心范式［J］．武汉大学学报（哲学社会科学版），2023，76（2）：32-44.

［100］同第五章［99］．喻国明，苏健威，杨雅．行为传播学：未来传播学学科构型的核心范式［J］．武汉大学学报（哲学社会科学版），2023，76（2）：32-44.

［101］同第五章［98］．喻国明．行为传播学或将成为未来传播学学科发展的基本范式［J］．视听理论与实践，2023（5）：5-10.

［102］同第五章［98］．喻国明．行为传播学或将成为未来传播学学科发展的基本范式［J］．视听理论与实践，2023（5）：5-10.

第三部分　第六章

［1］OXFORD DICTIONARIES.English Oxford living Dictionaries（Post-truth）［EB/OL］.［2025-02-25］. https://en.oxford dictionaries.com/definition/post-truth.

［2］TESICH S. The Watergate Syndrome：A Government of Lies［J］. The Nation，1992，254（1）：12-15.

［3］於红梅，潘忠党．近眺异邦：批判地审视西方关于"后真相"的学术话语［J］．新闻与传播研究，2018，25（8）：5-24+126.

［4］POSTTRUTHINITIATIVE IN THE UNIVERSITY OF SYDNEY.. For and Against Truth-Professor John Keane and Professor Colin Wight［EB/OL］.［2025-02-25］. https://posttruthinitiative.org/for-and-against-truth-prof-john-keane-and-prof-colin-wigh-/.

［5］江作苏，黄欣欣．第三种现实："后真相时代"的媒介伦理悖论［J］．当代传播，2017（4）：52-53+96.

［6］CRILLEY R. International relations in the age of "post-truth" politics［J］. International Affairs，2018，94（2）：417-425.

［7］张庆园，程雯卿．回归事实与价值二分法：反思自媒体时代的后真相及其原理

［J］.新闻与传播研究，2018，25（9）：51-67.

［8］KRAMER L. Learning emotional understanding and emotion regulation through sibling interaction［J］. Early Education and Development，2014，25（2）：160-184.

［9］HONG Y，HUANG N，BURTCH G，et al. Culture，conformity，and emotional suppression in online reviews［J］. Journal of the Association for Information Systems，2016，17（11）：737-758.

［10］BERGER J，MILKMAN K L. What makes online content viral？［J］. Journal of Marketing Research，2012，49（2）：192-205.

［11］丁绪武，吴忠，夏志杰.社会媒体中情绪因素对用户转发行为影响的实证研究——以新浪微博为例［J］.现代情报，2014，34（11）：147-155.

［12］拉嘉·帕拉休拉曼，马修·里佐.神经人因学：工作中的脑［M］.张侃，译.南京：东南大学出版社，2012.

［13］同第一章［1］.陈萌，李幼军，刘岩.脑电信号与个人情绪状态关联性分析研究［J］.计算机科学与探索，2017，11（5）：794-801.

［14］同第一章［3］.OHME R，REYKOWSKA D，WIENER D，et al. Analysis of neurophysiological reactions to advertising stimuli by means of EEG and galvanic skin response measures［J］. Journal of Neuroscience，Psychology，and Economics，2009，2（1）：21.

［15］OHME R，REYKOWSKA D，WIENER D，et al. Application of frontal EEG asymmetry to advertising research［J］. Journal of Economic Psychology，2010，31（5）：785-793.

［16］VECCHIATO G，TOPPI J，ASTOLFI L，et al. Spectral EEG frontal asymmetries correlate with the experienced pleasantness of TV commercial advertisements［J］. Medical & Biological Engineering & Computing，2011，49：579-583.

［17］CARTOCCI G，CHERUBINO P，ROSSI D，et al. Gender and age related effects while watching TV advertisements：an EEG study［J］. Computational Intelligence and Neuroscience，2016，2016（1）：3795325.

［18］DAVIDSON R J. Cerebral asymmetry，emotion，and affective style［J］. Massachusetts Institute of Technology，1995，12（1）：361-387.

［19］SARLO M，BUODO G，POLI S，et al. Changes in EEG alpha power to different disgust elicitors：the specificity of mutilations［J］. Neuroscience Letters，2005，382（3）：291-296.

［20］HAENSCHEL C，BALDEWEG T，CROFT R J，et al. Gamma and beta frequency oscillations in response to novel auditory stimuli：a comparison of human electroencephalogram（EEG）data with in vitro models［J］. Proceedings of the National Academy of Sciences，2000，97（13）：7645-7650.

［21］BAŞAR E，BAŞAR-EROGLU C，KARAKAŞ S，et al. Gamma，alpha，delta，and theta oscillations govern cognitive processes［J］. International Journal of Psychophysiology，2001，39（2-3）：241-248.

［22］KLADOS M A，FRANTZIDIS C，VIVAS A B，et al. A framework combining delta event-related oscillations（EROs）and synchronisation effects（ERD/ERS）to study emotional processing［J］. Computational Intelligence and Neuroscience，2009，2009（1）：549419.

［23］DEIBER M P，MISSONNIER P，BERTRAND O，et al. Distinction between perceptual and attentional processing in working memory tasks：a study of phase-locked and induced oscillatory brain dynamics［J］. Journal of Cognitive Neuroscience，2007，19（1）：158-172.

［24］RAGHAVACHARI S，KAHANA M J，RIZZUTO D S，et al. Gating of human theta oscillations by a working memory task［J］. Journal of Neuroscience，2001，21（9）：3175-3183.

［25］MISSONNIER P，DEIBER M P，GOLD G，et al. Frontal theta event-related synchronization：comparison of directed attention and working memory load effects［J］. Journal of Neural Transmission，2006，113：1477-1486.

［26］KAMARAJAN C，PORJESZ B，JONES K A，et al. The role of brain oscillations as functional correlates of cognitive systems：a study of frontal inhibitory control in alcoholism［J］. International Journal of Psychophysiology，2004，51（2）：155-180.

［27］HARMONY T，FERNÁNDEZ T，SILVA J，et al. EEG delta activity：an indicator of attention to internal processing during performance of mental tasks［J］. International Journal of Psychophysiology，1996，24（1-2）：161-171.

［28］张华."后真相"时代的中国新闻业［J］.新闻大学，2017（3）：28-33+61+147-148.

［29］李彪，郑满宁.传播学与认知神经科学研究——工具、方法与应用［M］.北京：人民日报出版社，2013.

［30］同第一章［4］.赵仑. ERPs 实验教程（修订版）［M］.南京：东南大学出版社，2010.

［31］同第一章［50］.蔡曙山，江铭虎.人类的心智与认知——当代认知科学重大理论与应用研究［M］.北京：人民出版社，2016.

［32］同第一章［50］.蔡曙山，江铭虎.人类的心智与认知——当代认知科学重大理

［33］同第一章［4］．赵仑．ERPs 实验教程（修订版）［M］．南京：东南大学出版社，2010．

［34］理查德·格里格，菲利普·津巴多．心理学与生活（第19版）［M］．王垒，译．北京：人民邮电出版社，2016．

［35］同第一章［5］．OWCZARCZUK M. Long memory in patterns of mobile phone usage［J］. Physica A：Statistical Mechanics and its Applications，2012，391（4）：1428-1433.

［36］哈罗德·伊尼斯．传播的偏向（中文修订版）［M］．何道宽，译．北京：中国传媒大学出版社，2015．

［37］马歇尔·麦克卢汉．理解媒介：论人的延伸［M］．何道宽，译．北京：商务印书馆，2000．

［38］尼尔·波兹曼．娱乐至死［M］．章艳译，译．北京：中信出版集团，2015．

［39］KNEZ I. Affective and cognitive reactions to subliminal flicker from fluorescent lighting［J］. Consciousness and Cognition，2014，26：97-104.

［40］GESKE J C. A comparison of reading on computer screens and print media：measurement of attention patterns using EEG［D］. Iowa：Iowa State University，2005.

［41］同第一章［10］．GESKE J，BELLUR S. Differences in brain information processing between print and computer screens：Bottom-up and top-down attention factors［J］. International Journal of Advertising，2008，27（3）：399-423.

［42］同第一章［11］．喻国明，李彪，丁汉青，等．媒介即信息：一项基于 MMN 的实证研究：关于纸质报纸和电纸书报纸的脑认知机制比较研究［J］.国际新闻界，2010，32（11）：33-38.

［43］PALLER K A，KUTAS M. Brain potentials during memory retrieval provide neurophysiological support for the distinction between conscious recollection and priming［J］. Journal of Cognitive Neuroscience，1992，4（4）：375-392.

［44］SUNDAR S S，NARAYAN S，OBREGON R，et al. Does web advertising work？Memory for print vs. online media［J］. Journalism & Mass Communication Quarterly，1998，75（4）：822-835.

［45］同第六章［40］．GESKE J C. A comparison of reading on computer screens and print media：measurement of attention patterns using EEG［D］. Iowa：Iowa State University，2005.

[46] 同第一章［10］.GESKE J，BELLUR S. Differences in brain information processing between print and computer screens：Bottom-up and top-down attention factors［J］. International Journal of Advertising，2008，27（3）：399-423.

[47] NIDAL K，MALIK A S. EEG/ERP analysis：methods and applications［M］. Boca Raton，FL：CRC Press，2014.

[48] ATKINSON R C，SHIFFRIN R M. Human memory：A proposed system and its control processes［J］. Psychology of Learning and Motivation，1968，2：89-195.

[49] SMITH M E，GEVINS A. Attention and brain activity while watching television：Components of viewer engagement［J］. Media Psychology，2004，6（3）：285-305.

[50] NOWAK G，THORSON E. The Effects of Involvement，Message Appeal，and Viewing Conditions on Memory and Evaluation of TV Commercials［R］. Education Resources Information Center，1986.

[51] CNNIC. 第 22 次中国互联网络发展状况调查统计报告［R］.北京：CNNIC，2008

[52] CNNIC. 第 42 次中国互联网络发展状况调查统计报告［R/OL］.（2018-08-20）［2025-02-25］. https://www.cac.gov.cn/2018zt/cnnic42/.

[53] 同第六章［52］.CNNIC. 第 42 次中国互联网络发展状况调查统计报告［R/OL］.（2018-08-20）［2025-02-25］. https://www.cac.gov.cn/2018zt/cnnic42/.

[54] PEW RESEARCH CENTER. Use of mobile devices for news continues to grow，outpacing desktops and laptops［EB/OL］.（2018-07-17）［2025-02-25］. http：//www.pewresearch.org/fact-tank/2018/07/17/use-of-mobile-devices-for-news-continues-to-grow-outpacing-desktops-and-laptops/.

[55] PEW RESEARCH CENTER. Growth in mobile news use driven by older adults［EB/OL］.（2017-06-12）［2025-02-25］. http：//www.pewresearch.org/fact-tank/2017/06/12/growth-in-mobile-news-use-driven-by-older-adults/.

[56] 同第二章［89］.CNNIC. 第 43 次中国互联网络发展状况统计报告［R/OL］.（2019-02-28）［2025-02-25］. https://www.cac.gov.cn/2019zt/cnnic43/.

[57] 同第二章［89］.CNNIC. 第 43 次中国互联网络发展状况统计报告［R/OL］.（2019-02-28）［2025-02-25］. https://www.cac.gov.cn/2019zt/cnnic43/.

[58] 喻国明，杨颖兮.横竖屏视频传播感知效果的检测模型——从理论原理到分析框架与指标体系［J］.新闻界，2019（5）：11-19.

[59] 王博.移动媒体时代竖视频传播的瓶颈与创新［J］.新闻世界，2017（12）：66-

69.

[60] 抖音短视频.抖音竖屏广告创意指导手册[EB/OL].(2020-03-26)[2025-02-25]. https://www.useit.cn/thread-20257-1-1.html

[61] 周逵,金鹿雅.竖屏时代的来临:融媒体短视频类型前沿和趋势研究[J].电视研究,2018(6):11-14.

[62] 闫玉荣,陈梓鑫,刘柯瑾.用竖视频讲好新闻故事:基于眼动实验的新闻报道呈现方式研究[J].新闻爱好者,2019(5):84-87.

[63] 任玲.横屏到竖屏:移动传播时代访谈节目研究——以《和陌生人说话》为例[J].东南传播,2018(3):128-130.

[64] 刘德寰,陈斯洛.广告传播新法则:从AIDMA,AISAS到ISMAS[J].广告大观:综合版,2013(4):96-98.

[65] 迈克尔 W.艾森克,马克 T.基恩.认知心理学(第5版)[M].上海:华东师大出版社,2004.

[66] 菲利普 津巴多,迈克尔 利佩.态度改变与社会影响[M].邓羽,肖莉,唐小艳,译.北京:人民邮电出版社,2007.

[67] WEDEL M, PIETERS R. Eye tracking for visual marketing[J]. Foundations and Trends® in Marketing, 2008, 1(4):231-320.

[68] PIETERS R, WARLOP L, WEDEL M. Breaking through the clutter: Benefits of advertisement originality and familiarity for brand attention and memory[J]. Management Science, 2002, 48(6):765-781.

[69] 罗瑞奎,田学红.比较广告传播的作用机制及影响因素[J].心理科学进展,2008,16(6):947-954.

[70] 同第六章[58].喻国明,杨颖兮.横竖屏视频传播感知效果的检测模型——从理论原理到分析框架与指标体系[J].新闻界,2019(5):11-19.

[71] DAVIDSON R J. What does the prefrontal cortex "do" in affect: perspectives on frontal EEG asymmetry research[J]. Biological Psychology, 2004, 67(1-2):219-234.

[72] CHO C H. How advertising works on the WWW: Modified elaboration likelihood model[J]. Journal of Current Issues & Research in Advertising, 1999, 21(1):34-50.

[73] 周象贤,孙鹏志.网络广告的心理传播效果及其理论探讨[J].心理科学进展,2010,18(5):790-799.

[74] ESCH F R, LANGNER T, SCHMITT B H, et al. Are brands forever? How brand

knowledge and relationships affect current and future purchases［J］. Journal of Product & Brand Management, 2006, 15（2）：98–105.

［75］BHAKAR S, BHAKAR S, KUSHWAHA K. The effectiveness of E-advertisement towards customer purchase intention：Indian perspective［C］//Proceedings of 10th International Conference on Digital Strategies for Organizational Success. 2019.

［76］SAHNI N S, WHEELER S C, CHINTAGUNTA P. Personalization in email marketing：The role of noninformative advertising content［J］. Marketing Science, 2018, 37（2）：236–258.

［77］蒋玉石.网络广告交互水平和尺寸大小对消费者注意的影响研究［J］.管理世界, 2014, 30（9）：184–185.

［78］SINGH R P, BANERJEE N. Exploring the influence of celebrity worship on brand attitude, advertisement attitude, and purchase intention［J］. Journal of Promotion Management, 2019, 25（2）：225–251.

［79］CAMPBELL D E, WRIGHT R T. Shut-up I don't care：understanding the role of relevance and interactivity on customer attitudes toward repetitive online advertising ［J］. Journal of Electronic Commerce Research, 2008, 9（1）：62.

［80］陈宁.广告的加工时间和注意水平对消费者信息加工模式的影响［J］.心理科学, 2001, 24（2）：145–147.

［81］同第二章［92］.BRASEL S A, GIPS J. Breaking through fast-forwarding：Brand information and visual attention［J］. Journal of Marketing, 2008, 72（6）：31–48.

［82］同第二章［79］.KIM T, BIOCCA F. Telepresence via television：Two dimensions of telepresence may have different connections to memory and persuasion［J］. Journal of Computer-Mediated Communication, 1997, 3（2）：JCMC325.

［83］同第二章［90］.BIOCCA F. The cyborg's dilemma：Progressive embodiment in virtual environments［J］. Journal of Computer-Mediated Communication, 1997, 3（2）：JCMC324.

［84］YOO C Y. Effects beyond click-through：Incidental exposure to web advertising［J］. Journal of Marketing Communications, 2009, 15（4）：227–246.

［85］LIU-THOMPKINS Y. A decade of online advertising research：What we learned and what we need to know［J］. Journal of Advertising, 2019, 48（1）：1–13.

［86］STIP H. How context can make advertising more effective［J］. Journal of Advertising Research, 2018, 58（2）：138–145.

[87] BECKER I F, LINZMAJER M, VON WANGENHEIM F. Cross-industrial user channel preferences on the path to online purchase: homogeneous, heterogeneous, or mixed? [J]. Journal of Advertising, 2017, 46(2): 248–268.

[88] VAN'T RIET J, HÜHN A, KETELAAR P, et al. Investigating the effects of location-based advertising in the supermarket: Does goal congruence trump location congruence? [J]. Journal of Interactive Advertising, 2016, 16(1): 31–43.

[89] GOH K Y, CHU J, WU J. Mobile advertising: an empirical study of temporal and spatial differences in search behavior and advertising response [J]. Journal of Interactive Marketing, 2015, 30(1): 34–45.

[90] 喻国明, 韩婷. 用户在传播认知中记忆效果的测量: 研究框架与技术路线[J]. 出版发行研究, 2019(2): 56–61.

[91] WU P C S, YEH G Y Y, HSIAO C R. The effect of store image and service quality on brand image and purchase intention for private label brands [J]. Australasian Marketing Journal, 2011, 19(1): 30–39.

[92] CHEN Y H, HSU I C, LIN C C. Website attributes that increase consumer purchase intention: A conjoint analysis [J]. Journal of Business Research, 2010, 63(9–10): 1007–1014.

[93] MANCHANDA P, DUBÉ J P, GOH K Y, et al. The effect of banner advertising on internet purchasing [J]. Journal of Marketing Research, 2006, 43(1): 98–108.

[94] YANG M X, CHAN H, YU I Y, et al. Consumer motivation for reward pursuit: A culture-based and progress-based model of loyalty program effectiveness [J]. Journal of Global Marketing, 2019, 32(4): 255–268.

[95] TEIXEIRA T, WEDEL M, PIETERS R. Emotion-induced engagement in internet video advertisements [J]. Journal of Marketing Research, 2012, 49(2): 144–159.

[96] LU C C, WU L, HSIAO W H. Developing customer product loyalty through mobile advertising: Affective and cognitive perspectives [J]. International Journal of Information Management, 2019, 47: 101–111.

[97] 同第四章[52]. 邓铸. 眼动心理学的理论、技术及应用研究[J]. 南京师大学报: 社会科学版, 2005(1): 90–95.

[98] 任延涛, 孟凡骞. 眼动指标的认知含义与测谎价值[J]. 心理技术与应用, 2015(7): 26–29.

[99] 同第四章[58]. 闫国利, 熊建萍, 臧传丽, 等. 阅读研究中的主要眼动指标评

述［J］. 心理科学进展, 2013, 21（4）: 589-605.

［100］同第一章［13］. 喻国明, 钱绯璠, 陈瑶, 等. "后真相"的发生机制: 情绪化文本的传播效果——基于脑电技术范式的研究［J］. 西安交通大学学报: 社会科学版, 2019, 39（4）: 73-78+2.

［101］同第六章［20］.HAENSCHEL C, BALDEWEG T, CROFT R J, et al. Gamma and beta frequency oscillations in response to novel auditory stimuli: a comparison of human electroencephalogram（EEG）data with in vitro models［J］. Proceedings of the National Academy of Sciences, 2000, 97（13）: 7645-7650.

［102］同第四章［47］.PUTMAN P, VAN PEER J, MAIMARI I, et al. EEG theta/beta ratio in relation to fear-modulated response-inhibition, attentional control, and affective traits［J］. Biological Psychology, 2010, 83（2）: 73-78.

［103］史蒂芬·J. 拉克. 事件相关电位基础［M］. 洪祥飞, 刘岳庐, 译. 上海: 华东师范大学出版社, 2009.

［104］同第一章［4］. 赵仑. ERPs 实验教程（修订版）［M］. 南京: 东南大学出版社, 2010.

［105］BOUAFFRE S, FAITA-AINSEBA F. Hemispheric differences in the time-course of semantic priming processes: Evidence from event-related potentials（ERPs）［J］. Brain and Cognition, 2007, 63（2）: 123-135.

［106］刘燕妮, 舒华. ERP 与语言研究［J］. 心理科学进展, 2003, 11（3）: 296-302.

［107］FINNIGAN S, HUMPHREYS M S, DENNIS S, et al. ERP "old/new" effects: memory strength and decisional factor（s）［J］. Neuropsychologia, 2002, 40（13）: 2288-2304.

［108］李琼, 吴作民. 广告态度和品牌态度作用机制研究综述［J］. 中国广告, 2008（11）: 137-140.

［109］TORRES I M, SIERRA J J, HEISER R S. The effects of warning-label placement in print ads: A social contract perspective［J］. Journal of Advertising, 2007, 36（2）: 49-62.

［110］SATO W, FUJIMURA T, SUZUKI N. Enhanced facial EMG activity in response to dynamic facial expressions［J］. International Journal of Psychophysiology, 2008, 70（1）: 70-74.

［111］KHALILI Z, MORADI M H. Emotion detection using brain and peripheral signals［C］//2008 Cairo International Biomedical Engineering Conference. IEEE, 2008:

1-4.

[112] KLEINE-COSACK C. Recognition and simulation of emotions[J]. Computer Science, 2008, 28.

[113] 同第六章[59].王博.移动媒体时代竖视频传播的瓶颈与创新[J].新闻世界, 2017（12）：64-67.

[114] 同第六章[58].喻国明,杨颖兮.横竖屏视频传播感知效果的检测模型——从理论原理到分析框架与指标体系[J].新闻界, 2019（5）：11-19.

[115] NASS C, FOEHR U, BRAVE S, et al. The effects of emotion of voice in synthesized and recorded speech[C]//Proceedings of the AAAI symposium emotional and intelligent II : The tangled knot of social cognition. North Falmouth, MA：AAAI, 2001.

[116] 同第六章[115].NASS C, FOEHR U, BRAVE S, et al. The effects of emotion of voice in synthesized and recorded speech[C]//Proceedings of the AAAI symposium emotional and intelligent II : The tangled knot of social cognition. North Falmouth, MA：AAAI, 2001.

[117] STERN S E, MULLENNIX J W. Sex differences in persuadability of human and computer-synthesized speech : meta-analysis of seven studies[J]. Psychological Reports, 2004, 94（3_suppl）：1283-1292.

[118] MULLENNIX J W, STERN S E, WILSON S J, et al. Social perception of male and female computer synthesized speech[J]. Computers in Human Behavior, 2003, 19（4）：407-424.

[119] 同第六章[37].马歇尔·麦克卢汉.理解媒介：论人的延伸[M].何道宽,译.北京：商务印书馆, 2000.

[120] NASS C, GONG L. Speech interfaces from an evolutionary perspective[J]. Communications of the ACM, 2000, 43（9）：36-43.

[121] MULLENNIX J W, STERN S E, WILSON S J, et al. Social perception of male and female computer synthesized speech[J]. Computers in Human Behavior, 2003, 19（4）：407-424.

[122] NASS C, MOON Y, GREEN N. Are machines gender neutral？ Gender-stereotypic responses to computers with voices[J]. Journal of Applied Social Psychology, 1997, 27（10）：864-876.

[123] 同第二章[14].REEVES B, NASS C. The media equation : How people treat computers, television, and new media like real people and places[M].

Cambridge：Cambridge University Press，1996.

［124］NASS C，GONG L. Speech interfaces from an evolutionary perspective［J］. Communications of the ACM，2000，43（9）：36-43.

［125］MEYER P. Defining and measuring credibility of newspapers：Developing an index［J］. Journalism Quarterly，1988，65（3）：567-574.

［126］NEWHAGEN J，NASS C. Differential criteria for evaluating credibility of newspapers and TV news［J］. Journalism Quarterly，1989，66（2）：277-284.

［127］SUNDAR S S. Exploring receivers' criteria for perception of print and online news［J］. Journalism & Mass Communication Quarterly，1999，76（2）：373-386.

［128］CLERWALL C. Enter the Robot Journalist：Users' perceptions of automated content［J］. Journalism Practice，2014，8（5）：519-531.

［129］同第五章［46］.GRAEFE A，HAIM M，HAARMANN B，et al. Readers' perception of computer-generated news：Credibility，expertise，and readability［J］. Journalism，2018，19（5）：595-610.

［130］ANGELIDIS A，HAGENAARS M，VAN SON D，et al. Do not look away! Spontaneous frontal EEG theta/beta ratio as a marker for cognitive control over attention to mild and high threat［J］. Biological Psychology，2018，135：8-17.

［131］ANGELIDIS A，VAN DER DOES W，SCHAKEL L，et al. Frontal EEG theta/beta ratio as an electrophysiological marker for attentional control and its test-retest reliability［J］. Biological Psychology，2016，121：49-52.

［132］同第四章［47］.PUTMAN P，VAN PEER J，MAIMARI I，et al. EEG theta/beta ratio in relation to fear-modulated response-inhibition，attentional control，and affective traits［J］. Biological Psychology，2010，83（2）：73-78.

［133］同第四章［51］.PUTMAN P，VERKUIL B，ARIAS-GARCIA E，et al. EEG theta/beta ratio as a potential biomarker for attentional control and resilience against deleterious effects of stress on attention［J］. Cognitive，Affective，& Behavioral Neuroscience，2014，14（2）：782-791.

［134］张晶，周仁来. 额叶EEG偏侧化：情绪调节能力的指标［J］. 心理科学进展，2010，18（11）：1679-1683.

［135］修利超，张帆，赵仑. 认知神经视域下不同收视率影视节目的观看效果——来自额区EEG偏侧化指标的证据［J］. 浙江传媒学院学报，2018，25（1）：14-17.

［136］KLIMESCH W，SCHIMKE H，PFURTSCHELLER G. Alpha frequency，cognitive load and memory performance［J］. Brain Topography，1993，5（3）：241-251.

[137] MULLENNIX J W, STERN S E, WILSON S J, et al. Social perception of male and female computer synthesized speech [J]. Computers in Human Behavior, 2003, 19（4）：407-424.

[138] 同第六章 [117]. STERN S E, MULLENNIX J W. Sex differences in persuadability of human and computer-synthesized speech: meta-analysis of seven studies [J]. Psychological Reports, 2004, 94（3）：1283-1292.

[139] 同第六章 [137]. MULLENNIX J W, STERN S E, WILSON S J, et al. Social perception of male and female computer synthesized speech [J]. Computers in Human Behavior, 2003, 19（4）：407-424.

[140] 同第六章 [122]. NASS C, MOON Y, GREEN N. Are machines gender neutral? Gender-stereotypic responses to computers with voices [J]. Journal of Applied Social Psychology, 1997, 27（10）：864-876.

[141] KARLSSON I. Female voices in speech synthesis [J]. Journal of Phonetics, 1991, 19（1）：111-120.

[142] REZNIK S J, ALLEN J J B. Frontal asymmetry as a mediator and moderator of emotion: An updated review [J]. Psychophysiology, 2018, 55（1）：e12965.

[143] 同第六章 [135]. 修利超, 张帆, 赵仑. 认知神经视域下不同收视率影视节目的观看效果——来自额区EEG偏侧化指标的证据 [J]. 浙江传媒学院学报, 2018, 25（1）：14-17.

[144] ANGELAKIS E, LUBAR J F, STATHOPOULOU S. Electroencephalographic peak alpha frequency correlates of cognitive traits [J]. Neuroscience Letters, 2004, 371(1): 60-63.

[145] STERN J M. Atlas of EEG patterns [M]. Philadelphia: Lippincott Williams & Wilkins, 2005.

[146] BORGHINI G, ASTOLFI L, VECCHIATO G, et al. Measuring neurophysiological signals in aircraft pilots and car drivers for the assessment of mental workload, fatigue and drowsiness [J]. Neuroscience & Biobehavioral Reviews, 2014, 44：58-75.

[147] 同第六章 [146] BORGHINI G, ASTOLFI L, VECCHIATO G, et al. Measuring neurophysiological signals in aircraft pilots and car drivers for the assessment of mental workload, fatigue and drowsiness [J]. Neuroscience & Biobehavioral Reviews, 2014, 44：58-75.

[148] 同第六章 [122]. NASS C, MOON Y, GREEN N. Are machines gender neutral?

Gender-stereotypic responses to computers with voices [J]. Journal of Applied Social Psychology, 1997, 27 (10): 864–876.

[149] 同第四章 [46].ANTONENKO P, PAAS F, GRABNER R, et al. Using electroencephalography to measure cognitive load [J]. Educational Psychology Review, 2010, 22: 425–438.

[150] 同第六章 [136].KLIMESCH W, SCHIMKE H, PFURTSCHELLER G. Alpha frequency, cognitive load and memory performance [J]. Brain Topography, 1993, 5 (3): 241–251.

[151] 同第六章 [131].ANGELIDIS A, VAN DER DOES W, SCHAKEL L, et al. Frontal EEG theta/beta ratio as an electrophysiological marker for attentional control and its test-retest reliability [J]. Biological Psychology, 2016, 121: 49–52.

[152] 同第一章 [11].喻国明，李彪，丁汉青，等.媒介即信息：一项基于MMN的实证研究：关于纸质报纸和电纸书报纸的脑认知机制比较研究 [J].国际新闻界，2010, 32 (11): 33–38.

[153] 冯菲.传播游戏理论视角下的影视同人作品研究 [D].郑州：郑州大学，2017.

[154] FINK A, ROMINGER C, BENEDEK M, et al. EEG alpha activity during imagining creative moves in soccer decision-making situations [J]. Neuropsychologia, 2018, 114: 118–124.

[155] 熊红川.脑电Alpha节律研究 [D].成都：电子科技大学，2010.

[156] 同第六章 [122].NASS C, MOON Y, GREEN N. Are machines gender neutral? Gender-stereotypic responses to computers with voices [J]. Journal of Applied Social Psychology, 1997, 27 (10): 864–876.

[157] SHARP H, PREECE J, ROGERS Y. Interaction design [M]. New York: Wiley & Sons, 2002.

[158] QUESENBERY W.What does usability mean: Looking beyond "ease of use" [C] // Annual Conference-Society for Technical Communication, 2001, 48: 432–436.

[159] CHAPMAN C.Comprehensive Review of Usability and User Experience Testing Tools [EB/OL]. (2011-11-01) [2025-02-25].https://stephenslighthouse.com/2011/11/01/comprehensive-review-of-usability-and-user-experience-testing-tools/

[160] SMASHING E.Usability and User Experience [EB/OL]. (2012-07-02) [2025-02-25].http://www.smashingmagazine.com/usability-and-user-experience/

[161] MANCA K G. Design, Programming, and User-Experience [D]. Connecticut：

University of Connecticut，2015.

［162］程思琪，喻国明.用户既有经验对聚合类新闻 APP 使用体验的影响——一个基于 EEG 频域分析的研究设计［J］.新闻战线，2018（15）：52-57.

［163］同第二章［59］.HU P J H，CLARK T H K，MA W W. Examining technology acceptance by school teachers：A longitudinal study［J］. Information & Management，2003，41（2）：227-241.

［164］同第二章［58］.LIN C P，BHATTACHERJEE A. Extending technology usage models to interactive hedonic technologies：a theoretical model and empirical test［J］. Information Systems Journal，2010，20（2）：163-181.

［165］同第二章［48］.喻国明.关于媒介用户使用体验的模型与定量化研究——一项认知神经传播学研究的逻辑框架［J］.新疆师范大学学报：哲学社会科学版，2018，39（6）：53-60.

［166］同第二章［60］.STRAGIER J，ABEELE M V，MECHANT P，et al. Understanding persistence in the use of online fitness communities：comparing novice and experienced users［J］.Computers in Human Behavior，2016，64：34-42.

［167］WOERNDL W，BROCCO M，EIGNER R. Context-aware recommender systems in mobile scenarios［J］. International Journal of Information Technology and Web Engineering（IJITWE），2009，4（1）：67-85.

［168］同第二章［62］.HASSENZAHL M，TRACTINSKY N. User experience-a research agenda［J］. Behaviour & Information Technology，2006，25（2）：91-97.

［169］同第二章［63］.PARISE S，GUINAN P J，KAFKA R. Solving the crisis of immediacy：How digital technology can transform the customer experience［J］. Business Horizons，2016，59（4）：411-420.

［170］KOHLER T，FUELLER J，MATZLER K，et al. Co-creation in virtual worlds：The design of the user experience［J］. MIS Quarterly，2011，35（3）：773-788.

［171］同第二章［67］.BROWN N R，SHEVELL S K，RIPS L J. Public memories and their personal context［M］//Rubin D C. Autobiographical memory. Cambridge：Cambridge University Press，1986.

［172］同第二章［66］.BAMBERGER Y，TAL T. Learning in a personal context：Levels of choice in a free choice learning environment in science and natural history museums［J］. Science Education，2007，91（1）：75-95.

［173］OLIVER R L. A cognitive model of the antecedents and consequences of satisfaction decisions［J］. Journal of Marketing Research，1980，17（4）：460-469.

[174] 同第二章［47］.DAVIS F D. Perceived usefulness, perceived ease of use, and user acceptance of information technology［J］. MIS Quarterly, 1989, 13（3）: 319-340.

[175] SWANSON E B. Measuring user attitudes in MIS research: A review［J］. Omega, 1982, 10（2）: 157-165.

[176] SWANSON E B. Information channel disposition and use［J］. Decision sciences, 1987, 18（1）: 131-145.

[177] 同第二章［48］.喻国明.关于媒介用户使用体验的模型与定量化研究——一项认知神经传播学研究的逻辑框架［J］.新疆师范大学学报: 哲学社会科学版, 2018, 39（6）: 53-60.

[178] 同第二章［75］.李轶, 赵波, 杨文伟, 等.基于对称导联EEG特征分析的脑损伤部位判别［J］.科学通报, 2013, 58（21）: 2087-2093.

[179] 同第四章［45］.贾会宾, 赵庆柏, 周治金.心理负荷的评估: 基于神经人因学的视角［J］.心理科学进展, 2013, 21（8）: 1390-1399.

[180] 同第六章［43］.PALLER K A, KUTAS M. Brain potentials during memory retrieval provide neurophysiological support for the distinction between conscious recollection and priming［J］. Journal of Cognitive Neuroscience, 1992, 4（4）: 375-392.

[181] ALMEIDA F A. The relationship between social networks, social support, physical activity and self-rated health: An exploratory study［M］. Ann Arbor: University of Denver, 2008.

[182] BEETS M W, CARDINAL B J, ALDERMAN B L. Parental social support and the physical activity-related behaviors of youth: a review［J］. Health Education & Behavior, 2010, 37（5）: 621-644.

[183] CAVALLO D N, TATE D F, RIES A V, et al. A social media-based physical activity intervention: a randomized controlled trial［J］. American Journal of Preventive Medicine, 2012, 43（5）: 527-532.

[184] SPRINGER A E, KELDER S H, HOELSCHER D M. Social support, physical activity and sedentary behavior among 6 th-grade girls: a cross-sectional study［J］. International Journal of Behavioral Nutrition and Physical Activity, 2006, 3（1）: 8.

[185] EDMONDSON R. Social capital: a strategy for enhancing health?［J］. Social science & medicine, 2003, 57（9）: 1723-1733.

[186] HALE C J, HANNUM J W, ESPELAGE D L. Social support and physical health: The importance of belonging［J］. Journal of American College Health, 2005, 53（6）:

276-284.

[187] LEE M C, TSAI T R. What drives people to continue to play online games？An extension of technology model and theory of planned behavior[J]. International Journal of Human-Computer Interaction, 2010, 26(6): 601-620.

[188] CHEN A, LU Y, WANG B. Enhancing perceived enjoyment in social games through social and gaming factors[J]. Information Technology & People, 2016, 29(1): 99-119.

[189] 同第二章[60]. STRAGIER J, ABEELE M V, MECHANT P, et al. Understanding persistence in the use of online fitness communities：comparing novice and experienced users[J]. Computers in Human Behavior, 2016, 64: 34-42.

[190] 同第二章[64]. MÄKELÄ A, FULTON SURI J. Supporting users' creativity：Design to induce pleasurable experiences[C]//Proceedings of the International Conference on Affective Human Factors Design. 2001, 6: 387-394.

[191] 同第二章[62]. HASSENZAHL M, TRACTINSKY N. User experience-a research agenda[J]. Behaviour & Information Technology, 2006, 25(2): 91-97.

[192] 同第六章[183]. CAVALLO D N, TATE D F, RIES A V, et al. A social media-based physical activity intervention：a randomized controlled trial[J]. American Journal of Preventive Medicine, 2012, 43(5): 527-532.

[193] FOSTER D, LINEHAN C, KIRMAN B, et al. Motivating physical activity at work：using persuasive social media for competitive step counting[C]//Proceedings of the 14th International Academic MindTrek Conference：Envisioning Future Media Environments. 2010: 111-116.

[194] BESSELL T L, MCDONALD S, SILAGY C A, et al. Do Internet interventions for consumers cause more harm than good？A systematic review[J]. Health Expectations, 2002, 5(1): 28-37.

[195] MALIK S H, BLAKE H, SUGGS L S. A systematic review of workplace health promotion interventions for increasing physical activity[J]. British Journal of Health Psychology, 2014, 19(1): 149-180.

[196] 同第二章[48]. 喻国明. 关于媒介用户使用体验的模型与定量化研究——一项认知神经传播学研究的逻辑框架[J]. 新疆师范大学学报：哲学社会科学版, 2018, 39(6): 53-60.

[197] BANDURA A. Social cognitive theory of self-regulation[J]. Organizational Behavior and Human Decision Processes, 1991, 50(2): 248-287.

[198] MICHIE S，ASHFORD S，SNIEHOTTA F F，et al. A refined taxonomy of behaviour change techniques to help people change their physical activity and healthy eating behaviours：the CALO-RE taxonomy［J］. Psychology & Health，2011，26（11）：1479-1498.

[199] 同第二章［51］.RYAN R M，DECI E L. Self-determination theory and the facilitation of intrinsic motivation，social development，and well-being［J］. American Psychologist，2000，55（1）：68-78.

[200] SNIEHOTTA F F. Towards a theory of intentional behaviour change：Plans，planning, and self-regulation［J］. British Journal of Health Psychology, 2009, 14(2)：261-273.

[201] 同第二章［60］.STRAGIER J，ABEELE M V，MECHANT P，et al. Understanding persistence in the use of online fitness communities：comparing novice and experienced users［J］. Computers in Human Behavior，2016，64：34-42.

[202] 同第二章［50］.ZHAO M，ROY DHOLAKIA R. A multi-attribute model of web site interactivity and customer satisfaction：An application of the Kano model［J］. Managing Service Quality：An International Journal，2009，19（3）：286-307.

[203] 同第六章［159］.CHAPMAN C. Comprehensive Review of Usability and User Experience Testing Tools［EB/OL］.（2011-11-01）［2025-02-25］.https://stephenslighthouse.com/2011/11/01/comprehensive-review-of-usability-and-user-experience-testing-tools/

[204] 同第六章［160］.SMASHING E. Usability and User Experience［EB/OL］.（2012-07-02）［2025-02-25］.http：//www.smashingmag azine.com/usability-and-user-experience/

[205] 同第六章［161］.MANCA K G.Design, Programming, and User-Experience［D］. Connecticut：University of Connecticut，2015.

[206] 同第六章［162］.程思琪，喻国明.用户既有经验对聚合类新闻APP使用体验的影响——一个基于EEG频域分析的研究设计［J］.新闻战线，2018（15）：52-57.

[207] CHAI J，GE Y，LIU Y，et al. Application of frontal EEG asymmetry to user experience research［C］//Engineering Psychology and Cognitive Ergonomics：11th International Conference，EPCE 2014. Springer International Publishing，2014：234-243.

[208] WANG S，ZHU Y，WU G，et al. Hybrid video emotional tagging using users'

EEG and video content［J］. Multimedia Tools and Applications，2014，72（2）：1257-1283.

［209］MAGLIONE A G，SCORPECCI A，MALERBA P，et al. Alpha EEG frontal asymmetries during audiovisual perception in cochlear implant users［J］. Methods of Information in Medicine，2015，54（6）：500-504.